민주주의의 위기와 헌법재판

민주주의의 위기와 헌법재판

대응적 사법심사에 관한 비교헌법 연구

초판 1쇄 펴낸날 | 2026년 1월 31일

지은이 | 로잘린드 딕슨
옮긴이 | 박종현
펴낸이 | 고성환
펴낸곳 | (사) 한국방송통신대학교출판문화원
　　　　(03088) 서울특별시 종로구 이화장길 54
　　　　전화 1644-1232
　　　　팩스 02-741-4570
　　　　홈페이지 press.knou.ac.kr
　　　　출판등록 1982. 6. 7. 제1-491호

출판위원장 | 박지호
책임편집 | 이두희
문장손질 | 김경민·이두희
본문디자인 | 티디디자인
표지디자인 | 김민정

값 33,000원

민주주의의
위기와
헌법재판

대응적 사법심사에 관한 비교헌법 연구

로잘린드 딕슨 지음 │ 박종현 옮김

에피스테메
EPISTEME

일러두기

- 이 책은 옥스퍼드 대학 출판부 Oxford University Press 에서 펴낸 Oxford Comparative Constitutionalism 시리즈의 열 번째 책으로, 로잘린드 딕슨 Rosalind Dixon 이 쓴 *Responsive Judicial Review: Democracy and Dysfunction in the Modern Age* 의 한국어판입니다.

- 책의 뒤편에 실린 주석은 원서에 실린 지은이의 주이며, 본문 안에 등장하는 각주는 모두 한국어 독자의 이해를 돕기 위해 옮긴이가 직접 추가한 것입니다.

- 이 책은 외래어 표기법을 준수하였으며, 원서의 이탤릭체는 한국어판에서는 고딕체로 바꾸었습니다.

한국어판 머리말

입헌주의와 민주주의는 깊이 연결된 이상입니다. 이들은 모두 법에 따른 집단적 자치 프로젝트에 참여하는 개인의 자유와 존엄 그리고 평등을 존중합니다. 또한 이들은 함께 안정화되거나 혹은 함께 침식되는 경향이 있습니다. 법치의 준수는 평등이라는 민주적 이상을 증진하고 민주적 입법의 이익을 실현하는 데 도움을 줍니다. 민주주의는 정부가 헌법과 법치를 준수하게끔 하는 선거라는 압력이 포함되어 있고, 반대로 법치와 헌법적 제약을 약화하려는 유혹에 시달리는 정치 엘리트들은 흔히 민주주의의 규범을 공격하거나 무시하고는 합니다.

그러나 입헌주의와 민주주의 사이에는 긴장이 존재할 수 있습니다. 민주주의는 적어도 다수결 원칙에 대한 어느 정도의 기속을 포함하고 있고, 헌법적 규범은 현재의 다수가 권력을 행사할 때 할 수 있는 일을 제한하기 때문입니다.

로널드 드워킨Ronald Dworkin의 주장처럼 입헌주의는 소수자의 권리와 숙의의 규범을 보호하고 증진함으로써 민주주의와 정의가 더욱 두텁게 실현될 수 있도록 만듭니다. 그렇지만 이는 문제를 야기하기도 합니다. 만약 헌법적 규범과 그 요구 사항에 합리적인 의견 불일치가 존재한다면, 법관이나 변호사에게 성문헌법의 이름으로 이러한 긴장 상황을 해결할 수 있는 권한을 부여하는 것이 민주주의를 진전시키는 일인지는 훨씬 불분명합니다. 실제로 제러미 월드런Jeremy Waldron과 같은 정치적 입헌주의자는 그렇게 하는 것이 민주주의에 대한 기속을 증진하는 것이 아니라 오히려 적극적으로 약화시킨다고 주장합니다.

한편 알렉산더 비켈Alexander Bickel이나 존 하트 일리John Hart Ely와 같은 헌법학자는 이 문제가 그렇게 단순하지 않으며 오히려 법적 입헌주의가 민주적 규범과 동행할 수 있다고 제안합니다. 다만 이는 시간이 필요하며 법원이 헌법 해석에서 명시적으로 '민주주의에 민감한 democracy-sensitive' 접근 방식을 취할 때만 가능하다고 합니다. 이러한 주장의 가장 유명한 현대적 논리는 존 하트 일리가 그의 저서《민주주의와 불신》에서 펼친 바 있습니다. 이 책은 미국 헌법에 초점을 맞추고 있지만, 미국 헌법에 정통한 많은 한국의 법률가나 학자에게도 친숙할 것입니다.

일리의 이론은 이후에도 계속적으로 논의되었는데, 마크 투시넷 Mark Tushnet이나 로런스 트라이브Laurence Tribe는 일리의 접근법이 가지는 문제점을 지적하며 법원의 민주주의 민감적 헌법 해석이라는 아이디어에 더욱 현대적이고 비교법적인 접근이 필요함을 강조하였습니다. 이러한 논의는 최근에는 '비교정치과정이론comparative political process theory' 또는 '비교대표성강화이론comparative representation reinforcing theory'으로 알려진 새로운 비교헌법학파의 발전으로 이어지기도 하였습니다.

이 책의 핵심 아이디어인 대응적 사법심사Responsive Judicial Review이론은 발전하고 있는 비교정치과정이론의 일부라 할 수 있습니다. 이 책은 민주주의와 입헌주의를 증진하는 수단으로 법원의 광범위하고 강력한 사법심사 권한을 옹호합니다. 즉 성문헌법을 해석하고 집행하는 데 법원이 정치 엘리트의 제도적·선거적 독점권 장악 시도로부터 '민주주의의 최소 핵심democratic minimum core'을 보호하고, 민주주의의 '사각지대blind spots'와 '타성의 부담burdens of inertia'을 극복하도록 도움으로써 헌법적·민주적 규범의 준수를 촉진할 수 있다고 제안합니다.

동시에 이 책은 법원이 사법심사의 범위와 강도를 신중하게 조정해야 하며, 다양한 상황에서 판결의 종국성을 완화하거나 약화해야 한다고 제안합니다. 이는 민주주의에 대한 원칙적이면서도 실용적인 우려 때문이며, 혹은 내가 '역타성의 부담reverse burdens of inertia', 민주주의의 반발 및 쇠약이라 명명한 것을 피하기 위함입니다. 결국 이는 법원이 사법적 정당성의 법적 형태와 정치적 형태 사이에서, 그리고 좁은 판결과 넓은 판결, 설득적 판결과 강제적 판결 사이에서 세심한 균형을 이룰 수 있도록 결정의 범위와 강도를 신중히 조정하도록 독려하는 것을 의미합니다.

이러한 생각은 대한민국과도 직접적인 관련이 있습니다. 대응적 사법심사의 이념이 유효하기 위해서는 민주주의와 입헌주의에 대한 기속이 전제되어야 합니다. 한국은 분명히 그에 해당하는 나라입니다. 또한 네 가지의 전제 조건도 충족하여야 합니다. 최소 수준 이상의 ① 형식적·실질적 사법 독립성, ② 사법심사에 대한 법적·정치적 지지, ③ 법원 및 사법 권력에 대한 접근성, ④ 강력한 사법심사의 문화와 전통이 그것입니다. 한국의 헌법 질서는 이 네 가지 전제 조건을 모두 충족합니다.

    한국 헌법재판소는 민주주의의 사각지대와 타성의 부담에 대응하고, 침해로부터 민주적 최소 핵심을 보호해 온 주목할 만한 역사를 지닌 강력하고 독립된 법원입니다. 선거구 획정, 정치적 표현의 자유 및 참정권 제한, 양심적 병역 거부 및 국가유공자 가족 가산점제, 동성동본 금혼, 낙태 규제와 관련된 사건의 역사에서 헌법재판소의 역할을 지켜볼 수 있습니다.

    대체로 국회와 대통령 또한 특정 사건에서 헌법재판소의 개입을 요청하거나 결정에 승복함으로써 이러한 역할에 힘을 실었습니다. 이제 국민은 수도 이전, 박근혜 대통령 탄핵 사건, 그리고 최근의 비상계엄 및 대통령 탄핵 사건에 이르기까지 가장 어려운 헌법적 문제를 해결할 때마다 헌법재판소를 바라봅니다. 헌법재판소 또한 자신의 권한을 폭넓게 해석하여 광범위한 문제를 다루면서도 다양한 구제책을 부여해 왔습니다. 더욱이 한국은 최근 몇 년간 입헌주의와 민주주의의 관계에 관한 문제, 그리고 법원이 민주적 대응성과 민주적 최소 핵심을 어떻게 보호할 수 있는지에 관한 문제를 다룰 기회가 많았습니다. 최근 대통령 탄핵 및 비상계엄의 경험이 이를 증명합니다.

    이는 대응적 사법심사이론이 한국에 직접적인 관련성을 가짐을 의미합니다. 그러나 이러한 이론이 작동할 구체적인 국가적 법·정치의 맥락에 세심한 주의를 기울이지 않고서는 한국의 논의나 의사결정을 안내하는 데 이 이론을 적용할 수는 없습니다. 이는 내가 대응적 사법심사에 관한 논의를 포함하여 지금까지의 모든 헌법 관련 학술 활동에서 강조해 온 점이기도 합니다.

    동일한 헌법적 쟁점과 질문이 여러 국가에서 발생하며, 우리는 다른 국가의 법률가와 학자는 이를 어떻게 생각했는지로부터 많은 점을 배울 수 있습니다. 이것이 비교헌법적 발전과 이론에 주목할 때 얻는 이점입니다.

그러나 헌법적 문제는 고유한 변수와 함께 나타납니다. 모든 헌법체계는 저마다의 역사와 전통을 가지고 있으며, 서로 다른 선례와 이해 방식을 보유하고, 각기 다른 제도적 도전에 직면해 있습니다. 어떠한 추상적 혹은 '글로벌' 헌법이론이라 할지라도 특정 국가의 맥락에 유용하게 적용되기 위해서는 반드시 그 맥락에 맞게 조정되어야 합니다.

언어 장벽 또한 이러한 헌법적 대화와 적응 과정에 큰 장애물이나 저해 요인이 될 수 있습니다. 따라서 헌법이론을 다른 언어로 번역하는 것은 이러한 대화와 적응을 심화하는 중요한 수단이 됩니다. 이것이 내가 이 책이 한국어로 번역되어 소개되는 것을 환영하는 여러 이유 중 하나이며, 이를 가능하게 해준 한국방송통신대학교출판문화원과 옮긴이 박종현 교수, 그리고 연구보조원인 이수민 님께 감사를 표합니다.

이 책을 한국어로 옮김으로써 얻는 또 다른 이점은 한국 학자들이 나의 아이디어를 검토하고 토론할 기회를 제공한다는 점입니다. 한국의 헌법적 경험은 나의 이론을 확인하거나 도전하거나, 혹은 정교화하는 데 도움이 될 수 있습니다. 이러한 '반성적reflexive' 이론 검증 및 정제 과정은 우리가 헌법이론 분야에서 발전을 이루는 핵심적인 방법 중 하나입니다. 나는 오래전부터 이 책의 아이디어가 이런 방식으로 반성적으로 검증되고 정제될 기회를 기다려 왔습니다.

그 과정은 아시아에서 시작되었는데, 《홍콩대학교 법률저널HKLJ》의 심포지엄에서 나의 이론을 검증하는 박종현 교수의 훌륭한 논문이 발표되었습니다. 이후 호주, 캐나다, 콜롬비아, 브라질, 그리고 중부 및 동유럽에 초점을 맞춘 특별 심포지엄에서도 이러한 과정이 이어졌습니다. 이 과정은 아직 끝나지 않았고, 나와 동료들은 여전히 이러한 교류로부터 많은 것을 배우고 있많습니다. 그래서 나는 이 책의 한국어판 출판이 더할 나위 없이 기쁩니다.

한국은 세계에서 가장 중요하고 혁신적인 민주적 헌법 체계 중 하나입니다. 한국은 짧은 헌법 역사에서도 중요한 시험대와 위기를 겪어 왔으며, 위기 상황에서 대응적 사법심사의 실천을 포함해 전 세계에 유익한 교훈을 주는 방식으로 이를 헤쳐 왔습니다.

그렇지만 한국은 여전히 민주주의의 재공고화re-consolidating 시기에 있으며, 법원과 다른 기관들이 민주주의와 입헌주의에 대한 기속을 세심하게 결합하고 균형을 맞추는 것이 특히 중요한 때에 놓여 있습니다. 이 책의 한국어판 출판이 이러한 목표를 실현하는 데 어떤 방식으로든 기여할 수 있기를 바랍니다. 그리고 이 책을 통해 한국의 법률가 및 학자들과의 대화에 참여하고 그들의 의견을 읽게 되기를 고대합니다.

로잘린드 딕슨

옮긴이의 글

　전 세계적으로 민주주의는 위기를 겪고 있다. 시대착오적인 비상계
엄을 겪은 우리나라만이 아니라 민주주의 선진국이나 후발국 모두에서
이러한 상황이 포착된다. 민주주의 진영을 이끄는 대표국 중 하나인 미
국에서는 폭도에 의해 의사당이 점령되는 한편 현직 대통령은 자신에
게 비판적인 언론을 겁박하고 시위대 진압을 위해 주州의 자치를 무시
한 채 군사력을 동원하였다. 아프리카나 남미, 아시아의 후발 민주주의
국가에서는 쿠데타로 인한 정권 교체가 빈번하고 지배 권력의 영속화
를 위한 위헌적 헌법 개정이 난무하고 있다.

　이러한 극단적인 위기 상황 외에도 민주주의는 일상적으로 위기를
겪고 있다. 입법 과정에서 국민의 민주적 요구를 파악하는 데 실패하기
도 하고 타성에 젖은 정치인들이 자신의 지위를 유지하는 것과는 무관
한 정치적 소수의 요구에 아무런 대응도 하지 않은 채 일상 정치가 전
개되기도 한다. 주권자인 국민의 의지와 이익이 관철되지 않는 역행적
민주주의의 출현은 개인의 덕스러운 삶, 좋은 삶을 위한 최선의 정치체
제로서 민주주의 한계를 절감하게 한다.

　그러나 민주주의는 구성원 모두의 자유로운 참여를 통해 문제를 해

결할 가능성을 확보하고 각각의 의사를 포용한다는 장점이 있다. 자율적이고 협력적인 공적 의사결정을 본질로 최선의 대응책을 발견하는 데 뛰어난 적응력을 갖춘 정치체제인 민주주의는 출현 이후 오랫동안 여러 실험을 통해 위기 상황에 대응할 수 있는 제도적 장치를 마련해 왔다. 특히 권력 분립과 견제와 균형의 원리에 근간을 둔 근대 민주주의의 대표적 제도로 사법심사(헌법재판)를 꼽을 수 있다. 200여 년 전 미국에서 헌법변천으로 제도화된 사법심사는 제2차 세계 대전 이후 범세계적인 민주 국가 건립 과정에서 그리고 1980년대 후반 전 세계적인 민주화 과정에서 많은 국가의 헌정에 이식되었고, 이후 사법부가 국민의 기본권을 보장하고 위기로부터 민주주의를 지켜내는 최후의 보루로서 활약할 수 있음을 증명하고 있다.

지갑(입법권)이나 칼(행정권)이 없는 사법 권력이 다른 권력 기관을 견제하기 위한 중요한 제도적 장치로, 즉 삼권분립의 법치적 민주주의 운영의 핵심 장치로 사법심사 제도는 칭송받아 왔지만, 다른 한편으로는 제도의 과용이나 남용으로 인한 사법 권력의 비대화에 대한 사회적 우려도 높아져 왔다. 실질적 민주화 과정을 거치며 사회 내 극단적 의견 대립과 정치적 교착상태는 일상이 되었고 이를 해결하기 위해 사법부가 관여하는 정치의 사법화 현상은 불가역적인 수준으로 진행 중이다. 입법이나 행정 과정에서 이루어져야 할 정치적 선택에서 사법부의 역할과 권한이 커지면서 민주적 정당성을 확보하지 못한 사법부의 결정을 그저 받아들이는 것이 민주주의에 부합하는지에 대한 의문이 당연히 제기되어 왔다. 사법심사의 민주적 정당성, 민주주의와의 조화 가능성에 대한 다양한 논의가 제시되었고, 사법부는 민주주의의 오작동을 감시하고 견제하는 워치독watch dog 역할을 수행하면서 동시에 정치적 영역을 중심으로 한 민주주의 운영을 방해하지 않는 범위에서 그 소임을 이행해야 한다는 절충적 관점이 일반화되어 왔다.

이러한 관점의 대표적 이론가로 존 하트 일리John Hart Ely를 들 수 있다. 그는 하버드 대학Harvard University 로스쿨Law School 교수로 재직하던 1980년에 《민주주의와 불신Democracy and Distrust: A Theory of Judicial Review》이라는 역작을 출간했는데 사법심사에 대한 대표성 강화(정치 과정) 이론을 펼쳤다. 그에 따르면 사법심사는 민주적 과정에 대해 평가를 수행하고 민주주의의 오작동에 대응해서 민주적 정치 과정에서의 대표성을 강화해야 한다. 아울러 사법심사는 민주적 정치기관의 역량을 훼손하면 안 되고 민주적 과정 자체를 대체해서도 안 된다. 정치적 변화의 통로를 차단하거나 분리되고 고립된 소수자를 보호하지 못하는 입법 과정의 오작동에만 대응하는 방식으로 협소한 범위에서의 적극적 관여를 통해 민주주의가 다시 민주적으로 운영될 수 있게끔 개입하는 것이 사법부의 역할이고 사법심사의 정당화 근거라는 것이다. 1938년 미 연방대법원의 캐롤린 제품 판결United States v. Carolene Products Co.의 각주 4번에서 밝힌 할란 스톤Harlan F. Stone 대법관의 논의를 이론적으로 심화 확장한 그의 책은 이후 많은 학자의 논의를 끌어내었고 지난 세기 가장 중요한 헌법적 저작으로 꼽힌다.

다만 그의 논의는 지나치게 미국적이고 절차적이라는 한계를 보인다. 일리는 미국의 사례만을 통해서 이론을 전개하였고 민주주의의 절차적 측면, 특히 그의 시절의 미국 선거 제도·운영에만 관심을 기울였다. 이러한 한계를 지적하면서 일리의 논의를 현대적 맥락에서 재구성하려는 야심 찬 계획의 결과물이 바로 이 책 *Responsive Judicial Review: Democracy and Dysfunction in the Modern Age*이다. 저자인 호주 뉴사우스웨일스 대학University of New South Wales의 로잘린드 딕슨Rosalind Dixon 교수는 신일리학파neo-Elyian의 일원으로 일리 이론의 근간을 유지하며 이를 미국 외적인 맥락과 비절차적 맥락에서도 적용하려는 비교정치과정이론에 동참한다. 그녀는 법사회학자인 필립 노넷Philippe Nonet과 필립 셀즈닉Philip Selznick의 '대응적(응답적) 법Responsive Law' 개념에 착안하여 그녀의 입장을 대응적 사법심사이론이라고 명명하며 민주적 다수의 이해에 대한 헌법 시스템 전체의 대응성을 촉진하기 위해 사법심사가 어떻게 이루어지는지에 대한 비교헌법 및 비교정치 차원의 논의를 전개한다. 이해를 돕고자 먼저 결론을 이야기하자면, 그녀가 주장하는 대응적 사법심사는 적절하게 숙고적이며 포괄적이고 대응적인 형태의 민주 정치를 촉진하고 민주 헌법 체제의 능력을 적극적으로 보호하기 위해 이루어져야 한다.

이러한 결론에 이르는 과정에서 딕슨 교수의 첫 번째 작업은 어떠한 경우에 사법심사가 이루어져야 하는가, 즉 민주주의 오작동의 구체화이다. 선거 제도 및 정치절차에서의 문제 상황에만 집중한 일리와 달리 그녀는 민주주의의 오작동을 반민주적 독점 권력의 출현, 민주주의의 사각지대 발생 그리고 민주주의에서 타성으로 인한 부담의 형성으로 분류하면서 그 범위를 넓혔다. 세부적으로 선거 및 정치 제도에서 독점 권력의 출현, 입법에서 민주적 요구 감지 실패, 민주적 요구의 입법 반영 지연 등의 상황을 제시하며 그녀는 이러한 민주주의의 장애 상황에서 사법심사가 필요하다고 강조한다.

먼저 그녀에 따르면 독점 권력의 출현은 민주주의의 최소 핵심을 해치는 상황으로 최소한의 정치적·사회적 평등을 해치는 것, 더 구체적으로는 자유롭고 공정한 다당제 선거, 정치적 권리 및 자유 보장, 선거의 책임성·온전성 보장, 견제와 균형의 원리를 해치는 것이 그 형태이다. 그리고 그녀는 입법의 사각지대에 대해서 첫째, 의도하지 못하거나 예측하지 못한 상황에 대한 입법 부재 상황인 적용의 사각지대, 둘째, 이해관계 중심의 입법으로 인하여 헌법적 수용을 놓치는 수용의 사각지대, 셋째, 다양한 경험이나 관점의 반영 실패 전반을 이야기하는 관점의 사각지대로 나누어 설명한다.

또한 타성의 부담에 대해서도 첫째, 입법에서 시간적 제한으로 소수자에 대한 관심이 등한시되고 다수가 지지하는 쟁점에 대해서만 우선순위를 두는 타성적 부담, 둘째, 재선 기회를 확보하거나 당의 일체성을 도모하기 위해 입법 의제에 새로운 요구를 전략적으로 배제하는 연합으로 인한 타성, 셋째, 입법 지연과 행정부의 타성이 결합되는 복합적 타성의 부담으로 분류하여 설명한다. 그녀는 이러한 오작동을 사법부가 어떻게 식별할지에 대해서도 관심을 기울이는데 반민주적 독점의 경우 선거적·제도적 다원주의에 영향을 주는 변화에 사법부가 주목하면서 특히 비교적 고찰을 통해 그 가역성과 가시성을 평가해야 하고, 사각지대의 경우 실제 입법 이력이나 쟁점에 대한 타 사법관할의 논의를 참조하고, 타성의 경우 여론 조사나 입법 심의, 비교법적 자료를 참조해야 한다고 제시한다.

이러한 오작동은 결국 민주주의에 대한 국민의 신뢰를 떨어뜨리고 민주주의의 침식, 위기 상황을 가져오기 때문에 딕슨은 민주주의의 대응성을 강화하기 위한 사법부의 개입, 대응적 사법심사가 필요하다고 강조한다. 그리고 이러한 역할을 성공적으로 수행하려면 무엇보다도 대응적 사법심사의 법적·정치적 정당성 확보가 중요하다고 역설한다. 공식적인 법적 양식, 법적 근거에 기반하는 판단이 이루어져야 하고 합리적이고 이성적인 시민의 동의를 보장받아야 한다는 것이다.

논의를 넓혀 이러한 오작동에 적절하게 대처하기 위해 법원은 독립성과 더불어 능숙한 법적 추론 능력을 갖추어야 하고 적절한 구제권한을 확보하고 소송지원 체계를 구비해야 하며 정치영역 및 시민사회의 지지를 확보해야 한다며 그녀는 대응적 사법심사의 성공 조건을 제시한다. 이를 통해 법원은 오작동 상황에서 벌어지는 남용적인 헌법 변화를 저지하고 민주적 영역의 정상적 운영, 민주적 대화 상황을 복원할 수 있다고 한다. 법원이 무조건적으로 다수결주의를 따라 정치적 정당성만을 확보하려는 시도로는 대응적 사법심사가 구현될 수 없으며, 다수결주의를 제약하는 법치주의, 형식적·실질적 평등, 인간의 존엄, 개인의 자유와 같은 가치를 고려하고 헌법이나 법률상 문언에 기속되는 법적 정당성 확보 역시 대응적 사법심사의 조건인 것이다. 결국 대응적 사법심사를 수행하는 법원은 사법 기관 본연의 역할을 수행하면서 정치영역의 복원을 통해 민주주의 오작동을 바로잡아야 한다.

딕슨 교수에 따르면 법원은 스스로가 오작동 대응 상황에서 도움이 되는 정도, 역할의 한계에 대해서도 분명히 인식하면서 심사를 수행해야 한다. 법원은 심사 과정에서 사법심사의 법적·정치적 맥락을 제대로 파악하지 못하고 민주적 의사를 읽어내지 못할 수 있으며, 문제를 과소평가하거나 혹은 과대평가할 수도 있고, 판단을 위한 전문성과 정보가 부재하여 편향될 수도 있으며 심사 결과가 사회구조나 제도 전반에 미칠 영향에 대한 예측 능력이 부족할 수도 있다.

이러한 한계로 인한 오판의 상황, 즉 사법심사가 유발할 수 있는 문제 상황으로 그녀는 역타성의 부담과 민주주의의 반발을 제시한다. 전자는 민주적 다수의 수인한도를 넘어서는 변화를 지칭하는데 입법부가 사법심사의 결과를 무효화하거나 그 집행을 막기 어려운 수준의 변화를 의미한다. 즉 법원에 대한 광범위하고 합당한 의견 불일치가 존재하고 이에 대해 법원과의 대화가 불가능한 경우를 의미한다. 후자는 법원에 대한 민주 정치영역의 반발을 뜻한다. 즉 합당하거나 혹은 합당하지 않은 의견 불일치가 존재하거나 법원에 대한 제도적 공격이 있는 경우를 의미한다. 그 외에도 사법심사의 적극적 구현으로 인하여 입법자들이 헌법 문제를 다룰 유인이 없는 상황 역시 딕슨은 사법심사로 인한 문제 상황으로 인식하며 이를 민주주의의 쇠약이라고 칭한다. 주어진 사건에 집중하는 사법부는 결국 입법부보다 덜 체계적이고 협소하게 문제 상황에 대응하는데 이것이 반복되고 정착되면 결국 민주적 대응성이 감소하고 민주주의가 쇠약에 이른다는 것이다.

그녀는 이러한 사법심사로 인한 문제 상황을 예방하기 위해서 법원은 판결의 범위, 강도, 법원의 제도적 역량을 조절할 필요가 있다고 역설한다. 대응적 사법심사에서는 법원의 역량과 정당성, 위상 및 역할을 고려하면서 민주적 대응성을 제고해야 한다는 것이다. 판결의 폭은 협소할수록 입법자의 광범위한 대응을 불러일으킬 수 있고 구제책은 비강제적이고 지연될수록 입법의 반대 의견 표명 가능성을 높일 것이다. 또한 판결의 구속성, 선례구속원칙이 약할수록 입법부와 사법부의 대화 가능성은 높아질 수 있으며, 이를 통해 역타성과 반발의 가능성은 낮아질 수 있다. 그리고 더 결정적으로는 판결의 종국성, 강도의 조절을 통하여 민주적 대응성을 제고할 수 있다고 주장한다.

딕슨은 법원의 심사강도를 오작동의 내용과 정도에 따라 달리 설정한다. 즉 민주적 최소 핵심을 위협하는 선거적·제도적 독점이 출현한 경우에는 원칙적으로 그러한 변화를 강하게 제약할 수 있는 정도의 고강도 사법심사를 통해 민주주의의 결정적 위기 상황을 극복해야 할 것이다. 다만 이 경우에도 법원에게 주어진 역할 권한을 고려하여 지나친 개입은 부적절할 수 있는데 법원에 대한 정치적 지지를 확보하고 정치적 반발을 피할 정도로 강도를 약화하는 실용적이고 타산적인 접근이 필요하다. 사각지대나 타성의 부담 상황에서는 사법적 과다 집행이 오히려 민주주의의 회복을 더디게 할 수 있다는 점에서 완화된 잠정적 심사가 필요하다고 딕슨은 강조한다. 이 경우는 쟁점에 대한 합리적 의견 불일치가 존재할 수 있기에 이를 허용하는 정도의 약한 사법심사가 필요한데 다만 민주주의가 맞닥뜨린 장애물을 극복할 수 있을 정도의 강도는 당연히 요구된다고 덧붙인다.

그러한 측면에서 민주주의 오작동에 적절하게 대응하는 사법심사에서는 약함과 강함이 공존하는 복합적 강도의 세심한 설정이 필요하고 이를 통해 입법과 사법 간의 대화를 복원하는 것이 더욱 중요하다고 강조한다. 이러한 약-강 혹은 강-약 형태의 구제책의 예로 그녀는 유예적 무효 선언, 참여 구제책, 구조적 변경 명령 등을 제시하는데, 민주주의의 오작동을 해결하기 위한 판결의 집행을 일정 기간 지연하거나 구체적 집행방식을 일반 시민 및 이해관계인과 소통하며 정하도록 하여 민주영역의 숙고의 공간과 기회를 확보해야 한다고 역설한다. 또한 딕슨은 입법적 노력이 없는 경우 비로소 특정한 사법적 결정을 집행하겠다고 하며 그 내용을 미리 제시하는 방식인 제재적 임의규정을 복합적인 구제책의 적절한 모델로 특히 강조한다. 이를 통해 사법심사 기관은 더 큰 헌법적 변화를 제시하고 도모할 수 있고 나아가서 입법적 노력에 대한 확실한 유인 제공과 입법적 결정 존중의 의사표시를 통해 헌법적 대화를 가능하게 한다고 주장한다.

사법심사를 통해 입법부와의 대화를 복원하고 민주적 대응성을 제고하기 위해서 딕슨 교수는 재판 자체가 대응적으로 이루어져야 한다고 한다. 패소자를 존중하는 어조와 판결의 근거에 대한 국제적·지역적 내러티브를 통하여 패소자에 호소할 수 있는 판결문을 그들과 정체성을 공유하는 저자(법관)가 작성하는 경우 성공적인 대응적 재판이 이루어질 수 있다고 강조한다. 그녀는 이러한 대응적 재판은 실용적이고 전략적인 측면도 가지지만 재판에서 의견이 경청될 권리를 법관이 보장해야 한다는 측면에서 사법원칙의 구현이라고 주장한다.

이 책에서 딕슨은 이러한 이론적 틀을 바탕으로 현대 많은 국가의 헌법사례를 비교 고찰한다. 일리가 집중했던 미국을 포함하여 영국, 캐나다의 논의와 더불어 그간 비교헌법 연구에서 소외되었던 남반구global south, 즉 아프리카, 남미, 남아시아의 사례 역시 적극적으로 다룬다. 이러한 사례는 크게 자유 및 평등 조항 관련 사례(낙태, 성적 프라이버시 및 동성 결혼), 묵시적 권리 사례, 구조적 사회권 사례, (위헌적) 헌법 개정 사례 정도로 분류하여 소개된다. 이러한 사례는 개별 쟁점 관련 가장 최근의 비교헌법 논의의 경향을 보여 줌과 동시에 민주주의에서 사법심사의 의미라는 고전적인 헌법학 주제를 다시 생각하게끔 한다. 민주주의에서 사법심사(헌법재판)의 정당성을 증명(혹은 부정)하는 작업은 전 세계적으로 수많은 헌법학자, 정치학자가 고민해 온 주제이다.

이 책은 사법심사로 민주주의의 실패를 보정하는 소극적 차원을 넘어 정치영역이 민주적인 요청에 대응할 수 있는 능력을 제고해 준다는 적극적 측면에서 사법심사의 정당성을 강조한다. 그리고 비교헌법적 맥락에서 많은 사례를 들어 이것이 실제로 그러함을 입증한다. 고전적인 주제임에도 정치의 사법화 시대에 왜 사법부가 정치적 문제에 관여하여야 하는지, 어떻게 관여하여야 하는지에 대한 논의는 전 세계적으로 여전히 중요한 관심사라는 점을 이 책은 잘 보여 준다.

이 책의 야심 찬 계획과 내용을 처음 접하게 된 것도 비교헌법학 국제 세미나를 통해서였다. 코로나19 시기에 아시아 10개국의 법학자들이 모여 각국의 사법심사와 민주주의를 논하는 온라인 학회에서 좌장을 맡았던 딕슨 교수는 기조 발제에서 그간 그녀가 개발해 온 대응적 사법심사의 개념 및 이론에 비교헌법 사례를 적용·접목하는 작업을 수행해 왔다고 공표하였다. 당시 아시아에서 헌법재판 제도를 성공적으로 이끌고 있던 우리나라의 사례에 관심을 표명한 딕슨 교수는 이후 시드니에서 개최된 비교헌법 국제학술대회에도 옮긴이를 발표자로 초대하였고 이어진 자리에서 이 책의 출간 소식을 알렸다. 그러면서 이 책이 선진적으로 헌법재판을 운영하고 있는 한국에서도 소개되어 자신의 이론이 소개되고 검증받았으면 좋겠다며 번역을 부탁하였다.

딕슨은 현재 활동 중인 비교헌법이론가 가운데 가장 활발하게 연구 활동을 수행하고 있는 학자 중 한 명인데 이 책에서 인용되는 그녀의 수많은 논문이 이를 증명한다. 현재 재직 중인 대학에서 법학을 공부하고 호주의 제11대 대법원장인 머리 글리슨Murray Gleeson의 재판연구관을 역임했던 그녀는 미국 하버드 대학 로스쿨에서 법학석사LL.M.와 법학박사SJD를 취득하였다. 개인적으로도 박사과정을 밟던 딕슨 교수는 옮긴이의 미국 유학 시절 멘토였다. 뛰어나고 성실한 학자의 진지한 부탁에 개인적인 연까지 얽히면서 결국 번역을 맡게 되었다. 리처드 포스너Richard Posner의 《법관은 어떻게 사고하는가How Judges Think》를 번역했던 옮긴이는 번역의 고뇌와 한계를 잘 알고 있기에 그간 번역에 열정적이지 않았는데, 이 책을 번역하면서 다시 번역의 보람과 행복을 느낄 수 있었다.

한참 번역을 진행하던 2024년 겨울에서 2025년 봄 사이에 옮긴이는 헌법재판소에서 헌법연구위원을 맡고 있었는데, 대통령 탄핵 과정에서 사회적 혼란함이 집결되었던 헌법재판소 주변을 경험할 때마다 민주주의, 헌법 그리고 헌법재판의 의미와 역할에 대하여 다시금 많은 고민을 할 수밖에 없었다. 특히 우리 말고 다른 국가들은 민주주의의 어떠한 위기 상황에 맞닥뜨리고 이를 어떻게 극복하는지도 관심을 가지게 되었다. 그때 옮긴이에게 많은 도움과 위로를 준 책이 바로 이 책이었다. 딕슨은 반민주적 독점 권력의 출현이 가져올 수 있는 민주주의에 대한 치명적 위협을 민주주의 오작동의 1순위로 꼽았는데 이로부터 민주주의를 지켜내기 위한 제도적 장치로서 사법심사를 강조하며 여러 비교헌법 사례를 제시하였기 때문이다. 책에서 소개된 비교헌법·정치 사례를 접하며 옮긴이는 1988년 개소 이래 여러 난관에도 국민의 신뢰를 받으며 수많은 헌법적 사안을 합당하게 해결하려고 노력해 온 우리나라의 헌법재판소라면 다른 국가들의 사법심사 기관도 수행했던 민주주의 수호의 역할을 충분히 해낼 수 있을 것이라는 확신을 가질 수 있었다.

오랜만의 번역작업은 모두가 헌법을 논하고 논의해야만 하는 시대에 헌법이 법기술자의 도구로 전락하지 않고 국민과 사회에 등대가 되는 시민 종교로서의 위상을 갖출 수 있도록 연구자는 무엇을 해야 하는지에 대해 고민해 보는 계기가 되었다. 무엇보다 옮긴이의 지도교수로서 늘 학자로서의 통합적 시각과 국제적 감각, 실천의 결의를 강조하시는 안경환 선생님(서울대 명예교수)의 가르침을 다시 가슴에 새길 수 있었다. 어려운 시기에 헌법학자로서의 사명을 보여 주시는 동료 교수님들과 국민대 법과대학 및 한양대 법학전문대학원의 교수님들이 계시기에 그나마 학자로서 역할을 해 올 수 있지 않았을까 생각한다.

번역 작업과 관련해서는 딕슨 교수의 제자인 호주 이수민 변호사의 초역본이 참조가 되었기에 감사 인사를 전하고 출간 과정에서 세심하게 신경을 써 준 한국방송통신대학교출판문화원 이두희 님께도 감사를 표한다. 그리고 학자로서의 삶을 항상 응원해 주시며 고난한 연구 여정에 든든한 후원자 역할을 해 주시는 아버지, 어머니, 장인어른, 장모님께 존경과 감사의 인사를 전한다. 마지막으로 변함없이 연구 생활을 지지하고 배려해 주며 이 책을 번역하는 과정에서 힘들 때마다 가장 가까이서 다독이고 응원해 준 사랑하는 아내 일영이에게 지면을 빌려 감사의 인사를 전한다.

병오년 새해를 맞아

박종현

차례

제2부 — 법원과 민주적 대응

제 3 부—대응적 재판과 비교헌법이론

제 1 장

서론

40여 년 전, 존 하트 일리John Hart Ely는 역대 헌법이론 관련 저서 가운데 가장 잘 알려진 책 중 하나인 《민주주의와 불신Democracy and Distrust》●을 출간했다.[1] 이 책에서 그는 사법심사judicial review에 대한 "대표(성) 강화representation-reinforcing" 이론을 제시하며, 법원의 역할은 정부 내 정치적 기관의 민주적 의사결정을 광범위하게 대체하는 것이 아니라, 민주적 과정에서의 다양한 "오작동malfunctions"에 대응하는 것이라고 언급하였다.[2]

저명한 다수의 학자가 어째서 일리의 견해가 지속적으로 영향력을 가져왔는지 의심을 표해 왔다. 일리가 헌법적 "과정process(절차)"과 "실질substance(실체)" 사이를 지나치게 날카롭게 구분하려고 한 것은 틀림없

● 한국어 번역본으로는 전원열 옮김, 《민주주의와 법원의 위헌심사》, 나남, 2006이 있다. 다만 여기서는 민주주의의 오작동에 대응하기 위한 논의를 펼친 일리의 취지를 고려하여 해당 서적을, 원서명을 직역한 '민주주의와 불신'으로 지칭한다.

다.[3] 일리는 사법적으로 대표성 강화를 효과적으로 행하기 위한 전제조건이 무엇인지에 대해서는 거의 언급하지 않았다. 실제로《민주주의와 불신》에서의 논의는 대체로 법원에 의한 효과적인 민주주의 보호 및 증진을 위해 필요한 정치적·사회적 조건에 대한 동시대의 사회과학적 논의를 반영하지 못한 채 앞질러 나갔다. 일리는 또한 전적으로 미국의 경우에 초점을 맞춰 논의하였다. 비록 도린 러스틱Doreen Lustig과 조지프 와일러Joseph Weiler는 "일리의 명제는 어떤 형태로든 현재 작동 중인 민주주의 국가 내의 많은 사법심사체제의 근간을 이룬다"[4]라고 지적하였지만, 일리는 그의 아이디어를 미국 헌법의 맥락 내에서만 발전시켰다. 그는 미국 헌법과 워런 법원Warren Court의 헌법 법리에 대한 "해석적interpretive" 설명을 제공하고자 했을 뿐, 민주주의를 보호하고 증진하려는 다양한 법원의 광범위한 비교헌법적 경험은 고려하지 않았다.[5] 이러한 이유 때문에 일리는 민주주의와 민주적 가치에 대한 현대사회의 위협을 전 범위에 걸쳐 설명하지 못하였다.

하지만 사법심사와 민주주의 간의 관계에 대한 일리의 논의는 분명한 가치를 지닌다: 사법심사의 범위와 강도를 민주주의의 오작동(기능장애)이라는 개념과 연결 지음으로써, 일리는 민주주의에서 사법심사의 정당성에 대한 중요한 이론적 방어를 제공하는 동시에 법원이 좀 더 자제하거나 기존의 결정을 존중하는 식의 심사가 적절할 수 있는 사례를 짚어 내는 데 도움을 주었다. 그의 연구는 또한 매번 동일한 질문과 씨름하는 전 세계의 헌법학자에게 공통적인 기준점을 제공하였다.

따라서 현대 헌법이론의 과제는 사법적 대표성 강화이론을 넘어서서 나아가는 데 있는 것이 아니다. 오히려 민주주의의 보호 및 증진에서 법원의 역할에 대한 비교 이해를 기반으로 하면서 이러한 역할의 잠재적 한계 및 논쟁 가능성도 인식하는, 진정으로 비교연구적이며 사회학적 연구에 입각한 사법적 대표성 강화이론에 대한 설명을 발전시키는 것이 그 과제라고 하겠다.

A. 민주주의의 오작동과 법원: 민주적 대응성의 촉진

다수의 비교헌법학자는 정확히 이와 같은 현대 "비교정치과정이론 *comparative* political process theory"을 개발하기 시작했다.[6] 이 책의 목적 또한 사법적 대표성 강화에 대한 설명을 제공하여 새로이 떠오르고 있는 신일리학파neo-Elyian에 기여하는 것이며, 이는 다음의 위험으로 명명될 수 있는 세 가지 뚜렷한 형태의 민주주의의 오작동에 초점을 맞춘다:

(1) 반민주적 독점 권력Antidemocratic monopoly power: 선거적·제도적 의미에서 정치적 독점의 위험

(2) 민주주의의 사각지대Democratic blind spots: 민주적 입법의 채택adoption에서 사각지대의 위험

(3) 민주주의에서의 타성의 부담(문제)Democratic burdens of inertia: 헌법적 변화에 대한 민주적 요구를 다루는 데 있어 정당화될 수 없는 지연delay의 형태로서 이뤄지는 추가적 장애의 위험

대응적 사법심사responsive judicial review●이론의 핵심에는 ① 정기적이고

● 이 책의 핵심 아이디어인 'responsive judicial review'의 'responsive'라는 표현은 이하에서

자유로우며 공정한 다자간 선거, ② 정치적 권리와 자유, ③ 민주주의의 "최소한의 핵심minimum core"을 구성하는 다양한 제도적 견제 및 균형 장치를 통해 민주적 대응성을 보장하려는 헌법적 약속이 놓인다.[7] 선거적·제도적 독점 권력의 축적은 민주적 대응성에 대한 위와 같은 약속을 위협할 수 있다. 또한 대응적 접근은 민주주의가, 민주적 다수 집단의 태도와 이해로부터 정보를 전달받는 식으로, 권리 및 합리적인 숙고에 대한 더욱 두터운 기속commitment을 수반하는 것으로 가정하는데, 민주주의의 사각지대와 타성의 부담 모두 이와 같은 두터운 형태의 민주적 대응성을 위협할 수 있다.

법원은 이와 같이 다양한 형태로 나타나는 민주주의 오작동의 원인인 정치적 독점, 사각지대 및 타성에 대해 적어도 특정 조건하에서—즉 법관이 유의미한 정도의 독립성과 정치 및 시민사회의 지지, 구제권한remedial power을 보장받는 경우—비교적 훌륭하게 대처할 수 있다.

이러한 조건이 충족되지 않았을 때에는 법원 자체가 민주적 헌법의 약속을 뒷받침하기보다는 되려 잠식하는 도구가 될 수도 있다.[8] 하지만 상기 조건이 충족되는 경우, 법원은 선거 및 제도적 독점의 위험과 민주주의의 사각지대 및 타성의 부담에 대항하는 역할을 할 수 있으며, 실제로 그렇게 하고 있다. 법원의 역할은 이와 같은 "남용적인(부당한)

언급하듯이 필립 노넷Philippe Nonet과 필립 셀즈닉Philip Selznick의 'responsive law'라는 개념에서 유래하였고 국내에서는 이를 응답적 법, 반응적 법, 대응적 법 등 다양하게 번역하고 있다. 그에 따라 'responsive'의 번역어로 '응답적', '반응적'이라는 표현도 고려했지만, 'responsive judicial review' 이론에서 법원은 주변적 상황의 전개를 전제로 이에 수동적으로 반응하지만은 않고 그러한 상황에서 법원의 반응이 자동적으로 이루어지는 것도 아니며 오히려 민주주의의 문제 상황을 인식하고 적극적·선행적으로 대응한다는 측면에서, '대응적'이라는 표현을 번역어로 선택하였다.

abusive" 헌법적 변화의 속도를 늦추거나 저지하는 데 있는 한편,[9] 동시에 민주적 "대화dialogue"[10]를 촉진하는 데 있다. 그러나 양자의 경우 모두 사법심사에 전제된 논리는 동일하다—다시 말해, 다양한 현실적 조건하에서 소수자의 권리 주장과 다수의 이해에 모두 답하기 위한 민주적 시스템의 역량을 보호하고 촉진하기 위한 대표성 강화에 대한 기속이 그것이다.

이러한 역할을 할 수 있는 기관은 한 국가 내에서 법원이 유일한 것은 아니다. 초국가적 기관—초국가적 법원 및 위원회—역시 민주주의를 부식시키는 위협행위를 감시하고 제재하는 역할을 수행할 수 있다.[11] 그리고 대부분의 민주적 헌법에는 민주주의의 부식 위험에 대한 "수직적" 및 "수평적" 견제와 균형을 창출하는 다양한 종류의 기관도 상당수 존재한다.[12] 또한 국민투표와 같은 시민 주도적 절차가 타성의 문제와 같은 민주주의의 장애물에 대응하는 역할을 할 수도 있다.

그러나 흔히 법원은 이와 같은 장애물에 대응할 수 있는 중대한 제도적 이점과 도구를 보유한다. 그렇다고 법원이 항상, 혹은 대부분, 이러한 역할을 성공적으로 수행할 것이라는 의미는 아니다. 법원은 이러한 종류의 심사를 수행할 수 있도록 구조적으로 잘 구성되어 있어야 한다. 법관 역시 관련된 민주주의의 장애물을 식별하고 사법적 개입에 의해 그러한 장애물에 가장 효과적으로 대응할 수 있는 방법과 시기를 결정하는 데 필요한 필수적인 법적·정치적 기술을 갖춰야 한다. 이는 모든 법관이 할 수 있는 작업은 아니다. 이 책이 이런 종류의 심사에 대한 더 명확한 템플릿과 정당성을 제공함으로써, 그 역할을 할 수 있는 법관의 수를 늘릴 수 있기를 바랄 뿐이다. 그러나 그렇다고 할지라도 이는 모든 법관이나 법원이 채택하기에 적절한 접근법은 아니다. 일부 법원의 경우에는 사법심사에 대한 좀 더 자제적이거나 제한된 접근이, 비록 포부 없는 소극적 행위일지라도 오히려 오판이나 오류의 가능성을 줄일 수 있기에, 차악으로 여겨질 수도 있다.

마찬가지로 민주적 대표성 강화만이 법원의 역할 범위를 완전히 규정하는 것은 아니다. 민주주의에서 법원의 가장 중요한 책임은 **법적** 제약과 규정에 효력을 부여하는 데 있다. 헌법적 맥락에서 이는 성문헌법의 문구(텍스트)에 효력을 부여하는 것을 의미한다. 그리고 일리 자신이 지적했듯, 헌법 문구 자체는 종종 개방적이며 불확정적일 수 있지만, 경우에 따라 매우 명확한 의미론적semantic 의미를 가질 수 있다.[13] 헌법의 역사 혹은 판례법 역시 마찬가지로 법원의 특정 역할을 암시할 수 있다―예를 들어 나치 통치, 노예 제도, 카스트 제도 혹은 아파르트헤이트의 역사를 부인하며 극복하는 데 있어서처럼 말이다.[14] 따라서 사법적 대표성 강화의 개념은 예를 들어 헌법의 텍스트, 역사 및 구조 등의 공식적인 헌법적 "양식modalities"이 고갈되고 법원이 헌법의 구성적 해석의 선택constructional choice 과정●의 일부로서 더 광범위한 헌법적 혹은 정치적 가치를 고려하는 것이 필수적으로 요구되는 경우에만 관련성이 있는 것이다.[15]

더욱이 민주주의는 헌법적 판단을 하는 법원이 이러한 맥락에서 고

● 법문 자체의 의미를 알아내는 해석interpretation과 구분하여 이러한 해석을 실제 사례에 적용하여 의미를 찾는 해석 과정을 construction이라고 표현한다. 이를 구성이라고 번역하는 경우도 있지만 엄연히 해석construe의 일부 과정, 즉 해석의 삼단논법 과정에서 대전제를 소전제에 적용하며 이루어지는 과정이므로 이를 '해석' 혹은 interpretation과 구별하여 '구성적 해석'이라고 번역한다.

려할 수 있거나 고려해야만 하는 유일한 가치가 아니다: 다른 가치로는 개인의 자유, 존엄(칸트학파적 의미 및 "역량capabilities"의 의미 모두에서의 존엄), 형식적·실질적 평등, 그리고 법치주의에 대한 기속이 있다.[16] 또한 법원은 민주주의의 정당성을 위한 필수 조건이자 다수결주의적 민주적 의사결정에 대한 제약으로서의 이러한 가치를 시행하기 위한 역할을 수행할 수 있으며 또 해야만 한다.

대응적 사법심사이론 역시 법원이 이를 정확히 수행하는 것, 즉 헌법의 일반적인 언어 그리고 입헌 민주주의에 한정되지는 않지만 이를 포함하는 다양한 헌법적 가치 모두에 효력을 부여하는 역할을 수행한다는 점에 근거를 두고 있다. 이는 관련된 헌법적 규범의 범위 혹은 우선순위가 불분명하거나 이에 대한 합리적인 의견 불일치가 존재하는 사안에서 법원에 추가적인 지침을 제공하는 것을 목적으로 할 뿐이다. 이러한 맥락에서 이 책은 사법심사에 참여함에 있어 법원은 앞서 언급한 민주적 대응성에 대한 세 가지 위험―즉 반민주적 독점, 민주주의의 사각지대, 타성의 부담이라는 위험―에 대응하는 데 특정한 해석적 선택이 도움이 될 수 있는 정도를 고려해야 한다고 주장한다.[17]

예를 들어 성문헌법하에서 법문의 함의implication의 범위를 결정하는 데 있어 법원은 해당 함의를 끌어내는 것이 이러한 사각지대, 타성의 부담 그리고 특정 정치적 주체에 의한 선거 혹은 제도적 독점의 형태에 대응하는 것을 도울 수 있는 정도를 고려해야 한다.

이와 유사하게, 미국식의 단계적 심사 형태tiered scrutiny와 구조화된 비례의 원칙doctrine of structured proportionality 모두의 적용에서 대응적 사법심사이론은 법원이―민주주의의 장애물의 존재 혹은 부재에 따라―신중하게 다듬어지고 맥락화된 접근법을 택해야 한다고 제안한다. 다시 말해, 법원은 특정 법이 선거에서 다원주의 또는 제도적 다원주의를 약화하는 위협이 되거나 잠재적인 입법의 사각지대 혹은 타성의 부담을 반영하는 정도를 고려해야 한다는 것이다. 법이 이러한 종류의 장애물을 더욱 많이 반영할수록, 더 강화된 형태의 사법심사가 힘을 얻는 반면, 법이 민주적 다원주의를 보존하며 최근의 합리적인 입법적 심사숙고의 내용을 더 많이 반영할수록 완화되거나 축소된 형태의 사법심사가 더욱 설득력을 얻을 것이다.

또한 민주주의 오작동의 다양한 원인이 사법적 개입 없이 차후의 입법 또는 행정 조치에 의해 되돌려질 수 있는 정도에 대한 고민 역시 대응적 접근법의 여러 측면에 자리매김하고 있다. 예컨대, "적극주의Activist" 형태의 사법심사는 민주주의의 최소 핵심 가치 혹은 개인의 존엄성에 대한 불가역적인 위협에 대응할 때 정치적으로 더욱 정당화될 것이다.[18] 또한 가역성reversibility의 개념은 서로 다른 사법적 구제 모델의 타당성 및 민주주의의 역reverse타성의 부담이라는 개념에 대한 정보를 준다.

이 책에서 반복되는 또 다른 주제는 사법심사의 세기intensity와 강도strength가 주어진 문제에 대한 최근의 합리적인 입법 심의의 정도에 따라 달라져야 한다는 생각이다. 대응적 사법심사는 캐스 선스타인Cass Sunstein과 같은 학자가 옹호하는 의미에서의 입법 심의의 유도나 민주주의 촉진democracy forcing에만 전적으로 초점을 맞추지 않는다. 즉 일부 경우에 대응적 사법심사는 사법심사 자체를 통해 헌법적 의미를 직접 갱신하는 것을 목표로 한다.[19] 그러나 이는 준-절차적 차원 역시 가진다. 즉 대응적 사법심사는 입법부가 민주적 헌법의 실현을 위한 선의의 노력을 하도록 장려되어야 하며 이에 대해 보상받을 수 있어야 한다고 제안한다.[20]

이 책에서 전개되는 접근방식을 사법심사에 대한 "대응적responsive" 접근이라고 부르는 이유는 무엇일까? 그렇게 부르는 주된 목적은 위험 상황에 처한 혹은 제대로 기능 중인 입헌 민주주의 모두에서 민주적 대응성에 대한 기속을 강화하는 데 법원이 수행할 수 있는 역할을 강조하고, 실제로 법원이 언제, 어떻게 이를 행해야 하는지 탐구하는 데 있다. 이는 또한 기원과 범위에 있어 개념적이며 비교적인 설명이기도 하다: 이면의 아이디어는 비교적 통찰에 대한 주의에서 파생되며 반드시 특정 헌법적 맥락에 대응하는 방식으로서 적용되어야 한다.

이에 더해 사법적 "대응성responsiveness"이라는 개념은 대응적 법률 및 규정에 대한 기존 이론과 중요한 연속성을 가진다. 필립 노넷과 필립 셀즈닉은 1978년 저서 《이행기의 법과 사회Law and Society in Transition》에서 법률 시스템의 전환은 뚜렷한 세 단계에 걸쳐 일어난다는 잘 알려진 주장을 펼친 바 있다: 각 단계에서 법은 각각 "억압적", "자율적" 혹은 "대응적"이며, 법에 대한 대응적 접근이 규정에 대해 유연하며 참여적인 접근법을 제공하는 미덕을 가진다는 것이다.[21] 더 나아가서 노넷과 셀즈닉은 억압적 법률로의 회귀에 대한 위험에 맞서기 위해서는 법원이 정치적 억압 및 무논쟁non-contestation(무쟁송)의 위험을 방지하도록 유의하는 것이 중요하다고 시사했다.[22]

대응적 법이라는 개념은 지난 30년간 다양한 주요 법이론가의 관심사였다. 독일에서는 대응적 법이라는 개념을 적용 및 변형해 "재귀적

법reflexive law"이론의 근간으로 삼아 온 바 있다.[23] 미국과 호주에서도 마찬가지로 대응성의 개념이 "대응적 규제responsive regulation"로 알려진 복잡한 규제이론의 근간이 되어 왔으며, 이는 유연하고 참여적이며 다면적인 규제의 개념을 강조하거나, 혹은 "당근과 채찍" 혹은 "강한" 형태와 "약한" 형태의 혼합적 개입 형태를 기반으로 하였다.[24] 가장 주목할 만한 것은 이언 에이어스Ian Ayers와 존 브레이스웨이트John Braithwaite 가 규제는 제재의 "피라미드"에 기반해야 하며, 규제되는 대상의 반응에 기반해 약한 형태에서 더 강한 형태의 개입으로 전환되어 나아가야 한다고 주장한 점이다.[25] 에이어스와 브레이스웨이트는 규제 대상의 관점에 귀를 귀울이고 발언권을 부여하는 것이 중요하며, 규제 기관이 "공정성을 가지고 저항하는 사람을 참여"시켜야 하며, "그러한 저항을 규제적 설계를 개선하는 방법을 배울 기회로 해석함으로써 그들에게 존중을 보여야 한다"라고 강조했다.[26]

마이클 도프Michael Dorf와 찰스 사벨Charles Sabel은 사법심사에 대한 "민주적 실험주의democratic experimentalist" 논의의 일환으로 유사한 아이디어를 발전시켰다.[27] 민주적 실험주의라는 개념 자체는 대응적 법과 규제에 관한 이론에서 기인하지만, 법적 규제에 대해 뚜렷하게 실증적이며 참여적인 접근법을 제시하며, 지역 및 국가의 민주적 규제를 위한 "규칙적인 단계로 이루어진rolling" 모범 운영의 기준점을 만들기 위해 지역적 민주주의 경험의 성공 혹은 실패 사례에서부터 얻어지는 정보를 활용한다.[28] 이러한 기준점을 명확히 표현하며 집행하는 데 중요한 역할을 하는 것은 법관이지만, 민주적 실험주의 패러다임 내에서 그들의 핵심 역할은 참여적이고 실증적인 입법의 형태를 고수하며, 관련된

대안을 고민하는 일이다.[29]

이 책은 또한 헌법적 영역에 대한 법적·규제적 대응성 관련 기존 논의를 차별적으로 각색하여 제공하는 것을 목표로 한다. 앞서도 이미 많은 이들이 노넷과 셀즈닉의 연구를 비교학적 맥락에 적용하고 대응적·재귀적 법의 개념을 종합하는 맥락에서 대응적 재판의 개념을 발전시키는 등, 나와 동일한 방향으로 중요한 걸음을 내디뎌 왔다. 예를 들어 《대응적 법관: 국제적 관점에서 *The Responsive Judge: International Perspectives*》 (2018)에서 타니아 수르딘Tana Sourdin과 아치 자리스키Archie Zadarski는 세계의 학자들을 한데 모아 전 세계의 법관들이 변화하는 법적·정치적 맥락에 어떻게 적응해 나아가는지를 고찰하였다. 마흐델트 드 훈 Machteld de Hoon과 수잔 베르브룩Suzan Verberk은 분쟁 해결에서의 대응적 사법 접근의 개념을 연구하고, 이것이 어떻게 개별 분쟁 해결에서 선호되는 도구 및 창구에 대한 맥락적 접근에 힘을 실어 주는지를 탐구하였다.[30] 가장 중요하게는, 기존 및 앞으로 발표할 연구에서 맬컴 랭퍼드 Malcolm Langford가 법관들이 민주적으로 합법적인 형태의 사회권 재판에 참여하기 위해 어떻게 대응적이며 재귀적 논의를 이용할 수 있는지를 밝혔다.[31]

이 책의 초점은, 단지 기저에 있는 사회적 현실이나 제도적 역량이 아니라 민주적 다수의 이해에 대한 헌법 시스템 전체의 대응성을 촉진하는 데 있다. 그러나 이는 기저에 깔린 민주주의의 현실, 약한 형태와 강한 형태의 심사, 규제적 임의규정regulatory defaults 및 존중 기반 형태의 사법적 개입에 대한 우려 등 대응적 법원에 대한 기존 설명과 더불어 대응적 법과 규제 및 민주적 실험주의와 관점을 공유한다.

B. 법적·정치적 맥락에의 대응과 사법 역량의 한계

실제로 이러한 맥락에서 "대응적"이라는 꼬리표의 이점 가운데 하나는 이것이 사법심사를 위한 법적·정치적 맥락에 대해 법원이 관심을 가질 필요성, 그리고 그들의 판결에서의 잠재적인 오류 가능성에 주의를 기울이도록 돕는다는 것이다—두 가지 경우 모두 민주적 대응성에 대한 기속을 위해 요구되는 것들, 그리고 더 큰 대응성을 촉진하려는 법원의 시도에 대한 정치적 "허용 구간tolerance interval"에 관한 것이다.[32] 예를 들어 법관은 특정한 입법적 변화에 의해 제기되는 경쟁적 민주주의에 대한 위험이 누적적이며 상호 연관적 특성을 가진다는 것을 인식하지 못함으로써 이러한 위험을 과대평가 혹은 더욱 빈번하게는 과소평가할 수 있다.[33] 또한 법관은 민주적 다수의 의견의 발전 양상에 대해 잘못 판단할 수도 있고 혹은 헌법상의 권리에 대한 추가적인 보호책을 제공하는 것이 특정 입법 목적의 달성과 양립할 수 있는 정도를 오판할 수도 있다. 이는 사법심사 자체가 다음과 같은 두 가지 분명한 민주주의의 위험을 야기한다는 것을 의미할 수 있다:

(1) 역逆타성의 부담reverse burdens of inertia, 즉 민주적 다수가 기꺼이 지지를 표하는 범위를 넘어서는 수준이지만 그렇다고 입법부가 효과적으로 무효화하거나 개정할 수 없는 법적 변화

(2) 민주주의(민주적 정치영역)의 반발democratic backlash: 법원에 대한 반발의 형태로, 민주적 헌법의 요건을 이행할 수 있는 법원의 역량을 약화함

심지어 법원이 완전히 정확하게 민주주의의 장애물을 파악한다고 할지라도, 이러한 장애물에 대응하는 행위 역시 다음과 같이 민주적 대응성에 대한 또 다른 세 번째 위험을 야기할 수 있다:

   (3) **민주주의의 쇠약**_democratic debilitation_: 실질적으로 헌법적 문제를 다룰 유인을 입법자가 제한적으로만 갖는 동태적 상황

따라서 이 책은 법원이 민주적 헌법 체계의 대응성의 보호 및 촉진을 추구하면서, 사법적 대표성 강화 시도가 민주주의에 주는 이점과―역타성의 부담, 민주주의의 반발 그리고 민주주의의 쇠약의 형태로서 나타나는―잠재적 위험 **모두**를 염두에 두어야 한다고 주장한다. 나아가서 이 책은 법원이 그들이 대응하는 장애물에 대한 판결의 범위와 "강도", 그리고 그들의 제도적 역량과 지식을 잘 조정해 나아가야 함을 시사한다.

   "약한 심사_weak review_"의 개념은 마크 투시넷_Mark Tushnet_에 의해 처음으로 도입되었으며, 법원이 공식적인 법적 종국성_finality_을 향유하지 않는 형태의 헌법적 심사 시스템을 묘사하는 표현이다.[34] 스티븐 가드바움_Stephen Gardbaum_은 캐나다, 영국, 뉴질랜드 그리고 더 최근에 들어서는 호주 내 여러 주에서 새롭게 떠오르고 있는 사법심사 시스템을 설명하기 위해 유사한 용어를 도입했다.[35] 그러나 해당 용어는 점차 쓰임새가 확장되어 단기에서 중기에 걸쳐 종국적이지 않은 사법심사, 혹은 법적으로나_de jure_ **사실적으로나**_de facto_ 수정이 가능한 성격을 지닌 **모든** 형태의 사법심사를 묘사하기에 이르렀다.[36] 이러한 의미에서 완화된 심사

weakened review는 다양한 형태를 취할 수 있다: 이는 협의의 사법적 추론, 위헌 무효 선언을 유예하는 식의 완화된 법적 구제의 활용, 참여형 구제책engagement remedies 혹은 정부가 실질적인 관련 구제책을 만들도록 여지를 허용하는 관리감독 명령supervisory orders, 혹은 더 나아가서 선례 또는 **선례구속의 원칙**_stare decisis_에 대한 약화된 규범 등을 포함할 수 있다.[37] 대응적 접근법은 법원이 대응하려고 하는 장애물의 특성 그리고 역타성의 부담 또는 민주주의의 반발의 잠재적 가능성에 대한 우려 모두에 민감하게 반응하면서 강한 심사와 약한 심사의 요소를 결합해야 함을 시사한다.

예를 들어 선거 및 제도적 독점의 위험성은 대개 법원이 강한 심사, 심지어는 극단적으로 고강도의 심사를 수행하는 것을 요구할 것이다. 그렇더라도 이는 반민주적 독점 권력의 위험에 대처하는 데 효과적이지 않을 수도 있다. 왜냐하면 실제에서 법원은 민주적 규범 및 구조를 잠식하려는 특정 정치적 엘리트의 **결연한 노력**_concerted efforts_을 제한하도록 요구받을 뿐이기 때문이다. 하지만 이러한 요구를 실천하는 시도는 고강도의 사법심사를 필요로 한다. 따라서 이러한 상황에서 법원은 원칙적인 이유principled reason보다는 실용적이고 타산적인prudential 이유에서만 판결의 즉각성immediacy 혹은 강제력을 제한하거나 약화해야 할 것이다.[38]

반면 민주주의의 사각지대나 타성의 부담은 원칙적으로 더욱 약하고 잠정적인 형태의 심사를 요한다. 이러한 종류의 장애물은 민주주의의 최소 핵심을 넘어서는 민주주의의 아이디어와 연관되며, 따라서 어느 정도 논쟁적이다. 이러한 맥락에서 법원은 민주주의의 가장 협소하거나 최소한도의 개념만을 보호하려는 것이 아니라 되려 광범위하면서 논쟁의 대상이 되는 민주주의 관념을 보호하려고 하는 것이다. 또한 법원은, 그 자체로 덜 객관적이며 신뢰도가 덜할 가능성이 있는, 진화 중이라고 여겨지는 민주적 다수의 의견에 대한 판단에 참여한다. 따라서 법원은 과소 집행에 반하는 개념으로서의 사법적 과다 집행judicial over-enforcement에 대한 더 큰 위험을 가진다. 이러한 종류의 법원 결정에 대한 민주주의의 대응 역시 법원이 민주적 대응성을 증진하는 데 성공했는지 여부를 알려 줄 수 있다. 실제로 법원이 민주주의의 타성을 극복하도록 도와 왔다면, 민주적 다수가 해당 결정을 "승인"한다거나 혹은 법원이 대중의 뜻을 표출하는 데 기여했다는 데 고마움을 느낄 것이라는 기대가 가능하다.[39] 역으로, 법원이 민주적 의사(입장)를 잘못 해석한다면 이는 대중의 반발의 표출을 불러일으킬 것이라고 예상할 수 있다. 그렇기에 원칙적으로, 이러한 민주주의 오작동의 원인에 대응하는 사법심사는 약–강weak-strong 형태의 방식을 택해야 한다—즉 관련된 민주주의 장애물을 극복할 수 있을 만큼 충분히 강해야 하지만, 합리적이며 민주적인 의견 불일치를 허용할 수 있을 정도로 약해야 한다. 이를 실현하기 위한 방법 가운데 하나는, 법원이 입법부 및 행정부가 헌법적 구제책을 스스로 정하도록 이들에 폭넓은 자유를 부여하지만, 그렇지 못했을 경우 실질적이고 집행력 있는 결과를 강제할 수 있는 "제재적 임의penalty default" 구제 체계를 두는 것이다.[40]

이는 또한 법원은 입법자들이 법원의 결정에 대응하여 실질적인 헌법적 판단을 할 수 있도록 유의미한 정도의 여지를 허용해야 한다는 식의 대응적 사법심사 논의를 관통하는 더 광범위한 주제를 다시금 강조

한다: 사법-입법 간의 대화는 단지 수사적인 것에 그치지 않고 실제로 이루어져야 하며, 따라서 법원은 최근에 이루어진 합리적인 입법 심의의 경우와 달리 입법적 실수 혹은 나태의 산물인 관행의 정당성을 평가하는 데는 다른 접근방식을 택해야 할 것이다.

C. 대응적 재판: 소송 당사자(및 패소자)에 대응하기

마지막으로 사법심사의 대응이론은 사법적 역량이라는 것이 법원에 주어진 것, 혹은 효과적인 대표성 강화의 범주상에서만 제한되어 있는 부동적인 것만은 아님을 시사한다. 오히려 이는 부분적으로는 법원이 사법심사 업무에 접근하는 방식에 있어 내생적이거나, 혹은 법원이 시민사회와 관여하는 방식과 관련해 그들이 만들어 나가는 선택 및 다음과 같은 질문을 통해 법원이 영향력을 가지게 되는 어떤 것이라고 하겠다.

(1) 저자성*authorship*, 법원에서 판결문을 작성하는 법관의 정체성
(2) 어조*tone*, 패소자의 소송이유motive에 접근하는 방식
(3) 내러티브(서술)*narrative*, 그들의 논증에서 기반으로 하는 "국제적" 및 "지역적" 가치의 혼합

우리는 현재 법원이 이러한 질문에 어떻게 접근하는지, 그리고 왜 그러한지에 대해 제한적으로 이해한다. 동시에 이러한 질문은 분명히 법원이 그들의 결정에 대한 정당성을 강화하고 정당성에 대한 인식을 촉진하기 위한 중요한 기회를 제공하는 사법적 의사결정의 영역이다. 예를

들어 법원은 패소자에 대해 진심 어린 존중을 나타낼 수 있으며, 다음과 같은 것을 보여 줌으로써 그로 하여금 본인의 이해관계에 반하는 결정도 준수하도록 하는 의지를 잠재적으로 증진할 수 있다: ① 패소자에 호소하는 특정 법관의 배경이나 경험에 대한 고려, ② 패소자에 대한 존중의 자세를 보이는 판결의 논증, ③ 보편적이면서 맥락적(혹은 "국제적"이며 "지역적")인 요인을 결합한 내러티브, 혹은 지역화 및 보편화된 헌법적 본질 및 약속에 대한 양방향의 울림. 이는 또한 법원이 사법심사에 대한 대응적 접근방식을 대응적인 *재판* 혹은 대응적인 사법적 의견 표명voice의 형태와 결합하는 방향을 시사한다.

어떤 면으로는, 이러한 종류의 아이디어는 본질적으로 매우 실용적이다—즉 이러한 아이디어는 법원이 선거 및 제도적 독점, 민주주의의 사각지대, 타성의 부담에 대처하려는 노력의 유효성을 증진한다.[41] 하지만 다른 한편으로는 이러한 접근법은 선의로 행해졌을 때 사법적 대응성의 또 다른 개념과 연결되는 듯이 보일 수 있다—즉 사법심사에 관여할 때 법원은 실천practice으로서의 판결의 독특한 특성에 대응적이어야 하고, 시민에게 "재판에서 의견이 경청될 권리*right to a hearing*"를 제공해야 할 법원의 책임에 대응적이어야 하며, 모든 당사자, 특히 패소자의 근본적인 존엄성에 대한 존중을 보이는 식으로 대응적이어야 한다는 생각이 그것이다.[42] 이러한 의미에서 해당 아이디어는 법관의 측면에서는 원칙과 실용주의, 혹은 원칙에 입각한 전략의 진정한 혼합을 수반한다.[43]

D. 사법심사의 성공 가능성에 대한 조건부 견해

학자들은 종종 헌법이론과 관련해 "병합파lumpers"와 "분열파splitters"에 대해 이야기한다. 이는 차이나 구별에도 불구하고 공통점을 찾는 입장과 명백한 유사성 또는 수렴에도 불구하고 차이점을 찾는 입장으로 구별된다.[44] 그러나 헌법학계는 법원과 사법적 역량에 대해 "모든 것everything"과 "아무것도 아닌 것nothing"의 견해 정도로 나눌 수 있다. "모든 것"으로서의 관점은 개별 사법 기술이나 역량에 대해 영웅적인 개념을 가정하는 경향이 있으며, 법원이 기관으로서 성취할 수 있는 것에 대해서는 더욱 야심찬 시각을 나타낸다. 이는 예를 들어 로널드 드워킨Ronald Dworkin이 창조한 가상의 법관인 "초인Hercules"[45]과 연결되며 워런 법원 시대에 발전된 미국의 주요 헌법이론과 연결되는 헌법재판 기관과 법관의 이미지이다.[46] 심지어 누군가는 이것이 일리의 대표성 강화 심사이론의 특징이라고 제시할 수도 있을 것이다.

대조적으로 "아무것도 아닌 것"의 관점은 법관이 매우 비영웅적인 특성을 가지며, 필연적으로 더 넓은 정치적 맥락에 의해 그들이 형성된다고 가정한다.[47] 이러한 견해에 따르면 법원은 민주적 정치 절차나 규범을 보호하고 촉진할 역량이 거의 없다.[48] 법원은 사회적·정치적 변화를 만들어 나가는 데 거의 효과가 없으며, 게리 로젠버그Gerry Rosenberg의 유명한 표현을 빌리면, 그러한 변화에 대해 순전히 "공허한 희망"만을 제공한다.[49] 또 법원은 단순히 그러한 변화의 어려움을 증가시키는 경향이 있는데, 이는 법원이 헤게모니 보존에서 대리인 역할을 함으로써 심각한 결함이 있는 기존 민주적 헌법 구조[50]의 정당성을 강화하기

때문이다.[51]

그러나 현실은 대개 이 양극단 사이의 어딘가에 존재할 것이다: 법원은 자신들의 시간적·정치적 맥락의 산물이며 사회적·정치적 변화를 달성하기 위해 필요한 도구는 매우 제한적으로 가지고 있다. 법원은 심지어 정치체제와 밀접하게 병행하기에 해당 체제의 반민주적 목표나 그러한 경향의 **도구**로 기능할 수도 있다.[52] 그들은 현재의 그리고 진화 중인 민주 헌법적 이해와 의사 및 더욱 광범위한 정치적 흐름을 판단할 때 오류를 범할 가능성이 매우 크다. 또한 법원이 민주주의를 강화하는 형태로서의 사법심사를 기꺼이 숙고할지 여부는 역사 및 현대 사회적·정치적 역학관계의 영향을 받는 법원 자신의 제도적 역할에 대한 개념적 이해에 달려 있다.[53]

그러나 앞서 언급한 바와 같이, 법관은 민주주의의 최소 핵심 가치를 무너뜨리려는 시도를 집단적으로 늦추거나 저지할 수 있고 헌법상의 다양한 요구와 관련해 입법적 사각지대나 타성의 부담에 대처하는 데 도움이 될 수 있는 방향으로 관심 또는 대응을 촉진할 수 있는 독특한 제도적 훈련을 받으며 그와 관련하여 유리한 위치를 점하고 있다. 이를 위해서 법원은 암묵적인 제도적 현실주의institutional realism,• 정치적 독립과 지원, 법적 구제의 권한, 시민사회 내의 지원이라는 최소한의 전제 조건을 충족해야 한다. 또한 법원은 민주 헌법 체제 내 장애물의 흔적에 대응하기 위해서 매우 신중하게 조정된 형태로서의 사법심사에 참여해야 한다.

• 정치 과정과 결과를 형성하는 제도 및 기관의 역할을 분석하여 사회변동과 관련해 그의 지속적인 역할을 강조하는 논의.

따라서 사법 역량에 대한 이 "경우에 따라sometimes(조건부)"의 관점은 모든 것/아무것도 아닌 것의 이분법적 관점보다 훨씬 더 복잡하다. 헌법학계는 종종 더 우수하고 복잡한 주장보다 눈길을 끄는 라벨과 이분법적 범주를 더 높게 치는 경향이 있다.[54] 그러나 법원과 사법 역량에 대한 "경우에 따라"의 관점에 대한 믿음이 중심에 있는 약한 형태의 사법심사에 관한 문헌이 점점 늘어나는 상황에서 이 책을 쓰게 된 것은 행운이다. 실제로 사법심사의 약화된 모델의 전제는, 가드바움이 언급했듯이, "강력한 형태의 사법심사의 많은 유익한 기능을 수행하면서도 사법부 독립에 대한 시스템적으로 비생산적인 정치적 공격의 위험을 줄이는 덜 대립적인 방식으로 이를 수행한다는 점에서, 이 모델은 강한 심사 또는 사법심사 불인정 외에 제3의 대안을 제공한다"는 것이다.[55]

나의 희망은, 우리가 진정으로 현대적이며 비교적인 정치과정이론을 개발하는 공동 작업에 착수함으로써, 다른 이들도 이와 같은 "경우에 따라"의 견해를 받아들이는 것이다. 2020년대를 살아가는 헌법학자로서 우리가 직면한 도전은 일리가 우리에게 전해 준 지적 유산을 공정하게 다루는 것이지만, 이는 민주주의에 대한 위협이 매일마다 다변화하며 증가하는 국제화된 헌법 세계에 맞는 방식으로 이뤄져야 한다. 이과정에서 우리의 과제는 민주주의 및 민주적 가치에 대한 잠재적 수호자로서 존재하는 법원의 가능성과, 이러한 역할을 수행하는 데 있어서 법원의 역량과 정당성에 필연적으로 존재하는 한계에 응답하는 사법심사이론을 발전시키는 것이다.

이러한 균형을 바로잡는 일이 더욱 중요하며, 이는 거의 확실하게 사법 역량에 대한 "경우에 따라"의 관점에 달려 있다. 전 세계적으로 법원은 성공적 형태의 대응적 심사를 수행할 능력에서 저마다 차이를 가진다. 그리고 우리는 법원이 단지 민주주의의 수호자일 뿐 아니라 점차 민주주의 붕괴의 도구로서, 혹은 "대응적" 사법심사의 반대 개념으로 "남용적abusive" 사법심사의 주체로도 기능하는 시대에 살고 있다.[56]

부분적으로는, 이러한 이유로 사법심사에 대한 대응적 접근방식의 매력 자체가 "경우에 따라"의 질문이 될 수 있다. 하지만 현재로서는, 그것이 실제에서는 오직 경우에 따라 성취될 수 있을지라도, 이론적으로는 거의 대부분 민주주의적으로 방어 가능한 사법심사에 대한 설명이라는 것이 나의 주장이다. 이 책은 또한 법원이 이러한 형태의 심사에 참여하는 역량을 기르는 데 관심이 있는 법관 및 학자에게 지침을 제공하는 것을 목표로 한다. 이 지침으로 인해 시간이 지나며 더 많은 민주주의가 민주적 소수와 다수의 이해에 대해 충분히 대응적으로 작동하여 대중의 신뢰를 얻고, 나아가서 오작동으로 특징지어지는 꼬리표에 해당하는 민주주의의 수가 점차 줄어들기를 희망한다.

그런데 사법심사에 대한 대응적 접근법은 입헌주의의 정치적 모델과 법적 모델 간의 뚜렷한 구분을 없애는 것을 목표로 한다. 그 대신 대응적 접근법은 입법부와 법원 모두의 잠재적인 제도적 강점 및 약점에 대해 현실적인 설명을 채택하며, 이에 따라 약한 형태와 강한 형태의 사법심사의 요소와 사법적 제약 및 역량 구축의 개념을 결합한 설명 제공을 목표로 한다. 또한 해당 접근법은 일부 법원의 경우 민주적 대응성의 모든 측면을 촉진할 수 있는 반면, 또 다른 일부의 경우 사각지대 및 타성의 부담을 극복하기 위한 노력의 부분집합만을 성취할 수 있다는 것을 직시한다.

따라서 대응적 사법심사 논의는 법원이 입헌 민주주의에서 대표성을 강화할 수 있다는 생각에 신중하면서도 조건적으로 낙관하지만, 이것이 제한적인 상황이나 사례에서만 가능할 수도 있다는 사실 역시 현실적으로 받아들인다. 일리의 설명이 워런 법원 기간 동안의 미국 헌법 법리에 대한 방어와 비판을 동일하게 포함한 것처럼, 대응적 사법심사에 대한 논의는 범세계적 수준에서 민주주의를 더욱 강화하는 형태의 사법심사의 재건이자 더욱 비판적인 지침을 제공한다.

E. 이 책의 구조

이러한 맥락에서 이 책의 접근법은 비록 제한적일지라도 명백히 비교적·실증적이며 법사회학적이다: 이 책은 다양한 입헌 민주주의의 사법심사에 대한 심층적 맥락 읽기를 통해 책의 서두에 기술된 다양한 민주주의의 위험을 묘사하는 것을 목표로 하며, 이는 특정한 헌법적 결과 혹은 역학관계의 필연성을 보이는 것이 아니라 "개념 증명proof of concept"으로서 이뤄진다.[57]

참고된 사례는 미국, 영국, 캐나다, 인도, 남아프리카공화국(남아공), 콜롬비아 법원을 포함한 주요 헌법재판 기관의 잘 알려진 사법심사 사례이다.[58] 이런 의미에서 해당 사례는 란 허쉴Ran Hirschl이 "전형적 사례" 접근법이라고 부르는 것의 예시이다: 해당 사례는 실제 현장에서 특정 모델이나 역학구조를 대표한다고 광범위하게 이해되는 예시를 통해 더 넓은 비교 역학 및 가능성을 묘사한다.[59] 남아공과 콜롬비아 헌법재판소의 경우 사실상 (적어도 때때로) 대응적 형태의 사법심사에 관여하는 대표적인 법원의 사례라고 볼 수 있다. 하지만 캐나다, 인도, 영국 및 미국 대법원의 특정 판결에도 대응적 접근법의 흔적 혹은 암시 역시 존재한다. 이 책은 더 나아가서 일리의 연구와 비교정치과정이론 사이를 잇는 "다리"로서 미국의 유명한 사법심사 판결을 활용한다.

　이 책은 또한 호주, 피지, 홍콩, 이스라엘과 대한민국 법원의 헌법적 법리를 엄선하여 더욱 광범위한 사례를 개략적으로 펼쳐 낸다. 이는 비교헌법 연구에서의 "유력한 용의자"를 넘어 북반구와 남반구 사법관할권을 모두 다루고자 하는 나의 강한 의지를 반영한다.[60] 그러나 이는 또한 호주에서 일하는 비교헌법학자로서의 나의 사법관할적 전문성 혹은 그 한계와 더불어 "외부" 헌법 해석가 혹은 각국 헌법재판 기관의 외국인 법관(피지의 경우처럼)에 대한 나의 전작(비키 잭슨Vicky Jackson과의 공동 저작)을 반영한다.[61] 호주는 경제적 의미에서는 "북반구"에 속하지만 지리적으로는 남반구에 속하며, 아시아와 강력한 경제적·정치적 유대관계를 가지고 있다. 또한 호주는 영연방의 일부이며 영미법, 코먼로common law(보통법) 전통으로부터 큰 영향을 받는다.

　나의 견해는 이러한 형태의 "국지적" 영향은 비교헌법 연구에 대한 모든 접근방식에서 어느 정도 불가피한 부분이며, 이러한 제약하에서 사례 선택 원칙에 정당성을 부여하기 위해 고군분투한다면, 국지적으로 영향받은 것을 떳떳하게 밝히고 당당해야 한다는 것이다. 이는 이 분야의 어떠한 소규모 질적 연구라고 할지라도 이를 통해 도출된 결론에 대해 확정적인 태도를 취하지 않아야 하고, 더 넓은 범위의 사법관할에서 활동하는 다른 학자의 작업을 고려하면서 언제든 이와 같은 결론에 대한 재검토를 수용하여야 함을 의미한다.[62] 헌법이론과 비교헌법 연구로서의 이 책 역시 다른 학자에 의한 수정 및 개선을 환영한다는 입장을 취하고 있다. 나의 희망은 라틴 아메리카, 아시아, 아프리카, 유럽 내의 현 민주주의 국가들의 맥락에서 이러한 아이디어를 확장하고 정제하는 도전이 계속되는 것이다. 또한 지속적인 학술적 대화와 협력을 통해 그러한 과업에 기여할 수 있기를 바란다.

이러한 맥락에서 이 책의 목적은 전 세계 법원을 대상으로 하는 "일반적인" 헌법 원칙 또는 지침을 개발하는 수단으로서 특정 비교 사례를 활용하는 것이지만, 동시에 이러한 종류의 지침은 필연적으로 특정 헌법적 맥락에 맞추기 위해서 적절한 주의 및 수정이 필요하다는 이해에 기초하고 있다. 민주주의에 대한 구체적인 위협은 국가 및 시기에 따라 다르며, 법원이 이에 어느 정도로 맞설 수 있을지 역시 다양한 상황맥락적 요인에 따라 달라질 것이다. 예를 들어 패권정당dominant-party이 존재하는 일부 민주주의 체제에서 법원은 선거 또는 제도적 독점에 대응할 수 있는 여력이 거의 없지만, 입법 사각지대 및 타성 부담에 맞설 수 있는 여지는 더욱 크다고 볼 수 있다. 따라서 필요에 따라 해당 체제 하에서의 모든 사법심사는 본질적으로 무조건 강한 속성을 지닌다기보다는 강-약 구조를 가지거나 대화적일 수 있으며, 그러한 정도에 있어서만 대응적일 수 있다.[63] 그리고 법원은 개별 분쟁을 해결하거나 개인의 권리에 대한 적의敵意 또는 노골적 침해를 방지하며 본래의 헌법적 합의를 안정화하거나 집행하는 것과 같이, 위와는 다른 주요 역할 역시 수행할 수 있다. 이러한 역할은 앞서 언급한 민주주의 보호 및 촉진의 역할보다 더 우선순위를 가질 수도 있는 것이다.[64]

이 책은 비록 사법 역량과 민주주의 이상ideal의 한계에 대한 이해에 영향을 받긴 하였지만, 다양한 민주주의 국가 내에서 헌법적 사법심사가 수행하는 역할을 알리고 설명할 수 있는 일반적이고 국제적인 해석을 제공한다. 다만 이러한 해석 역시 그 자체로는 다양한 측면에서 불완전하다.

첫째, 이 책은 민주적 대응성에 대한 노력과 교차되거나 중복되는 경우를 제외하고는 각국의 법원이 다른 형태의 헌법적 가치를 보호하고 촉진할 수 있는 방법을 탐구하지 않는다.

둘째, 이 책에서 "헌법재판 기관constitutional court"●이라는 용어는 전문화된 법원이든 일반 항소법원이든 간에 헌법 규범을 해석 및 집행하는 법원을 일컫는다. 특정 형태의 민주적 장애물에 대응하는 능력에서는 전문화된 법원과 일반법원 사이에 분명 차이가 있을 수 있다. 그러나 원칙적으로 헌법재판의 권한을 보유한 법원이라면 이 책에서 설명하는 형태의 민주적 보호 및 촉진의 역할을 수행할 수 있는 역량을 가질 것이다. 이 책의 목표는 코먼로와 대륙법 체계 모두, 그리고 영미권 및 켈젠Kelsen의 헌법적 전통의 영향을 받은 체계 모두를 포괄할 정도로 충분히 일반적인 해석을 제공하는 것이다.[65] 이 과정에서 이 책은 각국의 헌법재판 기관 혹은 상급 법원에만 집중할 것이며, 초국가적 법원과 기관이 민주주의의 장애물에 대처하는 데 있어 수행할 수 있는 잠재적 역할에 대해서는 다루지 않는다.[66]

셋째, 이 책은 법원이 민주주의를 유지하거나 강화하는 것과는 달리

● 딕슨은 이 책에서 각국에서 헌법재판소라는 공식 명칭을 사용하는 기관의 경우 대문자(Constitutional Court)로 표기하였기에 번역에서는 이와의 구분을 위해 소문자로 표기된 constitutional court는 헌법재판 기관이라고 번역한다.

민주주의 **구축** 과정에서도 중요한 역할을 효과적으로 수행할 수 있는지 여부에 대한 질문에 대해서는 대체로 우회한다. 이러한 맥락에서 이 책은 법원이 헌법 구성 및 이행에 대해 선택을 내리도록 요구하는 민주적 헌법 체제가 이미 자리 잡고 있다고 가정한다. 이는 명백한 단순화이자 생략이다: 많은 민주주의는 민주주의의 품질을 높이고 포용성을 넓히기 위해 불안정성을 받아들이는 것과 기존의 불완전한 체제를 안정화하는 것 사이에서 균형을 맞추는 것과 관련한 어려운 질문에 직면한다.[67] 유사하게 많은 민주주의는 오직 부분적으로만 견고하며, 진정으로 견고한 안정성을 확보하기 이전에 퇴행과 진보의 시기를 모두 겪을 수 있다.[68] 또한 제8장에서 밝혀지는 사법운영judicial craft과 국정운영 statecraft의 원칙이 동일하게 입헌 민주주의의 보호와 촉진뿐 아니라 창설 과정 자체에서도 유용한 역할을 할 수 있지만, 어떠한 방식으로 어느 정도까지 하는지에 대한 질문은 여전히 남는다.[69]

넷째, 이 책에서 "사법심사"라는 용어는 대체로 입법의 타당성을 심사하거나 법률을 헌법적 요건에 비추어 해석한다는 취지로 이뤄지는 법원의 결정을 의미한다. 이는 이 책이 제공하는 분석의 한계에 대한 또 다른 원인이 된다. 물론 이 책에서 발전시키는 아이디어는 영국 등의 국가에서 이해되는 것과 같은 사법심사의 관행이나 행정행위에 대한 사법심사와 잠재적으로 관련이 있다.[70] 예를 들어 입법의 사각지대는 입법자가 구체적인 사례에서 입법의 영향이나 입법적으로 가능한 대안을 고려하지 못하는 경우에 발생하지만, 비슷한 사각지대는 행정적 의사결정 과정에서도 발생할 수 있다: 예를 들어 의사결정자가 관련된 고려점을 숙고하는 데 실패하여 자신의 권한 또는 관할권을 초과할 경우에 발생할 수 있는 것이다. 타성의 부담 또한 일반적으로 행정부의 의사결정 과정이 아니라 입법 과정의 장애물을 반영하게 된다. 그러나 일부 형태의 타성은 더욱 혼합적인 성격을 띠는데, 행정부가 헌법적 보장을 이행하는 데 필요한 조치를 취하는 것에 실패했고 입법부 역시 해당 이행 과정을 감독하거나 시행을 보장하는 데 실패했음을 반영한다. 아울러 반민주적 독점권의 위협은 광범위한 입법 및 행정 주체들의 행위로부터 출현할 수 있고, 혹은 "남용적인" 헌법 개정, 입법 또는 행정 조치에 관여하려는 시도에서 발생할 수도 있다.[71] 하지만 이 책은 명백히 입법적 장애물과, 순수한 행정적 형태의 장애물이 아닌, 복합적인 장애물에만 초점을 맞춘다.

따라서 이 책의 초점은 적어도 다음의 네 단계에 한정된다고 할 수 있다: ① 관련된 모든 헌법적 가치가 아니라 하나의 헌법적 가치로서의 민주주의에 법원이 가장 효과적으로 영향을 미치는 방법, ② 국제적 혹은 일부 지역적 법원이 아닌 각국의 국내 법원, ③ 법원이 민주주의 생성(창출)이 아니라 민주주의의 보존 및 발전에 대한 헌신을 증진할 수 있는 방법, ④ (단독적) 행정적 행위가 아닌 입법행위에 대한 사법심사. 제외된 사항들 역시 모두 대응적 사법심사에 대한 설명을 완전히 구체화하는 데 있어 중요한 부분이지만, 이에 대한 연구는 다른 연구자에게 그리고 후속 연구에 맡길 것이다.

이 책의 내용은 크게 세 부분으로 나뉜다. 제1부는 이 책에서 개념적 토대의 핵심을 형성하는 민주주의의 오작동의 주요 개념에 대한 개요를 제공한다. 제2장에서는 헌법적인 해석적 선택의 개념과 그러한 선택의 과정에서 잠재적으로 정보를 제공하는 (민주주의를 포함한) 헌법적 가치의 역할에 대해 설명한다. 또한 이러한 쟁점에 대한 일리의 논의를 살펴보고 일리의 설명이 가지는 한계를 논하며, 민주주의 그리고 그 오작동의 원인은 《민주주의와 불신》에서 제시된 아이디어를 바탕으로 하는 동시에 이를 넘어서는 방식으로 이해하여야 한다고 제안한다. 제3장에서는 대응적 사법심사이론이 겨냥하는 민주주의의 세 가지 위험, 즉 반민주적 독점권의 위험, 민주주의의 사각지대, 타성의 부담에 초점을 맞춘다.

제2부에서는 민주주의 오작동의 다양한 원인에 대한 대처를 가능하게 하는 법원의 역량을 살펴보고 동시에 이와 같은 대표성 강화적 심사에 관여하는 데 있어 법원의 역량 및 정당성의 필연적 한계에 대해 설명한다. 제4장은 제1부에서 제시한 아이디어가 사법심사의 강도 및 범위에 대한 판단 과정에서 어떻게 법원을 위한 잠재적인 원칙적 지침으로 전환될 수 있는지를 탐구한다. 구체적으로는, 해석적 선택과 헌법적 함의의 형성, 비례원칙 및 미국식의 단계적 심사방식의 적용에 대한 논의를 살펴보고, 선거 및 제도적 독점, 민주주의의 사각지대, 타성의 부담의 위험에 대한 주의가 어떻게 이러한 종류의 심사방식을 적용하는 데 있어 유용하게 정보를 제공할 수 있는지를 탐구한다. 다음으로, 제5장에서는 법원이 민주주의와 관련된 세 가지 위험을 **효과적으로** 식별하고 대응할 수 있는 정도에 대해 살펴보고 이러한 종류의 사법심사에 필요한 전제 조건—즉 사법심사가 본질적으로 대응적이기 위해 필요한 수준의 법적 권한, 구제 권한, 사법의 독립성 및 정치적 지지—에 대해 알아본다. 또한 법원이 선거 및 제도적 독점의 위험에 대한 대응을 모색하는 과정에서 직면하는 추가적 난관이 무엇인지도 주목한다.

제6장은 법원의 실제 정당성과 그에 대한 인식에 있어 필연적 한계와 이것이 헌법 체제의 전반적인 민주적 대응성에 미칠 수 있는 위험―또는 법원 결정에 대응하여 이루어지는 역타성의 부담 및 민주적 반발의 위험을 탐구한다. 제7장에서는 이와 같은 한계에 대한 대응으로서의 강한 사법심사와 약한 사법심사의 개념을 대조해 보고, 강한 법적 구제방법과 약한 법적 구제방법 및 권리에 근거한 판결의 조합으로서의 대응적 사법심사의 개념을 숙고해 본다.

마지막으로, 제3부에서는 대응적 재판에 대한 더 광범위한 질문을 살펴보고, 헌법적 해석construction에 대한 사법부의 접근방식에 대한 일반적 설명으로서의 대응적 심사의 가능성과 한계를 다룬다. 제8장에서는 대응적인 사법적 "의견 표명voice"의 개념을 살펴보는데, 사법적 저자성, 내러티브 및 어조와 관련된 선택을 어떻게 하는지에 따라 법원의 판결에 대한 대중의 반응, 더 나아가서 판결의 정치적 및 사회적 정당성에 어떻게 영향을 미칠 수 있는지를 조명한다. 제9장은 제1~3부에서 다뤄지는 아이디어의 범세계적 적용이나 연결 지음의 가능성을 고려하며 마무리한다.

제1부

민주주의의
기초

제 2 장

헌법과 해석적 선택

헌법에는 상당히 구체적이거나, 또는 매우 추상적이고 불확정적인 다양한 조항이 존재한다. 예를 들어 미국 대통령직에 출마하기 위한 자격에 대한 헌법 조항은 대체로 논쟁의 여지가 없다: 미국 연방헌법 제2조 제1항은 대통령 후보의 자격요건을 35세 이상, "미국에서 태어난" 시민으로 최소 14년 동안 미국에 거주한 자여야 한다고 규정하고 있다. 물론 예를 들어, 미국의 영토가 미군기지나 특정 준주territory까지 확장되는지와 같이 미국의 지리적 경계와 관련해서는 약간의 불확실성이 존재한다.[1] 하지만 자격요건 조항Qualifications Clause의 다른 내용은 비교적 명확하다. 즉 미 대선에 출마하려는 자는 최소 35년 전에 미국에서 태어나 최소 14년 동안 미국에 거주해야 한다.[2] 따라서 자격요건 조항을 해석하는 법관은 헌법 문언을 살펴보는 것만으로 사건을 비교적 쉽게 해결할 수 있다.

그러나 미국 및 다른 국가에서 대부분의 헌법 조항은 헌법적 "해석

construction"에 대한 수많은 문제 혹은 성문헌법상 매우 개방적인 문구를 해석하는 최선의 방법에 대한 선택의 문제를 불러일으킨다.[3] 예를 들면 다음과 같다.

(1) **낙태, 성적**性的 **프라이버시(사생활) 및 동성 결혼:** 미국 헌법은 "자유"와 "평등한 보호"의 권리를 보장한다. 그러나 이것이 낙태, 성적 프라이버시 혹은 동성 결혼에 대한 시민의 권리와 같은 구체적 쟁점과 관련해 어떤 의미를 지니는가? 미 연방대법원은 이러한 구체적인 권리를 보호하도록 이와 같은 추상적인 헌법적 보장 내용을 해석해야 하는가? 다른 입헌 민주주의 국가의 헌법도 대부분 마찬가지로 개인의 자유, 평등, 존엄성 및 안전에 대한 권리를 인정한다. 이것이 해당 국가의 사법심사에서 의미하는 바는 무엇인가? 다른 국가들의 헌법재판 기관은 낙태, 성적 프라이버시 또는 동성 결혼에 대한 권리를 인정하는 방향으로 이러한 조항을 해석해야construe 하는가?

(2) **묵시적**implied **표현의 자유와 평등권:** 호주와 이스라엘과 같은 국가의 헌법은 매우 협소한 범주의 명시적 권리를 인정한다. 예를 들어 호주는, 오늘날 존재하는 입헌 민주주의 국가 중 진정한 헌법적 권리장전을 보유하지 않은 유일한 국가이다. 또한 이스라엘은 1958년 기본법과 1992년 기본법(인간의 존엄과 자유) 모두 상당히 제한적이거나 부분적으로만 권리를 보장하고 있다.[4] 그런데 양국의 법원은 다양한 추가적인 권리가 헌법에 의해 보장된다고 밝히라고 요구받아 왔다. 해당 법원은 그렇게 해야 하는가?

(3) **구조적 사회권**_structural social rights_: 여타 헌법의 경우 식량, 물, 주거 및 의료에 대한 접근권을 포함한 다양한 사회적·경제적 권리의 실현이라는 방법을 통해 인간의 존엄성에 대한 명시적 보장과 인간의 존엄성에 대한 권리를 보호 및 증진할 국가의 의무를 강조하고 있다.[5] 그러나 법원이 이러한 권리에 대한 제도적 침해 systemic violations 상황에 직면할 경우 이러한 헌법 내용은 어떤 의미를 가지는가? 제도적 침해에 대하여 역시나 제도적인 형태의 사법 개입 또는 "구조적인" 사회권 집행이 이루어져야 하는가?

(4) **위헌적 헌법 개정 법리**_unconstitutional amendment doctrine_: 일부 헌법은 공식적인 헌법 개정의 권한 범위를 제한하는 명시적 조항을 포함하거나, 다른 형태의 헌법 개정을 가능하게 하는 서로 다른 경로나 "단계"를 형성하기도 한다. 반면 이러한 종류의 명시적인 제한을 포함하지 않는 헌법도 존재한다. 그러나 이러한 헌법을 보유한 국가에서도 법원은 헌법 내에 존재하는 민주주의의 체계를 보호하기 위해 개정권에 대한 제한이 헌법에 내포되어 있음을 밝히라고 요구받아 왔다. 법원은 그렇게 했어야 했는가? "위헌적 헌법 개정" 법리는 기존의 헌법적 규범과 그러한 규범에 대한 사법적 해석의 변화에서 강력한 법적·정치적 정당화를 반드시 요구함으로써 그러한 변화가 이루어지지 않도록 의도한다.

다음에서 더 깊이 살펴보겠지만, 이러한 질문은 결코 추상적인 것이 아니며, 전 세계의 법원들은 일상적으로 이러한 문제에 직면한다. 그러나 법원이 이러한 질문을 어떻게 다루어야 하는지에 대해서는 다양한 헌법이론들이 서로 다른 견해를 제시한다. 《민주주의와 불신》을 통해 일리는 이와 같은 상황에서 법원의 역할에 대한 다양한 설명 가운데 한가지를 제공했을 뿐이다.

이번 장에서는 일리의 논의, 그리고 해석적 선택에 관한 이러한 구체적 질문에 대한 그의 답변을 살펴볼 것이다. 아울러 일리의 논의가 민주주의가 무엇이며 어떤 것을 필요로 하는지에 대한 실질적인 형태의 평가적 판단의 필요성을 경시한 정도, 그리고 오늘날의 민주주의에 대한 위협의 모든 경우를 예상하는 데 실패한 정도 등 일리의 답변의 한계와 그에 대한 비판 역시 탐색할 것이다. 또한 일리의 논의가 현대적 맥락과 관련된 정도에 주목하며, 현대 헌법이론의 과제는 일리의 민주적 대표성 강화의 개념을 넘어서는 것이 아니라 해당 개념을 기반으로 구축해 나아가야 하는 데 있다고 제안할 것이다.

A. 사법심사와 해석적 선택

세계의 법원들은 앞서 언급한 몇몇 질문을 가로지르는 수많은 판결을 내려 왔으며, 이는 전 세계 사법심사의 폭breadth과 강도strength를 모두 보여 준다.

1. 낙태, 성적 프라이버시 및 동성 결혼

유명한 미국 판결인 로 판결Roe v. Wade에서 연방대법원은 낙태를 금지하는 텍사스주의 광범위한 법률을 위헌이라고 판단하였다. 이는 이와 같은 금지가 연방헌법 수정(증보)조항Amendment* 제14조에 따른 여성의 낙태권에 대하여 허용 불가한 제한을 부과하며, 임신 기간을 3분기三分 期, trimester로 나누는 경우 적어도 제1분기 및 제2분기 동안은 산모 또는 태아의 생명을 보호하려는 어떠한 국가의 긴절한 이익에 의해서도 정당화될 수 없음을 근거로 하였다.[6] 케이시 판결Planned Parenthood v. Casey 에서 연방대법원은 로 판결의 결정 내용을 협소하게 인정하였지만, 적법절차 조항에서의 '자유' 개념은 여성의 낙태에 대한 접근권을 포함한다는 로 판결에서의 "핵심 판단"을 재확인하였다. 반면 돕스 판결Dobbs v. Jackson Women's Health Organization에서 연방대법원은 로와 케이시라는 선례를 폐기하고 낙태에 대한 권리는 미국 헌법하에서 보호되는 권리가 아니라고 판시하였다.[7]

또한 미 연방대법원은 적어도 현재까지 성소수자LGBTQI＋(레즈비언lesbian, 게이gay, 양성애자bisexual, 성전환자transgender, 퀴어queer, 인터섹스-간성intersex)의 권리에 대한 법적 인정을 점진적으로 확대해 나가고 있다. 로머 판결Romer v. Evans을 시작으로, 연방대법원은 시 정부 및 지방 정부가 동성애자를 차별로부터 보호하는 조례를 제정하지 못하게 하는 콜로라도주의 주 헌법 개정안이 수정헌법 제14조상 평등 보호의 보장에 부합하지 않는다고 판결했다.[8] 로런스 판결Lawrence v. Texas에서 연방대법원은 성인 남성 간의 합의에 의한 성교를 금하는 주법이 수정헌법 제14조의 적법절차 조항에 위반한다며 이를 무효화하였다.[9] 오버거펠Obergefell 판결에서 연방대법원은 결혼 제도에서 동성 커플을 제외하는

* 본래의 연방헌법에 증보된 기본권 보장 관련 조항을 통칭하는 표현으로 국내에서는 약칭 수정헌법이라고도 한다.

것은 헌법상 적법절차 및 평등 보호 요건에 위배된다고 판시했다.[10] 최근 판결인 **보스토크**_Bostock_ 사건에서, 연방대법원은 1964년 **민권법**_Civil Rights Act_ 제7편Title VII하의 성별에 따른 차별 금지 조항이 동성애자 및 성전환자 미국인 모두에 대한 차별에도 확장 적용된다고 판시했다.[11]

타 국가의 법원에서도 여성의 낙태권을 확대하는 다양한 판결을 내려 왔다. **모건탈러**_Morgentaler_ 판결에서 캐나다 대법원은 낙태에 대한 접근을 제한하는 1970년 **형법**_Criminal Code_ 조항이 캐나다의 **권리자유헌장** _Charter of Rights and Freedoms_ 제7조하에서의 인간의 자유와 안전에 대한 보장 내용과 불합치한다고 판단하였다.[12] 마찬가지로 콜롬비아 헌법재판소는 1991년 헌법이 적어도 어떤 형태로든 낙태에 대한 법적 접근을 인정한다고 판결했다.[13] 한국에서는 2019년에 헌법재판소가 1953년 **형법** _Criminal Code_의 낙태죄 조항이 헌법에 "불합치"한다고 결정했다.[14] 2021년에 멕시코 대법원은 코아우일라주의 낙태 금지법이 위헌이라고 판결하며 다른 주에 존재하는 유사한 종류의 금지법의 합헌성에 의문을 제기했다.[15]

전 세계의 법원은 최근 수십 년간 LGBTQI＋ 시민의 권리 확대 사안에서도 이와 비슷하게 중요한 역할을 해 왔다.[16] 캐나다에서는 1995년에서 1998년 사이에 하급 법원들이 일련의 주province법과 연방법은 동성 커플에게 이성 커플과 동일한 범위의 법적 혜택을 제공하도록 해석하여야 한다고 판결하였다.[17] 1998년의 **브린트** 판결_Vriend v. Alberta_에서 캐나다 대법원은 성적 지향이 캐나다의 권리자유헌장 제15조 제1항에서 명시된 차별 금지 사유와 유사하며, 고용에서의 차별을 금지하는 앨버타주 인권법의 적용 대상으로 해석하여야 한다고 판시했다.[18] 1999년

엠 판결*M v. H*에서 대법원은 커플 관계에 있는 남성과 여성을 대상으로 제공되는 법적 혜택을 같은 형태의 관계에 있는 동성애자에게는 지속적으로 배제하는 것은 더 이상 헌장과 양립할 수 없다고 판시했다.[19] 또한 2002년부터 2004년까지 주법원들은 결혼을 이성 간의 관계로만 정의하는 것은 캐나다 권리자유헌장 제15조 제1항하에서의 평등에 대한 보장에 부합하지 않는다고 판결했다.

남아프리카공화국에서는 **전국연합 I***National Coalition I* 판결에서 헌법재판소가 아파르트헤이트 시대의 남성 간 성교에 대한 금지가 1996년 헌법하에서의 인간 존엄성, 사생활 및 평등에 대한 보호 약정을 위반하므로 무효라 판단한 것을 시작으로, 사법 연금judicial pension, 공동 입양, 인공수정으로 출산한 여성의 동성 파트너에 대한 부모로서의 인정 등에 관한 법률과 관련하여 LGBTQI＋ 권리의 인정을 확대하는 일련의 판결이 내려져 왔다.[20] 그 뒤 2006년 푸리*Fourie* 판결에서 헌법재판소는 코먼로하에서 결혼을 이성 간의 관계로 정의하는 것은 무효로 선언되어야 한다고 하며, 이 판결은 판결일로부터 12개월 후에 효력이 발생한다고 하였다.[21] 콜롬비아에서는 헌법재판소가 1998년의 *C-481* 판결에서 공립학교 교사가 본인의 성적 정체성을 이유로 징계받을 수는 없으며, 그러한 징계는 자유로운 인격 발달에 대한 헌법적으로 허용될 수 없는 차별이자 간섭의 한 형태에 해당한다고 판단했다.[22] 2007년의 *C-075* 판결에서 헌법재판소는 국가가 사실혼관계이거나 "사실상의 혼인적 결합관계"에 해당하는 커플에게 적용되는 공동 재산 제도를 동성 커플에 적용하지 않는 것은 평등, 존엄 및 자율성에 대한 헌법상의 약속을 위반하는 것이라고 판시했다.[23] 또한 2011년부터 2016년 사이에 헌법재판소는 기존 판결을 점차 확장해 동성 결혼에 대한 헌법상의 권리를 점진적으로 인정하였다. LGBTQI + 권리를 확장하는 유사한 판결은 멕시코 및 브라질 법원에서도 내려졌다.[24] 멕시코시티 입법부는 2009년에 동성 결혼을 허용하는 법률을 통과시켰으며, 멕시코 대법원은 2010년에 해당 법률을 지지하며 다른 주들 또한 동성 결혼을 인정해야 할 의무가 있음을 밝혔다.[25] 2016년, 대법원은 해당 판결의 논증을 확장하여 주법을 통한 이성 결혼과 동성 결혼 간의 차별을 금지하였다. 브라질에서는 2011년에 연방최고재판소Supreme Federal Tribunal가 브라질 헌법은 동성 커플의 합법적 결합civil union을 보장한다고 판결하였고, 2013년에는 국가정의위원회National Council of Justice(연방최고재판소의 대법원장이 이끄는 15인으로 구성된 위원회)가 공증인이 동성 및 이성 간 결혼을 모두 집행해야 하며 요청이 있을 시에 동성 간의 결합을 결혼의 형태로 변환하여야 한다고 판결하였다.[26]

영국의 경우 상원의 항소위원회appellate committee는 게이든 판결*Ghaidan v. Godin-Mendoza*에서 유럽인권협약 제8조와 제14조에 따라 동성 커플은 이성 커플이 가지는 것과 동일한 법적 권리(강제퇴거로부터의 보호 등)를 부여받을 것이 요구된다고 판단하였으며,[27] 벨린저*Bellinger* 판결에서는 이와 동일한 원칙에 근거하여 혼인법의 목적상 성전환수술 후의 성 정체성이 인정되어야 한다고 판단했다.[28] 부분적으로 이에 영향을 받아 홍콩 최종항소법원Court of Final Appeal은 1990년 권리장전 조례*Bill of Rights Ordinance*와 1997년 기본법*Basic Law*이 홍콩 내 LGBTQI + 의 권리를 더 폭넓게 인정할 것을 요구한다고 해석하였다.[29] 렁 판결*Leung v. Secretary for Justice*에서 최종항소법원은 남성 간의 성교에 대해 법적으로 동의할 수 있는 연령을 상향한 홍콩 범죄 조례Crimes Ordinance의 조항이 무효라고 판단했다.[30] 또한 더블유 판결W v. Registrar에서 최종항소법원은 "남자"와 "여자" 간의 결혼만을 규정하고 성전환자의 수술 후 성 정체성을 인정하지 않는 방향으로 성별에 대해 정의하는 혼인 조례Marriage Ordinance 조항을 무효로 판단했다.[31] 비교적 최근에 최종항소법원은 해외에서 결혼한 동성 커플에게도 법률상 일부 혜택에 대한 권리를 인정하였다.[32] 마지막으로, 인도에서는 지난 10년에 걸쳐 인도 대법원이 헌법이 성전환자의 성 정체성을 인정하고 성인 간의 합의에 따른 성관계를 처벌 대상에서 제외할 것을 요구한다고 판결해 왔다. 이에 따라 2014년 국가법률구조국NALSA(National Legal Services Authority v. Union of India) 판결에서, 대법원은 국가가 성 정체성을 인정하지 않는 것은 인도 헌법 제19조 및 제21조하의 "사생활, 자기정체성, 자율성 및 개인의 완결성"―더 나아가서 기본적인 인간의 존엄성―에 대한 권리 및 제14조 내지 제16조하에서의 평등 및 차별 금지에의 권리 등을 보장하지 않는 것이라고 판단하였다.[33] 또한 2018년 조하르 판결Navtej Singh Johar v. Union of India에서, 대법원은 인도 형법Penal Code 제377조에서 남색sodomy 또는 성인 간의 합의된 성관계를 금지하는 것은 자유, 존엄성, 사생활, 평등, 차별 금지에 대한 헌법적 보장에 부합하지 않는다고 판단하였다.[34]

확실히 해 둘 점은 이러한 경향이 보편적이거나 일방적이지는 않다는 것이다. 심지어 미국에서도, 로와 케이시 판결에서 보여 준 낙태에 대한 헌법적 권리의 인정이 최근에 철회되었다.[35] 그 결과, 미국 내 다양한 주에서는 낙태에 대한 고강도의 징벌적 제약이 합법화되었으며 법으로 제정되기에 이르렀다.[36] 또한 일부 국가의 법원은 낙태권 및 성적 프라이버시에 대한 권리가 헌법으로 보호된다는 관념을 일관되게 거부해 왔다.[37] 실례로 최근 케냐 고등법원High Court은 성폭행에 따른 임신의 경우에 한정하여 낙태권은 협소하게 인정했지만, 2010년 헌법이 동성 간 성교에 대한 처벌을 금지한다는 주장은 기각하였다.[38] 싱가포르 대법원은 최근 정부가 영국 식민지 시대에 마련된 남성 간 성교에 대한 금지 조항을 폐지하겠다는 의사를 공표하였음에도 불구하고 이 금지 조항이 헌법상 여전히 유효하다고 판결하였다.[39] (가톨릭 국가인) 필리핀에서는 낙태에 대한 접근이 거의 모든 경우에 금지되어 있으며 최근에 대법원은 헌법이 동성 결혼을 인정한다는 주장을 기각하였다.[40]

모든 법원이 헌법상 동성 결혼의 권리가 인정된다는 주장을 지지해 온 것은 아니다. 예를 들어 이스라엘 대법원은 동성 커플의 대리모에 대한 접근권을 최근에서야 인정하긴 했지만, 호주 및 이스라엘의 최고 법원은 모두 지난 5년간 동성 결혼의 헌법적 권리에 대한 주장을 기각해 왔다.[41]

2. 묵시적 표현의 자유와 평등권

호주와 이스라엘 같은 국가의 법원은 "묵시적" 권리 개념과 관련된 다양한 사건에 대해 판단해 왔다. 예를 들어 호주 고등법원High Court은 정치적 의사소통의 자유 및 이에 연계된 결사권과 공무담임권에 대한 묵시적 원칙이 헌법에 내포되어 있다고 판단하였다.[42] 이는 잘 알려진 고등법원 판결인 **호주 수도방송** 판결*Australian Capital Television Pty Ltd. v. Commonwealth*에서 판시되었는데, 이 판결에서는 연방 선거를 앞두고 유료 정치광고를 제한하고 해당 광고를 모든 정당의 무료 방송 시간으로 대체하려고 한 연방 정부의 시도를 무효화하였다.[43] 로치 판결*Roach v. Electoral Commissioner*과 로우 판결*Rowe v. Electoral Commissioner*에서 고등법원은 유사한 원칙들이 선거권에 대한 보편적 접근권을 보장한다고 판단했다.[44] 그러나 고등법원은 헌법이 더 광범위하게 존엄성이나 평등에 대한 권리를 보장한다는 주장은 받아들이지 않았다. 실례로 리스*Leeth* 판결에서 고등법원은 연방 재소자의 가석방 금지 기간이 주법에 의해 결정된다고 규정한 연방법에 대해 이러한 권리를 근거로 제기된 이의를 기각하였다.[45]

이스라엘의 다양한 기본법하에서의 권리 보호는 흥미로운 유사점을 보여 준다. 일례로 1969년 버그만 판결*Bergman v. Minister of Finance*[46]에서 대법원은 (최고정의법원High Court of Justice으로서 재판하여)● 의회Knesset 내 기존 의석 수에 비례하여 선거에서 정당들에 공적 자금을 제공하는 법률에 대해 정치 참여의 평등 원칙에 위배된다는 이유로 무효화하였다.[47] 마찬가지로 2000년의 카단*Ka'adan* 판결에서 최고정의법원은 이스라엘의 유대인 관련 단체에 유대인 정착촌 조성 목적으로 토지를 할당한 국가의 결정은 평등 또는 차별 금지라는 헌법의 묵시적 원칙에 위배된다고 판결하였다.[48]

3. 구조적 사회권

"사회권" 혹은 식량, 주거 및 의료에 대한 접근권을 보호하고 촉진하는 일에서 법원의 역할은 미국 학자들에게는 비교적 낯선 개념이다. 물론

● 이스라엘의 경우 일반소송사건의 최종심급으로서의 대법원이 사법심사를 수행하기도 하는데 그 경우 대법원이 최고정의법원으로서 재판을 수행한다고 표현한다.

다수의 미국 주에서는 교육권을 보장하며, 일부 주의 법원은 학교 예산 삭감을 금지하는 식의 "소극적" 형태의 사법 개입에 더불어 권리의 의미 있는 실행과 향유를 보장하는 적극적 의무를 주에 부과하는 식의 "적극적" 집행 조치를 통해 교육권의 시행에 상당히 적극적인 역할을 해 왔다.[49] 또한 미국 헌법은 수정헌법 제6조하의 변호인 조력권을 포함하여 적극적positive 권리를 분명히 인정하고 있다. 하지만 대부분의 경우 미 연방대법원은 폭력에 대해 국가로부터 보호받을 일반적 권리나 적절한 보호 제공에 대한 일반적 권리와 같은 적극적 권리를 헌법이 포함한다고 해석해야 한다는 주장을 거부하였다.[50]

그러나 많은 민주주의 국가에서 헌법재판 기관은 그러한 권리를 보호하고 증진하는 데―소극적 및 적극적 형태의 집행방식 모두를 통해―적극적인 역할을 해 왔다. 이는 또한 사법 집행의 구조적 형태로 확장되어 왔다. 예를 들어 **그루트붐**Grootboom 판결에서 남아프리카공화국 헌법재판소는 정부에 "토지나 주거를 확보하지 못하고 견디기 힘든 조건이나 위기 상황에서 살아가고 있는 사람들을 구호하기 위해 합리적인 조치"를 취할 헌법적 의무가 있다고 판결하였다.[51] **치료행동 캠페인** TAC(Treatment Action Campaign Case) 판결에서 헌법재판소는 인간 면역결핍 바이러스HIV가 모자mother-to-child간에 감염되는 것을 방지하는 것을 목표로 삼으면서 네비라핀nevirapine 공급을 제한하는 정부의 조치는 부당하다고 판단하였고, 검사 및 처방을 이미 제공할 수 있는 지역에서의 네비라핀에 대한 접근 제한을 즉시 해제하도록 명령하였으며, 다른 지역에 네비라핀을 도입하는 것을 지원하기 위해 검사 및 젖병 수유에 대한 보편적 접근권을 정부가 점진적으로 실현해 나아가야 한다고 판결

했다.[52]

인도에서도 비슷한 양상이 관찰된다. 점심 급식*Midday Meal* 판결에서 대법원은 "정부가 운영하는 초등학교 및 정부의 지원을 받는 초등학교에 다니는 모든 아동은 학교에서 매일 최소 300킬로칼로리에 8~12그램의 단백질을 포함한 점심 식사를 최소 200일간 제공받아야 한다"라고 판시하였다.[53] 이와 유사하게 올가 판결*Olga Tellis v. Bombay Municipal Corporation*[54]에서 대법원은 몬순 시즌이 지나갈 때까지 노숙인에 대한 강제 퇴거를 연기하고 해당 기간 동안 신청자에게 적합한 (예를 들어 비교적 인접한 곳에) 대체 토지, 거처를 마련해 줄 것을 요구하는 식으로 노숙인에 대한 주 및 시의 강제퇴거 권한의 범위를 제한하였다. 브라질과 콜롬비아 법원 역시 사회권 실현 촉진 측면에서 유사한 역할을 해 왔다.[55] 브라질의 경우, 사회권과 관련된 법원 판결이 구조적 구제보다 개별적 구제를 선호해 왔고, 이에 따라 사회적·경제적 취약계층보다는 중산층의 브라질인에게 더 많은 혜택을 부여해 왔다는 평가가 존재한다.[56] 그러나 콜롬비아의 경우에는 헌법재판소가 사회권의 개별적 보장을 강조하며 사회권 보장을 위한 구제 수단으로서 투텔라*tutela*•를 활용해 왔는데, 이는 개별적 권리 보호를 위한 구조적 전제 조건을 보장할 의무를 국가에 효과적으로 부여하는 소위 위헌적 상태 법리unconstitutional state of affairs doctrine를 발전시키는 기반이 되었다.[57] 콜롬비아 헌법재판소는 1997년부터 2017년까지 위헌적 상태 법리를 아홉 차례에 걸쳐 적용하였다.[58] 그러나 해당 법리를 적용한 판결 가운데 가장 잘 알려진

• 스페인어로 '후견'을 의미하는 단어로 우리의 권리소원과 유사하다.

것은 **콜롬비아 국내 난민**IDP 판결로, 헌법재판소는 국가가 내전에 따른 수백만 난민의 사회적 권리를 보호하는 데 실패한 것은 "위헌적 상태"에 해당한다고 판결하였다.[59]

마지막으로 파키스탄 고등법원High Court은 헌법이 기후 정의에 대한 원칙을 내포하고 있다고 판결을 내렸다.[60] 이에 근거하여 레가리 판결 *Leghari v. Federation of Pakistan*[61]에서 법원은 기후 정책을 담당하는 고위 공무원의 전출을 금하고, 특별 "기후변화위원회Climate Change Commission"를 설립하며 다양한 주 및 국가 정부 부처 내에 정책 실행을 책임지는 "핵심 인물"을 선임할 것을 명령하였다.[62]

4. 위헌적 헌법 개정 법리

세계적으로 다수의 헌법재판 기관들은 위헌적 헌법 개정 법리를 적용해 왔다. 실제로 이 법리는 현재 전 세계적으로 가장 잘 알려진 헌법 법리 가운데 하나임이 틀림없다.[63] 그러나 인도에서는 "기본 구조basic structure" 법리가 여전히 주요 헌법적 원칙 가운데 하나로 유지되고 있다. 1973년 판결인 **케사바난다***Kesavananda Bharati* 판결에서 13인의 법관으로 구성된 대법원은 인도 헌법 제368조에 명시된 헌법 개정권은 다음과 같은 중요한 묵시적 제한의 영향을 받는다고 판단하였다: 헌법 개정 권한은 헌법의 "기본 구조"를 변경하거나 파괴하는 데 사용할 수 없다는 것이 그것이다.[64] 이러한 판단에 의거하여 대법원은 농지 개혁 입법에 관한 헌법적 이의 제기에 대해 판단할 법원의 권한 등 재산권에 대한 다양한 보호 조치를 폐지하려는 헌법 개정안을 모두 무효화하였다.[65]

콜롬비아에서는, **제2차 재선임**Second Re-election 판결에서 헌법재판소가 헌법 제375조와 제378조하에서의 헌법 개정에 대한 권한이 완전히 새로운 헌법이라는 "대용물"을 만들어 내거나 개정이 아닌 사실상 헌법의 대체(제정) 형태를 만들어 내는 데 사용될 수는 없다고 판결했다.[66] 해당 판결에서 헌법재판소는 대통령의 (2회를 넘어) 3회 연임을 허용하는 콜롬비아 헌법 개정안을 무효화하였다.[67]

가장 최근에는 케냐의 고등법원과 항소법원이 은디 판결Ndii v. Attorney-General에서 2010년 케냐 헌법은 대통령이 헌법 제255~257조에 따른 헌법 개정안 제출 절차를 우회하는 것을 허용하지 않는다고 판단했으며, 더 나아가서 이러한 공식적인 개정 절차는 헌법의 기본 구조를 변경하는 데 사용될 수 없다고 판단했다.[68] 이를 바탕으로, 두 법원은 모두 케냐타Kenyatta 대통령과 그의 "사회통합Building Bridges"위원회가 제출한 헌법 개정안을 무효화하였는데, 이 개정안에는 선거구 수 및 국회의석 수의 확대, 2013년에 폐지된 총리prime minister직 복원 등 다양한 헌법적 변화를 담고 있었다.[69] 케냐 대법원은 이러한 결론을 유지하였는데, 더 협소한 절차적 이유(즉 대통령은 관련 개정안을 제안할 수 없다)에서 그러한 판단을 하였다.[70] 하급 법원과 달리 대법원은 기본 구조 법리를 명백하게 인정하지 않았으며, 이에 따라 이와 같은 헌법적 변화가 장래에 다른 절차를 통해 이루어질 수 있는 가능성을 남겨 두었다.[71]

B. 헌법이론과 해석적 선택

이상에서 살펴본 판결이 바람직한가에 대해서는 다양한 헌법적 맥락과 이론이 서로 다른 견해를 취하고 있다. 예를 들어 원의주의자originalist들은 성문헌법을 해석할 때 법원이 헌법을 작성하고 비준한 이들의 본래 의도 혹은 헌법적 언어의 대중적 의미에 초점을 맞춰야 한다고 주장한다. 원의주의 학자들은 또한 법원이 헌법 체계의 적절한 기능 수행에 있어 반드시 **필요한** 경우에만 헌법상에서 함의를 해석적으로 도출해 내야 한다고 주장한다.[72] 원의주의 학자들이 그렇게 주장하는 이유 가운데 하나는 광범위한 사법적 함의 도출은 기본적인 법적 정당성을 결여하거나―혹은 헌법의 문언, 역사 및 체계 등과 같은 승인된 법적 논쟁 양식에 의해 충분하게 지지될 수 없기 때문이다.[73] 최근 수십 년 동안 미국에서는 헌법 해석 방법론으로 원의주의가 점점 인기를 얻고 있다.[74]

그러나 많은 학자는 원의주의적 접근법의 **실현 가능성**과 **바람직함** 모두를 인정하지 않는다. 헌법 제정자들은 "그들"이지 "그것"이 아니다: 그들은 종종 헌법적 언어의 기저에 존재하는 일관적인 의도의 식별을 불가능하게 만들 정도로 다변적인 목표들을 가진다. 마찬가지로 헌법적 언어의 본래적인 대중적 의미는 불확정적이며, 새롭거나 예측 불가한 상황에서 그러한 의미를 어떻게 적용할지 결정하는 것 역시 불확정적이다. 미국의 초기 법현실주의자들은 이를 통찰하였으며, 그들은 법관이 헌법을 해석하는 과정에서 사회적·정치적 **가치**와 **결과**를 함께 고려할 필요가 있음을 오랫동안 지적해 왔다.[75] "살아 있는", 혹은 역동적인 헌법적 접근법의 지지자들은 더 나아가서 현대의 공동체적 가치에 대한 민주주의적 관점의 관심이 바람직함을 강조한다.[76]

게다가 현존하는 많은 헌법이론가는 법원의 함의 도출이 헌법 체계의 기능에 **도움이 되는** 경우에 정당하게 이루어질 수 있다고 주장한다. 또한 그들은 선례나 헌법 문언 및 체계에 의해 이러한 헌법 해석이 지지를 받는다면 법적 정당성에 대한 우려 역시 지울 수 있다고 주장한다. 예를 들어 이스라엘의 대법관 바락Barak은 대륙법 전통하에서 법관은 종종 유사한 법 조항 혹은 일반적인 법 원칙을 사용하여 법문의 "공백"을 채운다고 지적한다.[77] 그는 헌법을 해석할 때 법원이 이와 유사한 형태의 공백 채우기를 수행하는 것이 요구된다고 주장한다―다시 말해, 헌법의 종합적인 목적을 증진하기 위해 명시적 조항을 해석하며 다른 특정 조항의 함의를 도출해야 한다는 것이다.[78]

그러나 이는 법원이 어떠한 헌법적 가치 혹은 목적에 대해 그리고 어떠한 경우에 헌법적 공백 채우기를 수행해야 하는지에 대한 의문을 남긴다. 법의 지배rule of law 원칙, 자의적이지 않은 정부라는 규범 또는 "정당한 정부행위 원칙culture of justification",• 개인의 존엄성, 평등 및 자유에 대한 권리의 "핵심 영역"의 보호 등 다양한 추상적 헌법 가치의 중요성에 대해서는 종종 광범위한 합의가 존재한다.[79] 그러나 이것이 실제로 수반하는 것이 무엇인지에 대해서는 종종 의견 불일치가 발생한다.

예를 들어 "법의 지배 원칙"은 폭넓게 공유되는 이상이지만, 실제로는 이 원칙에 대한 의견 충돌이 심심치 않게 발생한다.[80] 이 원칙은 ① "사람이 아닌 법의 지배", ② 법적 평등, ③ 법적 예측 가능성의 보장 등으로 이해될 수 있고 혹은 이 모두를 보장하는 것으로 이해될 수도 있다.[81] "사람이 아닌 법의 지배"라는 개념은 법이 개별 국가 공무원의 주관적 판단이 아니라 입법자의 집단적이고 숙고적인 판단을 반영해야 한다는 의미이다.[82] 법적 평등의 개념은 최고위 공무원을 포함한

• 정부행위는 권위가 아닌 합리적 근거에 의해 설명되고 정당화되어야 한다는 원칙이다.

모든 정부 공무원이 법 "아래"에서 삶을 영위하거나 법의 지배를 받아야 함을 의미한다.[83] 법적 확실성의 개념은 개인이 사전에 법을 알고 이해함으로써 이를 기반으로 그들의 삶을 계획해 나아갈 수 있어야 함을 뜻한다.[84] 이는 또한 개인의 자유와 존엄성에 대한 약속을 발전시키며 사회적으로 가치 있는 형태의 투자 및 협력을 증진하는 것으로 이해할 수 있다.[85]

사생활에 대한 권리(프라이버시권)는 전 세계적으로 입헌 민주주의 국가 간에 널리 공유되는 약속이다. 하지만 이는 최소 다섯 가지의 양상을 포함한다. ① 정보 또는 데이터 프라이버시, ② 공간에 대한 프라이버시, ③ 신체에 대한 프라이버시, ④ 관계에 대한 프라이버시, ⑤ 미국 연방대법원에 의해 "결정에 관한 프라이버시"라고 칭해지지만, 실제로는 개인이 근본적 결정을 내릴 때의 자율성의 한 형태에 더 가까운 것.[86] 이러한 모든 양상이 모든 경우에 다 관련이 있는 것은 아니다. 사실 이러한 양상은 때로 충돌할 수 있으며, 다양한 정도에 걸쳐서 다른 권리와 중복될 수 있다. 예를 들어 신체에 대한 프라이버시권은 자유 및 신체의 안전에 대한 권리와 밀접한 관련이 있다. 또 관계 및 결정에 관한 프라이버시권은 개인의 자유와 존엄성에 대한 권리와도 대략적으로 연결된다.

마찬가지로 존엄성에 대한 권리 자체도 다양한 양상을 가진다. 여기에는 타인으로부터 존중받을 권리나, 국가에 의해 수단이 아니라 목적으로 대우받을 권리가 포함된다: 이는 바로 인간의 존엄성에 대한 칸트적 이해의 본질이자 "정언 명령categorical imperative"이다.[87] 그러나 이는 더 넓은 의미에서 최소한의 신체적·심리적·물질적 안전에 대한 접근을 수반하는 것으로 이해될 수도 있다. 이는 경제학 분야의 아마르티아 센Amartya Sen과 철학 분야의 마사 누스바움Martha Nussbaum이 발전시킨 "역량 접근법capabilities approach"과 이것이 인간 존엄성에 접근하는 방식의 핵심 내용이다.[88] 역량 접근법에 따르면, 특히 누스바움이 설명한 것과 같이, 인간의 존엄성을 누릴 권리를 가지는 삶은 특정한 핵심 역량의 최소 임곗값의 충족을 필요로 하는데, 이러한 역량에는 생명, 건강, 신체적 완전성, 감각, 상상과 사고, 감정, 실천 이성, 소속성, 놀이 그리고 개인이 처한 환경에 대한 물질적 및 정치적 통제력이 포함된다.[89]

평등 또는 차별 금지에 대한 권리 역시 마찬가지로 다양한 가치 혹은 약속을 포괄하는데, 모든 개인에 대한 존엄성과 평등한 기회 보장, 집단 간 평등에 대한 약속이 포함된다. 이는 또한 개인이 본인의 선호 및 능력에 대한 자의적이거나 불공평한 고정관념을 강요받지 않으며, 개인의 존엄성을 훼손하는 멸시적이며 비인간적인 대우로부터의 자유로움을 의미한다. (소수) 집단에 있어 이는 사회적·정치적·경제적 종속의 역사적 형태를 제거함을 뜻한다. 어떤 경우에는 차별을 없애는 것이 이러한 서로 다른 모든 가치 혹은 목표를 증진할 수도 있다. 예를 들어 소수 인종에 대한 차별을 없앰으로써 개인의 선호 및 능력에 대한 인종적 편견 혹은 비하적 태도나 처우에 저항하는 데 기여할 수 있으며, 또 제도적인 집단 기반의 불이익과 종속적 관계 형성의 토대로서 인종이 활용되는 것을 극복하는 데 도움이 될 수 있다.

그러나 또 다른 경우에는 이러한 헌법적 약속이 서로 충돌할 수도 있다. 예를 들어 인종 기반의 종속의 역사를 극복하기 위해서는 광범위한 형태의 적극적 차별positive discrimination(평등 실현 조치) 혹은 보상이 필요할 수 있는데, 이는 기회 평등에 대한 (형식적) 권리와 상충된다.[90] 또한 이와 같은 조치 가운데 일부는 수혜자의 존엄성에 대한 위험을 초래할 수 있다.[91] 아울러 이러한 기준을 적용하는 데는 법원이 일련의 평가적 판결을 내리는 일이 필요하다.

이는 또한 이 장의 도입부에서 제기된 해석적 선택과 관련된 많은 질문에 대해 서로 다른 해답을 가리킨다.

1. 낙태

예를 들어 낙태에 대한 권리는 여성의 신체, 관계 및 결정에 관한 프라이버시권과 존엄성, 자유, 신체적 안전에 대한 권리로부터 도출되는 필연적 결과라고 할 수 있다. 이는 본인의 신체, 태아 및 의사와의 관계, 그리고 스스로의 삶의 향후 형태에 대해 여성이 통제할 수 있음을 의미한다. 이러한 의미에서 낙태권은 신체적·심리적 안전에 대한 여성 자신의 권리 그리고 장래의 삶에 대한 근본적 결정을 내릴 수 있는 자유와 관련된다. 이는 또한 여성의 인간으로서의 존엄성과도 밀접한 관련을 가진다―즉 정신적·신체적 건강을 포함하여 완전한 형태의 인간 존엄성을 보장받는 삶을 영위할 수 있는 여성의 권리 그리고 본인의 삶의 근본적인 형태에 대해 선택할 수 있는 (객체가 아니라) 주체로서 대우받을 권리와 관련된다.[92]

그러나 인간의 존엄성에 대한 권리는 태아에게도 적용되며, 따라서 낙태에 대한 법적 권리에는 잠재적인 하한선과 더불어 한계가 있다는 주장도 존재한다.[93] 독일 연방헌법재판소German Federal Constitutional Court는 기본법Basic Law상의 생명과 인간 존엄성 보호에 대한 국가의 의무가 태아의 생명권을 보호하는 데까지 연장되며, 이로 인해 연방의회Bun-destag는 낙태에 대한 접근을 무제한 합법화할 수 없다고 판결했다.[94] 폴란드 헌법재판소 역시 비슷한 판결을 내린 바 있다.[95]

2. 성적 프라이버시와 평등

이와 비슷하게, 성적 사생활에 관한 권리는 LGBTQI＋시민의 사생활, 존엄성과 평등에 있어 필수적이라고 여겨진다. 성적 프라이버시는 모든 성인 시민의 관계적 및 신체적 프라이버시에 필요 조건이다. 또한 이는 종종 가정, 특히 침실에서 국가의 간섭으로부터 자유로울 권리라는 측면에서 공간에서의 프라이버시 향유와도 밀접하게 관련된다.[96] 특히 동성애자의 경우 성적 프라이버시는 그들이 시민으로서 가지는 평등과 존엄성 보장에서도 필수적이다. 남아공 헌법재판소가 **전국연합 I** 판결에서 언급한 것처럼, 동성 간 성관계를 금지하는 법률은 법적 관점에서 모든 남성 동성애자가 범죄자라는 분명한 신호를 보내는 것이다.[97] 이는 LGBTQI＋개인의 존엄성에 대한 존중을 보여 주지 못하는 것이며, 동성애자들은 존중과 관심을 받을 가치가 떨어진다는 해로운 고정관념을 강화하고 영속화하는 것이다.[98] 동성 성관계에 대한 형법적 금지는 또한 LGBTQI＋시민의 일상생활에 내재하는 신체적·심리적 불안감을 악화한다: 이러한 금지는 그들이 삶을 영위하는 과정에서 끊임없이 체포나 다른 법적 제재에 대한 두려움을 가지고 살아가야 함을 뜻한다.[99] 또 이는 성적 관계에 문제가 생긴 경우 경찰이나 타인에게 도움이나 보호를 요청하는 데 있어 분명한 장애물을 생성한다. 이와 같은 방식으로 동성 성관계에 대한 형법적 금지는 사생활, 평등 및 존엄성에 대한 헌법적 약속을 위배한다.

많은 국가는 점점 동성 및 성전환자의 결혼을 인정하는 법이 LGBTQI＋ 개인의 사생활, 존엄성 및 평등 보호에 필요하다고 여기고 있다. 결혼 제도는 결혼을 하는 이들에게 책임과 더불어 다양한 종류의 실질적 혜택을 부여한다―이러한 혜택에는 이민, 세제 및 의료 관련 혜택과 함께 공동 의사결정 방식 및 재산 공유의 가능성 등이 포함된다. 이는 또한 관계 및 해당 관계 내의 개인에게 중요한 상징적 인식을 부여한다. 따라서 동성 결혼을 할 권리는 LGBTQI＋ 개인이 완전한 인간 존엄성을 누리는 삶을 위해 필요한 물질적·물리적 환경에 대한 통제권을 향유할 수 있는 능력[100] 및 자신의 정체성에 대한 존중감과 인식에 필수적이다.[101]

이와 동시에, 자신들의 존엄은 동성 간의 평등한 혼인권을 거절하기를 요구한다는 동성 결혼 반대론자 역시 존재한다. 동성 결혼 인정을 반대하는 다수의 주장은 전통적인 형태의 결혼 및 가족 생활의 전통과 보존이라는 관념에 집중한다.[102] 게다가 다른 이들은 결혼과 자녀 양육 사이의 관계에 주목하며, 대개는 지지받지 못하지만, 이성 부모에 의한 양육의 경우와 달리 동성 커플이 양육하는 자녀에게 문제가 될 사항에 대해 논의한다.[103] 그런데 동성 결혼에 반대하는 일부 주장은 명시적으로 권리에 기반한 용어로 구성되어 있으며, 이성 커플의 결혼에 대한 선택을 존중하고 결혼은 이성 사이의 제도라는 그들의 이해를 존중하려면 결혼을 전적으로 이성 간의 제도로 유지하는 것이 필요하다는 생각에 기반한다.[104]

3. 구조적 사회권

사회권 역시 마찬가지이다: 민주주의에 대한 일부 관점은 사회권을 민주적 자치의 문제이지, 민주주의의 정당한 운영의 전제 조건은 아니라 하는 반면, 민주주의에 대한 다른 정의에서는 시민이 우선적으로 식량, 거주지 및 주거를 보장받지 않고서는 민주 정치에 대한 유의미한 참여가 불가능함을 강조한다.[105]

사회권과 관련된 판결 역시 개인의 존엄성에 대한 약속과 경제적 평등에 대한 폭넓은 고려 간의 충돌을 빈번하게 포함한다. 그루트붐 판결에서, 청구인은 자신의 기본적인 존엄성을 보호하는 데 필요하다는 이유에서 긴급 주택emergency shelter(비상 대피소)에 대한 즉각적인 접근권을 얻고자 하였다. 하지만 정부는 해당 구제책이 규격을 갖춘 정식 주택 formal housing 공급을 기다리는 이들에 대해 "새치기"를 장려함으로써 평등과 법의 지배 원칙에 대한 헌법적 약속을 훼손할 수 있다면서 반대하였다.[106] 남아공 헌법재판소의 초기 판결인 수브라머니Soobramoney 판결에서도 동일한 우려가 심지어 더욱 강하게 제기되었는데, 사건에서 청구인은 그의 건강과 존엄성을 보호하기 위해 즉시 투석을 받을 수 있게 해 달라는 즉각적이고 개인적인 구제 요청을 하였지만, 헌법재판소는 이러한 구제를 시행하는 경우 희소한 공중 보건 자원의 배분에 대한 더욱 광범위한 평등의 헌법적 약속을 위태롭게 할 수 있다는 이유에서 해당 청구를 결국 기각하였다.[107] 이러한 보건권과 관련하여 콜롬비아 헌법재판소와 브라질 대법원의 판결 역시 동일한 갈등 양상을 보여 왔다.[108]

C. 왜 법원인가? 민주주의와 해석적 선택

더 근원적인 관점에서, 해석적 선택의 딜레마는 이와 같은 분쟁 해결에서 왜 행정부가 아니라 **법원**이 신뢰를 받아야 하는지에 대한 질문을 제기한다. 법률을 폐기하거나 무효화하는 경우 법원은—특히 "두터운" 의미에서—법의 지배, 개인의 자유, 인간 존엄성, 평등 및 민주주의에 대한 약속을 보호하고 증진하기 위해 행동한다.

민주주의에 대한 "협소"하거나 경쟁적인 이해는 여러 정당 간 경쟁으로 특징지어지는 규칙적이며 자유롭고 공정한 선거 시스템으로서 민주주의의 개념을 강조한다. 이러한 개념은 민주주의를 엘리트 간의 경쟁 시스템으로 이해한 조지프 슘페터Joseph Schumpeter 논의의 핵심이었다.109 슘페터에게 민주주의는 궁극적으로 일반 시민의 참여를 작동시키거나 장려하는 것을 추구하는 시스템이 아니었다. 오히려 그는 민주주의를 정부의 책임성 및 효율성을 촉진하기 위해 고안된 시스템으로 보았고, 책임성과 효율성을 충족하지 못한 정부를 제거할 기회를 일반 시민에게 부여하였다.110

그러나 다른 이론들은 민주주의의 개념에 대한 "두터운" 이해를 제시하며, 인식론적 관점에서 민주적 숙고deliberation의 가치와 더불어 그 자체로 정치적 선의 한 형태로서 참여의 가치를 강조한다.111 숙고적 민주주의자인 위르겐 하버마스Jürgen Habermas, 에이미 구트만Amy Gutmann, 데니스 톰슨Dennis Thompson 등은 더 정당하고 신뢰할 만한 민주적 의사결정을 촉진하는 데 있어 숙고가 갖는 가치를 오랫동안 강조해 온 바 있다.112 또한 여러 헌법학자는 입헌 민주주의 형태 정부의 정치적 정당성을 촉진하는 데 숙고 또는 공적 이유의 제시를 위한 규범의 가치에 주목했다.[113] 게다가 일부 학자는 더욱 평등한 형태의 민주적 정치를 보장하는 데 시민 참여의 가치를 강조해 왔다.[114] 예를 들어 로베르토 가가렐라Roberto Gargarella는 권리에 기반한 헌법적 약속과 "[다양한 헌법적 권리로 보호되는] 소외집단의 정치적 영향력을 강화"하거나 "그들이 집권자를 결정하고 통제할 수 있는 능력을 강화하는" 구조적 법 조항 사이의 긴밀한 연결 고리를 강조한다.[115] 미국의 젊은 세대 학자 역시 민주적 절차가 경제적 불평등의 증가에 대응할 수 있게 하는 실마리로 시민 참여를 강조하며 그것이 정치적·사회적 삶에 미치는 영향에 주목한다.[116]

다른 학자들은 광범위한 형태의 권리 기반 보호가 입헌 민주주의의 개념에 필수적이라고 주장한다. 로널드 드워킨은 입헌 민주주의 개념의 핵심에는 모든 개인을 "동등한 관심과 존중"을 가지고 대하겠다는 약속이 위치한다고 주장한 것으로 잘 알려져 있다.[117] 나아가서 드워킨의 입헌 민주주의 개념에는 모든 시민에게 최대의 자유, 존엄성 및 평등을 제공한다는 국가의 약속이 수반되는데, 이는 슘페터와 같은 경쟁적 민주주의자에 의해 강조된 핵심적인 정치적 권리와 자유를 포함할 뿐만 아니라 이를 훨씬 더 확장한다. 드워킨에게 기본적인 헌법적 권리는 훨씬 더 광범위한 범위의 개인적 자유를 포함하며, 이는 프라이버시, 이동의 자유, 결정의 자율성, 차별 금지, 잔인하며 비인간적이고 모욕적 대우로부터의 자유와 같은 개념을 포함한다.[118] 이는 존 롤스 John Rawls와 같은 주요 정치이론가의 주장을 반복한 것인데, 롤스는 입헌 민주주의는 모든 제도가 ① 평등한 기본적 자유, ② 정치적 자유의 공정한 가치, ③ 분배적 정의의 원칙과 더불어 공정하며 공평한 기회를 보장하도록 고안될 것을 요구한다고 주장하였다.[119]

자유와 평등에 대한 개인의 권리를 보호하는 데 있어, 법원은 종종 자유, 존엄성, 평등에 대한 기속 그리고 이러한 두텁고 실질적인 민주적 이상을 모두 촉진하기 위해 행동한다. 이 과정에서 발생하는 난관은, 법원이 이러한 이상이 함의하는 것이 무엇인지 그리고 이러한 이상과 그에 대립하는 또 다른 가치의 균형을 가장 잘 맞추는 방법이 무엇인지에 대해 종종 논쟁의 여지가 있는 판결을 내린다는 것이다.

시민이 **입헌** 민주주의에 대한 기속을 유지하기를 원한다면, 자유, 존엄성 및 평등에의 권리에는 시민이 합리적으로는 불일치할 수 없는 일종의 "핵심 영역central ranges"이 존재한다.[120] 이러한 필수 사항의 내용이 무엇인지에 대해서는 논란의 여지가 있을 수 있지만, 최소한 이는 시민이 정치적 토론 및 입법 과정에서 서로를 존중하며 대하도록 요구하는 것처럼 보인다.[121] 그리고 이는 법률이 특정한 소수 집단에 대한 적의나 적대감에 기반할 수 있다는 생각을 배제할 것이다.[122] 이는 또한 신분 기반의 계층질서 혹은 집단 기반의 종속 체계를 반영하거나 생성하는 법률에 관한 생각을 배제할 것이다. 이와 같은 의미에서 민주주의는 최소한 어느 정도의 정치적·사회적 평등을 최소 핵심의 일부로서 전제한다.

그러나 자유, 존엄성 및 평등에 대한 권리에서의 핵심 영역을 넘어서 민주적 가치를 더욱 증진하려는 시도는 종종 법원으로 하여금 입헌주의 및 민주주의가 필요로 하는 것이 무엇인지에 대한 근본적으로 논쟁적인 관점을 제시하도록 만든다.[123] 또한 제러미 월드런Jeremy Waldron

과 같은 "정치적 입헌주의자"가 지적했듯, 이는 사법심사가 그 자체로 민주적 자치(자기지배)의 가치와 **긴장** 상태에 있음을 의미할 수 있다.[124]

정치적 의사소통의 자유나 위헌적 헌법 개정에 관한 묵시적 원칙과 같은 법리를 살펴보면, 이러한 법리의 핵심 목표는 경쟁적 민주주의에서의 협소한 약속을 보호하는 것이다. 이러한 법리는 또한 두터운 민주주의 개념들에서 암시되는 참여 및 숙고에 대한 더욱 넓은 범위의 약속들을 보호하는 역할을 한다. 그러나 이를 행하는 과정에서 택해지는 방식은 필연적으로 논쟁적이다. 또한 법관뿐만 아니라 시민 역시 이러한 질문에 대한 최선의 답이 무엇인지에 대해 합리적으로 불일치할 수 있다. 이는 어째서—국회, 제4의 권력 기관fourth branch, 독립 기관, 혹은 국민 자체가 아니라—법원이 민주주의 가치를 보호하고 증진하는 역할을 해야 하는지에 대한 의문을 제기한다.

권리에 대한 합리적인 의견 차이가 있는 경우, 월드런은 그러한 불일치를 해결하는 가장 공정하고 원칙적인 방법은 일반적으로 시민 간의 다수결 의사결정과 관련된 통상의 규범을 참고하는 것이라고 주장한다. 이는 자치의 과정에서 **평등**의 규범을 충분히 존중하면서 시민 간의 의견 불일치를 해결하는 유일한 근거인 것이다. 대의 민주주의에서 이는 일반적으로 통상의 입법적 다수에 의한 의사결정을 가리킨다. 비선출직인 독립된 법관이 내리는 최종 판결은 이에 포함되지 않는다. 월드런은 "선출되지 않았기에 책임 역시 없는 소수의 법관 사이에서의 다수결 투표에 특권을 부여함으로써" 사법심사는 "일반 시민의 투표권을 박탈하고 권리 문제의 최종적 해결에서 소중히 여겨지는 대표 및 정치적 평등의 원칙을 무시한다"라고 언급한다.[125]

이에 대한 하나의 답변은 바로 사법심사가 권리 보호의 "기준선"을 창출할 뿐이며, 그 기준선상에서 입법부는 서로 상충하는 권리와 이익의 균형을 가장 잘 조절할 수 있는 방법을 자유롭게 결정할 수 있다는 것이다. 그러나 이와 같은 주장은 이러한 기준선 자체가 종종 논쟁의 대상이 되는 정도, 혹은 그 자체가 합리적 의견 불일치의 대상이 되는 정도를 고려하지 않는다는 난점을 가지고 있다. 이러한 주장의 핵심 전제는 "입법행위가 입법 부작위inaction보다 기본권을 침해할 가능성이 더 크다"는 것이다.[126] 그러나 마크 투시넷이 주지하듯, "정부의 보호 실패가 기본권을 침해하지 않는다고 주장하는 것은 현대 자유주의 내에서 논란의 여지가 있는 입장을 취하는 것이다."[127] 다수의 국가에서 사법심사의 관행은 자주 다음과 같은 권리 간의 갈등에 관여한다─① 생명, 존엄, 개인의 안전에 대한 권리(낙태), ② 자유와 평등(혐오 표현), ③ 적법절차 및 개인의 안전 보장과 존엄성(형사 사법 제도), ④ 재산, 계약 및 사회경제적 권리.[128]

따라서 입법부에 의해 발생하는 권리 침해적 행위에 대한 "추가적 거부권"으로서의 사법심사라는 개념은 전 세계 대부분의 입헌 민주주의 국가에서 지지되는 것은 아니다. 사법심사는 숙의 및 소수자 권리 보호라는 민주적 가치를 보호하고 증진하는 데 큰 역할을 할 수 있지만, 이러한 역할 수행은 정치적 입헌주의자들이 제기하는 민주적 문제 제기로부터 면책되지 않고 오히려 이와 불가피한 긴장 상태를 이루며 진행된다.

마찬가지로 민주주의 정부가 정당성을 갖추려면 시민 간의 평등이라는 원칙을 기반으로 해야 하며, 이는 모든 형태의 사회적·정치적·경제적 종속의 제거를 요한다. 그러나 정당한 형태의 민주주의 정부라고 할지라도 여전히 피지배계층의 동의에 의존하여 운영되며, 결코 순전한 강압에 근거하여 운영될 수는 없다. 이는 민주주의에 있어 근본적인 긴장을 형성한다. 민주적 정당성은 모든 형태의 종속을 제거하기를 요구하지만, 이것이 이러한 변화를 이뤄 내기 위해 종속을 영속시키고자 하는 이들을 강요하여 이뤄지는 것이 아니라 설득하는 방식을 통해 이뤄질 것을 요구한다.[129] 이는 또한 종속의 의미 및 반종속의 요건에 대한 갈등이나 양극화가 지속되는 동안 법원이 "어느 당사자combatant도 다른 상대방에게 결정적으로 이기지 못하게" 하거나, 혹은 정치적 논쟁에서 양 당사자가 사법적 결정의 결과에 대해 똑같은 수준에서 만족하거나 만족하지 못하도록 할 것을 요구한다.[130]

D. 일리의 답변

이러한 문제 상황에 대한 일리의 답변은 법원이 헌법적 가치 증진의 역할을 매우 제한적이고 간접적인 의미에서만 수행해야 한다는 것이었다. 다시 말해 이는 입법 과정에서의 오작동에 대응하거나 이를 바로잡는 역할만을 추구함으로써, 민주주의의 문제에 대한 의미 있는 민주적 숙의에 참여하는 정치기관의 역량을 훼손하지 않는 것이다.[131]

일리는 이러한 종류의 광범위한 오작동 두 가지를 다음과 같이 식별하였다: "내부는 내부에 머물고 외부는 외부에 남도록 하기 위해 정치적 변화의 채널(통로)을 내부자가 틀어막고 있는" 것, 혹은 "아무도 실질적으로 의견을 내거나 투표하는 것을 거부당하지 않지만, 다수 집단의 대표자들이 단순한 적의 혹은 이해관계의 공통성을 인정하지 않는 편견적 거부에 따라 일부 소수 집단을 구조적으로 차별하며 이로 인해 대의제하에서 다른 집단에게는 제공되는 보호를 해당 소수 집단에게는 제공하지 않는"것.[132] 즉 그는 정치적 변화의 통로에 대한 차단과 더불어 "분리(단절)되고 고립된 소수discrete and insular minorities"에 영향을 미치는 법률 모두가 강화된 형태의 사법적 심사scrutiny를 정당화한다고 지적했다.[133]

이는 상당 부분 **캐롤린 제품**Carolene Products 판결에서 스톤Stone 대법관의 논리를 따른 것이었는데, 판결문의 유명한 각주 4번에서 스톤은 대부분의 법률은 합헌으로 추정되어야 하며 연방대법원의 합리적 심사 대상이 되어야 하지만, 이러한 합헌성의 추정은 "바람직하지 않은 법률에 대한 폐지를 끌어낼 것으로 일반적으로 예상되는 정치 과정에 대해 제한하는 입법", 혹은 "분리되고 고립된 특정한 소수 집단을 겨냥하거나 혹은 [그들에 대한 편견을 반영하는] 입법"에는 적용되지 않을 것이라고 주장했다.[134] 스톤 대법관처럼 일리 역시 미국 헌법의 해석에 초점을 맞췄지만, 이와 같은 생각은 확실히 더 광범위하게 적용될 수 있다.[135]

실제로 대표성 강화이론의 논리는 이 장의 시작 부분에서 제기된 해석적 선택의 질문에 상당히 명확한 답변을 제시한다:

(1) 낙태와 LGBTQI+의 권리: 연방대법원은 "자유" 및 "평등 보호"에 대한 권리가 낙태 또는 동성 결혼에 대한 권리를 포괄하는 것으로 해석해서는 안 된다. 이와 관련된 사례는 여성 및 LGBTQI+인 미국 시민에게 직접적으로 영향을 미치지만, 일리에 따르면, 이들

가운데 어떤 집단도 분리되고 고립된 소수 집단에 해당하지 않는다. 비교연구의 맥락에서, 남아공 헌법재판소와 같은 법원은 성적 지향에 근거한 차별을 없애거나 출산과 관련한 의료보장을 제공하기 위한 헌법 문언상의 명백한 요건을 실행해야 하기도 하지만, 이와 같은 법문이 없는 경우 다른 법원은 더 개방적인 헌법적 보장 내용의 해석을 통하여 동일한 결과를 얻으려고 해서는 안 된다.

(2) **묵시적 표현의 자유 및 평등권**: 일리의 논의는 정치적 변화의 통로를 유지하는 데 필요한 정치적 권리와 자유를 보호하기 위해 고안된 법 원칙을 지지하지만, 이는 더욱 광범위한 개인 또는 사회적 권리를 보호하기 위해 고안된 광의의 헌법 해석을 지지하는 것은 아니다. 유일한 예외는 이스라엘 대법원이 이스라엘 민주주의 체제하에서 잠재적으로 분리되고 고립된 소수자로서의 아랍계 이스라엘인Arab-Israelis의 권리에 대한 보호를 추구한 경우이다.

(3) **구조적 사회권**: 인도, 남아공, 콜롬비아, 브라질과 같은 국가의 법원은 사회권 관련 법 조항의 일반적 의미를 실현해야 하지만, 사회권 침해에 대한 구조적 대응책을 마련하기 위해 법문을 넘어서서는 안 된다. (사회권 침해가 소수 인종과 같이 분리되고 고립된 소수 집단에 영향을 미치지 않는 한 말이다.)

(4) **위헌적 헌법 개정 법리**: 위헌적 헌법 개정 법리는 헌법을 수정하려는 시도를 방어하지만, 이는 공정한 정치적 경쟁의 장을 보장하기 위한 시도를 넘어서는 방식으로 이뤄진다. 이는 일리가 정치

적 변화 통로의 일부로 분류하지는 않은 다양한 종류의 제도적 견제 및 균형을 포함하여 헌법적 질서의 기존 기능을 보호하는 데 있어 과도하게 나아가곤 한다. 따라서 법원은 이와 같은 원칙을 매우 신중하게 적용하거나 혹은 절대 적용하지 않아야 한다.

일리는 로와 같은 판결이 올바르게 내려졌다는 주장을 명시적으로 거부했다. 그는 수정헌법 제5조 및 제14조의 적법절차 조항은 법관에게 개인의 자유에 대한 제한에 관하여 실질적 타당성을 평가하도록 허락하는 것이 아니라, 공정한 절차가 준수되어야 함을 요구하는 것으로 이해하여야 한다고 주장했다.[136] 그는 로 판결을 "절차적" 접근법에 반대되는 "실질적" 접근법의 대표 사례로 꼽았다.

또한 일리는 도덕적·정치적 가치 판단을 법관이 내리는 것에 대체로 비판적이었다. 그는 "대의 민주주의에서 가치 판단은" 법원이 아니라 "선출된 대표자들에 의해 이뤄져야 한다"라고 주장했다.[137] 이는 그가 미국 헌법하에서의 자치에 대한 구체적 약속 그리고 더 광범위한 민주적 원칙 및 사상 모두를 통해 도출한 요점이기도 했다. 이를 토대로 판단하면, 일리는 로런스 판결과 오버거펠 판결 모두, 그리고 낙태권 및 동성 결혼의 권리를 인정하는 여타 유사한 판결에도 반대했을 것으로 보인다.[138]

이러한 맥락에서 일리는, 미국 내에서조차도, 강한 형태의 심사와 약한 형태의 심사를 구분 지었다. 그는 코먼로나 헌법 하위적subconstitutional 맥락에서 법원이 "법률이 대중의 가치를 진정으로 반영하도록 보장하여 다수의 권리를 보호"하도록 하는 것이 이치에 맞을 수 있지만, 이는 확고히 강력한 형태의 헌법적 재판의 맥락에서는 그렇지 않을 수 있음을 명시적으로 강조하였다.139 일리에게 중요했던 것은 민주적 가치에 대한 "합의된consensus" 관점에 효력을 부여하려는 법원의 판결을 입법부가 승인하지 않으면 입법부는 이를 "뒤엎을" 수 있다는 것이었다.140 제6장에서 더 자세히 살펴보겠지만, 로 판결이 낙태권에 관한 광범위하며 최종적인 규칙의 집합을 선포하였다고 여겨지지만, 케이시와 같은 판결은 이러한 판단 내용을 상당 부분 협소화하였고 이는 판결에 대한 일리의 지지를 얻는 데 있어 더욱 근접한 방식이다. 또한 일리는 낙태권이나 LGBTQI＋의 권리를 인정한 캐나다, 콜롬비아, 홍콩, 인도, 한국, 남아공 또는 영국 등의 법원에 대해서는 미국의 경우보다는 반대 입장을 덜 내비쳤을 것으로 보이는데, 이는 해당 국가에서는 헌법 개정이 훨씬 용이하기 때문이다. 또한 이들 중 몇몇 국가에서는 입법부의 재의결legislative override(입법부에 의한 무효 선언) 권한이라는 추가적인 권한이 존재한다. 제7장에서 자세히 살펴볼텐데, 이와 같은 제한 모두는 미국에 비해 훨씬 "약하며" 덜 종국적인 형태의 사법심사 모델을 창출해 내는 데 기여한다.

일리는 또한 어느 헌법적 맥락에서든 다양한 정도의 불확정성이 존재하며, 몇몇 헌법적 질문은 정통적인 법적 근거 혹은 또는 "양식modalities"을 참고로 하여 답변될 수 있음을 인정하였다.141 예를 들어 미국 대통령에 출마하기 위해서는 35세 이상의 성인이어야 한다는 자격 요건은 일리가 헌법적 목적이나 가치에 대한 "의식적인 참고가 필요 없을 정도로 명백하다"라고 여겼던 조항 가운데 하나였다.142 또한 이 정도로 해석적 의미가 명확하다고 여겨질 수 있는 다양한 비교 사례 역시 존재한다.

예를 들어 1996년 남아공 헌법 제9조 제2항은 국가가 "인종, 성 정체성gender, 성별sex, **성적 지향**sexual orientation 등의 이유로 직간접적으로 부당하게 차별할 수 없다"라고 명시적으로 규정하고 있다. 마찬가지로 제27조 제2항은 "모든 사람은 재생산(출산)과 관련된 의료를 포함하여 의료 서비스를 받을 권리를 가진다"라고 규정한다. 따라서 헌법 본문은 헌법재판소가 양성 및 동성 사이의 혼인관계, 혹은 이성 및 LGBTQI＋ 간의 관계에서 법적 평등을 보장하기를 명백하게 예상하고 있으며, 제27조 제2항의 본래적인 공적 의미에 대한 가능한 독해상, 피임 그리고 심지어 낙태에 대한 최소한의 법적 접근권도 헌법재판소가 보장하는 것을 명백히 예상하고 있다.

그러나 일리는 "해석주의interpretivism", 즉 헌법의 역사 및 문구만으로 헌법적 논쟁에 대한 구체적이고 결정적인 답변을 얻을 수 있다는 견해에는 대체로 회의적이었다.[143] 일리는 도덕적·정치적 가치 판단을 수행해야 하는 사건에서 법원이 상당히 제한적이고 절차 중심적 역할을 채택해야 한다고 보았다. 유일한 예외는 정치적으로 스스로를 보호할 수 없는 사회적·정치적 소수자인 "분리되고 고립된 소수자"를 대리하여 평등권 보호 청구가 제기된 사건이었다.[144]

또 다른 문제는 일리가 정치적 소통의 묵시적 자유 또는 위헌적 헌법 개정 법리에 어떻게 대응할지에 대한 것이다. 어떤 관점에서 보면 대표성 강화에 대한 고려는 이러한 법리(논의)를 지지한다.[145] 그러나 일리는 민주주의에서 선거적·제도적 다원주의에 대한 광범위한 위협보다는 선거구를 본인에게 유리하도록 조정하는 정치 지도자에 더 큰 우려를 나타냈다.

그러나 일리의 접근은 ① 헌법적 실체와 절차를 과도하게 구분 지으며, ② 미국 외 지역에서의 사법적 역량 혹은 (민주주의의) 오작동 및 대표성 강화 등을 고려하지 못했다는 점을 이유로 끊임없이 비판되어 왔다.[146] 일리는 민주주의를 정의할 때 다당제 경쟁이라는 조건하에서의 자유롭고 공정한 선거 개념에 초점을 맞춰 비교적 협의의 해석을 채택하였지만, 그는 평등한 대의 민주주의에 대한 폭넓은 (헌법적) 약속 역시 정의에 포함하였다.[147] 따라서 일리는 소수자 권리 보호에 대한 민주주의의 실패에 더욱 집중하였다. 결국 일리의 이론에서의 문제는, 협소하거나 두터운 의미에서의 민주주의를 보호하는 법원의 역할에 대해 지나치게 "절차화된proceduralized" 개념을 부여했으며, 헌법적인 "절차process"와 "실체substance"를 과도하게 구분 지으려 했다는 데 있다.[148]

E. 일리의 주장에 대한 비판

일리는 민주주의 체제에서 어느 정도의 정치적 경쟁이나 개방성이 적절한지는 자명하다고 하였다. 그러나 선거 제도에서 "최적의optimal" 정당 수 혹은 정치적 권리와 자유에 대한 합리적인 제한의 수준은 분명하지 않다. 마찬가지로 일리는 미국 헌법이 "재판적adjudicative" 절차와 "대표적representative" 절차를 촉진한다고 하였다. 그러나 로런스 트라이브Laurence Tribe의 주장처럼, 이러한 절차 가운데 어느 것이 언제, 어느 정도로 적용되는지는 해당 절차의 목적에 대한 실질적 판단에 달려 있다.[149] 이는 또한 일리의 캐롤린 제품 판결 스타일의 접근방식이 법원이 헌법적 권리의 범위 또는 상충하는 권리와 이익 사이의 균형에 대해 개방적인 **실질적** 판단에 관여해야 할 필요성을 회피하지 못하도록 한다.

일리는 또한 강화된 사법적 보호를 받을 만한 "분리되고 고립된 소수자"를 판별하는 데 법원의 평가적 판단이 필요함을 분명히 경시하였다. 특정 집단의 정치적·사회적·경제적 취약성은 시간이 흐르며 달라질 수 있다. 예를 들어 동성애자들은 심각한 사회적 편견의 대상이 되어 왔지만, 다수의 입헌 민주주의 국가 내에서 경제적·정치적 영향력을 확보해 오기도 하였다.[150] 따라서 그들은 사회적으로는 취약하지만 경제적·정치적으로는 점점 더 영향력을 키워 가고 있다. 마찬가지로 많은 입헌 민주주의 국가의 여성 역시 막대한 사회적·경제적 이득을 창출하기도 하였지만, 진정한 의미에서의 경제적·정치적 동등성을 달성하지는 못한 상태이다.[151]

게다가 일부 집단의 경우에는 집단에 속하게 된 것에 대한 구성원 잘못이나 책임과 관련하여 논쟁이 존재할 수도 있다. 흉악범은 종종 경제적 능력을 보유하지 못한 채 사회적으로 낙인찍히며, 구금 기간 및 구금 후에 선거권을 박탈당하곤 한다. 그러나 일부에서는 이것이 개별 수감자의 선택에서 기인하는 결과이며, 수감자라는 집단은 결코 차별받는 집단이 아니라고 주장한다. 집단의 "취약성"은 그 정도에 따라 결정되며, 이는 평등과 민주주의에 대한 포괄적인 기속의 일부로서 고려되어야 한다.

평등권 보호에서 법원의 역할에 대한 일리의 기본 관념 또한 평등에의 실질적 기속이라는 관점에서 볼 때 과소포함적under-inclusive이라고 여겨진다.[152] 해당 관점에서 보면, 그의 이론은 여성에게만 배타적 영향을 미치는 법률(예 낙태 제한법 등)에 대해 심사의 기준을 강화하였어야 했지만, 실제로는 그렇지 않았다. 또한 그의 이론은 이성관계에서 인정되는 것과 같은 수준에서 동성애자들의 성적 사생활을 보호하고 내밀한 관계를 인정하는 것과 같은 방식으로 동성애자에 대한 보호까지 나아갔어야 했다.

일리에게 "분리되고 고립된 소수자"를 보호하는 법원의 역할은 주로 차별의 역사적 형태가 투표 금지와 투표 가치 희석의 **법적·사실적** 형태와 밀접하게 연결된 미국 남부의 아프리카계 미국인 유권자의 경험을 포착하도록 설계된 것이었다.[153] 이는 미국 수정헌법 제14조의 평등한 보호 조항하에서 왜 아프리카계 미국인에 대한 차별이 엄격 심사상 문제가 되어야 하는지에 대한 설득력 있는 설명을 제공하였다. 그러나 이는 성별, 성 정체성, 성적 지향성, 결혼 여부, 연령 혹은 장애에 근거한 차별 등 다양한 실질적 평등의 가치의 관점에서 볼 때 미국 및 그 외의 지역에서 존재하는 다양한 형태의 차별의 "의심스러운suspect" 속성에 대해서는 포착하지 못하였다.[154]

이러한 (차별) 범주 모두는 인간의 존엄성을 훼손하는 불공정한 고정관념 및 편견의 핵심이 되어 왔다.[155] 이러한 특질characteristic이 모두 불변의 것이거나, 감당할 수 있는 개인적 희생을 통해서는 변경이 불가능한 것이거나, 근본적으로 개인적인 것이거나 개인의 정체성을 구성하는 것이라는 점을 고려할 때, 이러한 (차별) 취급은 더욱 우려스럽다.[156] 특질의 실제적 혹은 **사실상의** 불변성은 이러한 특질에 근거한 차별이 평등한 기회에 대한 개인의 향유에 있어 본질적인 장애가 됨을 의미한다.[157] 또한 특질의 구성적 속성은 이러한 차별에 의해 가해질 인간 존엄성에 대한 잠재적 해악을 증가시킨다.[158] 여성, 특히 임산부 및 기혼 여성, 성소수자, 청년 및 노인, 정신 및 신체적 장애를 가진 사람들 역시 구조적인 경제적·법적·정치적 불이익에 직면해 왔다: 여전히 여성은 남성보다 소득이 훨씬 적으며, 선거권 및 피선거권을 획득한 지 오랜 시간이 지났음에도 여전히 공직에 선출될 가능성은 낮다. 역사적으로 법은 성소수자의 정체성을 인지하는 데 실패해 왔으며, 사실상 종종 이를 범죄화하였다. 노인 및 장애를 지닌 사람 역시 사회적·경제적 소외를 겪어 왔으며, 정신장애가 있는 이들은 훨씬 더 심각한 정도의 정치적 소외를 겪어 왔다.

그러나 이러한 집단 가운데, 지리적으로 집중되어 있으며 효과적인 정치적 연합을 형성할 수 없다는 의미에서의, 진정으로 "분리되고 고립된" 집단은 거의 없다. 남성과 여성은 흔히 같은 지역을 넘어 같은 가구에 거주하고는 한다. 노인 및 장애인 역시 보통 가족 및 지역사회와 긴밀한 관계를 맺으며 지리적으로 널리 퍼져 있다. 또한 민권단체와 비정부기구NGO의 활동을 보면, 이러한 단체 중 다수가 여전히 차별받고 경시받고 있음에도 불구하고 이들이 성공적인 정치적 연합을 구축하는 데 있어서 상당한 결과를 내었음을 알 수 있다.

F. 일리의 주장을 넘어선 대표성 강화 논의

게다가 다음 장에서 더 자세히 살펴보겠지만, 일리의 주장은 민주주의와 민주적 대응성에 대한 이 시대의 가장 긴박한 위협 대부분을 포착하지 못했다. 일리는 "분리되고 고립된" 소수자의 권리와 이익을 방해하는 선거상 다수자의 **고의적**_deliberate_ 시도에 초점을 맞추었지만, 오늘날 개인의 권리는 입법 활동만큼이나 그 활동의 부재로 위협받곤 한다. 또한 일리가 정치인이 정치적 변화의 창구를 막으려는 시도를 할 때 생기는 위험을 강조한 반면, 다음 장에서 더 자세히 다루겠지만 오늘날 민주주의에 대한 위험은 종종 단순히 민주적 경쟁과 책임에 대한 헌법적 약속을 막는 것이 아니라 아예 파괴하려는 시도와 연관되어 있기도 하다.

이러한 종류의 위협적 행위는 신구新舊 입헌 민주주의 국가 모두에서 발생해 왔는데, 특히 많은 이들이 논의하듯이 영국과 미국 같이 세계에서 역사가 가장 오래된 민주주의 국가 일부에서도 발생하였다. 영국에서는 대법원Supreme Court이 밀러 II_Miller II_ 사건에 개입하기 전, 보리스 존슨Boris Johnson 총리가 자신의 내각정부에 대한, 특히 유럽연합을 탈퇴하려는 시도에 대한, 의회의 감시권을 약화하기 위한 수단으로서 오랜 코먼로 권한인 의회 정회권powers to prorogue parliament을 사용하려고 시도하였다.[159] 그 과정에서 그는 대중을 오도하며 언론을 공격하였다.[160] 미국에서는 도널드 트럼프Donald Trump 대통령이 2020년 11월 선거에서 패하기 전 연방법원과 언론을 공격하고 주요 정부 기관 및 제4부 권력the fourth branch에 해당하는 기관의 독립성을 공격하고 나섰다. 또한 선거 기간 앞뒤로 트럼프는 선거 과정에 대한 불신과 의회를 향한 폭력을 조장하였다.[161]

따라서 사법적 대표성 강화에 대한 현대적 설명이 헌법의 해석적 선택에 대한 지침으로 유용성을 갖추려면 일리 스스로가 제공한 것 이상으로 그 설명은 더욱 포괄적이며 더욱 현 상황에 부합해야 한다. 이는 민주주의에 대한 협소하거나 두터운 이해 모두를 결합해야 하며, 이러한 이해의 정확한 범위에 대한 필연적인 의견 불일치를 인정해야 하고, 민주적 약속이 현대의 비교적comparative 환경에서 어떻게 위협받을 수 있는지에 대한 폭넓은 관점을 취해야 한다.

현대의 "비교정치과정이론CPPT" 역시 이와 같은 합의에서 출발한다. 예를 들어 가드바움은 많은 민주주의 국가에서 법원이 아래와 같은 네 가지 정치 시장의 실패political market failures에 대처하는 데 중요한 역할을 한다는 의견을 제시한다: ① 입법부의 심의부재non-deliberativeness, ② 행정부의 책임을 묻는 부문에서의 입법적 실패, ③ 독립 기관에 대한 정부의 장악, ④ 특수 이익에 근거한 정치 과정 장악.[162] 닐스 피터슨Niels Petersen은 대표성 강화 심사에 대한 현대적 이론에 관한 지침으로서 "정치 시장의 실패"에 대한 유사한 분류법을 제안한다. 일리와 흡사하게 피터슨은 소수자를 보호하는 데 있어서 헌법재판 기관의 중요한 역할과 "권한 분쟁의 중재자"로서 법원이 가지는 전통적인 역할에 주목한다.[163] 그러나 피터슨은 법원이 또한 "입법부에 의한 장악(입법독재)"을 방지하고 "대외적 영향을 바로잡는" 식으로 "입법 절차의 온전성integrity을 보호"하는 중요한 역할을 수행한다고 밝힌다.[164] 마누엘 세페다Manuel Cepeda와 데이비드 랜도David Landau는 법원이 일리가 정의한 기능에 더해 민주주의의 보호 및 증진에서 세 가지의 폭넓은 역할을 할 수 있다고 제안한다. 그 역할은 ① 민주주의 붕괴의 방지, ② 민주적 제도의 질적 제고, ③ 다수의 집단에 영향을 미치는 정치 제도의 실패에 대한 대응이다.[165] 랜도는 또한 초기 저작을 통해 민주적 제도를 구축하고 정치 제도 내의 문제점을 해결하며, 민주적 경쟁을 위한 대안적

공간을 마련하는 데 법원이 잠재적 역할을 가짐을 강조하였다.[166]

　이상의 비교정치과정이론 학자들은 민주적 오작동에 대응하여 **강한 형태의 사법심사**와 **약한 형태의 사법심사** 모두를 활용하는 것을 지지한다. 예를 들어 사무엘 이사차로프Sam Issacharoff는 정치적 변화의 통로를 유지하며 민주적 퇴행을 방지하는 데 법원의 강력한 역할이 필요하다고 한다. 이러한 의미에서 그는 민주주의 수호에서 법원의 "강한" 사법심사, 강력한 형태의 "민주주의 위기관리hedging"에 대한 주요한 지지자이다.[167] 그러나 그는 나와의 공동 저작 및 여타 저작에서, 이러한 민주주의 위기관리 기능을 수행하는 데 있어서 사법적 지연, 연기 및 회피 등의 전략적 방식의 가치 역시 강조한다.[168] 미카엘라 하일브로너 Michaela Hailbronner는 찰스 사벨Charles Sabel과 윌리엄 사이먼William Simon 의 공법 소송 개념에 공감하며 이는 "안정화되지 못한 권리destabilization right"를 집행하는 데 도움이 되거나 혹은 입법적 또는 관료적 타성 형태의 정치적 장애물을 극복하는 데 도움이 된다고 본다.[169] 그러나 그는 또한 특정 맥락에서는 사법심사에 대한 지나치게 약하거나 실험적인 접근방식이 위험할 수 있다고 주장한다.[170] 마찬가지로 랜도는 비효율적인 정부와 민주주의의 쇠약이라는 긴밀한 두 가지 위험이 법원으로 하여금 강한 심사 및 약한 심사의 혼합방식을 채택하게 하거나, 혹은 약한 형태와 강한 형태 사이의 스펙트럼 가운데 어딘가에 위치하는 일련의 도구를 발굴하게 하는 근거를 제공한다고 제안한다.[171] 사회적 권리의 관점에서 캐서린 영Katharine Young은 법원이 채택하는 사법심사 방식은 현존하는 특정한 민주적 장애물 또는 병적 측면에 따라 달라져야 한다고 제안한다.[172] 그는 사법심사가 "강제적" 또는 "관리적"(즉 강한 형태)이어야 하는지, 혹은 "존중적", "대화적" 또는 "실험적"(즉 제한적이거나 약한 형태)이어야 하는지의 정도는 정부가 "사회적·경제적 권리를 고의적으로 방해하거나 심지어 적대성을 보이는지, 그리고 해당 권리를 의도적으로 무시하는지, 그리고 권리 실현이 아예 불가능한지" 여부에 따라 달라져야 한다고 주장한다.[173] 맬컴 랭퍼드Malcolm Langford도 마찬가지로, 사법 기관이 "법적으로 부여받은 (광범위하거나 협소할 수 있는) 사회적 사명" 그리고 사법 기관과 타 행위자(국가 기관, 여론, 사적 행위자) 간의 재귀적reflexive 관계를 포함하여 스스로의 "제도적 역량 및 정당성"에 주목하는 "대응적 법원"이라는 개념을 가지고 비교정치과정이론의 변형을 주장한다.[174]

해당 학자 대다수는 앞에서 제기되었던 해석적 선택의 질문에 일리에 비해 더욱 폭넓게 답할 것이다. 많은 비교정치과정이론 학자들은, 민주적 정치에서의 특수한 이익의 역할에 맞서고 "입법부에 의한 장악(입법독재)"을 극복하거나 "다수 집단에 영향을 미치는 정치적 제도의 실패에 대응"하는 수단으로서, 법원이 낙태나 동성 결혼에 대한 권리를 보호하는 역할을 해야 한다고 주장할 것이다. 대부분은 호주 고등법원과 인도 대법원이 민주적 토론의 질을 보장하기 위한 필요 조건으로 정치적 자유와 평등에 대한 묵시적 권리를 보장해야 한다는 데 동의할 것이며, 일부(세페다와 랜도 등)는 추가적인 개인의 자유에 대한 인정 또한 다수 집단에 영향을 미치는 정치 제도의 실패에 대한 대응책으로서 지지할 것이다. 대부분의 학자(가드바움, 세페다, 랜도 등)는 행정부에 더 큰 책임을 지우기 위한 수단으로, 또한 마찬가지로 다수 집단 및 기관에 영향을 미치는 정치적 제도의 실패에 대한 대응으로, 그리고 "민주적 경쟁의 대안 공간"을 마련하는 데 도움을 주는 방안으로 폭넓은 개별적·구조적 형태의 사회권 집행을 지지할 것이다. 또한 거의 모든 학자는 법원이 특정 상황에서 독립 기관의 통치를 막고 입법 과정의 온전성을 보호하고 또는 민주주의 붕괴를 방지하기 위한 수단으로서 위헌적 헌법 개정 법리를 발전시키며 적용해야 한다는 의견에 지지를 보인다.[175] 실제로 이는 다수의 비교정치과정이론 학자들에게 "민주주의 위기관리"에 임하는 법원의 전형적 사례이다.[176]

더욱이 이상의 학자 각각은 모두 이러한 아이디어가 국제적 맥락에 맞게끔 일리의 생각을 적용하고 확장한 것을 나타낸다고 주장한다. 예를 들어 가드바움은 "대의적 민주주의 시스템을 선출된 대표들에 의한 침식 혹은 붕괴로부터 보호하는 것을 대표들에게만 독점적으로 맡길 수 없다는 일리의 핵심적 통찰은 강력한 것"으로 남아 있지만, 비교연구의 목적에서, 침식 및 붕괴에 대한 일리의 설명은 "다양한 측면에서 너무 협소하다"라고 시사한다.[177] 세페다와 랜도 역시 일리에 대한 그들의 폭넓은 독해는 세계의 법적 질서, 특히 "남반구"에서 직면한 다양한 문제점에 대응하기 위해 고안되었다고 주장한다.[178]

대응적 사법심사의 아이디어는 헌법의 해석적 선택을 민주적 장애 자체나 오작동의 원인에 대한 법관의 관심과 연결하는 일의 가치에 관한, 일리 및 신일리학파의 비교 학자 모두에 의해 개발된, 이러한 이해에 기반한다. 이는 간단히 말해 반민주적 독점 권력, 민주주의의 사각지대, 타성의 부담 등의 위험에 집중하는 맥락에서 민주주의 오작동의 개념에 분명한 초점을 맞추는 것을 목표로 한다.

제 3 장

민주주의와 민주주의의 오작동에 대한 정의

프리덤 하우스Freedom House는 2009년부터 2019년 사이에 완전한 자유 민주주의 국가로 분류된 국가의 비중이 약 46퍼센트에서 42퍼센트로 감소한 반면, 자유롭지 못한 국가는 24퍼센트에서 25퍼센트로 증가했다고 밝혔다.[1] 기존 민주주의 국가 41개국 가운데 25개국이 자유 민주주의의 전반적인 쇠퇴를 겪었고, "부분적 자유 민주주의 국가"로 구별되는 국가 가운데 다수에서는 정치적 다원주의와 개방성의 감소세가 분명하게 나타났다.[2] 실제로 일부 국가에서는 권위주의 통치를 지지하는 움직임으로 말미암아 민주주의의 작동이 전면 중단되기도 하였다.[3] (최근 방글라데시, 피지, 미얀마 혹은 태국에서의 전개 상황을 떠올려 보기 바란다.) 일부에서는 민주적 최소 핵심 가치, 또는 야당 지도자와 정당, 정당과 국가의 분립, 정치적 권리 및 자유, 헌법상의 "수평적"·"수직적" 견제와 균형 등에 대한 일련의 "비밀스러운" 공격이 목도되기도 하였다.[4]

심지어 현재 "상당히 잘 운영되는" 다수의 헌법 체제에서조차 헌법적 약속의 실질적 구현을 저해하는 장애물이 존재한다.[5] 예를 들어 입법 과정은 종종 "사각지대" 및 "타성의 부담"에 노출되곤 하는데, 이는 법이 다수와 소수의 권리 모두에 대한 민주적 다수의 진화하는 이해를 반영하지 못함을 의미한다.

따라서 《민주주의와 불신》이 출판되고 40년이 흐른 현재, 일리의 논의가 오늘날 입헌 민주주의에서의 모든 오작동을 다루지 못했다는 것은 명백하다. 다음 장에서 살펴보겠지만, 법원은 비록 방법과 정도는 다를지라도, 종종 이러한 민주주의의 장애물 각각에 대응하는 중요한 능력을 가진다. 그러나 이 장의 목적은, 이러한 각종 장애물이 사법심사 과정에서 어떻게 정보를 제공할 수 있으며 제공해야 하는지에 대한 자세한 탐색에 앞서, 이러한 장애 요소를 개략적으로 설명하고 분석하는 데 있다.

우선, 이 장에서는 대응적 사법심사이론의 핵심에 놓여 있는 민주주의에 대한 이해를 탐구한다. 이러한 이해에서는 민주주의에 대한 협소한 이해와 두터운 이해를 결합하거나 경쟁적인 이해와 숙고적인 이해를 결합하고, 각각의 이상(이해)이 함의하는 것에 대한 의견 불일치의 불가피성을 강조한다. 이어서 이 장에서는 선거 및 제도적 독점권(예 독점권의 반민주적 형태), 민주주의의 사각지대 및 민주주의의 타성의 부담 등의 위험이 이상의 다양한 양상의 민주주의에 끼치는 여러 현실적 위협에 대해 논의한다. 이 과정에서 나와 데이비드 랜도의 공저에서 제시된 "민주주의의 최소 핵심"의 개념 그리고 이러한 핵심에 대한 본질적으로 헌법 "남용적인abusive" 현재의 다양한 위협을 명시적으로 활용할 것이며,[6] 더 간접적으로는 사법심사의 약화된 혹은 "대화적" 형태에 대한 핵심 사례와 관련해 내가 수행한 기존 작업을 참고할 것이다.[7] 그러나 각 사례에서 논의는 어떻게 민주적 절차가 민주적 입헌주의의 약속에서의 핵심인 대응성에 대한 약속에 부응하는 데 실패할 수 있으며 실제로 부응하지 못하는지에 집중할 것이다.

A. 민주주의 정의 내리기

제2장에서 언급했듯이, 기존의 민주주의이론은 민주주의에 대한 두 가지 광범위한 이해로 나타난다. "협소한/협의적thin" 개념의 민주주의는 민주주의를 서로 대립하는 정당 간의 규칙적이고 자유로우며 공정한 선거를 기반으로 하는 경쟁 체제로 규정하며, "두터운/광의적thick" 이해의 경우 민주적 숙고 및 소수자의 권리 보호에 대한 약속의 중요성을 강조한다.[8]

사법심사에의 대응적 접근방식은 또한 민주주의에 대한 협의의 이해와 광의의 두터운 이해 모두에 대해 진지하게 고려하고자 하며, 이와 같은 다양한 이해가 함의하는 것에 대한 시민 간의 합리적인 불일치가 존재한다는 점을 인정하려고 한다. 이는 다시 말해 민주주의에 대한 기속이 상호 구별되며 보완적일 수 있는 두 단계로 작동하는 것으로 이해함을 뜻한다: 첫째로는 정치적 권리와 자유에 대한 보호 및 견제와 균형 시스템에 기반하는 "민주적 최소 핵심" 혹은 복수 정당 간의 자유롭고 공정한 선거 시스템─혹은 **선거적·제도적** 책임성에 필요한 최소한의 핵심 규범 및 제도의 집합에 대한 기속이 있고, 둘째로는 건전한 국가 경영과 숙고를 촉진하는 것을 목표로 하는 광범위한 권리, 자유 및 제도에 대한 기속이 있다. 하지만 이러한 권리 그리고 숙고에 대한 기속의 범위에 대하여는 시민 간의 합리적 의견 불일치가 있을 수 있음을 인식하고, 따라서 이러한 질문과 관련한 민주적 다수의 이해에 대한 대응의 필요성을 인정해야 한다.

민주주의에 대한 첫 번째 개념은 슘페터와 같은 학자가 발전시킨 민주주의에 대한 경쟁적 관념을 기반으로 한다.[9] 이는 또한 입헌 민주주의가 진정한 의미에서 경쟁적이려면, ① 자유롭고 공정한 다당제 선거, ② 정치적 권리와 자유, ③ 광범위한 제도적 견제와 균형 등에 대한 헌법적 기속을 포함해야 한다는 제안으로까지 확장된다.[10] 입헌 민주주의 체제의 이러한 각 갈래는 상호 강화적이며 따라서 민주적 최소 핵심에서 필수적인 영역을 구성한다. 이것은 또한 민주적 대응성 및 책임성을 촉구하는 수단으로서 두 가지 폭넓은 목적, 즉 선거적·제도적 다원주의를 보장하는 목적을 수행한다. 따라서 민주주의의 최소 핵심에 대한 위협은 선거 및 제도적 다원주의에 대한 위협 혹은 다원주의를 잠식하려고 하거나 지배적 정당이나 군림하는 행정부 또는 대통령과 같은 단일 독점 기구의 선거적·제도적 권력을 강화하려는 시도의 형태로서 이해될 수 있다.

이러한 의미에서, 민주적 최소 핵심의 개념은 그 본질상 전적으로 절차적이지도, 실질적이지도 않다: 이는 본질적으로 광의보다는 협의의 민주주의 논의이긴 하지만, 절차와 실질의 구분을 초월한다.[11] 또한 이는 상당 부분 제한적이거나 특정한 의미에서 민주주의에 대한 "협의의" 설명에 해당한다. 이는 특정한 하나의 정치이론이나 헌법이론에 기초하지 않으며, 민주주의가 요구하는 것과 민주주의 체제 사이에 현존하는 관행에 대한 민주주의이론가 간의 중첩적 합의에 기초한다.[12]

민주주의의 개념에 대해서는 근본적으로 논쟁의 여지가 있는 반면, 세계적으로 잘 작동하고 있는 입헌 민주주의에는 **공통으로** 식별되는 다양한 제도가 실재한다. 이는 규칙적이며 자유롭고 공정한 선거의 실시, 정치적 권리와 자유의 보장, 선거의 책임성과 온전성 유지 및 이러한 정치적 권리와 자유 보호에 필요한 견제와 균형을 보장하는 제도이다. 이러한 중첩은 민주주의의 "최소한의 핵심"에 필수적인 범위 혹은 내용에 대한 우리의 직관에 영향을 미칠 수 있다. 이러한 중첩에 따라 추정되는 점은, 전 세계 모든 (혹은 적어도 대다수의) 입헌 민주주의에서 공통으로 가지는 제도는 민주적 최소 핵심을 유지하는 데 어느 정도는 필요하다는 것이다.[13] 이것이 바로 랜도와 내가 "초국가적인 헌법적 닻 내리기transnational constitutional anchoring"라고 칭하는 개념이다.[14]

이러한 이해는 또한 유럽의 다양한 기관이 인권의 공통적인 핵심 개념 혹은 유럽의회Council of Europe나 유럽연합EU에 가입하기 위해 요구되는 공동의 민주적 약속과 가치를 정립하려고 했던 방식과도 유사하다. 예를 들어 유럽인권재판소ECtHR의 경우 회원국 간 관행에서 차이 대비 중첩의 정도를 기반으로 권리의 집행에 대한 가변적인 접근방식(소위 '판단(평가) 여지(재량)margin of appreciation' 법리라고 불림)을 채택하고 있다.[15] 회원국 간의 합의 혹은 중첩의 정도가 실질적으로 더 클수록, 유럽인권재판소는 회원국의 법률을 더욱 면밀히 심사하는 한편, 차이가 클수록 국가들이 협약의 권리를 이행하는 최선의 방식 혹은 권리 기반의 민주주의 개념이 요구하는 것에 대한 자율적 판단을 내릴 수 있는

'판단의 여지'의 폭은 더욱 넓어진다.[16]

마찬가지로 유럽연합은 회원국이 민주주의, 법의 지배, 인권, 소수자 보호에 대한 약속(코펜하겐 원칙)을 존중할 것을 요구한다.[17] 무엇보다도 유럽연합은 민주주의는 비밀투표를 통한 자유선거, 국가의 방해 없이 정당을 설립할 권리, 자유로운 언론에 대한 공정하며 동등한 접근, 자유로운 노동조합 조직, 의견 표명의 자유 및 법에 의해 제한되는 행정 권력과 행정부로부터 독립적인 법관에 대한 자유로운 접근권을 포함한다고 밝혀 왔다.[18]

이상의 비교가 시사하듯, "최소 핵심"의 내용은 지역이나 헌법 체제별로 다를 수 있다.[19] 예를 들어 대통령제는 제한 정부limited government의 규범이나 행정권에 대한 제약을 유지하기 위해 어떤 것이 필요하냐는 질문에 의회제와 다른 답을 할 수 있다. 또한 지역적 규범은 범세계적으로 "최소한의 공통 분모"를 찾는 방식을 통해 생성되는 최소 핵심보다 더 두터운 최소 핵심을 나타낼 수도 있다.

그러나 민주주의에 대한 두 번째 이해는 이러한 종류의 세계적 또는 지역적 최소 핵심보다 그 본질에 있어 일관적으로 광범위하며 좀 더 실질적이다. 이것의 기원은 평등, 자유, 존엄성 혹은 시민 간의 "동등한 존중과 관심"의 규범에 기반한 자치(자기지배)에 대한 기속에 있다.[20] 그리고 이와 같은 이상ideals에 대해 시민 간에는 광범위한 합의가 존재할 수 있는 반면, 특정한 구체적 맥락에서는 이에 대한 정확한 범위 및 내용에 대해 서로 다른 의견이 존재할 여지 역시 분명히 존재한다. 이와 같은 의견 불일치는 민주적 관점에서 보았을 때 본질적으로 합리적이다: 이는 민주주의에서 시민이 이러한 질문에 대해 자유로이 판단할

수 있으며 보통 이러한 질문과 관련하여 서로 다른 삶의 경험을 보유한다는 사실을 반영한다.[21]

이는 민주적 최소 핵심이 요구하는 것, 또는 실제로 요구할 것으로 합리적으로 이해되는 것에 대해 항상 합의가 존재할 것이라고 제안하는 것이 아니다. 심지어 비교적 추상적인 수준에서 폭넓게 합의된 원칙이라고 할지라도 이행 단계에서는 합리적인 의견 불일치를 유발할 수 있다. 그러나 민주주의의 두 가지 층위에서 합리적 의견 불일치가 가능하다는 사실은 민주주의 개념에서 적어도 이론적으로는 합리적 의견 불일치를 허용하지 않으며 불확정적인 것으로 취급되어서는 안 되는 논쟁 불가의 "핵심"이 존재한다는 명료한 요점에서 벗어나지는 않는다.

더욱이 각각의 이해는 민주적 "대응성"이라는 개념에 상이한 관계를 가진다. 예를 들어 민주주의에 대한 최소 핵심적 이해는 경쟁 구도의 대립하는 정당 혹은 엘리트 간 경쟁의 가치를 강조하여 해당 엘리트의 **사후적인** 책임성을 촉진할 뿐 아니라 동시에 **사전적**으로는 민주주의에서 중위 투표자의 견해 또는 선호에 대한 대응성 또는 정책 대응성을 촉진하기도 한다.[22] 또한 민주적 최소 핵심은 헌법 체제하에서 이러한 구조적 대응성을 보장하는 데 필수적인 제도를 규정한다.

민주주의에 대한 더 폭넓은 설명 역시 헌법 체제가 개인의 권리 주장에 대응해야 하고 일부 경우에는 민주적 다수의 의견에 대응적이어야 한다고 강조한다.[23] 때에 따라 다수결 원칙에 대한 약속은 법의 지배나, 역사적 핍박 혹은 불의에 대한 시정과 같이 이와 상충하는 헌법적 규범과 가치, 혹은 특정 소수자의 권리에 대한 명확한 문언상의 보장에 적절히 자리를 내줄 수도 있는 것이다. 이와 같은 경우, 헌법 체제는 민주적 대응성의 규범이 아닌 다른 규범, 혹은 민주적 무대응성의 형태의 규범에 더욱 헌신할 수도 있다.

그러나 다른 경우에는 다수의 이해가 민주적 숙고 혹은 소수자 권리 보호에 대한 약속을 지지하거나 이와 일치할 수도 있다. 소수자들은 특정 권리의 인정을 주장하면서 그에 대한 근거를 헌법 문언, 역사, 체계 혹은 선례에서 제한적으로 찾을 수도 있지만 오히려 현대 민주주의에 대한 이해에서 그러한 주장에 대한 더 넓은 지지를 확보할 수도 있다. 이러한 경우 민주적 대응성에 대한 기속은 정치체제가 민주적 다수의 견해를 반영하는 것이 갑절로 중요함을 시사한다.[24] 이러한 상황에서, 관련된 권리 주장을 거절할 원칙적 근거는 존재하지 않을 것이며, 권리 주장을 인정해야 한다는 강한 주장이 협의 및 광의의 민주주의 개념 양측에서 제시될 것이다. 따라서 소수자의 권리 주장에 대한 민주적 다수의 옹호는 일반적으로 해당 권리 인정에 대한 주장을 뒷받침하기에 (항상 필수적인 것은 아니더라도) 충분할 것이다.

이 장의 나머지 부분에서 더 자세히 살펴보겠지만, 민주주의의 이러한 양상은 각각 민주적 오작동의 다양한 원인에 의해 위협받을 수도 있다.

B. 민주주의의 오작동: 반민주적 독점 권력

상기하자면, 입헌 민주주의 체제의 "최소한의 핵심"은 이하의 세 가지 광범위한 요소로 구성되는 것으로 이해할 수 있다: 즉 ① 다당제 아래의 자유롭고 공정한 선거, ② 정치적 권리와 자유, ③ 다양한 제도적 견제와 균형 등에 대한 기속이 그것이다. 일리에게 주된 위험은 재임 중인 정치가들이 정치적 변화를 위한 통로인 선거를 훼손하는 방식으로 자신에게 유리하게 선거의 (운동)장을 기울어뜨릴 수 있다는 것이었다.[25] 그러나 오늘날 많은 국가에서 정치적 행위자political actors(정치 과정에 참여하는 이들)는 민주적 최소 핵심을 더욱 약화하는 방법을 취하고 있다. 그들은 정치적 시위와 반대 의견의 범위를 공식적이며 **사실적인** 차원 모두에서 좁혀 가고 있으며, 독립 기관이었던 법원이나 제4부 권력 기관에 대해 고도로 정치적인 임명을 진행하고 더 나아가서 때로는 현직의 공직자를 내쫓고, 의회 및 기타 공적 기관의 권한을 사교장party rooms 혹은 사적 공간으로 이전하며, 연방주의와 여타의 견제와 균형을 약화한다. 특히 대통령의 경우 연임 횟수에 제한을 두는 헌법 조항을 삭제하거나 제한하려고 시도하며 종종 이에 성공하기도 한다. 이를 위해 그들은 공식적·비공식적 형태의 헌법 개정 방식을 사용한다.[26] 각각의 경우에 대한 결과는 선거 및 제도적 다원주의의 쇠퇴 혹은 반민주적 독점 권력의 부상浮上이었다.

유럽, 중동, 라틴 아메리카, 아시아 및 아프리카에서 지난 10년에 걸쳐 벌어진 헌법 사건을 살펴보자. 헝가리에서는 2010년 선거에서 피데스Fidesz (헝가리 시민동맹)가 단순 과반수 득표에도 불구하고 의회 의석의 3분의 2 이상을 차지하면서 헌법재판소를 비롯한 주요 국가 기관을 무력화하기 위한 헌법 개정에 착수하였다.[27] 그 뒤 피데스는 전면적인 헌법 교체에 돌입하였는데, 새로운 헌법은 선거로 확인된 다수electoral majority를 통제하기 위해 고안된 견제 제도를 약화하였으며, 피데스를 권력에서 축출하는 일을 더욱 어렵게 만들었다. 폴란드에서는 2015년에 "법과 정의당PiS"이 의회 내 다수를 차지하며 헌법재판소의 권한 및 독립성을 훼손하는 법안을 통과시키는 일에 착수하였다.[28] 그 뒤 이 당은 기존의 독립적 권력 기관과 정치적 자유, 그리고 시민사회, 집회의 자유 및 선거 규칙을 대상으로 하는 법률에 대한 당의 공격을 승인하고 보완하는 데 헌법재판소를 활용하였으며, 정치적 권력을 언론 규제 기관 등 타 주요 기관을 재편하는 데 이용하였다.[29] 불가리아, 체코, 루마니아를 포함한 동유럽의 다른 국가에서도 이와 흡사한 변화가 발생하였다. 이 국가들은 아직은 헝가리와 폴란드에서 나타난 경쟁적 권위주의를 향한 동일한 움직임을 겪지 않았으나, 제도적 다원주의의 규범과 포용성 및 관용에 대한 더욱 폭넓은 자유주의 규범에 대해 상당히 심각하고 지속적인 다양한 공격이 있어 왔음을 목도해 왔다.[30]

　　중동의 경우 입헌 민주주의에 대한 지속적인 기속이 비교적 미약하게 드러남에도 불구하고, 해당 지역 내 주요 국가에서도 이러한 기속의 쇠퇴가 의미 있는 수준으로 나타났다. 튀르키예의 레제프 타이이프 에르도안Recep Tayyip Erdoğan 대통령은 2014년에 당선된 직후에는 자유화 및 민주주의를 향한 움직임을 보였으나, 이후 언론인, 법률가, 정적, 선거관리위원회High Election Board와 같은 기관, 공무 기관, 법원 등을 표적으로 삼고 나아가서 대통령의 권한을 확대하고 견제와 균형을 약화할 수 있도록 긴급권과 헌법 개정 절차를 발동하는 식으로 자유주의, 세속주의 및 선거적·제도적 다원주의에의 헌법적 기속을 점진적으로 공격해 왔다.[31] 이스라엘에서도 제도적 다원주의에 대한 기속의 붕괴에 관한 징후가 좀 더 제한적이지만 주목할 만하게 나타나 왔다.[32]

　　라틴 아메리카에서도 유사한 흐름이 나타난다. 베네수엘라에서

1998년에 집권한 우고 차베스Hugo Chavez 대통령은 헌법 교체를 통해 기존에 존재하던 헌법적 견제와 균형을 제거하고 야당과 협력하던 정부 기관을 폐지하였으며 대통령의 권한을 강화하였다. 그는 뒤이어 대통령 연임 제한을 없애고, 사법부, 언론 및 기타 기관을 개편하는 다수의 법안을 통과시키는 등 헌법 및 법률 개정 과정을 이용해 대통령직의 권력을 더욱 확대하였다.[33] 2013년에 니콜라스 마두로Nicolas Maduro가 대통령으로 취임하였을 때, 그와 의회 내 그의 세력은 정치적 표현 및 언론의 독립성을 제한하는 새로운 법안을 통과시키고 시위대와 정치적 반대 세력을 처벌했으며, 사법 독립성을 더욱 훼손하였다.[34] 니카라과에서는 다니엘 오르테가Daniel Ortega 대통령이 2006년에 재선된 이후 다양한 권력 남용적 책략을 통해 선거 및 제도에 대한 지배력을 점진적으로 확대해 갔는데, 그는 신뢰받던 야당 후보들을 모두 투옥하거나 가택 연금하였으며 다양한 시민사회 단체의 활동을 금지하였다.[35] 또한 아내를 부통령으로 임명했으며 연임을 금지하는 헌법적 제한을 성공적으로 우회하였다.[36]

브라질은 선거 및 제도적 독점의 정도가 비교적 덜 심각한 것으로 보인다. 2022년 대통령 선거에서 자이르 보이소나루Jair Bolsonaro 대통령이 패하고 퇴임할 가능성은 여전히 존재한다.[37] • 그의 움직임에 맞서고자 하는 의회를 포함하여 그의 권력에 대한 독립적 견제 장치도 여전히 존재한다.[38] 그러나 보이소나루는 대법원, 하급 법원 및 기타 제4부 권력 기관의 독립성과 핵심적인 시민권에 대해 효과적인 공격을 펼쳐 왔

• 이 책이 집필된 이후인 2022년 10월의 대통령 선거에서 룰라가 제39대 브라질 대통령으로 당선되었다.

다.[39] 또한 보이소나루를 지지하는 보수파 정치 엘리트는 대통령 후보인 룰라 전 대통령을 포함한 주요 야당 인사를 제거하기 위해 법원 및 탄핵 절차를 효과적으로 활용해 왔다.[40] 에콰도르와 볼리비아 역시 유사한 형태로 민주적 최소 핵심의 붕괴를 겪어 왔으나, 부분적으로는 이를 회복하기도 하였다.[41]

남아시아의 방글라데시에서는 선거 및 제도적 다원주의가 꾸준히 쇠퇴하고 있다.[42] 스리랑카는 민주적인 헌법적 변화와 반민주적인 헌법적 변화를 번갈아 겪고 있으며, 끊임없는 경제적·정치적 불안을 마주하고 있다.[43] 인도 역시 민주적 최소 핵심의 건전성이 위태로운 불안정한 상태에 처해 있다. 선거를 통해 인도 인민당Bharatiya Janata Party에 대한 지속적인 정치적 반대가 존재함이 확인되고 있고, 대법원과 일부 제4부 권력 기관은 약화되었을지라도 어느 정도의 독립성을 유지하고 있는 상태이다.[44] 그러나 인도 인민당에 의해 통제되고 있는 의회의 경우 세속주의와 포용성에 대한 자유주의적 약속을 지속적으로 공격해 왔으며, 이를 통해 정부 내 힌두파의 세력을 확대해 왔다.[45] 또 모디Modi와 인도 인민당은 행정부의 책임성을 관리감독하는 거의 대부분의 헌법 기관을 공격해 왔다.[46]

동남아시아에서는 말레이시아와 같은 일부 국가에서 민주적 쇄신의 (머뭇거리는) 징후가 나타났다.[47] 그러나 다른 민주주의 국가들은 선거 및 제도적 구조에 대한 지속적인 공격을 목격해 왔다. 캄보디아에서는 훈 센Hun Sen 총리와 여당인 캄보디아 인민당CPP이 선거관리위원회와 대법원을 장악하고 선거 운동에 엄격한 제한을 가해 왔다.[48] 대법원은 주요 야당을 불법화하고 그 지도자들에게 반역죄를 선고하였는데, 그에 따라 현재 캄보디아는 선거적 독재 정치, 혹은 **사실상의** 일당 국가로 간주된다.[49] 필리핀에서 자유 민주주의에 대한 가장 명백한 공격은 개인의 자유와 안전에 대한 권리에 집중되어 왔다. 2016년에 대통령으로 당선된 이후 로드리고 두테르테Rodrigo Duterte 대통령은 마약 사용 및 인신매매를 근절하기 위한 노력을 펼쳤고 그에 따라 수천 명의 마약상과 마약 중독자가 목숨을 잃었다. 두테르테는 민주적 최소 핵심의 측면 역시 공격하였다. 그는 언론과 대법원의 독립성을 공격하였다. (무엇보다도 위법행위에 대한 근거 없는 혐의를 통해 대법원장을 해임하였다.)[50] 또한 그는 국가 차원에서의 권력 이양을 촉진하도록 설계된 헌법 개정을 제안하여 대통령 임기 제한을 재조정하고 대통령의 권한을 강화하고자 하였다.[51] 두테르테는 현재 임기를 마무리한 상태이지만, 현 대통령과 부통령은 두테르테의 가까운 정치적 동맹으로, 봉봉 마르코스Bongbong Marcos(전 독재자 페르디난드Ferdinand 마르코스의 아들)와 두테르테의 딸인 사라Sara 두테르테가 그들이다.

홍콩은 민주적 자치와 자율적인 민주주의의 최소 핵심에 관하여 연이은 좌절을 경험하였다. 홍콩은 더 이상 완전히 자율적이며 경쟁적인 민주주의 국가가 아니다. "일국양제one country, two systems"의 원칙에 따라 홍콩은 2047년까지 높은 수준의 자치권과 자체적인 헌법 체제를 유지할 자격을 가지지만 말이다.[52] 그리고 이러한 체제에는 다양한 시민권과 정치적 권리를 보호하는 기본법 및 권리장전 조례, 견제와 균형 체제가 포함되기는 한다. 그러나 행정 수반Chief Executive을 선출하는 선거에는 전문직 종사자와 재계만이 참여하며, 입법의회Legislative Council 의석 90석 가운데 20석(기존에는 50퍼센트였음)만이 일반 대중 선거로 선출된다.[53] 그런데 이러한 기준점에도 불구하고 최근 민주주의가 붕괴하고 있다. 집회 및 결사의 자유가 제한되었고, 민주화 시위는 진압되었으며, 민주주의를 지지하는 후보자들은 공직 출마가 금지되었거나 입법의회에서 추방당하였다.[54] 많은 홍콩 언론사가 베이징 기반 기업에 인수되었으며, 나머지 지역 매체 역시 그러한 위협을 받고 있다.[55] 베이징은 또한 2020년에 정치적 반대를 범죄화하는 새 국가보안법을 통과시켰다. 해당 법률은 체제 전복, 분리 독립 및 공모 결탁을 범죄로 규정하고 각각에 대해 매우 광범위하게 정의 내린다.[56]

유사한 경향은 베냉, 부룬디, 기니, 말리, 니제르, 나이지리아, 르완다, 세네갈, 탄자니아, 우간다 등 아프리카에서도 나타난다.[57] 케냐와 남아공은 민주적 최소 핵심의 건전성이 불확실한 상태에 놓여 있다. 케냐의 민주주의는 2000년대 후반 대규모 민족적·정치적 폭력의 출현과 더불어 큰 난항을 겪었다. 2010년 헌법은 사실상 국가의 민주주의와 안보를 동시에 복구하려는 노력의 일환이었으며, 이와 관련해 다양한 권한 공유 및 책임 구조를 생성하였다.[58] 그러나 2017년에 이르러 이와 같은 노력이 정체되고 있다는 신호가 보이기 시작하였다. 대선에서는 부정 선거에 대한 심각한 혐의가 제기되었으며, 결과적으로 대법원이 선거를 무효화하기에 이르렀다.[59] 그러나 당시 야당 대표였던 라일라 오딩가Raila Odinga는 뒤이은 선거에서 사퇴하였으며, 우후루 케냐타 Uhuru Kenyatta 대통령이 큰 득표 차로 재선되었다. 2018년 케냐타는 오딩가와의 협력을 위한 "친교hand-shake" 협정을 체결하여 자신의 권력에 대한 안팎의 반대를 더욱 무력화하는 데 이르렀다.[60] 그럼에도 케냐 대법원은 대체로 대통령으로부터 독립성을 유지해 왔고, 때때로 그의 권력에 대한 유의미한 제한을 가하려는 의지를 보여 왔다.[61] 가장 최근의 대통령 선거에서 케냐타는 패배하였으며, 정권 교체가 이루어졌다.

남아공에서는 아파르트헤이트 정책 폐지에 일조한 정당인 아프리카 국민회의African National Congress(ANC)가 남아공이 다인종 민주주의로 전환된 지 25년이 지난 뒤에도 여전히 선거적 우위를 점하고 있으나, 지배력은 약화되고 있다.[62] 남아공의 1996년 헌법은 새로운 헌법재판소와 "제9장 기관chapter 9 institutions"이라고도 불리는 다양한 제4부 권력 기관을 포함하여 각종 강력한 견제와 균형의 장치를 만들어 냈다.[63] 법원 그리고 국민권익보호원Public Protector과 같은 제4부 기관들은 남아공에서 제도적 다원주의에 대한 기속을 유지하는 데 중요한 역할을 해 왔다.[64] 따라서 남아공에서 민주적 최소 핵심에 대한 주된 도전은 현재까지는 이러한 독립 기관들의 권위와 중요성을 거부하는 ANC의 파벌들(예를 들어 제이컵 주마Jacob Zuma 전 대통령과 연합한 분파)과 경제해방투사Economic Freedom Fighters 등과 같은 분파 정당에서 기인한다.[65] 그리고 현재로서는 해당 파벌이 핵심 권력을 쥐고 있지는 않다.[66]

이를 통해 제기되는 중요한 질문 한 가지는 우리가 이와 같은 변화를 어떻게 지칭해야 하는지이다. 일부 학자는 이러한 현상을 민주적 "쇠퇴decay", "부식rot" 혹은 "저하degradation"라고 명명하였다.[67] 일부는 이를 민주적 퇴행backsliding의 문제라고 이름 붙이기도 하였다.[68] 랜도와 나는 이러한 문제를 성문헌법Constitution과 헌법적 규범constitution 모두에서의 남용적인 헌법적 변화abusive constitutional change의 문제라고 일컫는다.[69] 하지만 어떠한 정의를 채택하든 이러한 변화가 우발적이거나 의도되지 않았던 경우는 거의 없다는 점은 반드시 강조되어야 할 것이다.

이러한 문제적 변화는 대개 선거 과정, 정치적 야당의 생존력 혹은 독립 기관의 권한을 훼손하여 스스로의 권력을 확고히 하려는 정치적 행위자들의 고의적인 시도의 산물이다.

1. 선거적 독점

기성 민주주의 체제 대부분은 어느 정도 불완전하게 경쟁적이거나 당파적인 "편향tilt"을 보인다.[70] 이러한 형태의 당파적 편향성은 종종 헌법적 규범 자체에 반영된다.[71] 따라서 많은 형태의 법적·정치적 변화는 완전히 공정하며 경쟁적인 형태의 정치 시장과 비교할 때 나타나는 편차 혹은 "관용"의 오차 내에서 나타날 수 있다. 그러나 이 범위 내의 특정 지점에서는 이러한 변화가 단독으로나 합쳐진 형태로서, 진정한 선거 경쟁의 기반 혹은 경쟁적 민주주의에 대한 기속을 위협하기에 충분할 수도 있다.

때로 정치적 행위자들은 자유 및 공정 선거의 원칙을 노골적으로 공격할 수도 있다. 그들은 특별한 구실 없이, 혹은 국가적 위기나 비상사태를 가장하여 선거를 중단할 수도 있다. 또는 야당 지지자들이 투표소로 향하는 것을 물리적으로 막거나, 동일한 결과를 얻기 위해 계획된 형태의 폭력과 협박에 가담하는 식으로 노골적인 형태의 투표 조작에 관여할 수도 있다.

그러나 더 흔한 것은 덜 공개적인 방식으로 선거의 온전성(무결성)을 훼손하려는 시도이다. 이는 자격이 없는 유권자를 투표에 참여시키거나, 투표함에 정부를 지지하는 표를 추가로 채워 넣거나, 또는 특정 투표함을 분실하거나 집계하지 않음으로써 이뤄진다. 비슷한 방식은 자유롭고 공정한 다당제 선거 원칙을 공격하는 데에서도 동일하게 적용된다.[72] 독재자를 꿈꾸는 이들은 야당 지도자들에 대한 직접적이거나 때로는 물리적이기도 한 공격을 펼치거나, 주요 야당 인사를 체포하고 기소하는 형태의 더욱 교묘한 괴롭힘에 가담할 수도 있다.[73] 또는 반대 세력을 하나의 정당으로 표적 삼아 이의 존립을 금지하거나 등록을 취소하며, 혹은 경쟁력을 약화할 수도 있다.

민주적 최소 핵심의 관점에서 가장 중요한 것은 경쟁적 정치체제의 유지와 관련하여 이러한 방식이 정당 및 시민사회 내 반대 집단의 역할에 미치는 영향이다. 이러한 유형의 공격은 종종 개인의 권리와 자유에 부정적으로 작용한다. 그러나 민주적 최소 핵심의 관점에서 주된 우려는 이것이 야당(반대 세력)의 조직 및 구조에 미치는 영향이다.[74]

역사적으로 집권당은 종종 야당이 존립하지 못하도록 선택하거나, 법원 및 기타 "독립" 기구로 하여금 그렇게 하도록 요구해 왔다. 동시에 집권당들은 야당이 당원을 모집 및 유지할 수 있는 역량이나, 입법부에서 의석을 확보하거나 재정 건전성을 유지하는 능력을 제한하는 등의 간접적인 방법으로 야당을 공격했다. 예를 들어 그들은 군소 정당에서 정부로의 "이탈(탈당)defection"을 장려하기 위해 다양한 방법을 사용하였으며, 이를 통해 해당 정당의 힘과 온전성을 약화하였다.[75] 그들은 선거의 "진입장벽"을 조작하여 입법부에 참여하기 힘들도록 만들었는데, 샘 이사차로프Sam Issacharoff와 리처드 필데스Richard Pildes는 이를 "당파적 문단속partisan lock up"의 형태라고 칭하였다.[76] 아울러 집권당은 야당을 "소송lawfare"의 표적으로 삼았다. 곧 변호에 많은 시간과 비용을 요하며, 종종 야당의 재정적 경쟁력을 약화하는 벌금이나 기타 재정적 처벌로까지 이어지는 법적·규제적 조치가 이루어졌는데, 이는 민주적 목적이 아니라 반민주적 목적을 달성하기 위해 시행되었다.[77]

최근 앨빈 청Alvin Cheung은 이러한 유형의 가장 흔한 반민주적 관행 가운데 하나로 명예훼손 소송이 광범위하게 활용되고 있음을 지적하였다.[78] 그러나 다른 많은 관행 역시 존재한다. 독재자가 되고자 하는 이들은 종종 민주 국가의 법적·규제적 도구를 받아들이지만 이를 사용하는 데 명백히 반민주적인 방식을 채택한다. 이러한 방식의 자유 민주주의 규범의 "남용적 차용abusive borrowing"은 다양한 형태로 발생한다. 이에는 해당 규범의 피상적 적용, 선택적 또는 비맥락적 사용, 혹은 민주주의 논리의 진정으로 반목적적anti-purposive이거나 반전된 형태가 포함된다.[79]

선거에서의 경쟁을 저해하려는 이들의 또 다른 표적은 바로 정치적 권리와 자유, 특히 정부에 대하여 비판적인 사람이나 야당이 행사할 가능성이 있는 자유이다. 이에 따라 집권 정부는 공적 모임(집회) 또는 특정 규모의 모든 모임을 금지하거나 규제할 수도 있다. 혹은 특정 집단의 결사의 권리를 금지하거나 규제할 수 있는데, 일례로 정당·비정부 기구 혹은 시민단체가 자금을 운영하거나 지원금을 받기 위한 등록 및 규제 요건을 설정하는 것을 들 수 있다. 그들은 또한 명예훼손 표현이나 다양한 형태의 선동에 민형사상의 규제를 부과함으로써 표현의 자유에 엄격한 제한을 가할 수 있다. 혹은 특정 종류의 출판이나 방송을 금지하거나, 국영 또는 기타 매체에 정부의 견해를 홍보하도록 요구함으로써 언론의 자유를 침해하려고 할 수도 있다.[80]

2. 제도적 독점

정치적 독점권을 추구하는 이들의 두 번째 관심사는 정부에 대하여 민주적 헌법에 의해 제시된 제도적 "견제와 균형"의 범위가 될 것이다. 이를 실행하는 기관으로 법원이 있지만, 입법부 및 기타 독립적인 기관 또는 제4부 권력 기관으로 알려진 정부의 책임성 유지를 위한 기관(책임성 관련 기관)accountability institutions도 포함된다.[81]

의회는 단지 입법에 참여하며 집단적 심의의 형태로 시민의 견해를 대변하는 기관만은 아니다. 그들은 민주 정부의 행정 권력 행사를 관리 감독하는 데 있어 중요한 역할을 수행한다. 따라서 입법부의 권한, 독립성 혹은 기능을 공격하는 것은 정부가 권력을 확대하거나, 혹은 민주적 견제와 균형 체제에 내재하는 다원주의, 경쟁 및 대립을 약화할 수 있는 강력한 방법이다.

독재자가 되려는 이들이 이를 실행하는 방법 가운데 하나는 공개적으로 헌법을 개정하여 의회보다 행정부에 더 큰 권한을 부여하거나, 긴급 상황 또는 기타 국익을 근거로 장기간 의회를 "정회suspending"하는 것이다. 그러나 의회의 권위나 독립성을 약화하려는 이들은 또한 정당 내 의회 소속 세력을 정당 내 비의회 세력에 효과적으로 "종속시키는" 조치 등 다양한 간접적 조치도 채택할 수 있다.[82] 수지트 추드리Sujit Choudhry가 지적했듯이, 민주주의에서 입법적 의사결정이 이루어지는 두 곳의 효과적인 장소loci가 있다. 이는 의회 자체, 그리고 의회에서 대표되는 해당 정당의 비의회 세력 진영이다.[83] 전자의 권력 소재지는 민주적 정부를 촉진하는 반면 후자는 대의 기관으로서, 또 정부 및 집권 정당에 대한 견제 장치로서 의회의 역할을 쇠퇴시키는 경향이 있다.[84]

이는 동일 정당이 입법부와 행정부 모두를 통제하는 대통령제의 경우에도 마찬가지이다. 이런 상황에서 입법권은 의회에서 행사될 수도 있지만, 실제로는 정치 권력의 확산과 책임성을 약화하는 방향으로 대통령이나 여당을 통해 행사될 수도 있다.

현재 전 세계적으로 다수 국가의 헌법에서 "제4부" 권력 기관을 포함하고 있다.[85] 이러한 기관 중 일부는 입헌 민주주의 체제의 오랜 특징이기도 하다. 과학, 기상, 비상사태 관리 또는 질병 통제를 위한 정부 기관, 혹은 중앙은행 등이 이에 해당한다. 이 외에 다른 기관들은 최근의 혁신에 해당하지만 이 역시 세계의 많은 민주주의 체제 내에서 흔하게 나타나는데, 예를 들어 인권, 평등 및 선거 관련 위원회 등이 있다. 그리고 다른 일부 기관은 지난 수십 년간 채택된 최근의 헌법에서만 찾아볼 수 있는데, 그 예로 국가 옴부즈맨, 청렴위원회integrity office 또는 "국민권익보호원(권익위원회)public protector"과 같은 청렴 및 책임성 관련 기관이 있다.[86]

이러한 유형의 기관은 다양한 목적을 수행한다. 이들은 과학 혹은 거시경제 관리를 비롯해 다양한 영역에서 "전문적인" 혹은 근거에 기반한 의사결정의 촉진을 돕는다.[87] 이들은 또한 자유, 존엄, 평등에 대한 개인의 권리를 보호하며, 이에 따라 입헌주의와 법의 지배의 가치 보호에 중요한 역할을 한다. 해당 기관들은 민주주의 자체의 보호와 증진 역시 돕는다.[88]

민주주의를 보호하는 기관의 가장 명백한 사례는 보통선거의 공정성 및 온전성의 관리 및 보장에 있어 폭넓은 책임을 지는 선거관리위원회이다. 그러나 인권 관련 기구 역시 정치적 권리와 자유의 보호와 증진에 중요한 역할을 할 수 있으며 청렴성 또는 책임성 관련 기관은 종종 집권 정당의 권력 장악을 유지하거나 가속화하는 일련의 부패를 예방하는 데 도움이 될 수 있다.[89] "연구 등 지식 관련 기관knowledge institutions" 역시 정부의 적절한 기능 수행과 민주적 형태 모두를 보장하는 데 중심적 역할을 할 수 있다.[90]

독재자가 되고자 하는 이들은 다양한 방식을 통해 이러한 기관 역시 공격할 수 있다. 그들은 해당 기관의 진정한 독립성을 훼손하는 방식으로 그들의 구성에 대한 변경을 꾀할 수 있으며, 이로써 민주주의 쇠퇴에 관한 정부의 계획에 상당 부분 자발적으로 참여하도록 해당 기관을 효과적으로 끌어들인다. 혹은 기관의 독립성은 인정하지만, 정부를 견제하는 역할로서 기관의 유효성을 근본적으로 약화하고자 할 수도 있다.

권력에 대한 이러한 "수평적" 견제 외에도, 다수의 민주 헌법은 연방 정부체제의 형태를 통해 국가 정부 권력에 대한 "수직적" 견제 역시 포함한다. 연방체제는 전 세계적으로 다양한 형태로 나타난다.[91] 그러나 몇 가지 공통적으로 나타나는 특징과 기능이 존재하는데, "국민에게 더 가까운" 정부 형태, 주 차원에서의 "민주적 실험주의", 국가 전반에 걸친 다양성의 수용, 중앙 정부 권력에 대한 견제와 균형 등을 촉진하기 위해 국가와 주 정부 사이에서 권력을 나눈다는 점이다.[92] 연방 체제는 또한 야당이 발전할 수 있는 기반이나 플랫폼을 제공하여 장기적인 민주적 경쟁이나 다당제 민주주의의 촉진을 도울 수 있다.

따라서 권력을 강화하고자 하는 중앙 정부는 향후의 선거 경쟁뿐만 아니라 민주적 견제와 균형을 약화하는 또 다른 방법으로서 연방 제도를 표적으로 삼을 수 있다.[93] 언급했듯이, 이는 주 및 지방 정부의 공무원 임명 과정에 영향을 미침으로써 주 정부 및 지방 정부 공무원이 중앙 정부와 집권 정당에 충성하도록 하는 방식으로 이뤄질 수 있다. 이러한 전략은 "핵심 인사 배치cadre deployment"라고 일컬어진다.[94] 이는 중앙 정부나 집권 정당의 일원을 다양한 주 및 지방 정부 내 공직에 임명하는 것을 포함한다. 또는 주 및 지방 정부 선거를 방해하거나 이에 영향을 끼쳐 주와 지방 정부의 권한 및 권위를 약화할 수도 있다. 하지만 진정한 연방체제에서 헌법적으로 확립된 주 정부의 역할, 그리고 일부 민주 헌법에 따라 지방 정부에 부여된 공식적인 권한을 고려하면, 이는 항상 간단한 일만은 아닐 것이다.[95] 그러나 데이비드 슐라이허David Schleicher가 미국의 맥락에서 설명했듯이, 종종 전국 정당들은 주 차원의 지방 선거에서의 후보자 공천 과정을 통해 주 및 지방 정부가 자신들에 동조하게끔 할 수 있으며, 유권자 역시 대개 주 또는 지방 대표자에 대한 그들의 의견이 아니라 전국 정당에 대한 그들의 견해를 기반으로 "이차적second order"인 방식으로 투표한다.[96]

일부 연방 체제에서는 이러한 일이 더 쉽게 일어날 수도 있다. 예를 들어 인도 헌법 제356조는 대통령이 "주 정부가 헌법 조항과 합치하게끔 지속될 수 없다"라고 판단할 경우 연방 정부가 주 정부의 권한을 대행하도록 허용한다. 남아공 헌법 제139조는 유사한 권한을 인정하여 주 정부가 지방 정부의 기능을 대행할 수 있도록 한다.

물론 그러한 권한의 사용이 모두 본질적으로 반민주적인 것은 아니다. 때로 주 또는 지방단체들이 기본적인 서비스 제공이나 대표 기능을 수행하지 못하여 중앙 정부의 개입이 민주적으로 강하게 요구되기도 한다. 또한 강력한 전국 정당을 구성하는 것이 경쟁적 형태의 민주주의의 강화에 도움이 될 수 있으며, 이를 위해 때로는 주 또는 지방 정부에 전국 정당의 대표들을 배치해야 할 필요도 있다.[97]

그러나 일부의 경우는 명백하게 그 목적이 남용적이거나 반민주적일 수 있다. 일례로 인도에서는 중앙 정부가 상술한 민주적인pro-democratic 이유와 더불어, 지역 단위의 민주주의와 반대 의견을 약화하기 위한 이 유에서 다수의 주에 대한 통치권을 장악하기 위해 중앙 정부의 권력을 사용한 바 있다.[98]

3. 독점의 의도와 효과

이런 의미에서 선거적·제도적 독점 창출의 시도는 유권자의 관심을 끌 만한 정책을 제공하고 그러한 정책이 야당 및 야당 후보자의 정책보다 선호되어야 하는 이유를 명확히 하는 식으로 단순히 기존의 선거 영역 내에서 효과적으로 경쟁하려는 시도가 결코 아니다. 이는 또한 주 또는 지방 정부의 기반을 약화하기 위해 단순히 기존의 헌법적 권한을 행사 하는 것 역시 아니다. 오히려 이는 "[정치적 또는 법적] 게임의 규칙"을 변경하거나 현존하는 선거 제도에 유리하게 규칙의 시행 방식을 조직 적으로 왜곡함으로써 정부에 대한 반대나 정부에 부과되는 책임 부담 을 줄이려는 시도이다.

경우에 따라 이러한 시도의 두 집합을 구분하는 일이 어려울 수도 있다. 그러나 여기엔 분명한 개념적 차이가 존재한다. 전자*는 가격이 한계 비용marginal cost과 동일하고 소비자가 가능한 한 최대의 소비자 잉

• 경쟁을 통한 선거적·제도적 독점 창출 시도.

여를 얻는 식의 경쟁적 가격 책정에 기업이 뛰어드는 경우와 유사하다. 반면 후자*는 일종의 약탈적 가격 책정의 형태로 비유할 수 있는데, 이는 기업들이 기존 시장 지위를 이용하여 한계 비용 이하로 가격을 책정하여 잠재적 경쟁자를 시장에서 몰아내고 일종의 독점적 시장 지배력을 창출 혹은 강화하는 것을 의미한다.[99]

누군가는 선거적·제도적 독점권의 창출이 본질적으로 민주주의의 오작동으로 간주되기 위해서는 이것이 **의도적**intentional이어야 하는지 질문을 던질 수도 있다. 민주적 최소 핵심에 역효과를 끼치는 법적 또는 헌법적 변화를 "오작동"으로 여기는 것은 논리적으로 충분히 가능한 일이다. 그러나 "남용"의 개념처럼 이 오작동의 개념은 민주적 최소 핵심의 안정성에 대한 정상적이지만 부정적 변화 그 이상의 무언가를 요구한다는 주장 역시 존재하며, 특히 민주적 최소 핵심을 약화하기 위한 정치적 행위자의 일종의 **고의적**deliberate 시도를 요구한다는 주장이 있다.[100]

이러한 관점에서 선거적·제도적 독점의 개념은 선거 과정의 온전성, 야당의 생존력 및 독립 기관들의 권한에 대한 의도적인 공격을 통해 본인의 권력을 확고히 하고자 하는 정치적 행위자의 고의적 시도를 요구하는 것으로 이해하여야 할 것이다. 실제로 반독점법 분야에서도 법률의 집행 조치가 반경쟁적 목적을 가진 기업 관행에만 초점을 맞추어야 하는지 또는 반경쟁적인 효과를 내는 행위에까지 확장되어야 하는지 등의 유사한 질문이 제기된다.[101] 의도를 기반으로 하는 기준이 가지는 어려움은 낯설지 않다. 문제가 되는 행동은 보통 단일 행위자가

• 규칙 변경이나 왜곡을 통한 선거적·제도적 독점 창출 시도.

아니라 다수 행위자의 행동이며, 이는 의도를 식별하기 위한 시도에 개념적 어려움을 제기한다.[102] 또한 의도 확인에 필수적인 증거 기록에 접근하는 일 역시 매우 힘들 수 있다.

그러나 순수한 결과 기반의 기준에 따른 위험 역시 동일하게 실재한다. 어느 경우에 특정한 입법적 혹은 헌법적 변화가 민주적 최소 핵심의 안전성을 위협하는지 판단하는 일은 종종 어려울 수 있다. 때로 우리는 기존 헌법상의 합의 사항이 민주적 최소 핵심에 대한 약속을 실현할 수 있거나 이에 바람직한 유일한 방법이라는 (잘못된) 시각 때문에 또는 우리가 특정한 정치적 행위자 혹은 정당에 이념적으로 강력히 반대하기 때문에 입법적 또는 공식적인 헌법적 변화가 끼치는 위험을 과대평가할 수도 있다.[103]

또 다른 경우, 우리는 이러한 위험을 **과소평가**할 수도 있는데, 입법적·헌법적 변화는 일련의 명백하게 개별적인 조치에 의해 발생하지만 이들이 합쳐지는 경우 최소 핵심적 규범을 침식시키는 누적 효과를 가지기 때문이다.[104] 남용적인 헌법적 변화는 종종 뚜렷하게 점진적 성격을 띤다.[105] 이는 공식적인 헌법 개정(또는 교체)의 방식뿐만 아니라 법률, 사법 판결, 행정 명령 또는 법령의 방식에 의한 변화를 수반한다.[106] 이는 또한 상호 작용적이며 누적적 효과를 갖는 일련의 명백하게 분리된 형태의 변화로 이뤄질 수도 있다.

과대평가 및 과소평가의 위험에 대응하는 유용한 점검 방식 중 하나는 바로 입법(또는 집행)의 의도에 초점을 맞추는 것이다. 민주주의를 잠식하려는 의도는, 견제되지 않는다면 그 자체로 온건한 변화나 개혁일 수 있었던 것이 종내 민주적 최소 핵심의 안정성에 대한 위협을 제기하는 데 이를 수 있는 위험성을 증가시킬 수 있다. 또한 이러한 방식은 비슷한 더 많은 변화가 민주주의에 대한 점진적이고 누적적인 위협이 되는 방식으로 이어질 수 있다는 강력한 증거를 제공할 수도 있다.

따라서 대부분의 경우 반민주적 독점권의 개념은 결과 및 의도 기반의 양상을 모두 아우르거나, 자유롭고 공정하며 규칙적인 다당제 선거, 정치적 권리와 자유 및 제도적 견제와 균형에 대한 약속을 약화하려는 정치적 행위자들의 고의적 시도를 포함하는 것으로 이해하여야 한다. 다만 의도에 대한 최상의 증거는 여전히 특정 행위의 영향이나 행위가 이루어진 절차적 맥락을 조사하는 데에서 나올 수 있다.[107] 그리고 때로는 단순히 법원이 민주주의가 위협에 처해 있다는 징후로서의 결과에 직접적으로 초점을 맞추는 것이 더욱 타당할 수도 있다.

C. 입법 사각지대와 타성의 부담

《민주주의와 불신》이 출판되고 25년이 지난 뒤, 제러미 월드런은 사법심사에 반대하며 "핵심 사례Core Case"[108]를 발간하였는데, 로널드 드워킨이나 존 롤스가 적시한 것과 같은 상당히 광의의 숙고적·권리 보호적 시각에서의 입헌 민주주의를 촉진하는 것에서조차 사법심사는 결코 필요하지도 바람직하지도 않다고 주장하면서, 그 이유로 입법 과정은 종종 개인의 권리 보호에 대한 공공의 토론 형태를 달성하는 데 있어 충분히 훌륭하다는 점을 들었다.[109]

월드런은 더 나아가서 한 사회의 정치 제도 및 문화의 본질에 대한 네 가지의 폭넓은 가정을 명기하여 이러한 주장을 뒷받침하였다.

(1) 성인의 보편적 참정권에 기반하여 선출된 대표자로서의 입법부 등 상당히 잘 작동하는 민주적 기관

(2) 개별 소송 심리, 분쟁 해결 및 법치 수호를 위해 비선출직 기반으로 구성되고 합리적·정상적으로 작동하는 사법적 기관의 집합

(3) 개인 및 소수자의 권리 관념에 대한 대부분의 사회 구성원 및 공직자의 기속

(4) 권리 관념에 기속되는 사회 구성원 간의 권리에 대한(즉 권리에 대한 약속이 실제로 무엇이며 그것의 함의가 무엇인지에 대한) 지속적이고 실질적이며 선의로서의 의견 불일치[110]

이러한 가정은 역시 민주주의 제도가 작동하는 방식에 대한 양식화된, 혹은 "간략화된" 설명을 제공하기 위해 의도적으로 고안되었으며, 실제로 오늘날 대부분의 헌법 체제에서 민주주의에 대한 실질적 위험성을 실증적인 관점에서 정확한 청사진으로 제공하려는 것은 아니다.[111]

이러한 간략화된 설명이 가지는 문제는 두 가지이다. 먼저, "잘 작동하는" 민주주의와 "오작동하는" 민주주의 간의 경계는 종종 분명함과는 거리가 멀고, 시간이 지남에 따라 더욱 불명확해진다.[112] 월드런 본인도 인정했듯이, 잘 작동하는 대부분의 민주주의 역시 일부 정치적 오작동의 측면을 가지고 있다. 이를 인정하지 않는 한, "잘 작동하는"에 대한 월드런의 정의를 충족하는 민주주의는 현실 세계에 존재하지 않을 수 있다.[113] 잘 작동하지 않는 민주주의 역시 정치적 오작동의 정도에 따라 다양하게 나타날 수 있다. 그중 일부는 상대적으로 민주주의 전통이 약한 반면 굳건한 형태의 정치적 경쟁을 갖춘 새로운 민주주의

일 수 있고, 다른 일부는 매우 제한된 형태의 사실상의 정치적 경쟁만이 존재하는 "지배 정당에 의한" 민주주의일 수 있으며, 또 다른 일부는 민주적·비민주적 지배 구조의 측면을 결합한 "혼합형" 또는 "경쟁적 권위주의" 체제일 수도 있다.[114] 많은 이들이 지적했듯이, 이러한 구분은 적절성을 잃고 더욱 불완전해지고 있는데, 우리가 목격하고 있듯이 세계에서 가장 강화된 형태의 입헌 민주주의 체제 가운데 일부에서 정치적 독점과 오작동의 위협이 증가하고 있기 때문이다.[115]

둘째로 설령 "상당히 잘 작동하는" 민주적 기관이 있어야 한다는 월드런의 기준을 충족하는 체제일지라도, 헌법적 기속 사항을 법률화하는 해당 체제의 역량 자체를 약화할 수 있는 잠재적 장애물은 다양하게 존재한다. 이 절의 나머지 부분에서는 이러한 종류의 장애물이 최소한 두 가지 형태로 나타날 수 있음을 밝힐 것이다. 사각지대와 타성의 부담이 그것인데, 이들은 또한 각각 다양한 형태나 변종으로 나타난다.[116]

이런 종류의 장애물은 종종 공공 선택public choice의 역학관계나 민주 정치에서 이익 단체들의 역할에 의해 악화되기도 하지만, 그것이 이러한 장애물 발생 원인의 전부는 아니다. 해당 장애물은 때로 입법자의 시간 및 능력의 제약 때문에 발생하기도 하고, 정당 기반의 민주 정부 체제가 일상적으로 잘 작동하는 과정에서 발생하기도 하기 때문이다. 또한 장애물은 월드런이 "특정 쟁점에서topical" 소수와 다수라고 부르는 집단에 의해 주장되는 헌법적 요구나, 인구통계학적 소수와 다수 모두가 주장하는 권리에 영향을 미칠 수도 있다.[117] 이들은 다수의 민주적 규제 영역으로도 확장될 수 있다. 일부 헌법 체제에서 헌법상의 권리에 대한 규제는 이러한 종류의 장애물이 생겨나고 사법적으로 인식될 수 있는 유일한 영역이다. 그러나 다른 헌법 체제에서 민주적 장애물은 훨씬 더 광범위한 상황에서 헌법적 중요성을 가질 수 있는데, 이러한 상황에는 기업 및 독점 권력의 규제, (환경 파괴 등) 외부적 요인의 고려, 경제적 존엄성과 평등 촉진, 혹은 적절한 헌법적 "변화"의 성취 등에 대한 민주적이며 자유주의적인 약속이 실패하는 상황이 포함된다.[118]

1. 입법 사각지대

오늘날 입법부는 다수의 복잡한 법안을 처리하므로 개별 법안을 자세히 연구할 시간이 부족한 경우가 많다.[119] 설령 입법부가 이를 고려한다고 해도, 한 법률이 개인의 권리 향유에 영향을 미칠 수 있는 장래의 모든 상황에 대해 역시 제한된 예측만을 할 수 있을 것이다.[120] 우리와 마찬가지로 입법자들 역시 다양한 형태의 제한적인 합리성을 갖추고 있을 뿐이며, 이는 입법이 향후 권리에 영향을 미칠 수 있는 모든 방식을 그들이 완전히 예측하지는 못함을 뜻한다.[121] 따라서 두 가지 경우 모두에서 입법자들은 헌법적 보호에 대해 의도하지 않았거나 예측하지 못했던 제약을 부과하는 법안이나 명백한 "적용의 사각지대*blind spots of application*"의 대상이 되는 법안을 지지할 수도 있다.

월드런은 "입법자들이 그들 앞에 놓인 입법안이나 그 후속적 적용에서 권리와 관련된 어떠한 쟁점이 이에 포함되어 있거나 발생할 수 있는지 알아차리는 것이 항상 쉬운 일이 아니라는" 점을 인식하였다. 귀도 칼라브레시Guido Calabresi와 같은 학자들은 더 나아가서 "입법부는 종종 공황이나 위기 혹은 단순히 시간에 쫓긴다는 이유로 기본적인 권리와 관련하여 성급하거나 경솔한 행동을 취한다"고 지적하였다.[122]

또한 입법자에 대한 시간적 제약은 법률이 헌법적 보장을 "최소한으로 손상하는지"에 대한 고려를 직접 수행하기보다는 입법부의 하부위원회sub-committee에 이러한 임무를 위임하는 것을 입법부가 택한다는 의미일 수도 있다. 그리고 이러한 위원회는 특정 관심사나 이해관계가 강조되는 방식으로 구성될 수 있다.[123] 이는 다시금 입법자들이 헌법적 보장의 수용에 대한 기회를 간과함을 의미할 수 있으며, 심지어 매우 적은 비용으로 관련 입법 목표를 달성할 수 있기에 분명히 민주적 다수의 지지를 받을 수 있는 수용의 형태까지 간과될 수도 있다("수용의 사각지대blind spots of accommodation").

이와 같은 종류의 사각지대에 대한 주된 기여 요인은 종종 민주적 절차의 대표성을 약화하는 다양한 "관점의 사각지대blind spots of perspective"의 존재일 것이다. 대략적으로는 대표성을 가지지만, 종종 입법부는 법률의 대상이 되는 이들의 다양한 경험과 관점을 온전히 반영하는 데 실패한다.[124] 이는 때로 일부 개인이 공식적으로 투표권을 박탈당했거나 입법부에 대한 접근권을 인정받지 못했기 때문일 수도 있다. 또 다른 경우 이는 단순히 선거구 획정 방식 때문일 수도 있고 정당 후보 공천의 다양성에 관하여 이러한 방식이 만들어 내는 저해적 요소 때문일 수도 있다. 또한 다양한 집단의 이익이나 관점이 입법 설계 과정에서 고려되는 것을 보장하기 위해 입법 절차상 직접적인 대표 방식이 필수적인 것은 아니지만,[125] 종종 의견 표명voice 또는 반영inclusion의 실패는 법안 작성 과정에서 수용의 실패로 해석될 것이다.

이러한 종류의 실패는 민주적 입법의 정당성 자체에 대한 추가적인 우려를 발생시킨다. 이는 특히 이와 같은 사각지대가 역사적으로 핍박 받아 온 (소수) 집단, 혹은 더욱 광범위한 형태의 사회적·경제적·정치적 배제의 대상이 되는 소수 집단에 영향을 미칠 경우 더욱 그러하다. 관점의 사각지대는 이러한 불이익이 발생할 수 있는 방식을 소진시키거나 그러한 집단의 더욱 광범위한 평등에의 요구에 대한 관심의 필요성을 제거하지는 않는다. 그러나 해당 사각지대는 이러한 종류의 불평등이 나타날 수 있는 방식 가운데 하나이며, 따라서 앞서 언급한 불이익과 동시에 발생할 경우 특히 문제가 된다.

2. 입법적 타성의 부담

이와 비슷하게 입법 과정은 다양한 형태의 타성에 빠질 수 있다. 우선순위로 인한 타성의 부담*priority-driven burdens of inertia*은 가장 이상적인 민주적 환경에서조차 발생할 것이며, 이는 입법 과정의 시간 소모적 특성 및 이로 인해 주어진 기간 내에 입법적 다수가 발의할 수 있는 변화의 숫자가 제한됨으로써 발생하는 결과이다.

이러한 역량의 한계는 상대적으로 적은 소수에 의해 제기된 권리 기반 주장이 다수의 강력한 지지를 받지 않는 한, 입법적 다수가 이에 우선권을 부여할 이유 또는 여유가 거의 존재하지 않음을 의미한다.[126] 경쟁적 민주주의에서 입법자는 다수 시민의 가장 크고 강력한 관심사 가운데 우선순위를 부여할 강력한 유인책을 가진다. (경쟁 선거의 전제는, 이에 실패하는 경우, 다른 다수가 선출될 것이라는 것이다.) 이는 반드시 다수의 시민이 특정한 권리 주장에 대한 인정을 거부하거나 반대할 것임을 뜻하는 것은 아니다. 그들은 그러한 권리의 인정을 암묵적으로 지지할 수도 있지만, 이와 관련된 입법은 우선순위에서 상대적으로 밀린다고 간주할 것이다. 이로 인해 잘 작동하고 있는 입법 과정에서조차 더 넓은 문화 내에서 진화하는 권리에 대한 이해에 적절하게 대응하는 데 실패할 수 있으며, 이는 곧 헌법 체제 전반의 대응성과 정당성을 약화한다. 물론 아래에서 더 논의하겠지만, 모든 입법 과정이 반드시 이러한 문제를 악화하는 방식으로 작동하는 것은 아니다.

연합으로 인한_coalition-driven_ 타성(연합 유지를 위한 타성)의 형태는 정당 경쟁의 역학관계와 관련된 더 현실적이거나 차선적인 민주주의 체제적 특징의 결과로서 입법 과정에서 발생할 것이다. 현실에서 거의 대부분의 민주주의 체제에서 주요 정당에의 소속은 후보자의 당선 가능성을 크게 높인다. 일단 선출되고 나면, 입법자들의 재선 기회는 본인이 소속한 정당의 선거에서의 지지도에 따라 크게 좌우된다. 따라서 입법자들은 소속 정당의 실제상, 표면상의 일체성coherence을 촉진해야 하는 강력한 동기를 가진다. 이는 결국 어떤 문제에 대해 당원이나 계파가 분열되는 경우, 비록 더 광범위한 헌법적 문화에서부터 발생하는 법적 변화에 대한 명확한 요구에 마주할지라도, 정당 지도자들이 해당 문제를 입법적 의제에서 제외하려고 할 것임을 의미할 수 있다.[127]

특정 문제에 대해 정당 내부에서 의견이 갈림에도 불구하고 법적인 변화가 이뤄져야 한다면, 당 지도자들은 두 가지 선택권을 가진다. 첫 번째는 당원이 양심에 따라 자유 투표하는 것을 허용하는 것이고, 두 번째는 소수 입장의 당원에게 당의 규율을 강제하여 당론 투표하도록 하는 것이다. 두 가지 모두 당의 일체성에 대한 실질적인 대가를 치를 수 있다. 양심에 따른 투표를 허용할 경우 정당 내 결속력이나 정책 일관성에 대한 대중의 인식이 훼손될 수 있으며, 당론을 강제할 경우 정당 내부의 실질적인 일체성이 무너질 수 있다. 자주 당론을 강제할 경우 소수파 구성원은 광범위한 정당 기반 연합의 일부로 남아 있는 것이 본인들의 이익에 위배된다고 느낄 수 있으며, 결국 그 전체가 정당에서 분리되어 나갈 수도 있다.[128] 마크 그레이버Mark Graber가 주장했듯, 당 지도자들은 이러한 정치적인 진퇴양난Catch-22의 상황을 숙지하고 있으며, 그 결과 "당내 연합을 내부적으로 분열시키는 문제에 대해 확실한 공개적 입장을 취하지 않도록 최선을 다할 것"이며, 또한 "다양한 '방어' 전략을 채택해 그러한 문제를 비정치화하고 국가적 논의 대상에서 제외하려고 할 것"이다.[129]

이미 언급했듯이, 이러한 상황을 더 광범위한 문화 내에서 헌법적 요구에 대한 지지가 부재한다는 것으로 해석할 필요는 없다. 다수 시민은 특정한 헌법적 요구가 인정되어야 함을 지지할 수 있고, 심지어 그러한 입장을 실천하기 위한 법적 변화의 필요성에 강력하게 공감할 수도 있다. 그러나 입법자들은 여전히 정당의 일체성 유지와 관련한 중장기적 이익이 이러한 법적 변화 요구에 대응하여 얻는 단기적인 선거적 이득보다 더 중요하다고 결정 내릴 수 있다. 더 폭넓은 입헌 민주주의 체제에서는 그 결과, 다수당의 당론을 위반하지 않는 한 입법자들은 권리에 대한 진화하는 민주적 이해에 대응하는 데 또다시 실패하겠지만, 이 경우에는 헌법적 보호에 대한 훨씬 더 강력한 지지에 직면하게 될 것이다.

마지막으로, 헌법적 요건의 실현이 지속적이며 복잡한 형태의 행정 조치를 필요로 하는 경우, 입법적 감시 과정에서의 지연이나 타성은 행정부 내의 타성과 결합하여 "복잡"하거나 복합적인 타성의 부담compound *burdens of inertia*을 야기할 수 있다. 이는 사회권과 같이 적극적인 측면을 강하게 보유하는 특정 권리에서 특히 그러하다.[130] 이는 또한 규범의 실현에 부작위inaction보다는 효과적인 정부의 행위가 요구되는 훨씬 더 넓은 범위의 헌법적 규범에서도 그러하다.

　이와 같은 역학관계는 때로 민주주의의 병리pathologies에 의해 악화된다. 최근 수십 년간 정치학자들은 이해 공동체(이익 집단)가 민주적 결과물을 형성해 나가는 데 큰 영향력을 가질 수 있음을 강조해 왔다.[131] 민주주의 정치 과정은 시민이나 유권자뿐만 아니라 조직된 이익 집단의 영향 역시 받으며, 이러한 이익 집단의 역학은 소비자 또는 민주적 권리를 요청하는 자와 같은 대규모의 분산적인 집단보다는 기업 또는 산업 집단과 같은 중소 규모의 집단을 제도적으로 이롭게 할 것이다.[132]

　규모가 더 큰 집단은 더 많은 자원을 가지며 더 많은 수의 유권자를 확보할 수 있지만, 때로 민주주의상의 결과에 영향을 미치려는 시도에 있어 심각한 "집단 행동"의 문제에 직면하고는 한다. 집단의 규모 그리고 개인의 집단에의 기여에 대한 관리감독의 어려움으로 인해 결국 구성원 개개인은 전체로서의 집단에 이익이 되는 입법적 변화를 추진할 실질적인 동기를 가지지 않게 된다.[133] 반대로 더 작은 규모의 집단은 대개 개별 구성원의 기여를 관리하여 이러한 "무임승차" 문제를 극복하는 데 더 유리할 것이다. 따라서 관리감독의 기술을 보유하며 더 많은 자원에 접근할 수 있는 중소 규모 집단은, 그들의 크기나 숫자를 통해 예측되는 것보다 민주주의상의 결과에 더 많은 영향을 미친다. 이는 다양한 헌법적 권리나 가치의 보호에 대한 더 많은 시민의 요구에 대응하는 과정에서의 입법적 타성에 기여할 수도 있고, 혹은 이를 악화할

수도 있다.[134]

그러나 이러한 종류의 장애물은 이와 같은 공공 선택의 역학이 없이도 발생할 수 있다. 이들은(예 행정부와 입법부 간) 권력을 분산하는 정치체제의 산물 또는 대표자들의 정책적 대응을 위한 제한적인 유인책을 제공하는 선거체제의 산물로 나타날 수 있다. 이들은 심지어 높은 수준의 입법-행정 간 협력을 갖추고 (경쟁적인) 선거구 획정에 대한 대체적으로 비당파적인 과정을 갖춘 상당히 잘 작동하는 체제에서도 발생할 수 있다. 그리고 때로는 단순히 입법자의 시간과 역량에 대한 제약의 산물일 수도 있다. 따라서 이러한 장애물은 심지어 "상당히 잘 작동하고 있는" 민주적 체제에서도 발생할 수 있고, 또는 오작동하지 않는 건강한 정당체제 운영 과정의 일부로서도 발생할 수 있다.

이는 국가의 잠재적인 약점에도 동일하게 적용된다. 대다수의 국가, 특히 남반구 국가의 경우 정부가 효율적인 서비스를 제공할 역량이 부족할 수 있으며, 이러한 기능의 효율적 수행을 보장하는 데 필요한 관리감독 기능은 입법부의 취약성으로 인해 더욱 약화될 수 있다. 랜도가 강조한 내용은 다음과 같다.

> 역량 있는 관료제를 구축하는 데에는 상당한 시간과 자원이 필요하기에 새로운 민주주의 체제일수록 국가의 역량이 약한 경우가 많다. 미숙한 민주주의 체제 다수에 만연한 부패 문제는 유권자와 공직자 사이의 연결 고리를 약화하여 대표성의 질과 책임의 범위에도 영향을 미친다.[135]

종합적으로 이러한 역학관계는 복합적인 타성의 형태를 만연하게 만드는 데까지 이어질 수 있다. 즉 행정적 행위자들이 헌법상의 의무를 이행하는 데 지속적으로 실패하지만, 그들의 권력 (비)행사에 대한 효과적인 견제는 거의 경험하지 않기 때문이다.[136]

그러나 다시 말하자면, 이러한 종류의 복합적 타성은 어떠한 형태의 국가적 실패 없이도 발생할 수 있다. 정부에 대한 여러 요구가 충돌하는 체제에서 이러한 장애물은 단순히 입법자와 행정적 행위자 모두의 시간 및 역량의 제약으로 인해 발생할 수도 있는 것이다.

D. "의도적인" 민주주의의 장애물 대 상호 연결적인 민주주의의 장애물

물론 일부 경우에는 "타성"이 장애물이나 오작동의 원인이 아니라 헌법 체계의 의도된 특징일 수 있다. 혹은 일리 본인이 언급했듯이 "입법부가 '아무것도 하지 않았'으며 정확히 그러한 상태로서 남겨 두어야 할 많은 것이 존재한다".[137] 예컨대 기본적인 민주적 절차 규범을 마련하는 것과 같은 일부 헌법 규범의 경우 어떠한 특정 방식으로 결정되는지보다는 "정리된" 것 자체가 더 중요할 수 있다.[138] 따라서 이러한 규범을 동요시키는 것은 민주주의에 대한 기본적인 약속에 도움이 되기보다는 외려 역효과를 일으킬 것이다. 마찬가지로 연방주의, 양원제, 대통령제는 모두 더욱 심도 있는 민주적 이해를 촉진하거나 소수자의 권리와 민주적 숙의에 대한 기속을 촉진하기 위한 목적으로 일반적인 형태의 다수결 민주주의 정치를 "둔화하기" 위해 설계된 헌법 모델로 볼

수 있다.[139]

그러나 타성의 부담이라는 개념에는 헌법적인 합의, 권리 보호 또는 숙고에 대한 이와 같은 기속을 반영하지 않는 민주주의의 지연 또는 무대응의 형태가 포함된다.

만약 민주주의 체제가 다수의 입장understanding에 대응하지 않는 이유가 다양한 개인적 권리의 핵심 영역을 보호하기 위함이라면, 이는 본질적으로 친민주주의적이거나 최소한 민주주의에 대한 두터운 기속을 제기하려는 것으로 볼 수 있다. 비슷하게, 다수의 이해가 충분히 근거를 갖추지 못하고 불충분하게 고려되거나 숙고되었다는 이유에서 민주주의 체제가 이에 대응하지 않는다면, 이는 다시금 민주적 기속 또는 제약의 원칙적 형태를 제기하는 것으로 볼 수 있다. 따라서 타성의 부담은 일반적인 의미에서의 단순한 "타성"이 아니라, 민주적 다수의 입장과 더 두터운 민주적인 헌법적 기속 간의 일치에 대응하는 데 있어서 민주주의 체제가 실패한 구체적 형태인 것이다. 민주적 다수의 입장에 의해 반대되기보다는 오히려 지지되는 헌법적 선의의 요구가 있을 경우에 타성의 부담이 발생한다.

동시에 다수결 정치를 둔화하려고 고안된 일부 헌법 모델은 타성의 부담으로까지 이어질 수 있다. 다수의 대통령제에서는 분점 정부 및 당파적 양극화로 민주주의 정치가 사실상 교착상태에 처하고 두터운 민주적 약속을 반영하는 법안을 포함하여 거의 모든 형태의 법안을 통과시키는 것이 불가능해질 수 있다.[140] 일부 연방제 역시 국가 및 주의 관심사를 반영하는 주 정부나 연방 정부 및 입법부의 서로 다른 원院들이 긴급한 사회적·경제적 문제 해결을 다룰 때 협력적으로 행동할 수 없다는 점에서 비슷한 형태의 타성에 직면한다. 따라서 헌법상의 견제와 균형은 궁극적으로 두터운 형태의 민주주의를 보호하는 동시에 민주주의 오작동의 원인이 될 수 있다. 특정한 사례에서 어느 쪽이 사실일지는 필연적으로 평가적 판단의 문제가 될 것이다. 그러나 이는 합리적인 민주적 의견 불일치의 개념을 진지하게 받아들이는 민주주의이론이나 사법심사이론 모두에서 그러할 것이다.

민주주의를 향한 이러한 다양한 위협 간에는 중요한 연관성이 존재할 수 있다. 정치적 독점이나 붕괴는 민주 정치의 대응성을 약화하여 지속적인 사각지대나 타성의 부담을 끌어낼 수 있다. 예를 들어 강력한 선거 독점권을 가진 정당에는 보통 소수 유권자의 주장이나 관점을 고려할 유인이 제한적인데, 이는 그들이 이미 안전한 형태로 권력을 장악하고 있기 때문이다. 이들에게는 심지어 중위 투표자의 주장이나 요구를 고려할 유인 역시 크지 않을 수 있다. 그러나 이는 수용 및 관점의 반복적인 사각지대 그리고 우선순위로 인한 타성의 형태로 이어질 수 있다.

역으로, 타성의 부담은 유권자 탄압voter suppression을 막는 선거법과 같이 민주주의의 기능과 온전성에 대한 새로운 위협에 대처하는 적절한 조치를 입법부가 취하지 못하거나, 선거자금법campaign-finance law을 통해 공정한 경쟁의 장을 보장하는 데 실패함을 의미할 수 있다. 그리고 다수의 이해, 요구 및 우려에 대응하는 데 지속적으로 실패하는 민주주의 체제는 대중의 신뢰를 잃을 수 있다.

일리에게 민주주의의 불신은 민주적으로 선출된 공직자가 얼마나 자기 잇속만 차리며 이기적으로 행동하는지의 정도와 관련이 있는데,

진정한 민주적 경쟁을 훼손하면서 "분리되고 고립된 소수자"의 이익을 대변하는 대신에 자신의 정당을 강화하거나 스스로의 자리매김만을 목표로 하는 행동이 이러한 이기적인 행동에 해당된다. 대응적 접근방식에서 초점은 신뢰나 신뢰할 만한 가치의 여부가 아니라 대응성에 놓여 있다. 그러나 많은 민주적 헌법 체제에서는 대응성과 신뢰의 연결 고리를 유지하는 중요한 방식이 존재한다.

민주적 다수의 요구, 우려 및 관점에 지속적으로 대응하지 못하는 민주주의 체제는 종종 대중의 지지와 신뢰를 잃는다.[141] 이러한 신뢰의 붕괴는 반자유적이거나 반헌법적인 포퓰리즘 정당 및 활동의 부상에 대한 강력한 예측인자나 전조가 될 수 있으며, 이는 다양한 남용적인 헌법적 전략을 통해 민주주의를 침식하려는 시도로 이어진다. 예를 들어 미국에서는 2016년 대선에서 도널드 트럼프에게 투표한 사람의 57퍼센트가 출구 조사에서 연방 정부의 수행능력에 "불만족"하거나 "분노"한다고 밝혔다. 제2장에서 논의했듯이, 트럼프는 당선 이후 단순한 당파적 또는 헌법적 "강경책"의 형태가 아니라 민주적 최소 핵심에 대한 직접적인 공격에 해당하는 다양한 전술을 전개하였다.[142] 그는 개별 언론인을 공격하였고, 언론 매체의 접근을 선별적으로 거절하였으며, 연방 사법부의 권위에 의문을 제기하였고, 연방의회 의원에 대한 폭력을 선동하였으며, 조 바이든 대통령이 당선된 선거의 정당성을 부인하였다.[143]

게다가 이러한 역학은 우파나 보수 정당 혹은 그 지도자에만 국한하지 않는다. 예를 들어 1999년에 베네수엘라에서 차베스가 대통령으로 당선된 주요 요인으로는 지속되는 빈곤과 시민의 교육 및 의료에 대한 접근성 부족이 꼽혔고, 그는 이후 이러한 문제를 해결하기 위해 어느 정도 노력을 기울였다. 하지만 그는 사법의 독립성 및 여타 헌법적인 견제와 균형 장치를 약화하는 등 민주적 최소 핵심을 훼손하는 데 상당한 역할을 하였다.[144]

마찬가지로 남아공에서는 아프리카 국민회의ANC가 이끄는 정부가 헌법 제25조 내지 제27조에 따른 다양한 사회적·경제적 권리의 이행을 포함하여 흑인 다수 집단의 경제적 요구에 충분히 대응하지 못했다는 인식이 극좌파인 경제해방투사EFF와 당 지도자인 줄리어스 말레마Julius Malema에 대한 대중의 지지 형성에 중요하게 기여하였다.[145] 현재 말레마가 집권하지 않고 있음에도, 언론인의 권리를 포함한 정치적 권리와 자유 및 남아공 법원의 독립에 대한 그의 위협은, 지금까지도 민주주의가 사회적·경제적 변혁에 대한 주류의 민주적 요구에 대응하지 못하는 경우 남아공의 민주주의에 발생할 수 있는 잠재적인 미래의 위험을 암시한다.[146] 실제로 일부 학자는 선거에서 EFF가 드러낸 위협에 대응하기 위해 ANC 스스로가 제도적 다원주의의 규범을 약화하겠다는 위협을 가하는 식의 더욱 반자유적인 포퓰리즘 담론으로 진작에 방향을 전환하기 시작했다고 주장한다.[147]

따라서 대응성을 가지지 못하는 민주주의는 침식의 위험에 매우 취약해진다. 반대로, 대응적 민주주의는 자치에 대한 협의와 광의의 약속 모두를 실현할 수 있다. 그렇다면 문제는 이러한 형태의 대응성을 촉진하기 위해 헌법을 어떻게 고안하며 해석하는 것이 최선일지에 놓인다.

제2부

법원과
민주적 대응

제 4 장

대응적 사법심사의 범위와 강도

민주주의와 오작동에 관한 이와 같은 이해가 사법심사의 범위 또는 해석적 선택의 문제에 대한 법원의 접근방식에 의미하는 바는 무엇일까? 이에 대한 대답은 상당 부분 맥락적일 것이다. 즉 법원이 헌법적 해석 과정에 접근하는 방식은 사법심사의 법적·정치적 맥락에 따라 달라진다. 일부 국가에서는 "법률주의적legalist" 해석 방식이 강조되어 대표성 강화 개념에는 제한적으로만 비중을 둔다. 반면 다른 국가에서는 민주주의의 보호 및 촉진에 대한 관심을 포괄하는 가치 기반 추론 방식에 훨씬 더 큰 포용성을 보인다. 마찬가지로 민주주의의 사각지대, 타성의 부담 혹은 정치적 독점의 위협에 대한 증거가 실제로 존재하는 정도에서도 국가마다 중요한 차이가 존재한다.

그러나 사법심사에 대한 대응이론은 민주적인 헌법을 해석하려는 법원에 일반적 지침을 제공하는데, 다시 말해 법원은 사법심사의 적절한 범위를 결정하고 심사의 강도를 조정하는 데 다양한 형태의 민주주의 오작동의 유무에 따라 그 방향을 잡아 나가야 한다. 예를 들어 일부 학자는 법원이 헌법 본문이나 전체적인 구조의 기능에 반드시 필요한 경우에 한해 헌법적인 함의를 도출해야 한다고 제안한다. 그러나 사법심사에 대한 대응이론은 더욱 광범위한 접근방식을 포괄한다. 그에 따르면, 사법부가 헌법적 함의를 도출하는 작업은 이것이 민주적 최소 핵심에 대한 급박하며 제도적인 위협에 대응하는 데 도움이 될 경우에는 거의 항상 적합할 것이며, 민주주의의 사각지대의 위험과 타성의 부담에 대한 정당한 대응일 수도 있는데, 다만 이는 이러한 작업이 강력한 법적(법률주의적) 지지를 받거나, 혹은 개인의 권리에 돌이킬 수 없는 해악을 끼칠 위험이 존재하는 경우에만 그러하다. 따라서 이는 법원이 헌법상의 해석적 선택을 위해 법적·정치적 맥락 모두에 세심한 주의를 기울여야 함을 요구한다.

마찬가지로 사법심사에 대한 대응이론은 상기한 민주주의의 장애물에 대한 관심이 비례원칙proportionality이나 다양한 단계의 심사tiered scrutiny를 수행하는 데 지침을 제공하거나 이를 조정해 나가는 데 유용할 수 있음을 시사한다. 미국에서는 이러한 조정이 기존 심사 단계를 적용할 때 암묵적으로 발생할 가능성이 가장 높은 반면, 다른 국가에서 이는 사법심사의 강도에 있어 명시적인 조정을 수반할 가능성이 더욱 높다. 그런데 두 가지 경우 모두에서 이러한 조정은 법원에 제출되는 실제 증거 그리고 헌법적 규범에 대한 특정한 위협에 법원이 공개적으로 사용 가능하다고 기대할 수 있는 증거를 고려하여 이뤄져야 한다. 그러나 두 경우 모두에서 민주적 오작동에 초점을 맞추는 것이 중요한 가치를 가진다는 점은 동일하다. 이는 법원이 상당히 개방적인 형태의 평가적 판결을 내리는 데 추가적인 이정표를 제공하며, 민주주의와 민주적 대응성에 대한 근본적인 기속을 보장하며 촉진하는 데 도움이 되는 지침을 제공할 수 있기 때문이다.

다른 연구자들 역시 민주주의에 민감하게 대응하는 사법심사이론이 비례원칙의 적용에 영향을 미칠 수 있는 역량에 대해 비슷한 주장을 펼쳤다.[1] 두 가지 이유로 여기에서 이를 다시금 언급할 가치가 있다: 법관은 비례원칙이나 단계적 심사의 개념을 적용하는 데 상술한 조정에 대한 논의를 항상 반영하지는 않는 것으로 보인다는 점, 그리고 이러한 조정 문제는 아마도 대응적 사법심사가 법원에 가장 명확하고 구체적인 지침을 제공할 수 있는 영역 가운데 하나일 것이라는 점이 그 이유이다. 또한 이는 명확하게 다시 언급하는 것이 변호사에게 도움이 될 수 있는 영역이기도 한데, 변호사는 대응적 사법심사의 논의를 입법부나 행정부의 행위에 대한 더 엄격한 사법자제 혹은 더 강한 사법감시의 필요성에 관한 주장으로 치환하고자 하기 때문이다. 그렇다고 대응적 사법심사는 법원이 민주적 오작동을 극복하여야 한다는 요구로서 당사자에 의해 명시적으로 틀이 짜여질 필요는 없다. 다만 법원이 이러한 주장에 대응적일 가능성이 높은 법 문화가 존재하는 경우에는 그럴 수 있으며, 또 그래야만 할 것이다.[2]

A. 사법심사의 법적·정치적 정당성

사법심사와 관련된 가장 잦은 비판 가운데 하나는 이것이 정당하지 않은 형태의 "사법 적극주의judicial activism"를 포함한다는 것이다.[3] 그런데 사법 적극주의에 대한 혐의는 가능해 보이는 다양한 관념적 주장을 내포하는 것으로 이해할 수 있는데, 이는 법원이 지나치게 법률을 무효화하려고 한다거나, 법원이 지나치게 민주적 다수의 의지에 반하는 방향으로 행동하려고 한다거나, 혹은 법원이 헌법적 추론 과정에서 창의성을 지나치게 발휘하려고 한다거나, 혹은 기존 헌법적 해석 관행을 따르기보다는 지나치게 적극적으로 재해석하려고 한다는 주장이다.

사법 적극주의에 대한 이와 같은 다양한 이해는 사법심사 반대론이 근거로 삼는 정당성에 대한 이해가 다양함을 시사한다. 그러나 여기에서 제도적인 "정당성"이란 과연 무엇을 의미하는가? 리처드 팰런Richard Fallon이 지적한 것처럼, 정당성의 개념은 빈번히 사용되지만 헌법적 논쟁에서 이것이 정확하게 정의되는 경우는 거의 없다.[4] 그런데 그에 따르면, 이는 정당성의 "법적", "사회적", "도덕적" 또는 정치적 형태로 일컬어지는 서로 상이한 세 단계에서 각기 작동하는 것으로 이해될 수 있다.[5]

법적 정당성이란 사법적 결정이 기존 법적 규범이나 제약에 합치되는 정도를 의미한다. 팰런에 따르면 "합법적" 판결은 법적으로 정당하며, 반면 기존 법적 권한의 범위를 넘어서는 판결은 법적으로 정당하지 않다.[6] 일부 학자는 법적 규범이 이러한 종류의 유의미한 제약을 설정하는지에 회의적인 시각을 보낸다.[7] 그러나 다른 이들은 법적인 양식과 직업적 규범이 의미 있는 형태의 제약을 만들어 낸다고 믿는다.[8] 그리고 이러한 법적 제약의 관념이 법적 정당성(부당성)의 개념에 영향을 미친다.

사회적 정당성은 베버식의Weberian 정당성 개념과 밀접하게 연결된다. 팰런이 지적한 대로 이러한 종류의 정당성은 "타당한지 여부와 관계없이, 권위에 대한 특정 주장이 개인의 이익에 국한되지 않는다는 이유로 존중되거나 이에 따를 자격을 가진다는 시민의 적극적인 믿음을 시사한다".[9] 이는 법원의 특정 판결에 동의하지 않는 경우에도 법원의 결정을 받아들이려는 시민의 의지를 의미한다. 이러한 종류의 사회적 정당성은 더욱 강하거나 약화된 방식으로도 이해될 수 있다. 강한 의미에서 이는 제도적 권위에의 호소에 대한 적극적 믿음을 나타내며, 약한 의미에서 이는 단순히 "권위의 주장에 대한 대중적 묵인"을 의미한다.[10] 그러나 둘 중 어느 경우라도, 법원이 충분한 사회적 정당성을 향유할 경우 법원의 판결은 집행될 것이며, 반면 사회적 정당성이 결여될 경우 법원 명령의 집행에 대해서는 저항이 예상된다.

도덕적 정당성이란 법적 결정이 "도덕적으로 정당화되거나 존중받을 가치가 있는지"의 정도이다.[11] 도덕적으로 정당화될 수 있다는 것이 무엇인지에 대해서는 다양한 의견이 나올 수 있다. 일부 이론은 개인의 자유, 평등, 존엄성과 같은 실질적인 정치적 약속에 기반하는 비교적 까다로운 도덕적 정당화 가능성의 개념을 상정한다. 다른 이론은 헌법체제에 대한 합리적이고 이성적인 시민의 (가정적) 동의를 보장하기 위해 요구되는 것이 무엇인지에 대한 최소한의 정의에 좀 더 초점을 맞춘다. 예를 들어 이는 존 롤스가 발전시킨 정치적 자유주의이론의 기초를 형성하였다.[12] 사법심사에 대한 대응적 접근방식 또한 정당성에 대한 최소한의 정치적 관념에 집중하는데, 이는 헌법적 도덕성 문제에 대한 합리적 의견 불일치를 진지하게 인정하며, 따라서 "정치적" 정당성의 개념에 기반하여 본질상 정치적으로 자유주의적인 도덕적 정당성의 개

념을 채택한다.[13]

나아가서 대응적 접근은 실제의 사법적 정당성이 정당성의 법적·정치적 근거의 융합체, 또는 법적·정치적 정당성의 요소를 모두 포함하는 누적적인 개념으로 이해하여야 함을 시사한다.[14] 이러한 관점에서 사법적 결정은 공식적인 법적 근거에 강력한 기반이 존재할 경우 정당할 터인데, 그러한 근거라 함은 헌법 본문, 역사 및 구조 또는 법원의 선례를 의미한다.[15] 혹은, 사법적 결정은 강력한 정치적 약속을 이행하기 때문에 정당할 수도 있으며, 상당한 (덜한) 정도의 법적·정치적 정당성을 가지기 때문일 수도 있다. 나아가서 사법심사에 대한 대응적 접근방식은 **정치적** 정당성에 대한 판단에서 상당히 특정한 쟁점을 시사하는데, 즉 민주주의의 최소 핵심을 보호하기 위해 법원이 다양한 헌법적 함의를 채택하는 데에 강력한 민주적 주장이 존재할 것이며, 법원이 입법적 사각지대나 타성의 부담에 맞서기 위해 이러한 함의를 채택할 설득력 있는 정치적 이유가 존재한다는 점이다. 동시에 이는 두 경우 간 정치적 정당성의 정도에 중요한 차이가 있다는 것 역시 시사한다.

B. 헌법적 함의의 정치적 정당성

선거상의 독점이든 제도적 독점이든 모든 형태의 정치적 독점권은 민주적 대응성에 대한 약속에 **체계상의** 위협과 더불어 **급박한** 위협을 끼친다. 이는 진정한 의미에서 자유롭고 공정한 선거를 보장하기 위한 정치적 권리와 자유 및 제도적 견제와 균형의 체계 전체를 무너뜨릴 수 있는 민주주의 체제의 변화를 포함한다. 실제 그렇게 되는 경우 이러한 변화는 점점 더 되돌리기 어려워질 것이다. 이러한 변화는 공식적인 헌법 개정의 형태 혹은 또 다른 형태의 "남용적인" 헌법 개정에 의해 이루어질 수 있다. 이러한 변화는 또한 이러한 식의 변화에 저항할 수 있다고 여겨져 온 기존의 모든 독립 기관(법원 포함)을 독재자가 되고자 하는 이들이 효과적으로 통제할 수 있도록 만든다. 따라서 선거적 또는 제도적 독점을 방지하기 위해서는 법원과 같은 기관의 단호하며 시의적절한 대응이 필요하고, 이는 다양한 사법적 함의(해석)의 정치적 정당성을 강력하게 뒷받침해 준다.

대조적으로 많은 형태의 입법적 사각지대 또는 입법적 타성은 때로 훨씬 덜 체계적이다. 이들은 입헌적 민주 체제의 민주적 기능과 정치적 정당성에 위협으로 작동할 수도 있다. 그러나 이들은 종종 헌법 체계 전체의 기능이 아니라 특정한 맥락에서 한 집단이나 청구인에게만 영향을 미치며, 향후 입법 또는 행정 조치로 해결할 수 있는 선에서 해악을 끼칠 뿐이다. 따라서 이러한 장애물에 대응하기 위해 고안된 사법적 함의(해석)에 관여하는 경우 대체로 반민주적인 독점 권력의 위험에 대응하기 위해 설계된 것에 비해 덜한 정도의 정치적 정당성을 가질 것이다.

그렇지만 항상 그런 것도 아니다. 입법에 의해 발생한 해악이 개인에게 즉각적인 위험을 야기하였지만 장래의 어떠한 입법행위로도 그러한 피해를 효과적으로 회복시킬 수 없는 경우도 있다. 이는 해당 피해가 실질적으로 구제 불가능하거나 개인의 권리 또는 책임의 사후적인 소급 변경에 법적 한계가 존재하기 때문일 수 있다. 예를 들어 "순수한 공법적pure public law" 사례와 달리 민사 또는 형사 사건의 경우, 입법부가 당사자의 권리와 책임 소재를 소급하여 변경할 수 있는 권한에 대한 헌법적 (또는 코먼로 체제의 경우 코먼로상의) 제한이 있는 경우가 많다.[16] 따라서 입법의 사각지대 혹은 타성의 부담에 대응하는 일은 이들이 특정 개인에게 영향을 미친다는 점에서 급박한 문제이다.

가역성reversibility의 원칙은 개념적인 측면과 실질적인 측면 모두에서 이해될 수 있다: 인간의 존엄성을 보호하는 데 실패한 일부의 경우는 말 그대로 되돌릴 수 없는 반면, 다른 경우에는 이것이 개념적으로는 가능하나 보상에서는 실질적으로 큰 난항을 겪을 수 있다. 가역성의 개념은 이러한 정도의 차이를 인식하는 방법으로 이해하여야 하며, 이러한 "비가역성"의 두 가지 개념을 모두 포함할 만큼 광범위하다.[17] 또한 일부 형태의 민주적 타성은 지나치게 광범위하고 제도적이어서 사법적 개입 없이는 이를 극복하고 시민의 기본적인 필요와 요구를 충족하기에 매우 힘들 수 있다. 언급했듯이, 이는 그러한 실패에 대응하는 데 도움을 주기 위해 고안된 사법적 함의(해석)의 정치적 정당성을 더욱 강화할 것이다.

이는 성문헌법하에서 사법적 함의(해석)의 정당성을 좌우하는 광범위한 원칙 세 가지를 제시한다.

⑴ 제한적인 법적 지지만을 얻으며 실질적인 정치적 정당성이 없는 함의는 정당하지 않은 것으로 추정될 것이다. 정의상 "함의"의 개념은 원칙에 대한 문맥적 지지의 정도가 제한적임을 암시하는데, 만약 실제의 정치적 정당성이 부재한다면 법원은 그 관여를 자제하도록 권장하여야 한다.

(2) 민주주의의 "최소 핵심"을 보호하기 위해 고안된 함의의 경우 이에 대한 기존 법적 지지(또는 헌법 본문, 역사 및 구조를 통한 지지 혹은 법원의 선례를 통한 지지)의 정도와 관계없이 일반적으로 정당하다. 이러한 함의는 법원이 민주주의와 민주적 대응성에 대한 헌법적 기속과 관련된 급박하며 체계상의 위험에 대처하는데 찬성하는 정치적 주장으로부터 정당성을 얻는다.

(3) 사각지대나 타성의 부담에 대응하기 위해 고안된 함의의 경우에도 정치적으로 정당할 수 있으나, 이는 유의미한 수준의 **법적** 지지를 받거나, 인간 존엄성에 대한 심각하며 돌이킬 수 없는 위험 혹은 제도적 형태의 타성이나 국가적 실패에 대응하도록 설계된 경우에만 그러하다.

이러한 원칙만이 법원의 정당한 헌법적 함의의 범위를 규정하는 것은 아니다. 제3장에서 주목하듯 민주주의는 투표권이나 표현과 집회 및 결사의 자유와 같은 특정 정치적 권리와 자유만을 아우르는 식으로 협소하게 이해될 수도 있고, 모든 개인의 존엄성, 평등, 자유에 대한 폭넓은 권리를 포함하는 등 더욱 두텁게 이해될 수도 있다. 이러한 다른 가치에 대한 위협은 특정한 헌법적 관여(함의)를 확인할 수 있는 사례를 제공할 수도 있다. 또한 민주주의에 대한 더 두터운 이해라고 할지라도 헌법 해석 과정에 영향을 미칠 수 있는 가치의 전 범위를 완벽히 규정짓지는 않는다.

다른 가치의 경우 법의 지배, 민족 및 종교적 다원주의 또는 헌법적 안정성 혹은 통합에 대한 약속이 포함될 수 있다. 이러한 약속이나 가치에 대한 위협은 특정한 헌법적 함의에 대한 설득력 있는 정치적 근거를 다시금 제공할 수 있다. 예를 들어 캐나다 대법원의 가장 유명한 판결 가운데 한 가지는 퀘백주의 **분리 독립**Secession Reference 사건에서 내려졌는데, 여기에서 법원은 퀘벡주가 캐나다로부터 독립하려는 시도를 규제하는 특정한 묵시적 원칙을 도출해 내었다.[18] 이 판결의 성문적 또는 공식적인 법적 근거는 상당히 취약하였다.[19] 그러나 누군가는 이 판결이 훨씬 큰 정치적 정당성을 지닌다고 주장할 수도 있다. 이 판결은 캐나다의 헌법적 협정의 통일성과 안정성과 관련한 급박하고 제도적인 위협에 대한 법리적인 대응책을 제공하였기 때문이다.[20]

법관은 이와 같은 원칙과 더불어 이러한 종류의 민주주의의 위험을 입증하는 증거나 사실을 고려할 필요가 있다. 대응적 사법심사의 개념은 사법심사가 헌법적 주장과 민주적 다수의 입장에 대응하기 위한 민주적 헌법 체계의 능력을 보호하고 촉진해야 한다는 생각과 더불어 법원이 고유의 제도적 위상과 역할에 민감하게 대응해야 한다는 생각을 모두 강조한다.

많은 헌법 체제, 특히 영미권의 헌법 체제에서 사법적 역할을 정의하는 특징 중 하나로 주어진 사실에 법을 적용하는 것을 꼽기도 한다.[21] 그리고 헌법재판 기관은 사실을 수집하고 확정하는 데 제한된 역할만을 수행하는데, 이들은 종종 합의된 사실이나 하급 법원에서 내린 사실판단에 근거하여 헌법적인 문제를 판단한다. 어떤 경우에는 법원이 민주주의의 위험에 대응해야 할 필요성을 근거로 함의를 만들어 내는 일을 정당화하기에는 민주주의의 실제적 위험에 대한 증거가 불충분할 수도 있다.

그러나 대개 이러한 원칙은 법원이 성문헌법을 해석하는 작업에 관여할 때 상당히 명확하고 구체적인 지침을 제공한다. 우선 이들은 법원이 특정한 헌법적 보장 사항의 일상어·자연어적 표현에 효력을 부여해야 하며, 더욱 개방적인 헌법적 언어는 선거적 또는 제도적 독점, 민주주의의 사각지대와 타성의 부담의 위험을 극복하기 위한 방식으로 해석해야 함을 시사한다. 아울러 법원이 성문헌법하에서 진정한 함의를 도출해 낼지 여부를 결정할 때 민주적 최소 핵심에 대한 위험 및 민주주의의 사각지대나 타성의 부담이 야기하는 급박하거나 제도적인 해악의 증거를 고려해야 한다고 제안한다.

C. 사법심사의 주요 사례

낙태, LGBTQI+ 권리, 언론의 자유와 평등에 대한 묵시적 권리, 구조적 사회권, 위헌적 헌법 개정 법리와 관련하여 앞서 논한 해석적 선택의 문제를 생각해 보자. 제5장에서는 이에 관한 결정이 관련된 민주적 장애물 극복에서 실제로 성공을 거뒀는지, 그렇다면 어떻게 성공을 거뒀는지를 탐구한다. 그러나 여기에서는 이러한 결정이 해당 결정의 정치적 정당성을 옹호할 만한 주장을 제공하였던 (혹은 제공하지 못하였던) 정도에 주목한다.

1. 낙태권

케이시와 돕스 판결 이전에도 미국 연방대법원의 로 판결은 정치적·법적 정당성이 모두 결여되었다는 비판을 받아 왔다.[22] 정치적 측면에서,

연방대법원은 로 판결을 통해 낙태권 인정에 관한 많은 주의 타성에 대응하는 데 도움을 주었다. 그러나 제6장에서 살펴보듯, 이 판결은 낙태권을 미국인 다수에 의해 지지받는 지점 이상으로 넓혔다고 주장되기도 한다. 이는 다시금 연방대법원이 낙태권을 포함해 "사생활의 권리(프라이버시권)"가 헌법상 인정된다는 판단을 내릴 때 강력한 법적 정당화 근거를 보여 줄 필요성을 증가시켰는데, 많은 법학자는 이러한 맥락 하에서 법원의 논증이 설득력이 있다고 보지 않았다.

로 판결에서 연방대법원은 프라이버시권의 근거로 의사와 환자 간의 관계에 상당히 의존했고 다소 비약이었던 그리즈월드Griswold 판결의 논증에 크게 의존하였다.[23] 연방대법원은 그리즈월드에서 사생활에 대한 권리가 수정헌법 제1·3·4·5조의 "반영半影. penumbras과 방사放射. emanations"[24]에서(더글러스 대법관), 혹은 제9조를 통해 보존되는 코먼로상 권리와 자유에서(골드버그 대법관) 파생될 수 있음을 시사하였다.[25] 많은 이들에게 이는 "자유는 (…) 고립된 작은 지점이 아니"라 헌법적 보호를 받을 자격이 있는 권리와 이익들의 연속체(낙태권을 포함하여)임을 시사한 포 판결Poe v Ullman[26]에서의 할란Harlan 대법관의 논증에 비해 설득력을 가지지 못하였다. 실제로 많은 이들은 해당 판결을 법원이 로크너Lochner 판결 스타일의 실질적 적법절차 분석의 형태에 관여한다는 인식을 피하기 위해 사용한 얄팍한 위장술로 보았다.[27]

대조적으로 케이시 판결은 더 높은 수준의 법적·정치적 정당성을 가지는 것으로 보인다. 케이시 판결에서 선례구속 원리에 대한 연방대법원의 접근법은 분명히 다소 무리가 있었으며, 이러한 의미에서 법적 정당성은 상당히 약했다.[28] 그러나 무엇보다도 우선하여 연방대법원은 로 판결에서보다 더욱 설득력 있는 법적 틀 내에서 사생활에 대한 권리를 도출하였다. 그리즈월드 판결에서의 다소 비약적인 논리에 의존하거나 의사-환자 관계 개념이 낙태권의 근간이라고 보는 대신, 케이시 판결에서 연방대법원은 수정헌법 제14조의 적법절차 조항Due Process Clause 내 여성의 자유권에 대한 명시적 보장에 의존하여 낙태권의 근간을 마련하였다.[29]

또한 연방대법원은 케이시 판결에서 기존 로 판결의 의미를 좁혀, 태아가 독립적으로 생존할 수 있기 전에는 미국 여성이 넓은 범위에서 낙태권을 보장받을 수 있도록 허용하였으나, 이는 동시에 입법부가 관련된 헌법상 권리에 "부당한 부담undue burden"을 지우지 않는다는 가정하에 보유하는 낙태권에 대한 규제 권한과 공존한다고 보았다. 이는 틀림없이 로 판결에 비해 재생산권reproductive rights의 범위에 대한 민주적 이해와 더욱 일치하는 것이었다. 대다수의 미국인은 로 판결 이전이든 이후든 낙태가 "안전하며 합법적이어야 하지만 거의 발생하지 않아야" 한다고 믿는 것으로 나타났기 때문이다.[30] 그리고 이러한 믿음이 케이시 판결에서의 쟁점, 즉 낙태 조건으로 대기 기간, 사전상담 요건 또는 부모나 배우자에 대한 통지 요건 등을 부과하는 것이 헌법상 허용되어야 하는지의 여부에 대한 다수 미국인의 견해를 보여 주지는 않지만, 이러한 믿음은 낙태를 실질적으로 불가능하거나 위험하게 만들지 않으면서 낙태를 억제할 수 있는 조치에 대한 민주적 지지를 시사한다. 이러한 믿음은 케이시 판결에서 채택한 "부당한 부담"의 접근방식 및 이것이 연방대법원에 의해 적용된 방식(즉 배우자에 대한 통지 요건을 제외하고는, 합당한 경우 해당 조치 대부분의 합헌성을 인정함)과 중요한 유사점을 가진다.[31] 또한 이는 케이시와 로 판결을 폐기하고 낙태권에 대한 결정을 지역(주)의 정치적 다수에게로 되돌린 연방대법원의 **돕스** 판결에는, 미국 전역에 걸친 더 광범위한 **민주적** 지지와 정당성이 결여되어 있음을 시사한다.

돕스 판결에서 연방대법원 논증의 전제 중 일부는 로나 케이시 등의 판결에 법적 정당성이 부재하다는 것이다. 그러나 적법절차 조항의 자유에 대한 보장 및 로 이후의 연방대법원 판례는 낙태권에 대해 강력한 문면상의 지지를 제공한다. 또한 전국적인 다수의 견해(여론)에서 낙태권에 대한 민주적 지지를 발견할 수 있으며 주의회가 입법의 사각지대 및 타성의 부담의 결과로 일상적으로 낙태권을 제한한다는 사실 역시 확인된다. 즉 주의회에서는 낙태권에 대한 제한이 젊고, 가난하며 사회적으로 취약한 여성에게 영향을 미칠 수 있는 방식의 범위를 설명하지 못한 채 낙태권 제한 입법을 통과시키며, 나아가서 여성의 권리와 태아의 권리 혹은 이익 간의 적절한 균형에 대한 변화하는 이해에 비추어 기존의 제한을 재검토하기를 거부한다.[32]

비슷한 분석을 통해 **카하트** I*Carhart I* 및 **카하트** II*Carhart II*와 같은 판결에서 여성의 생명과 건강 보호에 대한 연방대법원의 주장을 낙태에 대한 헌법적 권리 보장의 근거로서 설명하거나 정당화할 수 있다. **카하트** I 판결에서 연방대법원은 케이시의 논증을 확장하여 임신 후반부에 이뤄지는 낙태에 대한 접근권에도 적용하였다. 이 판결은 두 가지 이유로 "부분 출산(분만)partial birth" 낙태 절차를 금지하는 네브래스카주의 법률을 무효화하였다. 첫째로 문제의 법률이 임신 후기 낙태에서의 무손상 확장 적출술D&X과 경관 확장 자궁 배출법D&E을 적절하게 구별하지 못하여 불명확해서 위헌적이며, 둘째로 네브래스카주가 D&X 수술법의 사용이 "여성의 건강 보호에 있어 어떠한 상황에서도 필요하지 않다"는 점을 보여 주지 못했기 때문이다.[33] • 또한 카하트 II 판결에서, 연방대법원은 D&X 및 D&E 수술법 모두에 대한 제약을 다시금 부과하는 후속 연방법을 지지하였지만, 이 과정에서 연방대법원은 다시금 임신 후반부의 낙태 결정에서 여성의 생명과 건강을 보호하는 중요성을 확인하였다.[34]

미국 헌법의 본문 및 로 이전의 판례는 이와 같은 건강권 보호에 대한 주장을 제한적으로나마 지지한다. 수정헌법 제14조의 적법절차 조항은 여성의 생명과 자유를 명백히 보호하는데, 이러한 권리는 건강권과 밀접하게 연결되어 있다. 그러나 건강권은 인간 존엄성 보호에의 약속과 더욱 밀접하게 관련되는데, 여기서 존엄성이란 완전하게 인간답게 생활할 역량이라는 의미를 갖는다.[35] 존엄성에 대한 약속은 로런스 및 오버거펠과 같은 연방대법원의 최근 판결에서 비로소 인정되기 시작하였다.[36]

반면 카하트 I 및 II 판결은 강한 정치적 정당성을 갖추었다. 비록 임신 제1분기first trimester에 비해 제3분기에서의 낙태권에 대한 민주적 지지가 상당히 낮을지라도, 미국인의 75퍼센트는 심각한 위협으로부터 여성의 생명을 보호하기 위해 임신 제3분기에도 낙태권이 인정되어야 한다는 입장을 지지한다.[37] 또한 의회가 의학적으로 필수적인 D&E 수술법에의 접근을 허가하는 데 실패한 것은 적용의 사각지대의 예라고

• D&X는 태아를 자궁에서 손상 없이 온전한 상태로 제거하는 수술인 반면, D&E는 태아를 해체하여 자궁 밖으로 배출하는 수술이다.

주장할 수 있었다. 이러한 종류의 사각지대는 이와 같은 사건에서의 원고에게 혜택을 줄 정도로 입법부에 의해 결코 제때 치유될 수는 없을 것이다. 따라서 민주적 장애물의 문제 상황의 시급성은 **카하트** Ⅰ 및 Ⅱ 판결 모두에서 연방대법원이 임신 후반부의 낙태권을 제한하는 의회의 권한에 대하여 건강 및 생명권을 근거로 제약을 부여하는 데 강력한 정치적 정당성을 제공하였다.

캐나다 대법원과 콜롬비아 및 대한민국 헌법재판소의 낙태권 확대 판결은 마찬가지로 재생산권 인정에서 타성적 부담에 대한 대응으로 볼 수 있다. 캐나다에서는 1960년대 이후로 낙태 자유화에 대한 지지가 높아져 왔으며, 1970년대에는 이를 달성하기 위해 캐나다의사협회 및 변호사협회와 같은 단체에서 지속적인 노력을 기울여 왔다. 또한 1977년에는 연방 정부에서 임명한 독립적인 위원회(배질리 위원회the Badgley Committee)가 이와 관련하여 중대한 법적 변화를 독려하기도 하였다. 그러나 정치영역에서 이에 반응하는 속도는 매우 느렸다.[38] 1986년에 캐나다 의회에서는 공인된 병원에서 이뤄지는 낙태 수술에 좀 더 광범위한 접근을 허용하기 위해 자국의 **형법**을 소소하게 개정하였지만, 배질리 위원회가 제기한 폭넓은 문제는 해결하지 못하였고, 기존 시스템이 캐나다 내 많은 지역에서 낙태권에 상당한 제한을 부과하고 있다는 문제 역시 해결하지 못하였다.[39] 결국 **모건탈러** 판결에서 이와 관련된 형법 조항을 무효화하는 식으로 대법원은 국가 차원의 낙태법 개혁의 진전에 영향을 미치던 지속적인 입법적 타성에 대응하는 데 도움을 주었다.[40]

모건탈러 판결은 캐나다의 각 지역에 형사법이 미치는 영향과 관련해 의회가 법 적용의 사각지대를 해결하는 데 역시 도움이 되었다. 관련 법 조항을 적용해 보면, 주요 도심지에서 낙태에 대한 접근은 어느 정도 허용되지만, 일부 지역에서는 위원회를 구성하고 수술을 하는 데 필요한 의사 수가 충분하지 않다는 점에서 그리고 다양한 지역 규제로 인하여 병원이 낙태와 관련한 전문성을 얻기 힘들다는 점에서 낙태에 대한 접근이 허용되지 않았다.[41] 이는 형법 제251조에 따라 낙태에 대한 접근을 통제하려고 한 입법자들이 예측하지 못하였던 법적 효과였다. 현재에도 낙태에 대한 접근은 여전히 도시와 지역에서 불균형한 모습을 보이지만, 대법원이 **모건탈러** 판결에서 보여 준 개입 이전보다는 훨씬 더 광범위하고 일관성 있게 적용된다.

콜롬비아에서 낙태권을 둘러싼 헌법 소송 역시 입법적 타성의 부담을 극복하는 데 기여하였다. 콜롬비아에서는 미국과 캐나다에 비해 대중의 낙태권에 대한 지지가 상당히 약하지만, 최소한 특정 경우에서는 점차 지지의 목소리가 높아져 왔다.[42] 그러나 입법자들은 이러한 대중의 변화하는 입장을 실현하는 법률을 도입하는 데 주저하였다. 마침내 헌법재판소는 낙태에 대한 형법적 금지를 철폐하고, 임신의 지속이 여성의 생명, 신체적·정신적 건강을 위협하거나, 임신이 강간, 근친상간 또는 기타 범죄의 결과이거나, 혹은 "의학적으로 인증된 태아의 기형"이 발생한 경우에 낙태에 대한 즉각적 접근을 허용하는 결정을 내려 명백한 형태의 민주적 장애물에 맞서는 데 기여하였다.[43]

한국에서는 헌법재판소가 낙태를 금지하는 형법 조항을 헌법불합치라고 판단하여 민주주의의 타성의 부담에 대처하는 데 기여하였다. 이러한 헌법재판소의 판결 이전에는 1953년에 제정된 형법 조항에 의거하여 강간, 근친상간에 의한 임신이거나 임신의 지속이 여성의 생명이나 건강에 위협을 가하는 경우를 제외하고는 낙태시술을 시행하거나 받은 것을 범죄로 규정해 왔다. 해당 조항은 낙태가 권장되지 않던 시기에 제정되었는데 태아의 성별에 따른 선택적 낙태에 대한 우려도 그 이유 중 하나였다.[44] 그러나 시간이 지나며 낙태에 대한 사회적·정치적 수용도는 점차 높아졌다. 1970년대와 1980년대 정부는 인구 증가를 제한하는 수단으로 낙태의 허용 정도를 넓히는 쪽으로 나아갔지만, 1990년대에 들어서며 떨어지는 출산율을 복구하려는 시도의 일환으로 다시 낙태를 제한하였다.[45] 그러나 대중 사이에서는 낙태에 대한 법적 권리에 대한 지지가 꾸준히 증가해 왔다. 예를 들어 2019년에 실시된 정부 조사에 따르면 15세에서 44세 사이 한국 여성 중 75퍼센트가 낙태권 강화를 지지하였다.[46] 이러한 문제를 해결하려는 국회의 시도가 수차례 무산된 뒤 결국 2021년에 헌법재판소는 낙태에 대한 접근을 비형벌화하였는데, 그 결과 낙태에 대한 법적 입장은 더욱 권리 보호적이며 민주주의를 존중하는 방향으로 변화하였다.[47]

2. LGBTQI+의 권리

마찬가지로, LGBTQI+ 권리를 확대하는 판결은 복잡한 형태의 입법적 타성에 대한 대응으로 볼 수 있다. 이러한 판결의 대부분은 자유, 프라이버시, 존엄성 및 평등에 대한 명시적이나 개방적인 보장 내용에 대한 해석에 관한 것으로 가장 적합하게 이해되며, 이는 이러한 권리와 구분되는 단독적인 보장 내용을 "함의"하는 것은 아니다. 그럼에도 불구하고 이들은 사법심사의 법적·정치적 정당성에 대한 우려와 동일한 관점에 의해 평가될 수 있는 어느 정도의 해석적 선택을 수반한다.

이러한 맥락에서 해당 권리의 정당성과 관련된 주장의 일부는 이들이 강력한 문맥적 기반(즉, 법적 정당성)을 인간 존엄성에 대한 급박한 위협과 지속적인 입법적 타성의 부담에 대응하는 데 도움이 되는 정치적 정당성과 결합하였다는 것이다. 또한 많은 경우에 이러한 정당성의 두 가지 근거는 중첩되는데, 이는 관련된 헌법 본문이 존엄성과 평등에 대한 권리를 명시적으로 보장하며, 법원의 역할은 사각지대 및 타성의 부담을 극복하여 이와 같은 약속을 실현해 왔다는 점에서 그러하다.

예를 들어 캐나다에서는 1990년대 말에서 2000년대 초반 LGBTQI＋ 권리의 국가적 인정에 대한 지지의 목소리가 높아졌지만, 이와 같은 여론 변화를 반영하는 법률안 통과에서는 연합으로 인한 형태의 타성이 나타났다. 캐나다 정치학자 미리엄 스미스Miriam Smith가 지적했듯, 중앙 정부 내에 "반동성애pro-family 의원들의 소규모 집단으로부터 동성애자의 권리에 대한 반대"가 존재하였으며, 개혁당Reform Party과 퀘벡블록당Bloc Québecois의 부상으로 정부는 "여당 내의 동성애자 권리에 대한 반대에 매우 민감해"졌다.[48] 유사한 역학관계가 지방 정부에서도 작용하였다. 결과적으로 1990년대 중반부터는 캐나다 법원에서의 소송 결과에 직접 대응하는 것을 제외하고, LGBTQI＋ 권리를 확대하는 법안은 거의 통과되지 못하였다.

남아공에서는 1990년대부터 성 정체성과 관련된 문제에 대해 아프리카 국민회의ANC가 이끄는 정부 내의 지배적 파벌과 그보다 좌파적인 파벌 간에 뚜렷한 입장 차이가 나타났다. 이러한 격차는 HIV/AIDS 관련 문제의 맥락에서 가장 두드러졌으나, 동성애 권리 문제로도 확장되었다. 당내 좌파는 LGBTQI+ 권리에 대한 폭넓은 인정 및 이에 대한 존중을 옹호한 반면, 우파는 동성애자의 성 정체성과 "아프리카적 가치"와의 정합성에 의심을 제기하였다.[49] 그 결과 의회National Assembly는 LGBTQI+ 권리 증진을 위한 어떠한 개별적 움직임도 취하지 않았다. 실제로 1993년 남아공 헌법에서 성적 지향을 이유로 한 차별을 명시적으로 금지했음에도 불구하고, 남아공이 민주주의로 전환한 뒤 첫 2년간 1957년 **성범죄법**Sexual Offences Act of 1957하의 아파르트헤이트 시대 남색 금지 조항은 계속 유지되었다. 남아공 의회는 법원의 직접적인 요구가 없는 한 동성 결혼 등 동성 간의 관계를 더욱 폭넓게 인정하려는 시도 역시 하지 않았다.

마찬가지로 콜롬비아에서도 2000년대 초부터 LGBTQI+ 권리 인정에 대한 대중 및 엘리트 집단의 지지가 높아졌다. 보고타 및 타 주요 도시에서 게이 프라이드 축제가 열리기 시작하였으며, 공개적으로 동성애자임을 밝히는 유명인의 수도 늘어났다.[50] 동성 결혼에 대한 대중의 지지율도 점진적으로 상승하였다. 2010년에는 콜롬비아인의 34퍼센트가 동성 결혼 지지를 표명했으나, 이 수치는 2016년에 40퍼센트로 상승하였다.[51] 2006년 대통령 선거에서 우리베Uribe 대통령은 동성 커플에 재산권 및 기타 경제적 권리를 확대하는 데 지지를 표명하였고, 2014년에 산토스Santos 대통령은 동성 결혼에 찬성하였다.[52] 이와 동시에 정부와 가톨릭 교회 내의 강력한 반대 세력은 동성관계의 인정을 확장하려는 연속적인 입법적 시도를 효과적으로 방어하였다.[53] 2009년부터 2016년까지 보수적 가톨릭 신자이던 알레한드로 오르도녜스 Alejandro Ordóñez 검찰총장National Inspector General은 동성애 권리를 확대하려는 시도를 막고자 동성애자 권리를 지지하는 정부 관료를 징계하겠다는 위협 및 그들에 대한 대중의 반대 의견 이용 등을 포함하여 자신의 권한을 상당히 활용하였다.[54] 교회 역시 동성애자 권리를 확대하려는 법안에 지속적으로 반대하여 이러한 방향으로 법을 개정하려는 입법적 시도는 항상 의회에서 실패하거나 표결에 부쳐지지도 못하였다.[55]

영국에서는 블레어Blair의 노동당 정부가 집권 초기 동성 및 이성 간의 성관계 동의가 가능한 법적 연령을 균등화하는 법안을 도입하고, 대처Thatcher 정부 시대에 제정된 **지방 정부법**Local Government Act 1988(UK)하에서 지방 정부가 "의도적으로 동성애를 조장하거나 동성애를 조장할 의도로 자료를 출간"하거나, "현존하는 가족관계로서 동성애를 교육하는 것을 조장하는 것"을 금지하는 조항을 폐지하는 식으로 LGBTQI＋ 권리에 대한 법적 인정을 넓히는 결정적인 걸음을 내디뎠다.[56] 그러나 그 뒤 노동당 내에서 동성애자에 대한 다양한 형태의 차별을 철폐하겠다는 선거 공약을 어느 정도로 이행해야 하는지를 둘러싸고 분열이 일어났다. 2000년에 내무 장관Home Secretary은 2명이 넘는 성인 남성 간의 성관계에 대한 형사적 금지를 폐지하는 법안을 도입하려고 하였으나, 총리는 선거에서 당의 지지 기반 상실을 우려하여 해당 시도를 차단하였다.[57] 2002년에 정부가 동성 커플의 입양을 허용하는 법안을 도입하였을 때 당내 주요파는 당 지도부가 해당 사안에 대한 의원 자유 투표를 진행하도록 강제하였으며, 결국 법안에 반대하여 보수당과 같은 표를 던진 노동당 상원의원 20명의 결정으로 해당 법안은 부결되었다.[58] 이후 2013년까지 영국 법원 및 유럽 법원의 직접적인 촉구가 부재한 상황에서, 해당 영역과 관련된 입법적 변화는 일어나지 않았다.

홍콩에서는 LGBTQI+ 권리에 대한 정치적 지지는 여전히 제한적이다.[59] 그러나 홍콩 내 "성소수자 집단rainbow community"의 규모는 점차 커지고 성장하고 있으며, 성적 지향 및 성전환자의 정체성을 근거로 하는 차별의 불법화와 같은 변화에 대한 요구 역시 증가하고 있다.[60] 또한 《사우스 차이나 모닝 포스트South China Morning Post》와 같은 중국어 및 영자 신문, 개별 의원의 잇따른 법안 발의 등을 포함해 주요 기관 역시 이러한 요구를 옹호하고 있다.[61] 행정 수장Chief of the Executive Council 및 다양한 친기업적 의원 역시 LGBTQI+ 권리에 대한 지지를 표현해 왔다.[62] 그러나 정부는 이와 관련해 홍콩 시민이 가족 규범에 대한 보수적 견해에서 지나치게 벗어날 것으로 보일 수 있다는 우려 및 홍콩 우산혁명(민주화 운동)Umbrella movement과 지나치게 밀접하게 관련된 형태의 성소수자 행동주의를 장려하는 것으로 간주될 것이라는 우려 때문에 더딘 움직임을 보여 왔다.[63] 따라서 렁이나 **더블유**와 같은 판결은 일리 스타일의 소수자 권리 보호의 고전적인 사례이거나, 입법의 타성적 부담에 대항함으로써 소수자의 권리와 진화하는 다수의 이해에 대한 동시적 촉진을 돕는 판결로 볼 수 있다.

인도에서는 성전환자 집단에 대한 상당한 차별이 여전히 존재하는 한편 성전환자의 지위 또는 "제3의 성"을 인정하기 위한 입법 개혁이 필요하다는 공감대가 커지고 있다.[64] 2015년에 나렌드라 모디Narendra Modi 총리는 정부가 "성전환자를 위해 법을 개정하거나 새로운 법을 제정하여야 한다"라고 공개적으로 언급하였다.[65] 그러나 이러한 변화는 **국가법률구조국** 판결이 내려진 뒤 몇 년이 더 지날 때까지도 일어나지 않았는데, 이는 성전환자 권리 인정에서 우선순위로 인한 타성의 형태

가 상당히 강력하게 존재함을 시사한다.[66]

인도에서 동성애자 권리에 대한 민주적 지원은 여전히 제한적이다. 여론 조사 결과는 다양하게 나타나지만, 최근의 여론 조사 일부에서는 민주적 다수가 LGBTQI＋의 정체성 인정에 반대하고 있음이 드러났다.[67] 만약 이것이 사실이라면 조하르와 같은 판결은 대체로 친다수주의적이라기보다는 반다수주의적이었던 것이다. 이러한 판결은 시민 간의 평등, 상호 존중 및 비지배non-domination에 관한 기본적인 자유민주적 약속에서 필수적인 것으로서 여전히 정당화될 수 있다.[68] 하지만 이렇게 접근하는 경우 조하르 판결은 인도 대법원이 평등에 대한 헌법적 기속에 반하여 LGBTQI＋ 권리에 대해 더 큰 민주적 대응성을 촉진한 사례로 여겨질 수는 없을 것이다. 그러나 다른 국가에서와 마찬가지로 인도에서 LGBTQI＋ 권리 인정에 대한 민주적 지지가 증가한다는 증거 역시 존재한다. 다수의 여론 조사는 이러한 인정의 구체적 종류(내용)를 특정하지 않기 때문에, 따라서 예를 들어 남색의 비형벌화에 대한 반대 여론을 동성관계 인정에 반대하는 것으로 과대평가할 수 있다. 젊은 인도 유권자와 시민사회, 발리우드 및 인도 주요 도시의 게이 프라이드 축제에서는 LGBTQI＋ 권리에 대한 지지가 높아지고 있다.[69] 인도의 제172회 법률위원회the 172nd Law Commission는 형법 제377조●[70] 폐지를 권고하였다. 또한 민주적인 헌법적 심의 규범에 관여하는 인도의 선출직 대표자 가운데 점점 더 많은 수가 형법 제377조가 존엄성과 평등에 대한 헌법상의 약속과 합치되지 않으며 따라서 무효화되어야 한

● "자연의 질서에 반하는" 모든 성행위(동성애, 구강성교, 항문성교, 수간 등) 금지.

다고 시사하였다.

예를 들어 조하르 판결 이전에 형법 제377조의 합헌성과 관련한 판결이 2건 존재하였다. 델리 고등법원의 판결인 나즈*Naz Foundation v Government of India(Naz)*는 제377조를 위헌으로 무효화하였고, 뒤따른 인도 대법원의 판결인 쿠샬*Suresh Kumar Koushal v Naz Foundation*은 나즈 판결을 번복하고 남색에 대한 형법적 금지를 복원하였다.[71] 나즈 판결을 기점으로 주요 정부 인사 및 정치가 역시 제377조의 폐지에 대한 공개적 지지를 표명하기 시작하였다. 나즈 판결 자체에서 보면, 내무부*Home Ministry*는 헌법상의 도전에 맞서 형법 제377조를 방어하려고 시도한 반면, 보건부*Ministry of Health*는 이러한 도전을 지지하였다.[72] 정부는 판결에 항소하지 않기로 하였으며, 쿠샬과 조하르 사건에서는 더 이상 제377조의 합헌성을 옹호하지 않았다.[73] 대법원의 쿠샬 판결 이후 인도 국민회의당 Congress Party, 암 아드미당*Aam Admi* 및 공산당 모두는 계속하여 제377조의 폐지에 대한 지지를 표명하였다.[74] 그러나 의회와 인도 인민당*BJP* 모두는 다가오는 총선을 앞두고 이 문제를 입법 의제로 제기하는 것을 거부하였다.[75] BJP 내에서도 이 쟁점에 대해 분열이 발생하였다. 당은 애초 쿠샬 판결을 옹호하였지만, 이후 나즈 판결에서 보인 델리 고등법원의 접근방식을 지지하였다.[76] BJP 정부하의 장관들 역시 이 문제에 대해 의견이 갈렸다. 예를 들어 재무 장관은 2016년에 제377조의 폐지를 지지한다고 밝힌 반면, 내무 장관은 이에 반대하며 변화가 받아들여지기 전에 먼저 국가적 "합의"가 필요하다고 제안하였다.[77]

조하르 판결은 또한 높은 수준의 법적 정당성을 향유하였다. 조하르 판결에서 형법 제377조는 합의에 의한 성관계에는 적용이 배제된다는 협의의 해석을 채택하며, 대법원은 3인 법관의 판결이었던 **쿠샬**의 결정을 폐기해야 했다.[78] 그런데 **쿠샬** 판결에는 명백한 결함이 있었다. 즉 이는 평등에 대한 형식주의적 관점을 채택하고, 비교법 추론의 연관성을 인정하지 않았으며, 소수자 권리에 대한 사법적 보호의 정도가 해당 소수자의 규모와 (반비례가 아닌) 비례적이어야 한다고 본 것이다. 이로 인해 성소수자 인도인을 포함한 소규모의 소수자들은 규모가 큰 소수자 집단에 비해 더 큰 보호가 아니라 오히려 덜한 정도의 사법적 보호만을 받을 자격이 있다고 판결되었다.[79] 이러한 논증은 성전환자 시민이 스스로의 정체성을 법적으로 인정받을 권리를 승인하고 헌법상의 일반적 사생활 보호권을 인정한 **국가법률구조국** 및 **푸타스와미***Puttaswamy*와 같은 대법원 판결에 의해 효과적으로 폐기되었다.[80] 인도는 또한 더 작은 규모의 재판부에서 나온 논리를 더 큰 규모의 헌법재판부가 재고하는 오랜 전통을 가지며, **조하르** 사건의 재판부는 3명보다 많은 수의 5명의 법관으로 구성되었다.

나즈 판결과 비교해 보면 **조하르** 판결에서의 결정은 **국가법률구조국** 및 **푸타스와미**와 같은 대법원의 최근 판결에서 적극적으로 지지된다.[81] **조하르** 판결에서 다수 의견은 성적 지향에 근거한 차별이 성별에 근거한 차별의 형태에 적용되는 심사기준과 유사하게 헌법 제15조 및 제16조에 따른 강화된 심사기준에 의해 검토되어야 한다고 판시하였다. 마찬가지로 재판관은 청구인의 주장이 성적 자유와 사생활에 대한 권리에 의해 뒷받침되며, 헌법 제21조의 생명권은 존엄하게 살 권리를 포함하고, 이러한 존엄성은 LGBTQI+ 정체성에 대한 존중과 동성애에 대한 심리적 스트레스 및 두려움으로부터의 자유 모두를 요구한다는 점을 강조하였다.[82] 이러한 판단 사항은 모두 **국가법률구조국**과 **푸타스와미** 판결을 통해서도 옹호된다. **국가법률구조국**에서는 헌법 제15조가 성별, 성정체성 및 성적 지향에 근거한 차별을 금지한다고 판결하였다.[83] 또한 **푸타스와미** 판결은 존엄성에 대한 권리와 연계하여 사생활에 대한 묵시적 권리를 인정하였는데 이에는 공간적 형태의 프라이버시와 더불어 성적 프라이버시 및 자기결정의 프라이버시가 포함된다고 하였다.[84] 이외에도 죽을 권리에 대한 **코먼 코즈**_Common Cause v. Union of India_ 등의 판결이 헌법상 자기결정권과 존엄성의 중요성을 추가적으로 옹호하였다.[85]

3. 표현의 자유와 평등에 대한 묵시적 권리

이와 동일한 관점에서 호주 고등법원이 왜 **호주 수도방송** 판결에서 정치적 의사소통의 자유에 대한 원칙을 제시하기로 정당하게 결정할 수 있었는지 그리고 반면 후의 **리스** 판결에서는 묵시적 평등의 원칙을 왜 거부하였는지에 관하여 설명할 수 있다. **호주 수도방송** 판결은 이후 헌법 본문 내에서는 충분한 근거를 가지지 못한다고 비판받았다.[86] **랭**_Lange_ 판결을 통해 법원은 기존 논증을 재검토하였으며, **호주 수도방송** 판결에서 도출된 정치적 의사소통의 묵시적 자유가 헌법 제7조 및 제24조의 문구, 즉 상원 및 하원 의원은 국민에 의해 "직접" 선출되어야 한다는 조항과 더불어 헌법 제128조, 즉 헌법 개정 시 국민투표를 통한 유권자의 승인이 필요하다는 조항에 직접적으로 근거하는 것으로 보아야 한다고 제안하였다.[87]

그러나 사법심사에 대한 대응적 접근의 관점에서 볼 때, 이와 같은 추가적인 법적·정치적 정당성은 도움이 될 수 있었으나 필수적인 것은 아니었다.[88] 호주 수도방송에서의 법원 판결은 대표성 및 책임성 있는 정부 체제―호주 헌법에 명시된 주요한 구조적 약속 가운데 하나―의 보존에 충분히 "필요"하였으나, 헌법 문구를 기초로 한 추가 논증은 법원에 의해 도출된 함의를 정당화하는 데 도움은 될지언정 필수적인 것은 아니었다.

호주 수도방송에서 논쟁의 대상이었던 제도적 문제는 정당별로 할당되는 무료 방송 시간이 이전 선거의 결과에 따라 정해지고 이로 인해 기존 정당에 불공평하게 혜택을 제공한다는 점이었다.[89] 이는 호주 정치체제의 경쟁력에 직접적인 위협이 되었다. 이는 여전히 기존 정당 간의 경쟁, 또는 효과적인 양당 경쟁의 영역은 유지하였으나 새로운 정당의 진입 범위를 축소하였다. 진입의 가능성 또는 위협은 일반적으로 경쟁 시장의 핵심적인 필요 조건으로 간주된다.[90] 따라서 호주 수도방송에서의 민주적 최소 핵심에 대한 위협은 실제적이었으며 제도적일 수도 있었다.[91]

반대로 리스 판결은 법적·정치적 정당성에 대해 상대적으로 약화된 주장을 포함하였다. 호주 헌법의 본문에는 차별에 대한 다양한 구체적 금지 사항이 포함되어 있지만, 이러한 금지 사항은 주로 연방의 경제적·정치적 통합의 보호와 관련이 있다.[92] 이들은 개인에 대한 차별을 금지하거나 인간 존엄성 혹은 기회의 평등에 대한 보호를 추구하거나, 또는 집단 기반 종속을 금지하는 것은 아니다. 호주 내 (헌법적) 해석에 대한 기존 접근법은 이와 같은 구체적 금지 조항이 일반적인 헌법상의 차별 금지 원칙에 대한 주장을 강화하기보다는 오려 약화하려는 방향으로 해석되는 것을 선호한다.[93]

리스는 궁극적으로 입법적 타성의 부담에 대한 우려를 포함하였다. 호주 법률개정위원회Law Reform Commission는 해당 법의 개정을 수차례 권고하였다.[94] 그리고 이 법은 1990년에 폐지되었다.[95] 따라서 1992년 판결인 리스는 궁극적으로 진행 중인 입법적 타성에 대한 것이 아니라, 기존 타성의 부담이 비교적 적은 수의 개인(기존 법에 따라 형의 선고를 받은 연방 수감자)에게 어떠한 영향을 미치는지에 관한 것이었다. 그리고 추가적인 투옥 기간은 필연적으로 상당한 인적 비용을 수반하게 되지만, 이러한 수감자는 주법에 따라 정해진 기간 내에 석방될 것으로 예상되었다. 따라서 이 문제에서의 민주적 장애물은 급박하지도, 제도적이지도 않았다.

이와 같은 분석은 버그만 및 카단과 같은 이스라엘 판결의 정당성에 더욱 혼합적인 시각을 제시한다. 호주 수도방송에서와 같이, 버그만은 분명한 정치적 정당성을 가졌는데, 이는 호주 수도방송에서 호주 고등법원이 직면한 정치적 독점 또는 선거적 경쟁의 축소와 동일한 내용의 위험에 대응하였던 것이기 때문이다. 이스라엘 고등법원High Court에 따르면 새로운 정당에 대한 배제는 호주보다 이스라엘의 민주적 안정에 더욱 위험하다고 여겨졌을 수 있는데, 이스라엘에서 새로운 정당은 종종 호주에서는 거의 일어나지 않을 방식으로 더욱 광범위한 사회적·정치적 안정성을 위협할 수 있는 새로운 사회 분열에 대한 대응이기 때문이다. 그러나 법원의 논증은 리스에서 항소인이 직면했던 동일한 형태의 논리적 문제점을 드러냈다. 법원은 특정 원칙을 더욱 일반적인 원칙이 인정되어야 한다는 증거로 다루었는데, 특정 원칙은 일부 경우에서는 그러한 일반 원칙—법원에 의해 강제될 수 있는 그 일반 원칙—을 거부하

려는 헌법 제정자의 의도에 대한 증거가 될 수도 있었다.[96]

마찬가지로 **카단** 판결 역시 강력한 정치적 정당화를 갖췄지만, **버그만** 사건에 비해 이러한 정당화는 약하였기에, 이 판결에 대한 법적 지지의 정도가 더욱 중요하였다. 이 판결은 이스라엘의 정치적 의사결정에서 강력한 관점의 사각지대에 대응하는 데 도움이 되었다. 아랍계 이스라엘인은 이스라엘 인구의 약 20퍼센트를 차지하지만, 이스라엘 의회 Knesset에서는 역사적으로 상당히 저조한 대표성을 보였다.[97] 2020년이 되어서야 비로소 의회 내 아랍계 이스라엘인의 대표성은 14퍼센트에 도달하였는데, 이는 비유대인 중 가장 높은 수준이다.[98] 그러나 특히 토지 수여와 관련된 사건에서 이러한 종류의 사각지대는 종종 차후적인 정치행위나 후속적인 평등화 조치에 의해 수정될 수 있다.[99]

4. 구조적 사회권

구조적 사회권과 관련한 판결 대부분은 헌법이나 선례에 일정 부분 근거를 두었다. 남아공의 **그루트붐**이나 **치료행동 캠페인**과 같은 판결은 정부가 주택 및 건강보험에 대한 접근권을 점진적으로 실현하기 위한 "합리적 조치"를 취하도록 요구하여 헌법 제26조 제2항 및 제27조 제2항 본문에 직접적인 영향을 미쳤다. 이는 민주주의의 사각지대 및 명확한 민주주의의 타성 모두를 배경으로 결정된 것이기도 하였다.

그루트붐 사건에서 남아공 정부는 1997년에 100만 채의 신규 주택을 2년 내에 건설하여 규격을 갖춘 정식 주택formal housing에 대한 남아공 흑인의 접근성 결여를 바로잡겠다고 약속하였다. 그러나 해당 계획에는 분명한 사각지대가 존재하였는데, 이는 자연 재해 또는 정식 주택에서 퇴거당한 결과로 주택에 대한 접근권이 없거나 노숙자로 여겨지는 이들을 위한 긴급 주택(텐트, 상하수도 등)에 대한 접근은 제공하지 않았다는 점이다.[100]

또한 더 많은 정식 주택을 건설하겠다는 약속의 실현도 지속적으로 미루어졌다. 정부는 국가 차원의 주택 정책 수립 첫해에 25만 가구만을 지었으며, 이듬해에는 목표치에 30만 가구나 미달하였다.[101] 케이프 지역의 지방자치단체는 **그루트붐** 사건의 소송이 시작될 무렵 케이프타운 중심부와 공항 사이의 임시 거주지informal settlements에 기거하는 수천 명의 사람에게 정식 공공 주택을 제공하겠다는 계획을 발표하였으나, 이는 **그루트붐** 사건에 대한 판결이 내려진 지 4년이 지나고 난 뒤까지도 전혀 실행되지 않았다.[102] 해당 판결이 내려질 무렵 **하우텡**Gauteng과 같은 다른 지역에서도 흡사한 형태의 지연이 분명하게 나타났다.[103]

이와 유사하게, **치료행동 캠페인** 판결의 경우 그리고 심지어 이 판결 이전에도, 정부는 HIV의 모자간 감염을 방지하기 위한 수단으로 네비라핀NVP에 대한 접근권을 특정 "임상실험 장소"에서 허용하는 데 어느 정도의 진전을 보였다. 그러나 이러한 시험적 조치는 분명한 사각지대를 가졌는데, 수많은 시골 지역의 가난한 여성이 가지는 수요를 고려하지 못한 것이다.[104]

또한 항레트로바이러스제antiretrovirals의 접근권 확대를 둘러싼 연합으로 인한 타성(연합 유지를 위한 타성) 역시 여전하였다. 2003년까지 타보 음베키Thabo Mbeki 대통령과 그 지지자들은 지속적으로 HIV와 에이즈의 연관성에 의문을 제기하였으며, 이를 근거로 한 항레트로바이러스제의 사용에 반대한 반면, 아프리카 국민회의 내 좌파 성향 파벌은 항레트로바이러스제의 보편적 접근권 제공을 포함해 정부가 HIV 및 에이즈 퇴치를 위한 긴급조치를 채택하는 데 강력한 지지를 표했다.[105] 이는 HIV/에이즈 감염병에 대한 정부의 반응에서 강력한 형태의 연합으로 인한 타성을 불러일으키기도 하였다.

인도의 **점심 급식** 판결에서 법원의 명령은 국가가 "국민의 영양 수준 및 생활의 질 향상과 공중 보건의 개선을 주요 임무로서"[106] 수행하도록 노력해야 함을 요구하는 국가 정책의 지침원칙Directive Principles 제47조에 의해 지지되었고, 헌법 제21조의 생명권은 적법절차 없이 주거에 대한 접근을 박탈당하지 않을 권리를 포함하여 존엄한 삶에 대한 권리를 포괄한다고 판결한 **마네카***Maneka Gandhi v. Union of India*[107]와 **올가***Olga Tellis v. Bombay Municipal Corporation*[108]와 같은 기존 판결에 의해 옹호되었다.[109]

파키스탄에서는 기후 정의의 원칙의 함의가 파키스탄 헌법 제9조, 제13조, 제23조 및 제19A조의 생명, 인간 존엄성, 재산 및 정보의 보장 조항 및 "환경 정의"의 개념을 지지한 파키스탄 기존 판결을 통해 어느 정도 문면적 지지를 확보하였다.

콜롬비아의 경우 **콜롬비아 국내 난민** 판결은 1991년 헌법에서의 건강, 주거, 사회적 안전권에 대한 명시적 보장 조항 그리고 인간 존엄성 존중과 "사회 국가social state"에 대한 헌법 원리에 근거하였다.[110] 이는 상기 헌법 조항하에서 개인은 **최소 생계 수준***derecho al mínimo vital*에 대한 권리를 향유하며,[111] 법원은 다른 헌법적 요건뿐만 아니라 이러한 핵심적 최소 요건의 실현과 관련한 "위헌적 상태"에 대한 판결을 내릴 수 있다는 선례를 따랐다.[112] **콜롬비아 국내 난민** 판결에서 법원은 이러한 원칙을 특히 발전시켜, ① 관련 권리 침해의 심각성, ② 관련 권리 보호를 위한 권력의 분산성, ③ 불충분한 예산 배분을 포함한 구조적 원인의 정도 등에 집중하며 위헌적 상태를 판단하였다.[113] 또한 관련된 침해 상황이 다수의 개인적 청원 또는 **투텔라**(권리소원)*tutela*로 이어지는 정도를 고려하는 것도 중요하다고 지적하였다.

동시에 이러한 판결은 헌법의 명백한 표현(언어)에 대한 일종의 "다듬기gloss" 역시 포함하여 때로 비판을 불러일으켰다. 예를 들어 인도의 **점심 급식** 판결 및 **올가**와 같은 판결은 지침원칙 제47조는 사법판단이 불가능하다는 취지의 명시적 법상 표현을 무시하였고 헌법 제21조가 이러한 효과를 가지도록 의도되지 않았음을 나타내는 헌법 전통도 무시하였다. 파키스탄에서는 레가리에서 고등법원High Court이 생명, 존엄성, 재산 및 정보에 대한 개인의 권리를 "기후 정의"라는 일반적이고 구조적인 원리에 연결하는 과정에서 상당한 개념적 비약을 저질렀다. 정도는 덜하지만 콜롬비아에서도 비슷한 사례가 발생하였다. 콜롬비아 법원은 **콜롬비아 국내 난민** 판결에서 인간 존엄성의 **명시적** 보장을 필수적 최소 및 "위헌적 상태"라는 개념을 통해 정의되는 **묵시적인 구조적** 원리와 연결하는 과정에서 어느 정도의 사법적 창의성을 발휘하였다.

그러나 대응적 접근방식에서, 법관은 이러한 유형의 판결이 사각지대나 타성의 부담에 대응하는 정도 그리고 개인의 존엄성에 대한 심각하고 **돌이킬 수 없는** 해악에 대응하는 정도를 고려해야 한다. 이러한 기준의 적용은 **그루트붐, 치료행동 캠페인, 점심 급식, 콜롬비아 국내 난민** 및 레가리와 같은 결정에 대한 지지를 시사하는데, 이는 구조적 사회권 집행의 옹호자가 제공하는 이유보다 더욱 협의적이며 제한적인 이유 때문이다. 일례로 인도에서 **점심 급식** 프로그램은 영양실조가 아동의 신체적·교육적 발달에 끼치는 심각하며 돌이킬 수 없는 위험에 대응하고, 그러한 위협에 맞서기 위해 고안된 국가적 조치에서의 타성에 대응하는 것을 목표로 한다.[114]

파키스탄의 레가리는 기후 변화 완화 및 적응에 대한 국가 정책 개발에서의 제도적 타성에 대한 대응이었다. 파키스탄 정부는 2012년에 734건의 정부 조치 항목이 포함된 국가 기후 변화 정책을 채택하였고 2014년에는 "이행 체계"를 채택하였다.[115] 그러나 2015년에 들어서며 중앙 부처들은 해당 조치 항목에 대한 시행 방법과 관련해 거의 대응하지 않았다. 실제로 법원은 관련 정책의 이행에 핵심적인 행위주체의 "지연 및 무기력"의 역사에 주목하였다.[116] 그러나 해당 판결 자체는 국가 기후 정책의 개발에서 더 큰 규모의 국가적 조정력 및 대응성을 효과적으로 장려하였다.

콜롬비아에서의 국내 난민 판결은 거의 틀림없이 개인의 건강 및 존엄성에―치료 가능한 질병에 대한 비치료 혹은 예방 가능한 피해에 대한 비보호의 형태로―해악을 끼칠 심각한 위험 및 장기적이며 제도적인 유형의 국가적 무대응 모두에 대한 반응이었다.[117] 콜롬비아 헌법재판소는 국내 난민이 겪는 권리(존엄성, 의료, 주거 및 교육에 대한 권리 포함) 침해의 심각성을 입법부가 인식하였다고 강조하였지만, 마찬가지로 "조정력, 자원 부족, 행정적 난관, 불필요한 서류 작업 및 절차, 일부 정책 도구의 결함적 설계 및 필요한 시정 조치를 채택하는 데 관리 당국의 장기적인 무대응omission 등에 관한 문제"의 명확한 증거도 존재한다고 하였다.[118]

따라서 이러한 판결은 모두 인간 존엄성에 대한 심각하며 개념적으로 또는 실질적으로 돌이킬 수 없는 위험에 대한 일종의 대응으로 볼 수 있다. 개인의 건강 및 신체적 온전성에 대한 위협은 기후 변화보다 더욱 되돌리기 어렵다고 여겨질 수 있다. 건강이나 신체적 발달에 대한 영향 가운데 일부는 말 그대로 되돌릴 수 없는 반면, 기후 변화의 경우 투자 증가나 신기술을 통해 차후 회복할 수도 있을 것이다. 그러나 기후 변화에 대한 대처를 지연하는 경우 추후 이를 해결하기가 극히 어려우며 비용이 많이 든다는 점은 과학적으로 명확하다. 이는 부분적으로는 현재 아무 조치도 취하지 않은 대가가 시간이 지나며 복리로 쌓여 미래에 (현재의 조치에서 설정한) 동일한 수준으로 기온 감소를 실현하려면 일이 **기하급수적으로** 어려워지며 더 많은 비용이 들 것이기 때문이다.[119] 다양한 형태의 영양실조 및 예방적 의료 서비스에 대한 접근성 부족 역시 유사한 영향을 미치는 것으로 볼 수 있다. 이들은 되돌릴 수 있을지라도, 초기에 마련된 권리 보호 혹은 개입의 비용에 비해 국가에 훨씬 더 큰 비용 부담을 초래한다.[120] 또한 기후 및 건강에 대한 위험의 경우 어느 특정 시점에서는 관련된 피해의 형태를 되돌리는 것이 불가능해지는 한계점tipping point에 도달할 수도 있다.

그러나 이러한 다양한 판결의 정치적 정당성의 정도, 특히 민주주의의 역타성에 대한 우려의 수용 정도에서 여전히 약간의 잠재적 차이가 존재하였다. 콜롬비아 헌법재판소는 위헌적 상태 법리를 발전시킨 선례에 의존하였으며, 매우 높은 수준의 일반성에 따라 관련된 함의에 대하여 언급하였다. 즉 헌법재판소는 헌법적 위반에 대응하기 위해 어떤 특정한 새로운 국가적 대응이나 조치가 요구된다고 판시하지 않고 그저 현재 상황이 위헌임을 시사하였다.[121] 이를 통해 법원은 제6장에서 살펴볼 민주주의의 역타성이 생성될 위험을 대체적으로 피할 수 있었다. 파키스탄 고등법원 역시 마찬가지로 헌법상의 "기후 정의" 원칙의 정확한 범위와 내용에 대해 상당히 모호한 입장을 취하였다. 이는 또한 뒤따른 소송에서 법원이 관료적 타성이 감소했다는 증거에 대응하고 국가 기후 변화 정책의 시행에 대한 완화된 사법적 감시를 행하기 위한 사법적 구제책을 채택할 수 있게끔 하였다.[122]

대조적으로 인도 대법원은 **점심 급식** 프로그램의 정확한 형태 및 전달방식에 대해 매우 자세하게 규정하였다.[123] 그런데 이는 일부 주에서 취학 아동에 대한 적절한 영양 공급을 개선하고 향상하는 일을 더욱 어렵게 만들었으며, 법원 스스로 법원 명령 이행에 대한 감시의 범위를 좀 더 제한적이고 효과적으로 만들기 위해 감시방식을 조정하는 것 역시 어렵게 만들었다.[124] 다시 말해, 이는 진행 중인 복합적 타성의 부담과 역타성의 부담의 위험을 더욱 크게 만들었다.

일부 형태의 헌법적 함의가 인간의 존엄성을 보호하는 수단으로 정당화될 수 있다는 사실이 인간의 존엄성을 보호하기 위해 고안된 일부 혹은 모든 함의가 정당화된다는 점을 의미하지는 않는다. 함의라는 것은 복합적인 타성의 부담 및 역타성의 부담의 위험에 대응하기 위한 관점에서, 그리고 더 광범위한 법적·정치적 맥락에 대응하기 위한 관점으로부터 도출되어야 한다. 이와 관련하여, **점심 급식** 사건에서의 법원 판결은 민주적인 근거를 바탕으로 폭넓게 정당화될 수 있을지 몰라도, 판결이 포함하는 자세한 명령을 고려하였을 때 지나치게 구체적이거나 규정적이었다.

그러나 이러한 맥락에서 라틴 아메리카와 남아시아의 교훈은 여전히 중요하며 광범위하게 유효하다. 원칙적으로 이들은 타국 법원이 기후 변화, 불평등, 총기 폭력, 코로나19 팬데믹으로 인한 봉쇄 조치와 같은 해결되지 않은 위협을 포함하여 오늘날 민주주의가 직면한 가장 시급한 위협에 대응하기 위해 헌법적 함의를 개발하는 것은 정당화될 수 있음을 시사한다. 이것이 정당한지의 여부는 부분적으로 관련 헌법 본문, 해당 국가의 헌법 선례, 그러한 접근방식에 부여되는 법적 정당성의 정도에 달려 있다.

5. 위헌적 헌법 개정 법리

마지막으로, 인도의 케사바난다나 콜롬비아의 제2차 재선임과 같은 판결에서 공표된 "위헌적 헌법 개정"의 법리를 고려해 보자. 케사바난다 판결은 헌법 제368조에서 헌법 개정 권한에 대해 매우 광범위한 묵시적 제약을 도출한 골락*Golak Nath*과 같은 앞선 판결에 의해 예고된 바 있다.[125] 골락 판결에서 법원은 모든 헌법 개정안은 기존 헌법 조항에 합치되어야 한다고 판결하였다. 이에 대한 근거로 법원은 헌법 개정안 자체가 헌법에 종속되는 "법률"에 해당한다고 판단하였다.

콜롬비아의 제2차 재선임 판결에서 법원에 의해 적용된 제한은 2003년 판결인 *C-551*과 제1차 재선임*First Re-election* 판결(2005년의 *C-1040* 판결)에서 나타난 법원의 논증에서 이미 예시豫示되었는데, 해당 판결에서 법원은 비록 대통령의 재임을 허용하는 개정안은 받아들일 수 있을지라도 세 번째 임기를 가능하도록 만드는 것은 제375조 및 제378조에 따른 의회 권한 범위를 벗어날 가능성이 있음을 시사하였다.[126]

이는 적어도 변호사 및 일부 정치 엘리트 사이에서 케사바난다 및 제

2차 재선임 판결의 정당성에 대한 인식을 높이는 데 도움이 되었을 것이다.[127] 예를 들어 인도에서 **골락** 판결이 선고되었을 당시 "이를 지지하는 법학자는 거의 없었는데, 영미 헌법이론에는 해당 법리를 유지하기 위해 지적 자양분을 끌어낼 만한 것이 거의 없었기 때문"이었다.[128] 그러나 10~20년 후에는 라마스와미 수다르샨Ramaswamy Sudarshan의 표현대로 이는 "지식인, 변호사, 심지어 정치인의 광범위한 지지"를 받는 "잘 알려지고 제대로 확립된 법리"가 되었다.[129]

그러나 위헌적 헌법 개정 법리는 기존 법리에 의해 뒷받침되지 않더라도 선거 및 제도적 독점이라는 상당한 위험의 형태를 갖는 민주주의에 대한 급박하며 제도적인 위협에 대응책을 제공하는 식으로 새롭게 발전되는 경우 여전히 정당성을 가질 수 있다. 일례로 케냐에서 고등법원 및 항소법원의 은디 판결은 비록 고등법원 법관의 이전 논증에서 일정 부분 뒷받침되긴 하였지만, 기본 구조 법리basic structure doctrine가 2010년 헌법의 제255~257조하의 헌법 개정권을 제한하는 식으로 이전에 적용된 적은 없었다.[130] 대법원 역시 **명시 사항 외 배제 원칙**expression unius●과 더불어 이러한 점을 강조하였다.[131]

그러나 헌법이 기본 구조 개정을 위해 이러한 개정 절차가 사용되는 것을 허용하지 않는다고 판시하면서 고등법원 및 항소법원은 모두 선거 독점의 증가하는 위험에 대응하였다고 여겨진다. 많은 이들은 케냐의 우후루 케냐타Uhuru Kenyatta 대통령이 의회의 의석 수를 상당히 늘릴 것을 제안하는 방식으로 부통령인 윌리엄 루토William Ruto에 대한 선거

● 개정에 대한 구체적이고 명시적인 제약이 있는 경우 더 일반적이며 묵시적인 제약은 배제된다는 원칙.

상의 지지를 효과적으로 희석시키려고 시도하였으며, 이에 따라 루토가 케냐타의 제도적 권한과 권위에 맞설 능력과 그의 장래의 선거상 지배력을 약화하려고 했다고 주장한다. 이것이 민주적 최소 핵심에 명백하게 위협을 가하지는 않았을 수 있으며, 루토 역시 스스로 입헌주의에 해가 되었을 수도 있지만, 더 넓은 맥락에서 볼 때 이러한 위협은 사실이었다. 2018년 케냐타는 전 라이벌이자 야당 총수인 라일라 오딩가 Raila Odinga와 "친교(악수)" 협정을 맺었는데, 이는 지속되는 사회 불안과 폭력을 종식하려는 시도로 선전되었지만 동시에 대권 도전에 가장 근접한 유망주의 기반을 약화한 것이기도 하였다.[132]

게다가 위헌적 헌법 개정 법리의 법적 정당성을 높이려는 시도가 이와 같은 법리의 전반적인 정당성을 항상 향상하는 것은 아니며, 특히 그러한 법리가 선거 또는 제도적 독점의 위험에 집중한 대가로 마련되거나 역타성의 위험을 증가시키는 경우 더욱 그러하다. 예를 들어 인도의 골락에서 대법원은 제368조 의미 내의 법률로서 헌법 개정이 가지는 위상에 위헌적 헌법 개정 법리를 연계하여 매우 강력한 문맥적 기반을 부여하려고 시도하였다. 그러나 그 결과는 기본적인 정치적 정당성이 결여된 법리의 탄생이었다. 골락에서 명시되었듯이, 이 법리는 인도 헌법의 "기본 구조" 및 "민주적 최소 핵심"을 보호하는 데 집중하는 법리보다 훨씬 광범위하였다. 이는 법원의 해당 조항에 대한 기존 해석을 포함하여 헌법의 전 측면을 보호하였다. 결과적으로, 이러한 법리는 역타성의 부담에 기여하거나 지나치게 강력한 형태의 사법심사를 창출하는 데 기여하는 역량을 가질 뿐이었다.

인도에서 법관 임명 모델을 변경하려는 인도 의회의 시도에 대한 정

당성과 관련한 **국가법관임명위원회법** 판결Supreme Court Advocates on Record
*Association v. Union of India(NJAC)*과 같은 최근 판결에 대해서도 비슷한 비판
을 할 수 있다. 일반적인 수준에서 *NJAC* 판결은 기존 판결(예 케사바난
다)을 통해 약간의 근거를 확보하였으나, 헌법 명문 내에서의 직접적인
지지는 결여되었다.[133] 또한 이는 민주적 최소 핵심을 상당한 수준으로
벗어나는 "기본 구조"의 시각을 보호하려고 시도하였던 것이 거의 틀림
없어 보인다. 대법원이 스스로 판시했듯이 사법 독립은 분명히 인도(헌
법)의 기본 구조의 일부이다. 그러나 *NJAC*에서 대법원이 직면한 문제
는 사법의 독립이 법관 임명 과정에서 사법부와의 협의consultation 혹은
동의concurrence를 필요로 하는지 여부였다. 대부분의 국가는 협의면 충
분하다는 입장을 취하는 반면, 인도(및 일본)에서는 (인도에서는 최소
1993년의 **제2차 법관**Second Judges 판결 이래로) 합의understanding가 동의의 필
요 조건이었다.[134] 인도 의회는 또한 수정헌법 제29조와 2014년 국가
법관임명위원회법National Judicial *Appointments Commission Act*에 따라 입법된 변
화의 일환으로 사법부의 거부권을 없애려고 하였다. 사실상 관련 변화
는 법관 임명 권한을 대법원장 및 기타 선임 법관으로 구성된 기관 혹
은 "협의체the collegium"로부터 3인의 일반 법관, 법무 장관 그리고 시민
사회나 정치 부처 내 "저명한 인사" 2인으로 구성된 위원회로 옮기는
것이었다.[135] 그러나 법원은 이러한 변화가 기본 구조 법리와 일치하지
않는다며 이를 무효화하였다.

　이는 해당 판결에 정당한 근거가 없다는 의미는 아니다. 제2장에서
언급한 대로 현재 인도에서는 선거적·제도적 다원주의에 대한 매우 실
질적인 위협이 존재하며, 이는 법원을 비롯해 다양한 기관의 독립성을

훼손하려는 시도로까지 확장된다.[136] 이는 또한 헌법의 기존 기본 구조에 반하여 독립성을 훼손하려는 시도를 무효화한 법원 판결에 상당히 타당한 근거를 제시한다. 그러나 사법적 동의의 모델이 기본 구조의 일부이거나 사법의 독립성을 유지하는 데 필요하다고 판단하면서 법원은 세계적으로 지배적인 관행을 무시하였고, 또한 이러한 질문의 평가에 (제도적 현상 유지를 옹호하는 쪽으로) 영향을 주는 법관 스스로의 제도적 위치 및 행동 편향의 가능성을 묵살하였다. 결국 이 판결은 인도에서 오랫동안 지속되어 왔으나 세계적으로는 극히 이례적인―따라서 사법의 독립성 유지나 민주적 최소 핵심 보호에 필수적이지 않다고 가정되는―법원 통제적 법관 임명 모델을 민주적 입헌주의에 필수적인 것으로 집행하였다.[137] 법원은 또한 기존의 법관 임명 모델에 대해 제안된 변화에 대한 여러 정당의 광범위한 지지 역시 간과하였다.[138]

따라서 정치적으로 더욱 정당한 접근법에는 아마도 반민주적 형태의 독점권을 생성하거나 개정안을 폐지하기 위해서 허용할 수 없게 고안되었는지 여부와 같이 법원이 관련된 개정안에 기저하는 동기에 초점을 맞추는 것이 포함될 것이고, 또는 기존 법관 임명 모델 내에서의 좀 더 온건한 조정은 헌법상 허용될 것이라는 조건하에서 법원이 개정안을 위헌 무효화하는 것도 포함될 것이다.

이와 유사하게, 콜롬비아에서는 헌법재판소가 제2차 재선임 이외에도 여러 사례에서 대체 법리substitution doctrine●를 적용했는데, 이는 대응적 관점에서 볼 때 좀 더 옹호하기 어려운 경우에 해당하였다. 예를 들

● 개헌 권한에는 헌법의 핵심 원칙을 변경하거나 대체할 권한이 포함되어 있지 않다는 콜롬비아 헌법상의 법리.

어 2009년 판결인 *C-588*에서 헌법재판소는 헌법적으로 새롭게 적용되는 공무원 제도를 창출하는 헌법 개정안을 대체 법리의 위반으로 보아 이를 위헌 무효화하였다.[139] 해당 개정안은 당시의 재직자를 새로운 경쟁 시험 및 지원 절차에서 면제하는 내용을 포함하였다. 또한 2년 뒤인 2011년 판결인 *C-574*에서 헌법재판소는 (마리화나 합법화 판결에 대한 대응으로) 마리화나 소지를 재범죄화하려는 헌법 개정안을 대체 법리에 근거하여 무효화하였다.[140] 이와 같은 판결은 제2차 재선임과 동일한 선례상의 근거를 가졌으나, 제2차 재선임과는 달리 정치적 독점의 위험이나 민주주의의 사각지대, 또는 타성의 부담에 대응하기 위한 조정의 면밀함이 훨씬 덜하였다.

민주주의의 최소 핵심을 위해 독립적이고 전문적인 공무원 조직의 형태가 분명히 필요한 반면, 전 세계적 관행은 독립성과 전문성 유지에 대한 약속과 일치하는 한도에서 다양한 방식을 통해 공무원 조직이 꾸려질 수 있다는 것을 시사한다.[141] 그리고 마리화나 범죄화가 관점이나 수용의 사각지대의 결과일 수도 있지만, 이는 합리적인 의견 불일치의 문제인 것이다.[142] 또한 설사 이러한 종류의 사각지대가 존재함을 인정한다고 할지라도, 이는 제2차 재선임에서 고려된 위험만큼이나 급박하며 제도적인 민주주의에 대한 위험을 제기하지는 않는다.

D. 사법심사의 강도: 조정된 비례성 혹은 심사를 향하여

미국 연방대법원은 헌법적 보장을 제한하거나 이에 영향을 미치는 입법의 합헌성을 평가하기 위해 심사의 세 가지 "층위tier" 또는 단계를 개발하였다. 즉 엄격 심사, 중간 심사 및 합리적 근거 심사가 그것이다.[143] 엄격 심사에서는 법률이 "긴절한 정부 이익"을 증진하기 위해 "엄격히 협소하게 재단되었는지"를 묻는다.[144] 중간 심사에서는 법률이 "중요한 정부 이익"을 추진하기 위해 "상당 부분 협소하게 재단되었는지"를 묻는다.[145] 또한 합리적 근거 심사에서는 단순히 법률이 정당한 정부 이익과 합리적으로 관련이 있는지의 여부를 묻는다.[146] (종종 대법원은 관련 목적이 특정 시민 집단을 향한 증오나 적대감을 반영한다는 점에서 유효하지 않다고 판단하기도 한다.)[147]

대법원은 이러한 다양한 층위의 심사를 다른 범주의 사례에도 적용한다. 예를 들어 수정헌법 제1조에 따라 법원은 보호받는 표현에 대한 내용 기반 규제에 엄격 심사기준을 적용하며, 시간, 방법, 장소의 규제 및 표현의 부차적 효과 규제에 대해 중간 심사기준을 적용하고, 역사적으로 방송 미디어와 상업적 표현에 대해서도 중간 심사기준을 적용한다. "낮은 가치"의 표현에 대한 규제, 즉 명예훼손, 협박, 언어적 도발 및 외설적 표현 등에 대한 규제에 대해서는 합리적 근거 심사기준을 적용한다.[148] 또한 법원은 정부 자체가 발언자가 아닌 이상 발언자의 관점에 근거하여 차별하는 모든 법률을 그 자체로 위헌으로 본다.[149]

평등 보호Equal Protection 사건과 관련하여 대법원은 일반적으로 평등 보호 조항하의 근본적 이익에 영향을 미치는 법률 혹은 인종 기반 분류에 대해 엄격 심사기준을 적용한다. 대법원은 성별gender에 기반한 분류에 대해서는 강화된 형태나 중간 심사기준을 적용한다. 또한 이론적으로는 연령, 장애 및 성sexuality에 기반한 분류를 포함하여 다른 모든 분류에 대해서는 합리적 근거 심사 또는 상당히 완화된 심사를 적용한다.

실제로 대법원은 성과 같은 일부 분류에 대해서는 더욱 까다로운 형태의 심사─혹은 조금 더 엄밀한with bite 합리적 근거 심사─를 적용해왔다.[150] 따라서 사실상 법원은 네 단계의 심사를 적용하는데, 이는 합리적 근거 심사, 조금 더 엄밀한 합리적 근거 심사, 중간 심사 및 엄격심사이다.

일리는 대체로 이러한 체계를 옹호하였다. 헌법 규범을 명백하게 위반한 사례를 제외하고 일리는 엄격 심사가 다음과 같은 두 가지 경우에 적용되어야 한다고 주장하였는데 "내부는 계속 내부에 머물고 외부는 외부에 머물도록 하기 위하여 내부에서 정치적 변화의 통로를 틀어막고 있는" 경우 혹은 법률이 "분리되고 고립된 소수 집단"에 영향을 미치는 경우가 이에 해당한다.[151] 다른 경우에 일리는 법원이 입법부의 헌법적 판단을 좀 더 존중하는 접근법을 채택해야 하며 "합리적 근거 심사"기준과 같은 방식을 적용해야 한다고 제안하였다.[152]

이와 대조적으로, 대부분의 입헌 민주주의에서는 헌법적 보장에 대한 제약의 허용 가능성을 결정하는 데 구조화된 "비례성" 테스트(비례원칙)를 적용한다. 실제로 비례성은 제2차 세계 대전 이래로 유럽에서 입헌 민주주의를 정의하는 특징이 되어 왔다.[153] 또한 이는 점점 전 세계 다른 입헌 민주주의 국가 대부분에서 나타나는 권리 기반 사법심사의 공통적 특징이 되고 있다. 비례성은 캐나다에서는 **권리자유헌장**Charter of Rights and Freedoms 제1조에 따라, 남아공에서는 1996년 헌법 제36조에 따라, 이스라엘에서는 1992년 **기본법**Basic Law 제8조에 따라, 홍콩에서는 **기본법**에 따라,[154] 대만에서는 중화민국 헌법 제23조에 따라,[155] 대한민국에서는 1987년 헌법 제37조에 따라,[156] 라틴 아메리카에서는 콜롬비아 헌법재판소[157]와 브라질 대법원[158] 같은 법원에 의해 승인된 "신新입헌주의"의 일부로서 사법심사의 근간이 된다.

비례성의 원칙은 기본적으로 네 단계의 심사를 포함하는데, 이는 법원이 ① 당해 법이 정당한 목적을 가지는지, ② 입법부의 목적과 그 목적을 추구하기 위해 선택한 수단 간에 "합리적 연결성"이 있는지("적합성"), ③ 해당 법이 그러한 목적에 "협소하게 재단되어" 있는지("최소 침해"), ④ 해당 법이 다른 헌법적 약속에 대한 비용보다 목적의 측면에서 더 큰 이익을 달성한다는 점에서 진정으로 비례적인지(진정한 비례성 또는 엄격한 의미의 비례성)[159] 여부에 대해 묻는 것이다.

캐나다와 남아공과 같은 국가에서는 캐나다 대법원 및 남아공 헌법재판소가 비례성 분석의 형태와 매우 유사한 방식으로 평등에 대한 헌법적 보장을 적용해 왔다. 양국 모두 차별에 대한 혐의를 평가하는 첫 단계는 개인이 법적으로나 실제에서 차등적 처우를 받았는지의 여부에 대한 검토이다. 다음으로 법원은 해당 처우가 차별이 금지되는 근거에 기반하였는지, 다시 말해 캐나다 헌장 제15조 제1항 혹은 남아공 헌법 제9조 제2항에 명시적으로 기술된 근거에 기반하였는지, 혹은 이러한 금지된 근거의 하나로 충분히 유추될 수 있는 것에 기반하였는지를 평가한다.[160] 그러나 핵심 질문은 궁극적으로 이러한 종류의 차등이 차별인지, 혹은 (남아공의 경우) 부당한 차별인지의 여부이다. 양 국가 모두 법원이 일부 제한된 상황에서 차별이 정당화되거나 비례적일 수 있는 가능성을 인정해 왔지만,[161] 차별의 개념, 특히 부당한 차별의 개념은 강력한 부정적 함의를 가진다. 따라서 양 국가의 법원 모두 차등이 차별 혹은 부당한 차별에 해당하는지의 질문에 비례성과 같은 고려 사항

을 포함하는 경향을 보여 왔다.[162]

이와 같은 비례성 분석은, 일리와 같은 학자가 결점을 발견했을 수 있을 정도로, 현재 미국 법원의 단계적 심사 모델에 비해 훨씬 더 규준 規準, standard과 같은 방식이다.[163] 이는 사법 평가적 판단의 형태를 필수적으로 요구하는 방식으로, 비록 헌법적 관점을 통해서이긴 해도, 법원이 법의 궁극적인 비용과 이익을 고려하도록 유도한다. 또한 이는 법원이 사건에서 상충하는 이익들의 균형을 어떻게 인식하느냐에 따라 필연적으로 그 강도가 달라지는 일종의 "유동적" 심사기준을 요구한다.

그러나 현실에서 비례성의 원칙과 미국식의 단계별 심사 형태는 모두 상황에 따라 다르게 적용된다. 미국 연방대법원은 새로운 상황에 맞춰 기존 (단계의) 범주를 계속 조정해 나가야 했고, 상황에 따라 이를 다르게 적용하고 있다.[164] 그 외 다른 국가의 법원 역시 대부분 서로 다른 상황에 민감하게 반응하며 비례성의 원칙을 적용한다. 따라서 두 가지 접근방식 간에는 중요한 유사점이 존재한다.[165] 또한 두 가지 방식 모두 대표성 강화에 대한 우려의 관점에서 심사의 최고 강도를 법원이 "조정"할 수 있도록 충분한 여지를 남기고 있다.[166]

법원이 "완화된", "일반적인", "강화된" 그리고 특히 "면밀한" 심사와 같은 방식을 적용하게 되는 다양한 심사 강도의 연속체를 가정해 보자.[167] 이러한 연속체는 대체로 가정적인 것이나, 이는 적어도 일부 법관이 단계적 사법심사 및 구조화된 비례성 심사를 적용하는 데 있어 실제 방식과 거의 흡사할 것이다. 법원은 모든 사건에서 단순히 미국식의 "합리적 근거 심사"와 같은 축약된 심사만을 수행하지는 않을 것이다. 오히려 법원은 법의 조화성(공존 가능성), 적합성, 필요성 및 (적어도 미국 외 지역에서는) 진정한 비례성에 대해 검토할 것이다. 그러나 이는 (법의) 필요성과 적절성의 형량에서의 입법적 판단에 대해 **가변적 강도**의 사법심사를 수행하는 식으로 이루어질 것이다.

대응적 접근법은 헌법적 규범에 가해지는 제약의 합헌성을 평가하기 위해 이러한 규준적 접근을 지지하는 동시에 해당 접근법의 적용은 관련된 **헌법적 가치와 상황 및 민주적 장애물**의 존재(또는 부재)에 대한 주의를 통해 이뤄져야 한다고 제안한다.

이러한 접근은 그 자체로 특정한 헌법적 맥락에 맞게 조정되어야 하는데, 이와 같은 맥락에는 해당 심사가 단계적 심사체제에서 이루어지는지 아니면 비례성 심사체제에서 이루어지는지, 혹은 헌법재판소나 항소법원의 소수 법관에 의해 심사가 이루어지는지 아니면 (권한이) 분산된 심사체제에서 다수의 법관에 의해 심사가 이루어지는지 등이 포함된다.[168] 그러나 이러한 접근은 사법심사의 강도와 민주주의의 오작동 간의 관련성을 고려하기 위한 보편적 틀을 제공하며, 이는 이러한 조정calibration에 대한 맥락적 접근법에 영향을 미칠 수 있다.

1. 표현의 제약에 대한 판단 조정

표현의 자유 보장을 살펴보자. 이러한 보장은 광범위한 헌법적 가치 세 가지를 촉진하는 데 도움이 되는데, 여기에는 개인의 자아 실현 또는 (자기) 표현에 대한 (헌법적) 기속, 진실의 추구 또는 "사상의 시장", 정치적 민주주의 체제가 해당된다.[169] 이와 같은 각각의 가치는 법원이 표현의 자유에 대한 보장을 적용하거나 실행하는 방법에 실질적으로 영향을 미칠 수 있다. 예를 들어 어떤 법이 내용에 기반하지 않으면서 표현에 제한된 부담을 지운다면—즉 제한에 있어 중요한 한계나 예외를 포함하거나 의사소통 채널의 적절한 대안을 다양한 범위에서 가능하게끔 하는 식으로—이 상황에서는 자기 표현 및 사상의 시장에 대한 우려 모두가 비슷한 수준으로 감소하므로 완화된 형태의 심사가 적용되어야 할 것이다. 반대로, 어떤 법이 표현에 상당한 부담을 지우며 이것이 내용을 기반으로 한다면, 이는 사상의 시장이 적절히 기능하는 데 중대한 위험을 초래할 수 있어 법원은 강화된 심사를 수행해야 할 것이다.

그러나 민주주의와 민주적 최소 핵심에 초점을 맞춘다면 특정 관점 혹은 발화자의 계층을 차별하는 특정 법률에 대해서는 더욱 면밀한 심사가 이루어져야 한다는 점을 알 수 있다. 관점에 의거하여 차별하는 법률은 반민주적 형태의 독점 권력에 대한 우려의 관점에서 보면 특별한 위험을 야기하는 방식으로 사상의 시장의 기능뿐만 아니라 정부에 대한 비판의 범위 역시 약화할 수 있다. 마찬가지로, 특정한 **정치적 행위자**에 대한 차별도 정치적 경쟁에 영향을 미치기에 특별한 문제가 될 수 있다. (일리 본인에 의해 강조된) 민주적 대응성의 핵심 요건 가운데 하나가 유의미한 정치적 경쟁을 바탕으로 하는 선거적 선택의 행사임에도 불구하고 이러한 차별은 특정 정치 분파에게 경쟁에서 불이익을 줄 수 있기 때문이다.[170] 이는 규제를 받는 표현이 정치적 과정과 긴밀하게 관련되거나 특정한 정치적 관점 및 발화자의 계층에 대한 차별과 긴밀하게 연결되는 경우에 극도로 면밀한 심사가 이뤄져야 함을 시사한다.

게다가 대응적 접근법은 민주주의의 사각지대와 타성의 부담에 초점을 맞추는 것이 강화된, 면밀한, 심지어 엄격한 심사방식의 적용을 조정해 나가는 데 더욱 도움이 될 수 있음을 보여 준다. 미국식의 중간 심사 및 엄격 심사, 그리고 구조화된 비례성 심사를 적용하는 과정에서 법원에게 중요한 질문 가운데 하나는 입법부가 입법 목적을 달성하는 과정에서 타당한 다른 대안이 있었는지 여부이다. 이러한 질문의 첫 번째 단계는 비교적 간단한데, 즉 다른 사법관할에서 쟁점과 관련해 "덜 제한적인" 접근법을 채택했는지 또는 전문가가 그러한 접근법을 제안했는지를 법원이 확인하도록 한다. 이는 본질적으로 대개 실증적이거나 개념적인 조사이다. 그러나 두 번째 단계는 더욱 복잡하다. 이 단계에서는 타당한 입법적 대안이 주어진 입법 목적의 달성에 어느 정도나 효과적일지 법원이 평가한다. 또한 이는 종종 확정적이지는 않을 수 있는 관련 사회과학적 증거 및 전문가 증언에 대한 평가를 요한다.[171]

그러나 입법의 사각지대에 초점을 맞추는 경우 법원은 이러한 종류의 복잡한 평가 판단을 내리는 데 추가 "이정표"를 제공받을 수 있다. 예를 들어 입법적 사각지대의 증거가 존재하는 경우, 민주적 대응성 논의는 협소하게 재단하기narrow tailoring에 대한 입법적 판단을 법원이 따라서는 안 된다는 점을 시사한다. 역으로, 입법자가 헌법적 보장에 대한 법률의 영향을 적극적으로 고려하며, 가능한 입법적 대안에 전념했다는 증거가 존재하는 경우, 이는 협소하게 재단하기에 대한 입법부의 헌법적 판단을 따라야 할 훨씬 더 강력한 민주적 사례가 될 것이다.[172]

민주적 장애물에 주목하는 것은, 법원이 "진정한" 비례성 또는 엄격한 비례성 심사의 강도를 조정하는 데에도 도움이 될 수 있다. 이러한 심사를 진행할 때 법원은 우선적으로 헌법적 권리와 가치의 향유에 대해 법률이 부과하는 비용을 평가해야 한다. 여기에는 입헌 민주주의에 대한 비용이 포함되며, 이러한 맥락에서 대응적 접근법은 민주적 최소 핵심을 약화할 위협의 정도에 가장 주목해야 한다고 강조한다.

또한 법원은 법률의 헌법적 "편익benefit" 혹은 입법이 긴절하거나 중요한 정부의 목적을 제시하는 정도를 측정해야 한다. 이러한 측정에서 특정 입법 목적이 다양한 헌법적 가치에 의해 뒷받침되는 정도를 고려해야 하며, 민주적 다수가 특정 입법 목적을 중요하거나 긴절하다고 보는 정도에 의해서도 이러한 측정 작업은 영향을 받을 수 있다. 아울러 타성의 부담의 존재는 특정 입법 목적이 중요하게 여겨져야 한다는 결론에 대한 반대를 의미하는데, 이는 현재의 민주적 다수가 법률의 목적을 지지하지 않음을 보여 주는 반면, 그 외의 경우에는 입법부의 목적에 대한 지지를 보여 주는 최근의 민주적 논의가 있을 수도 있음을 암시한다.

표 4.1 표현의 자유 보장 맥락에서 비례성 판단의 조정

완화된 심사 ←	일반적 심사 ←	강화된 심사 ←	"면밀한" 혹은 가장 엄격한 심사
내용 기반이 아닌 규제 그리고 표현에 대한 최소 부담 그리고 최근의, 합리적인 숙고	내용 기반의 규제 그러나 표현에 대한 온건한 부담— 예 의사소통의 적절한 대안적 통로를 남겨 놓음	내용 기반의 규제 그리고 표현에 대한 상당한 부담—잠재적인 "억제"의 효과 포함 혹은/그리고 입법적 사각지대 혹은 타성의 부담의 증거	일반적/강화된 심사를 이끄는 요소 그리고 표현과 선거 간의 긴밀한 결합 혹은/그리고 관점에 의거해 차별하며, 정부나 선거 정치에서 어느 한쪽 정당/편에 대한 비판을 표적으로 하는 규제

다른 모든 조건이 동일하다면, 대응적 접근은 법률에 대한 논의나 입법에서 명백한 입법적 사각지대—특히 관점의 사각지대—의 증거가 존재하거나 입법의 타성적 부담이 작동된다는 증거가 존재하는 경우 강화된 심사가 적절할 것이라고 강조한다. 그리고 완화된 심사의 적용은 입법적 쟁점에 대해 입법부가 최근에 합리적인 숙고를 거쳤다는 증거가 있을 경우에만 정당화될 것이다.

2. 차별에 대한 판단 조정

유사한 분석이 헌법상의 평등 조항과 관련된 법률에 적용되는 심사기준에 적용된다. 제2장에서 언급한 대로, 평등에 대한 보장은 세 가지의 광범위한 약속을 제시하는 것으로 이해할 수 있는데, 이는 기회의 평등, 평등한 존엄성, 집단 기반 형태의 종속의 근절에 대한 약속이다. 이러한 약속은 다소 실질적 용어로도 이해할 수 있는데, 즉 평등에 대한 형식적 이해가 평등의 개념을 "동일한 대우"라고 강조하는 반면, 실질적 접근은 "비교적 유사한 사람에 대한 유사한 대우"와 "비교적 다른 사람에 대한 다른 대우"를 강조한다는 것이다.[173] 이러한 서로 다른 이해의 방식은 우리가 평등에 기반하는 가치를 이해하는 방식에도 영향을 미친다. 종속 근절에 대한 약속은 또한 본질적으로 실질적이다. 이는 서로 다른 집단 간 권력에서의 차이에 대한 생각을 출발점으로 삼는다. 그러나 기회의 평등과 평등한 존엄성에 대한 약속은 형식적이고 실질적인 용어 모두를 통해 이해될 수 있으며, 개인의 발전에 대한 장애물이나 배제 혹은 냉대의 메시지를 직면함에 있어 또는 특정 능력에 대한 향유에 있어 개인 간의 서로 다른 출발점을 (포용하지 않고) 간과하는 방식으로 설명할 수 있다.

대응적 접근은 이러한 질문에 대하여 가치 기반의 접근법과 실질적인 접근법을 동시에 가정한다. 즉 평등 조항(혹은 앞서 설명한 종류의 연속체)은 자유, 존엄성, 모든 형태의 종속의 근절에 대한 실질적 약속과 더불어 민주주의의 장애물의 존재 혹은 부재에 민감한 방식으로 적용되어야 함을 시사한다. 따라서 대응적 접근에서 완화된 심사는 법률이 역사적으로 취약한 집단이나 개인의 존엄성이라는 이익에 직접적이거나 중대한 영향을 주지 않는 경우에 비로소 정당화될 것이다. 일반적 심사는 역사적으로 취약하거나 불리했던 집단에 더 큰 영향을 미치거나, 새로운 형태의 불이익을 초래할 가능성이 있거나, 인간 존엄성에 더 큰 영향을 끼칠 경우에 적절할 것이다.[174] 또한 가장 면밀하며 철저한 심사는 법률이 역사적으로 취약한 집단에 불이익을 주며 인간 존엄성에 악영향을 미칠 가능성이 있을 경우에 이뤄질 것이다.

"분리되고 고립된 소수자"의 보호에 대한 일리의 접근과는 다르게, 대응적 접근은 이러한 목적에서 "역사적 취약 집단"으로 여겨지는 대상에 대한 합리적인 의견 불일치의 가능성을 공개적으로 인정한다.[175] 제2장에서 다뤘듯, 역사적 취약성은 한 집단의 사회적·경제적·정치적 권력의 산물이며, 이는 시간이 지나며 달라지거나 다른 방향으로 전개될 수 있다. 그리고 대응적 접근은 불이익 자체를 해당 집단의 사회적·경제적·정치적 권력(무권력)과 그러한 권력의 결여에 대한 도덕적 또는 정치적 가치에 대한 진화하는 민주적 이해의 관점에서 생각하여야 한다고 강조한다.

또한 대응적 접근은 모든 가치 기반적 접근이 민주주의의 오작동 위험에 대한 주의를 통해 보완되어야 한다고 제안한다. 예를 들어 불평등한 대우의 일부 형태는 선거 과정과 밀접한 관련성을 가진다. 이는 유권자 탄압, 투표함에 대한 불평등한 접근성 혹은 "1인 1표"와 같은 원칙의 의미와 관련된 쟁점과 관련된다. 법률이 정치적 과정에 밀접하게 연관된 표현의 자유에 부담을 주는 경우, 사법심사에 대한 대응적 접근은 이러한 종류의 법률에 대해서는 가장 면밀하며 철저한 형태의 심사를 해야 한다고 제안한다. 개인의 존엄성을 침해하는 일부 법률의 경우 적용이나 수용, 또는 관점의 입법적 사각지대의 산물이지만 다른 법률의 경우에는 좀 더 최근의 합리적 논쟁의 결과이기도 하다. 비슷하게 역사적 취약 집단에 영향을 끼치는 일부 법률은 입법적 타성의 순수한 산물인 반면, 다른 법률은 이러한 문제를 극복하기 위한 좀 더 최근의 합리적인 논의를 반영하기도 한다. 그리고 대응적 접근은 단계적 형태의 심사 및 비례성 원칙 모두에 대한 조정은 해당 문제에 대한 최근의 합리적 숙고의 정도에 의해 영향받아야 한다고 제안한다.

역사적으로 불리하게 대우받았던 집단을 위해 차별을 감행하는 법률을 살펴보자. 미국 연방대법원은 적극적 평등 실현 조치affirmative action는 제도적으로 구체화된 형태의 과거 차별을 구제하거나 더 광범위한 다양성의 목표를 촉진하려는 경우에만 헌법적으로 허용될 수 있다(즉 엄격 심사를 통과할 수 있다)고 판결하였다.[176] 이러한 조치는 사회적 수준의 과거 차별이나 불이익에 보상이나 회복을 제공하는 것을 목표로 할 수는 없다.[177] 그러나 다른 많은 국가에서의 일반적인 이해는 헌법상의 평등 보장이 이러한 조치를 강력하게 허용하며 심지어 요구할 수도 있다는 것이다.

예를 들어 캐나다 헌장 제15조 제2항에서는 제15조 제1항의 평등에 대한 일반적 보장이 "인종, 국적, 민족, 피부색, 종교, 성별, 연령 또는 정신적 및 신체적 장애로 인해 불이익을 받는 자를 포함하여 불이익한 처우를 받는 개인 혹은 집단의 조건 개선을 목적으로 하는 모든 법률, 프로그램 혹은 활동을 배제하지 않는다"고 규정하고 있다. 남아공의 1996년 헌법 제9조 제3항에서는 "평등의 달성을 촉진하기 위해, 불공정한 차별을 통해 불이익을 받은 사람 혹은 집단을 보호하거나 개선하기 위해 고안된 입법적이거나 다른 형태의 조치가 취해질 수 있다"고 명시한다. 또한 인도에서는, 제15조 제4항 및 제16조 제4항이 해당 조항 혹은 제29조상의 어떤 내용도 "국가가 사회적으로나 교육적으로 소외된 계층의 시민 혹은 지정 카스트(예 달리트Dalits) 및 지정 부족의 발전을 위해 특별 규정을 만드는 것"을 막지 않는다고 규정한다.

법원이 이러한 종류의 헌법적 "별도 취급carve-outs"을 수행할 수 있는 방법은 다양하다.[178] 이 중 하나는 헌법 입안자들이 평등에 대한 실질적 접근을 지지하기로 했다는 귀중한 문면상의 증거를 제공하는 것인데, 그러한 **실질적** 접근에는 집단 기반 형태의 종속을 근절하겠다는 약속 그리고 위치 혹은 출발선의 차이를 고려하겠다는 약속이 포함된다. 즉 이러한 증거는 앞서 제시된 평등 원칙에 대한 조정된 접근을 온전하게 "확정하는" 것으로 간주될 수 있고, 또는 단순히 법원이 불평등에 대한 일반적인 금지를 해석하는 데 추가적인 지침으로 간주될 수 있다.[179] 그러나 헌법적 별도 취급에 대한 또 다른 접근에서는, 이러한 규정(증거)이 (추가적으로) 독립적으로 운영된다고 취급하거나, 차별에 대한 일반적인 (상당히 형식적인) 금지에 예외를 제공한다고 취급하거나 혹은 특정 형태의 긍정적 차별(사회적 약자에 대한 우대 조치)positive discrimination에 관한 **특별한 안전망**safe harbor을 창조한다고 취급한다.[180]

이러한 안전망 기반 접근에 대한 반대(비판) 의견 중 하나는 이것이 특정 그룹에 혜택을 주는 것을 목적으로 하는 법률이 실제로 그러한 역할을 하는지의 여부를 제대로 평가하기보다는 단순히 가정한다는 것이다.[181] 이는 합리적 의견 불일치의 여지가 있는 문제이다. 예를 들어 역사적으로 불이익한 처우를 받아 온 집단에 혜택을 주기 위해 고안된 일부 조치의 경우 결과적으로 부정적인 영향을 초래할 수도 있는데, 이러한 조치는 제한적으로 유의미한 기회를 제공하지만, 동시에 그들에게 불리한 고정관념이나 사회적 낙인을 영속시키는 경향을 보이기 때문이다.[182] 이는 또한 현대 미국 연방대법원의 다수파가 인종 기반의 적극적 평등 실현 조치는 다른 모든 형태의 인종 기반 분류의 경우와 동일하게 엄격 심사를 거쳐야 한다고 판결해 온 이유 가운데 하나이다.[183]

그러나 안전망 기반 접근은 이러한 위험에 대한 평가가 법관뿐만 아니라 입법자에 의해서도 정당하게 이루어질 수 있다고 가정한다. 그리고 입법자가 비용 및 시간 소모를 야기하는 형태의 법적 도전을 받는 정도를 완화함으로써 입법자가 이러한 조치를 채택하도록 장려한다.[184] 이러한 의미에서 이러한 조치는 평등에 대한 실질적 약속 달성에서 입법적 타성의 위험을 극복하기 위한 헌법 입안자 및 법관의 적극적 시도로 간주될 수 있다.

이는 또한 사법심사에 대한 대응적 접근방식과 한 가지 중요한 조건 하에서 완전히 일치하는데, 그 조건은 바로 이러한 종류의 정책이 가지는 장점에 대한 최근의 합리적 숙고의 역사가 실제로 존재하고, 민주적 쇠퇴의 즉각적인 위협이 존재하지 않는다는 것이다. 일부 적극적 평등 실현 조치는 단지 타성의 부담의 산물이거나 인종, 성별 또는 종교적 평등을 (최선으로) 달성하는 방법에 대한 기존 정책 또는 가정을 재검토하지 못한 결과일 수 있거나 혹은 관점의 사각지대의 산물일 수도 있다. 이러한 규정은 최소한의 심사만을 받기보다는, 그러한 조치의 진정한 필요성 및 비례성을 다시 생각하게끔 하는 더욱 일반적인 형태의 심사를 받아야 할 것이다.

예를 들어 미국 연방의회는 1982년과 2006년의 투표를 통해 소수 집단의 투표권 보호에 대한 분명한 약속을 반영하는 방향으로 1965년의 **투표권법**Voting Rights Act(VRA)을 재승인하였다.[185] 그러나 해당 투표권법 제5조에서 채택된 본래의 적용 범위는 개정되지 않았는데, 이는 연합에 의한 타성의 형태와 관련되어 있었다고 여겨진다.[186] 셸비 판결 Shelby County v. Holder에서 이와 관련된 연방주의 또는 연방의 평등 원칙을 적용하는 데 있어서, 대응적 접근방식은 법원이 투표권법 제5조에 의거해 설정된 사전 승인 절차의 합헌성에 대해 최소한의 심사보다 일반적 심사를 적용한 것이 옳았음을 강조할 것이다.[187] 그러나 마찬가지로 대응적 접근방식은, 법원이 아프리카계 미국인의 과거 및 현재의 정치적 불이익에 더 큰 비중을 두지 않고 그러한 타성에 대응하기 위해 ― 예를 들어 유예된 무효 선언suspended declaration of invalidity과 같은 약-강 형태의 구제책을 발급할 수 있었음에도 ― 아무 조치도 취하지 않은 것은 잘못이었음을 보여 줄 것이다.[188]

어떤 경우에는 적극적 평등 실현 조치가 민주적 쇠퇴의 위험을 야기할 수도 있다. 역사적으로 불이익을 받아 온 집단을 위해 의회 선거에서 지정 의석제 또는 특별 할당 의석을 제공하는 것은 분명히 실질적 평등에 대한 약속을 실현하는 중요한 방법 중 하나이다. 이렇게 하는 것은 강력한 상징적 혜택이 될 수 있다.[189] 그리고 일부 경우에는 대표성 측면에서 실질적인 이득이 될 수도 있다.[190] 그러나 이와 같은 선거 할당제는 독재를 꿈꾸는 이들에 의한 조작의 가능성을 불러일으킨다. 이들은 할당제를 도입해 이를 정당에 충성하는 이들로 채워 넣으려고 할 수 있다.[191] 또는 진정 민주적이라기보다는, 본질적으로 경쟁적 권위주의 혹은 선거적 독재체제의 성격을 띠는 혼합형 체제에 대한 소수 유권자의 지지를 얻기 위해 이러한 할당제를 이용할 수 있다.[192] 따라서 대응적 접근은 모든 진정한 "적극적 평등 실현 조치 프로그램"을 효과적으로 지지하는 대신에 이와 같은 위험을 설명하기 위해 헌법상의 평등 원칙을 조정하여야 함을 제안한다. 정부는 진정한 정치적 평등을 달성하고 특정 집단이 과거에 경험한 정치적 불이익을 바로잡는 데 필요한 이러한 조치를 해당 원칙에 의거해 옹호할 수 있어야 하지만 이는 강화된 혹은 면밀한 심사의 대상이 된다.

이러한 의미에서 대응적 접근은 적극적 평등 실현 조치에 대한 미국 및 그 외 국가에서의 접근법 간의 "타협splitting the difference"으로 이해할 수 있다. 세계 대부분의 법원과 마찬가지로, 대응적 접근에서는 긍정적·적극적 형태의 차별은 소극적 차별보다 더 약하거나 완화된 형태의 심사를 받아야 한다고 제안하는데, 이러한 심사는 다시 말해 미국의 진정한 "엄격" 심사에 비해 강도가 덜하다. 그러나 대응적 접근은 완화된 형태의 심사 자체는 그 적용에서 가변적이어야 함을 제안하는데, 즉 최소적 또는 완화된 심사는 이러한 적극적 평등 실현 조치가 합리적이며 포용적인 방식으로 최근에 공개적 논의를 거쳐 왔고 또 민주적 최소 핵심에 직접적인 위협이 되지 않는 형태인 경우에만 적용되어야 한다는 것이다. 이러한 종류의 숙고 대상이 되지 않았으며 개인의 존엄성에 유의미한 위협을 수반하는 적극적 평등 실현 조치의 경우 더욱 일반적인 형태의 심사가 적용되어야 하며, 민주적 최소 핵심을 훼손할 위험이 실제로 있는 조치에 대해서는 좀 더 강화된 심사를 실시하여야 한다.

대응적 접근은 또한 입법 의도의 문제에 가변적 접근을 제안한다. 미국 연방대법원은 의도적인 차별이면 강화된 심사의 대상이 되기에 충분하다고 판결한 반면, 대부분의 국가에서는 차별적이거나 이질적인 영향에 대해 강화된 심사가 이루어진다.[193] 대응적 접근에서도 의도는 일부 경우에 관계가 있는 기준으로 작동하지만 모든 경우에 그런 것은 아니다. 제3장에서 설명했듯이, 민주적 최소 핵심에 대한 위협과 관련

표 4.2 (긍정적) 차별에 대한 판단 조정

최소 심사 ↔	완화된 심사 ↔	일반적 심사 ↔	강화된/면밀한 심사
역사적으로 불이익한 처우를 받아 온 집단의 지위의 발전과 합리적으로 관련되고 이를 목적으로 함 그리고 해당 쟁점에 대한 최근의 합리적인 입법적 숙고가 있었음	역사적으로 불이익한 처우를 받아 온 집단에 대한 최소 부담 및 인간 존엄성/기회에 대한 최소 부담	역사적으로 불이익한 처우를 받아 온 집단에 악영향을 미침 또는/그리고 인간 존엄성/개인의 기회에 대한 보통의 부담 내지 상당한 부담 또는/그리고 입법의 사각지대 혹은 타성의 부담에 대한 증거	일반적/강화된 심사를 이끄는 요소들 그리고 불평등한 대우와 선거/선거 정치 간의 긴밀한 연관성

된 사례에서, 의도는 관련된 변화가 선거 및 제도적 다원주의에 장기적으로 피해를 줄 가능성이 있는지의 여부를 나타내는 핵심 지표이다. 따라서 의도는 면밀한 심사 또는 강화된 심사의 적용 여부를 결정하는 것과도 관련이 있다. 그러나 사각지대 및 타성의 부담에 관한 사건에서는, 의도가 가지는 의미가 동일하지 않다. 실제로 민주적 오작동의 원인은 의도적인 해악이 아니라 입법 부주의인 경우가 많다. 따라서 최소 심사와 달리, 일반적 또는 완화된 심사는 특정 법률의 의도보다는 그 법률이 미치는 영향에 따라 좌우될 것이다.

E. 존중과 입법적 행동/비행동(작위/부작위)의 구분

따라서 대응적 접근은 단계적 심사 또는 구조화된 비례성 심사를 적용할 때 입법적 행동/비행동(작위/부작위)의 구분을 받아들이는 것으로 간주할 수 있다. 대응적 접근에서는 입법부의 헌법적 판단에 대한 법원의 전면적 또는 절대적 존중deference이라는 개념은 거부하지만, 특정 쟁점에 대해 이뤄진 근래의 합리적인 입법적 숙고는 입법부의 헌법적 판단에 대한 더 강한 사법적 존중을 야기하는 하나의 요인이 될 것이라고 강조한다.

일부 학자는 법원이 입법부(또는 행정부)의 헌법적 판단을 존중하는 것은 어떤 형태든 간에 입헌주의에 반하며 사법부 독립성과 법치주의에 대한 헌법적 기속에 반한다고 주장한다.[194] 또 다른 이들은 사법적 존중은 헌법 원칙이 아니라 정책에 대한 판단에 국한되어 이루어져야 하고, 헌법적 원칙과 필요 조건의 범위나 의미가 아니라 특정 입법 목적이 가장 잘 달성될 수 있는 방법에 대한 판단에 국한하여 이루어져야 한다고 강조한다.[195] 그러나 진정한 대화(적) 이론의 핵심에는 법원과 입법자(때로 행정가)가 헌법 원칙을 해석하고 이행할 때 책임을 **공유**하며, 그 과정에서 서로의 제도적 강점에 대해 적절한 존중을 보여야 한다는 생각이 놓여 있다.[196]

민주주의에 민감한 다른 사법심사이론에서도 이와 유사한 논의가 발견된다. 예를 들어 마티아스 쿰Matthias Kumm은 "진지하고 확장적이며 상호 존중적인 의회 토론"이 있어 왔을 경우 이는 "법원이 이를 통해 도출된 결과를 존중해야 할 타당한 이유"를 제공한다고 주장한다.[197] 다른 이론의 경우에는 입법적 토론 및 숙고를 덜 이상화하는 대신, 민주적 절차가 제대로 작동하는 정도에 강조점을 둔다. 테우니스 루Theunis Roux는 "법관은 자신이 기능하는 사회에서의 민주주의의 질을 생각하여야 하며, 민주주의의 병리[또는 장애물]를 변화시키는 데 자신의 역할을 맞추거나 민주적 체제가 더욱 잘 기능할 수 있을 정도로 본인의 역할을 낮추어야 한다"라고 제안하였다.[198] 마이클 도프Michael Dorf와 찰스 사벨Charles Sabel은 "민주적 실험주의" 논의에서 행정 조치 및 입법 행위 모두에 대한 사법심사의 강도는 행정 기관이나 입법 기관이 "모범 운영 표준을 생성하기 위해 필요한 종류의 정보를 확보하거나 협력의 노력을 수행한 정도"에 따라 조정되어야 하고, 입법 기관이 주어진 목표를 달성하기 위한 대안적 수단을 "조사"하고 선택에 대한 "이유를 제공"하며, "지역적 경험의 특수성에 근거하며 지역 관점의 다양성을 반영"해 온 정도에 따라 조정되어야 한다고 주장한다.[199]

대응적 사법심사를 포함한 이러한 모든 논의는 실제로 "준절차적 심사semi-procedural review"의 종류는 아닐지라도, 적어도 이와 밀접한 관련이 있다고 볼 수 있다.[200] 민주주의 또는 민주적 숙의가 무엇을 수반하는지에 대한 견해는 각기 다를지라도, 이러한 논의는 적어도 **부분적**으로 헌법적 보장의 범위 및 정의에 대한 실질적 접근과, 그러한 보장에 대한 제약의 정당성을 결정하는 데 절차화된 접근을 결합시킨다.[201]

제 5 장

민주주의의 오작동과 대응적 심사의 효과

일리의 절차 기반 사법심사에 대한 비판 가운데 하나는 그것이 사법적
역량에 대한 문제 제기를 진지하게 고려하지 않았다는 것이다. 그의 책
《민주주의와 불신》에서 일리는 주로 사법의 정당성 문제에 초점을 맞
추었으며, 민주적 절차를 효과적으로 보호하고자 하는 법원의 실질적
능력에는 제한적으로만 관심을 보였다. 일리가 그러했던 이유 중 하나
로는 극단적으로 강력하며 영향력이 있다고 널리 인정되었던 ─ 실제로
지나치게 강력하였던 ─ 법원인 워런 대법원Warren Court에 대해 그가 저
술하였다는 점을 들 수 있다. 그는 초기 상태의 법적·정치적 권위만을
가지는 힘 없고 취약한 법원의 경험에 주목하여 저술하지는 않았다.

《민주주의와 불신》은 대체로 재판에 대한 현대의 사회과학적 논의
를 앞질렀다. 1980년 이래로 정치학자·경제학자·실증적 비교헌법학
자 모두가 사법 민주주의의 효과적인 증진에 필수적인 전제 조건을 훨
씬 더 세밀하게 이해하는 데 기여하였다. 따라서 현대의 대표성 강화

이론은 이러한 논의를 고려하여 법관이 민주주의의 오작동을 극복하는 데 실제로 성공적일 수 있는 방법 및 조건을 모두 설명하여야 한다.

이 장의 목적은 사법적 역량에 대한 이러한 문제를 다음의 세 단계에서 다루는 것이다. 즉 첫째로 법관이 어떻게 반민주적 독점권, 민주주의의 사각지대 및 타성의 부담의 위험에 대해 식별할 수 있는지를 고려함으로써, 둘째로 법원이 이러한 민주주의의 오작동의 원인에 대처하는 데 성공할 수 있는 방법을 검토함으로써, 셋째로 법원이 그렇게 하는 데 필요한 법적·정치적 전제 조건을 살펴봄으로써 이러한 문제를 다룰 것이다.

이와 같은 문제에 답하기 위한 개념틀은 비교적 명료하다. 법원은 개별적으로 또는 전체적으로 선거적·제도적 다원주의에 광범위한 영향을 미칠 수 있는 변화에 주목하여, 그리고 관련 변화의 가시성 및 가역성을 고려하여 반민주적 독점의 위험을 식별해 낼 수 있다. 법원은 입법의 사각지대와 관련해서는 법률 이면의 실제 입법 이력을 참고하거나 권리에 대해 덜 제한적인 정책 대안과 관련한 타 사법관할권으로부터의 교훈을 참고할 수 있고, 또 타성의 부담과 관련해서는 여론 조사, 입법 심의, 비교 자료 및 연방체제 내에서의 입법 양식을 포함한 다양한 민주주의상의 자료를 살펴볼 수 있다. 법원은 또한 강제적 개입과 소통적 개입을 섞어서 이러한 위험에 맞설 수 있다. 이러한 두 가지 도구는 모두 법원이 사각지대나 타성의 부담에 대처하는 것을 돕는다. 아울러 이들은 독점에 기여하는 조치의 이행에 대한 제재 혹은 일종의 "과속 방지턱" 역할을 수행하여 독점에 기여하는 조치를 이행하는 정치 비용을 증가시키는 데에도 도움을 줄 수 있다.[1]

좀 더 어려운 문제는 어떠한 경우에 법관이 이러한 논리를 적용하는 데 필수적인 제도적 자본 및 기술을 모두 갖추게 되는지를 판단하는 것이다. 법원은 이러한 임무를 수행하는 과정에서 당사자 및 때로는 **법정 조언자**amicus curiae의 도움을 받지만, 효과적인 대표성 강화에 관여하기 위하여 이러한 모든 자료에 전적으로 의존할 필요는 없다. 그럼에도 불구하고 모든 법원이나 법관이 이런 식의 검토에 관여할 수 있을 정도로 동등하게 적절한 위치에 있거나 잘 준비되어 있는 것은 아니다. 그러려면 법원이 반드시 이 임무를 수행하는 데 필요한 수준의 정치적 독립성, 구제 수단, 정치적 및 소송상의 지원 체계를 보유하여야 한다.[2] 다음 장에서 살펴보겠지만, 개별 법관은 정통적인 법적 추론에 능숙해야 하지만 동일하게 민감하고 대응적인 사법적 목소리(의견 표명)를 채택할 수 있는 역량도 가져야 한다.

따라서 나는 법원이 민주주의의 장애물에 대응하는 데 중요한 역할을 할 수 있다고 주장하지만, 법원이 항상 그렇게 할 수 있거나 해야 한다고 제안하지는 않는다. 대응적 사법심사라는 개념은 법원이 필요한 역량 및 정당성을 갖춘 경우에 비로소 민주주의의 장애물에 대처하기 위해 노력해야 한다는 것이지, 특정한 법적·정치적 맥락 그리고 특히 법원의 고유 역량이나 정당성에 대한 제한에 둔감한 방식으로 그렇게 하려고 시도해야 한다는 의미는 아니다. 또한 법관은 언제 이러한 조건이 존재하는지에 대해 의견을 달리할 수 있어, 설령 민주적 대표성 강화 개념에 대체로 수용적인 법관이라고 할지라도 언제 어떻게 이러한 임무를 수행해야 하는지에 대해서는 의견이 다를 수 있다. 그러나 이것이 현실의 다양한 입헌 민주주의 내에서 존재하는 법원을 위한 지침으로서 대응적 사법심사이론의 가치를 흠집 내는 것은 아니다.

A. 민주주의의 오작동 탐지

법원은 민주주의가 제대로 작동하는지 여부를 어떻게 판단하는가? 이러한 판단은 대부분 사건 당사자와 그들의 변호사가 제출한 증거를 바탕으로 내려질 것이다. 그러나 일부 경우에 법원은 이러한 판단을 위해 **법정 조언자**의 증거나 주장에 의존하거나 정부 혹은 시민사회로부터 관련된 정보를 끌어낼 수도 있는데, 이는 특정 문제 사안에 대한 특별 청문회를 개최하거나 정부 및 시민사회가 이러한 정보를 제공하도록 촉구하는 잠정 명령(임시 조치)interim order을 내림으로써 이루어진다.[3]

　　법정 조언자는 법적 주장을 제기하거나, 사회적 사실에 대한 증거를 제공할 수 있다.[4] 미국에서 이 모델은 멀러*Muller v. Oregon* 사건에서 변호사로서 루이스 브랜다이스Louis Brandeis 대법관이 제출한 장문의 서면brief이었는데, 이는 장시간 근로가 여성의 건강에 미치는 영향에 대한 기록이었다. 따라서 이러한 종류의 서면을 종종 "브랜다이스 서면Brandeis brief"이라고 일컫는다.[5] 이러한 종류의 서면(의견서) 모두를 반드시 신뢰할 수 있는 것은 아니지만, 이들은 종종 문제 사안에서 폭넓은 범위의 민주사회 내의 (민주적) 의견에 대한 유용한 정보를 제공할 수 있다.[6] 또한 일부 경우에는 다양한 서면이 제출되었다는 사실 자체만으로 법원에 민주적 의견에 대한 정보가 제공될 수도 있다. 즉 문제 사안과 관련된 시민사회의 행위자들이 충분히 다수이고 큰 영향력을 가진다면, 누가 어느 편에서 소송을 제기하는지 자체가 법원에 헌법적 문제에 대한 이러한 행위자의 입장에 관한 중요한 정보를 제공할 수 있다.

그러나 이러한 증거에 대한 평가는 필연적으로 법원의 연속적인 평가적 판단을 요구한다. 예를 들어 선거적·제도적 다원주의에 대한 위협이 사법적 대응을 정당화하기에 충분한 시점은 언제인가? 또한 법원이 선거적·제도적 독점의 위험에 효과적으로 대처하기에 너무 늦은 시기는 언제인가?

이러한 질문에 답변하는 데 법원의 핵심 척도는 바로 민주적 최소 핵심의 개념일 것이다. 그리고 그 개념과 그의 적용은 모두 비교헌법적 상황에 주목함으로써 파악할 수 있다.[7] 예를 들어 법원은 민주주의의 붕괴가 일어나는 과정을 이해하기 위해 유사한 민주주의 퇴행의 위험에 직면한 국가, 혹은 이미 더 극단적인 형태의 붕괴를 경험한 국가의 사례를 살펴볼 수 있다. 또 법원은 "초국가적 닻 내리기(정박)transnational anchoring"의 형태를 취하며 제안된 법적 변화가 다양한 다른 입헌 민주주의가 채택한 법률이나 관행에 대한 것인지, 아니면 좀 더 역사적으로 유동적인 국가적(일국의) 헌법 장치에 대한 것인지를 고려할 수 있다.[8] 만약 제안된 변화에 대해 어느 곳에서도 유의미한 지지가 발견되지 않았다면, 민주 헌법적인 관점에서 이러한 변화는 의심스러운 것으로 추정되며, 국가는 이러한 변화가 왜 특정한 국가적 문제 혹은 새롭고 시급한 세계적 문제에 필요한 대응책인지에 대해 특별한 정당화를 제공해야 한다. 반면 유의미한 지지가 발견되는 경우 이는 민주적 최소 핵심에 대한 위험이 낮은 수준이라는 것을 시사한다.

동시에 법원이 직면하는 문제 가운데 하나는 제안된 헌법적 변화가 민주적 최소 핵심에 미치는 영향이 무엇인지가 항상 명확한 것만은 아니라는 점이다. 때로 민주주의의 붕괴 과정으로 보이는 것이 사실은 민주적 변혁 과정의 시작일 수도 있고, 입헌 민주주의의 하나의 모델에서 완전히 다른 변종이나 사양으로의 전이일 수도 있다. 이는 기존 민주적 헌법의 전통이나 질서 내에서 발생하는 대대적인 개혁의 신호탄일 수도 있다.

이것이 바로 "초국가적 닻 내리기" 과정이 그 본질에 있어 헌법적 변화가 정당한지 부당한지를 결정하는 것으로 다뤄질 수 없는 하나의 이유이다. 그렇게 다뤄질 경우 이는 민주적인 헌법의 변화에 큰 걸림돌로 작용할 수 있기 때문이다.

역으로, 법원은 때로 선거적·제도적 독점의 위험을 초래하는 변화를 식별해 내는 데 지나치게 느릴 수 있다. 남용적인 헌법적 변화의 특징 중 하나는 그러한 변화 자체만으로는 민주적 최소 핵심에 명백하거나 즉각적인 위협이 되지 않지만 이들이 함께 작용할 때는 명백하게 위협이 가하여지는 경우가 종종 있다는 것이다.[9] 이는 또한 민주적 최소 핵심에 위협이 되는 특정 조치를 무효화할지의 여부에 대한 법원의 평가를 언제든 어렵게 만들 수 있다. (따라서) 법원은 먼저 선거적·제도적 독점의 위험을 입증하기에 충분한 증거가 무엇인지를 판단해야 한다. 다음으로 법원은 사법적 개입을 정당화하는 데 필요한 민주적 최소 핵심에의 위험의 최저 기준을 결정해야 한다. 두 가지 문제 모두 법원이 복잡하며 상황 의존적인 연속적 판단을 내릴 것을 요한다.

그런데 이러한 종류의 판단은 법원이 특정한 법적 변화가 ① 지속되거나 불가역적인 법적·정치적 결과, ② 단기적으로 가시적이거나 관찰 가능한 영향을 초래할 정도를 포함하여, 여러 요인을 고려함으로써 실질적으로 이루어질 수 있다.

앞서 언급했듯이, 중요한 지침 원칙 중 하나는 바로 정치적 가역성이다.[10] 여기에서 핵심은 형식적인 법적 가역성은 아닐 것이다. 비록 이것이 제안된 법적 변화의 전반적인 효과를 평가할 때 법원이 고려하는 하나의 요소일 수는 있지만 말이다. 오히려 핵심은 이러한 변화를 되돌리지 않고 지속하려는 대중이나 엘리트 집단의 압력이 얼마나 존재하는지이다. 이러한 압력은 여러 가지 이유로 발생할 수 있다. 민주 사회 시민은 일종의 **현상 유지** 편향*status quo bias*을 만들어 내는 방법을 통해 새로운 조치에 익숙해질 수 있다. 이들이 민주적 피해를 호소하거나 알리기 위해 의존하는 독립 기관들은 사실상 목소리를 빼앗기거나 권력을 박탈당할 수 있다. 또는 정치 엘리트들은 권력 및 특권을 얻을 수 있으며 스스로 이를 포기하는 데 주저할 것이다. 이는 정확히 일리가 파악한 자기 참호*self-entrenchment*의 문제를 야기하는데, 즉 적들이 정치적 시장에 진입하거나 성공적인 경쟁을 벌이는 것을 막는 장벽을 세우는 것이다.

또 다른 고려 사항은 민주적 최소 핵심에 대한 위험을 지적하는 증거가 얼마나 공개적으로 접근 가능한가이다. 증거가 공개적으로 접근 가능한 경우, 법원이 그러한 위험 설정에 필요한 증거를 산정하는 데 까다로운 기준을 적용하는 것이 타당할 것이다. 그러나 이와 같은 증거가 기밀로 분류되거나 기관 "외부자"가 쉽게 접근하지 못하는 경우, 관련 증거를 산정하는 데 법원이 더욱 완화된 기준을 적용하는 것이 훨씬 더 타당할 것이다. 이는 장기적인 관점에서만 공개적으로 접근할 수 있거나 관찰 가능한 증거에 대해서도 마찬가지이다.

일례로 두 곳의 서로 다른 "제4부" 기관, 즉 반부패위원회(청렴위원회)anticorruption commission와 중앙은행central bank의 독립성을 침해하려는 정부의 시도를 살펴보자. 반부패기구에 대한 공격은 정부 부패의 상당한 증가를 야기할 수 있다. 그러나 대중은 종종 이런 식의 부패에 대한 지식이나 정보가 거의 없다. 이는 반부패기구에 대한 **공격**이 반드시 비공개적이거나 감지하기 어렵다는 의미는 아니다. 그러나 부패가 민주적 최소 핵심에 끼치는 **영향**은 종종 지연될 것이며, 따라서 적절한 정치적 시간 내에는 감지하기 어려울 것이다. 부패의 조직적 증가는 민주주의를 지지하는 행위자의 공직 출마나 정부직 수행을 억제할 수 있지만 이러한 효과는 현직 공직자가 퇴임하고 나서야 발생할 가능성이 높다. 또한 부패의 증가는 진정한 민주적 경쟁을 약화하는 더 광범위한 형태의 정치적 후원 및 후견주의의 포문을 열 수 있지만, 이와 같은 효과는 한두 차례의 선거 주기를 거친 뒤에야 비로소 느껴질 수 있다.

반면 중앙은행에 대한 공격은 종종 공개적으로 나타나며, 더욱 즉각적인 경제 효과를 낳는다.[11] 중앙은행이 진정으로 독립적인 경우 정부는 은행 구성원과 직접 만나 소통할 수 없다. 따라서 은행의 독립성에 대한 공격은 기자회견이나 언론을 통해 **공개적으로** 발생하는 경우가 잦다. 중앙은행의 독립성에 대한 공개적인 공격이 미치는 영향은 장기적으로뿐만 아니라 단기적으로도 감지되는 경향이 있는데, 자본 및 통화 시장은 이런 식의 공개적인 공격에 극도로 민감하며, 종종 월이나 연 단위가 아니라 분이나 시간 단위로 반응한다. 이러한 시장의 반응은 가시적이고 대중에게 해로우며, 종종 민간 및 기업 대출에까지 영향을 미치는 국채 금리 상승을 촉발한다. 따라서 중앙은행을 공격하는 정부는 공개적으로 식별 가능하며 즉각적인 단기적 경제 피해를 유발할 수 있고, 그에 따라 중앙은행의 지속적인 독립성에 대한 최소한의 사회정치적 지지를 발생시킨다. 결국 부패방지위원회와 같은 기관보다 중앙은행의 독립성을 사법적으로 보호할 필요성은 상대적으로 덜하다.

민주주의 사각지대의 경우에, 법원이 이러한 장애물을 확인하는 가장 논리적인 출발점은 바로 특정 법안에 대한 입법 과정의 토론이나 기록이다. 입법부가 전반적으로 헌법상의 권리 또는 기타 보장의 향우에 대한 법률의 영향을 제대로 고려하지 못하는 경우 적용의 사각지대가 발생하며, 실제로 그러했는지를 판단하는 가장 확실한 출발점은 관련 입법 이력을 살펴보는 것이다. 수용의 사각지대와 관련한 문제는 좀 더 평가적일 것이다. 이 문제 상황에서 법원은 입법부가 채택할 수 있는 모든 범위의 규제 조치를 확인한 뒤, 해당 조치가 당해 입법 목표에 상당한 비용을 부담하지 않는 동시에 헌법상의 권리 보호를 위해 더 많은 일을 이뤄 낼 수 있는지의 여부를 확인해야 한다. 이를 위해서는 구제적 대안의 타당한 범위 및 예상되는 영향에 대한 이해를 모두 판별해야 할 필요가 있다. 다만 이러한 판단을 내릴 때 법원은 때로 전문가 증언 또는 규제에 대한 사회과학자 및 기타 전문가로부터의 증언에 의존할 수 있다. 법원을 위한 또 다른 가용 자료는 해외비교자료로 특정 분야를 규제하는 타 사법관할에서의 실제 관행 및 경험에 관한 것이다.

타성의 부담의 경우 법원이 직면한 임무는 더욱 간단하면서도 동시에 더욱 어려울 것이다. 법원은 민주주의 내 의견의 실제 범위와, 그러한 의견의 진화 또는 변화를 확인해야 하며, 이는 특히 이것이 헌법적 약속과 관련될 때 더욱 그러하다. 따라서 이러한 맥락에서 법원에 중요한 증거 또는 자료 중 하나는 여론 혹은 여론 조사 자료이다.[12] 그러나 이는 분명한 한계를 보이는데, 이와 같은 여론 조사는 유권자의 광범위한 면면을 충분히 대표하지 못하며 "프레이밍 효과"의 영향을 받아 질문이 어떻게 구성되는지 또는 제시되는지에 따라 달라질 수 있다.[13] 또한 법원에는 이러한 여론 조사가 중요한 추가적 한계를 가지는데, 이는 바로 이러한 자료는 법관이 평가하거나 다루는 데 익숙한 것이 아니며 권리나 숙고에 대한 더욱 두터운 민주적 약속과는 절연된 의견의 암시 indications라는 것이다.

두 번째 정보원情報源은 바로 특정 분야 또는 관련 분야에서의 입법적 변화이다. 하지만 이것이 항상 적절한 정보원인 것은 아니다. 예를 들어 법 개정 요구에 영향을 미친 민주적 합의에 대한 안내 지침으로서 개정 요구의 대상인 특정 법률에 의존하는 것은 위험하다. 이는 일종의 순환 논리를 수반하며 민주주의의 타성의 부담이 존재할 가능성을 설명하지 못한다. 그러나 하나의 영역에서 오랜 시간에 걸쳐 더욱 광범위하게 나타나는 입법 경향은 본질적으로 대응적이며 숙고적이기도 한 민주적 의견의 범위에 대한 유용한 지침이 될 수 있다. 이러한 정보는 특히 특정 문제에 실제 조치를 취할 수 있는 다양한 입법 기관이 존재하는 연방체제, 그리고 국가적 수준의 개발이 "판단의 여지(재량)margin of appreciation" 원칙의 적용 및 지역의 민주적 다수의 측면에 있어 진화하는 도덕적-정치적 태도의 식별 모두에 영향을 주는 데 도움이 될 수 있는 지역적 또는 초국가적 체제에서 특히 풍부할 것이다.[14]

세 번째이자 마지막으로, 법원은 다시금 헌법적 비교 과정, 특히 반성적reflective이며 역동적인 비교의 형태에 의존할 수 있다.[15] 일반적으로 반성적 비교의 논리는 간단하다. 이는 다른 이들과의 접촉이 우리 스스로를 더 잘 이해하게 한다거나 "우리가 우리의 헌법적 특성을 당연하게 여기도록 내버려두기보다는 해당 특성이 무엇인지에 대한 토론에 참여"하게 만든다는 것이다.[16] 일부 경우에 이는 그러한 관행에 대한 변화 또는 비판적 성찰의 필요성을 강조할 수 있고, 다른 경우에는 국가적 가치와 관행의 특징을 명확히 구별 짓는 데 도움이 될 수도 있다. 그러나 일부 형태의 반성적 비교는 좀 더 역동적인 초점을 가진다. 이는 일반적이며 "시사적인" 유사성이 충분히 현존하는 타 국가의 관행 변화가 어떻게 국내에서의 민주적 헌법에 대한 이해의 잠재적 변화에 대한 지침이 될 수 있는지 밝히려고 노력한다.[17]

물론 법원이 당면하는 어려움 중 하나는 특정 문제에 대해 명확하거나 인식 가능한 다수의 입장이 존재하지 않는 경우에 어떻게 접근해야 하는지이다. 다수의 국가에서 핵심 문제에 대한 여론은 점차 더욱 양극화하고 있다.[18] 이러한 양극화는 특정 문제에 대한 실제의 다수적 견해가 존재하지 않고 고작해야 상대다수적 견해plurality view 또는 일련의 경쟁적 견해가 존재함을 의미할 수 있다. 사실 이는 민주적 의사결정의 예외라기보다는 일반적 상황에 더 가까울 것이다. 노벨상 수상자인 케네스 애로Kenneth Arrow가 사회선택이론에 관한 획기적인 연구에서 보여주었듯, 집단적 의사결정 과정이 원칙화된 최소한의 민주적 요건(예를 들어 비독재 원칙, 보편성 원칙, 파레토 원칙(만장일치) 및 무관한 선택으로부터의 독립 원칙)을 존중하는 것은 일반적으로 불가능하다.[19] 원칙에 입각하며 안정적인 사회적 선택은 유권자 간에 충분한 합의가 존재하거나 특정 선택이 사전에 배제되거나, 좌-우 정치축과 같은 단일 차원을 따라 사회적 선택을 효과적으로 구조화할 수 있는 민주적 메커니즘 (예 정당)이 존재하는 경우에만 가능하다.[20]

그러나 이와 같은 상황에 대해서는 두 가지의 대응이 가능해 보이는데, 하나는 이를 더 큰 동의나 합의에 도달하기 위해 지속적인 민주적 숙고가 필요한 사례로 여기는 것이며, 따라서 이는 헌법재판 기관의 포기 또는 회피의 한 형태에 해당할 것이다.[21] 다른 하나는 법원이 아직 초기 단계이긴 하지만 발생 중인 민주적 다수의 입장을 식별하려고 시도하는 것이다. 이 과정에서 법원은 규범적으로 가장 바람직한 헌법적 변화의 방향 및 민주적 의견의 진화 가능성에 대한 중요한 평가적 판단을 필연적으로 행할 것이다. 이러한 형태의 평가적 판단에서는 더욱 제한적인 형태의 사법심사의 경우에 비해 "오류" 발생의 위험이 필연적으로 증가한다.

그러나 일부 경우에는 법원의 개입이 특정한 헌법적 주장이나 이해에 대한 민주적 지지를 늘리는 전조가 될 수 있으며, 또는 심지어 대중의 태도 변화를 촉진하는 것을 도움으로써 특정한 헌법적 변화에 대한 (단순히 상대다수적 지지가 아니라) 다수의 지지가 실제로 존재하게끔 할 수도 있다. 이는 실제의 입법적 타성과 새로 발생하는 입법적 타성 모두에 대응하려는 법원을 지지하는 주장이기도 하다. 실제로 이는 일리의 스승이자 예일대 동료인 비켈Alexander Bickel의 주장이었는데, 그는 법원이 "(원칙을) 법으로 선언해야만 하는데, 해당 원칙은─시간이 흐르며, 하지만 비교적 예측 가능한 미래에─일반적 동의를 얻을 것이다"라고 주장하였다.[22]

B. 민주주의의 오작동에 대한 대응

전 세계의 헌법재판소 또는 최고 상급 법원은 다양한 제도적 특징 및 권한을 가진다. 일부 법원은 **추상적인** 심사권을 가지는데, 즉 법률 제정 전에 미리 입법을 검토할 권한을 가지며, 제정 뒤에는 해당 법의 적용이나 유효성에 대해서 더 이상 고려하지 않는다. 이는 대표적인 예로 한스 켈젠Hans Kelsen에 의해 주창된 뒤 1920년에 오스트리아에서 채택된 사법심사 모델이었다.[23] 1910년에 콜롬비아에서 도입되고 1920년 이전에 베네수엘라에서 도입된 **민중 소송**action populacis 또한 이것의 중요한 효시이다.[24] 이는 20세기 대부분에 걸쳐 다수의 유럽 국가에서 일반적으로 나타났다.[25] 프랑스는 2008년이 되어서야 추상적 심사와 구체적 심사의 혼합 모델을 채택하였다.[26]

다른 법원의 경우 구체적이거나 **사후적** 기반을 통해 법률에 대한 사법심사를 수행한다. 이는 영미권 국가에서의 사법심사의 지배적 전통인데, 법원이 특정 사건 당사자의 주도하에 사법심사를 수행하거나 구체적인 사건에 적용되는 법률을 살펴보는 방식으로 사법심사 과정을 수행하는 것을 말한다. 전 세계적으로 수많은 법원이 두 가지 형태의 심사를 모두 행하는데, 이는 종종 서로 다른 절차를 조합하거나, 청원인의 직접적인 접근뿐만 아니라 송부(이송)나 항소를 통한 접근을 허용하는 절차를 통해 이루어진다. 예를 들어 콜롬비아 헌법재판소는 헌법상의 항소 및 개인이 직접 제기하는 방식의 개별 **"투텔라**tutela**"** 청원을 혼합하여 심리한다.[27] 유사한 형태의 **"암파로**amparo**"**라는 절차가 아르헨티나, 브라질, 멕시코 및 다른 몇몇 라틴 아메리카 사법관할권에 존재한다.[28]

켈젠의 또 다른 영향은 "일반적인" 항소법원에 비해 법원이 "전문화된" 정도가 다양해졌다는 점이다. 현재 많은 국가가 헌법 문제와 관련해서만 사법권을 가지는 특정한 형태의 전문화된 헌법재판소를 보유한다.[29] 그러나 그 외의 경우에는 헌법 문제를 심리하는 관할권을 가진 일반 항소법원이 존재하기도 한다. 두 종류의 법원 간에는 법관의 양성과 배경에서 중요한 차이가 있다. 전문화된 법원의 법관은 입법적·학문적 배경을 포함하여 다양한 배경을 보유할 수 있지만, 일반법원의 법관은 전직 변호사 또는 하급 법원 법관 가운데 임명되는 경향이 있다.

이는 다양한 종류의 민주적 병리나 장애물을 식별하고 대처하는 능력에서 법원 간에 차이가 존재함을 의미할 수 있는데, 예를 들어 그 구성이나 업무량상 전문법원이 입법적 타성의 부담을 지적하는 민주적 의견의 흐름을 더 잘 식별할 수 있다. 반면 구성 법관의 배경 및 관할권상 일반법원이 특정한 종류의 입법적 사각지대를 식별하는 데 더 나은 위치에 놓일 수 있다. 이러한 분석이 사실인지의 여부는 헌법재판 기관의 업무량이 적절하여 특정 사건에 대해 신중하며 세심한 관심을 기울이는 재판 기관의 역량을 해치지 않으면서 시민사회 내의 쟁점 및 관점에 대한 폭넓은 시각을 제공하는지의 여부에 달려 있다.

이와 유사하게, 추상적 사법심사를 행하는 법원의 경우 입법적 타성에 대응할 수 있는 능력을 가질 수 있지만, 이는 입법적 사각지대를 효과적으로 식별하며 대응할 수 있는 방식으로 특정 상황 및 개인에 적용되는 법률을 평가할 수 있는 구체적 사법심사권을 가지는 법원에 비해서는 제한적이다. 예를 들어 일반적으로 구체적 사법심사체제에서는 법관이 전직 변호사나 하급 법원 법관 출신으로서 특정한 구체적인 사례에 법률을 **적용하며** 이와 관련된 절차적 보호의 존재 여부, 또는 특정 경우에 적용되는 실질적 예외의 여부를 고려하는 데 상당한 경험을 가진다. 항소심 단계에서 이들은 법이 실제로 목적 달성에 정밀하게 맞춰져 마련되어 있는지의 여부에 집중하게 하는 심사기준을 참고하여 법률의 합헌성을 판단하는 데 익숙하다. 이는 종종 법관에게 수용의 사각지대를 판별하는 데 필요한 전문 지식이나 제도적 틀, 또는 특정한 법률이 법적 (재)해석 또는 개정 단계에서 개인의 권리를 보호하기 위해 더 정밀하게 조정될 수 있는 방법을 제공한다. 그러나 이는 항상 그러한 것은 아니며, 특히 사법심사가 대체로 혹은 전면적으로 추상적인 기반에서 이루어지는 헌법 체제에서는 더욱 그러하다.[30]

서로 다른 체제의 법관은 성공적인 대표성 강화에 관여할 수 있는 능력 역시 각기 다를 것이다. 일부 법관은 이를 수행하는 데 필요한 법적 기술을 보유할 수 있지만, 더 광범위한 측면에서의 정치적 기량, 신중함 혹은 판단력이 부족할 수 있다. 다른 법관의 경우 실용적이며 정치적인 기량은 더 강하게 보유할 수도 있지만, 민주주의 보호 또는 증진의 대리인으로서 법원에 적용되는 특정한 법적·제도적 한계에 주목하지 않으며 사안에 지나치게 정치적으로 접근하는 경향을 보일 수 있다.

그러나 헌법재판 기관 또는 최종심급의 항소법원이 공통적으로 가지는 광범위한 특징은 민주주의의 다양한 오작동의 원인에 대처할 수 있는 제도적 역량을 그들에게 제공하고는 한다. 거의 모든 법원이 소송절차를 전부는 아니더라도 대부분 공개적으로 진행하며, 일반적으로 판결 이유를 제공한다.[31] 이들은 종종 중요한 언론 감시 및 관심의 대상이 된다.[32] 게다가 이들은 최종심급 단계에서는 일반적으로 각 사건을 신중하게 고려하며 시간 제한을 두지 않는 방식으로 심의할 수 있는 정도의 업무량을 맡는다. 또한 사건량이 많은 법원에는 일반적으로 부deputy법관 또는 준quasi법관 역할을 하는 훈련된 보조원으로 구성된 다수의 직원이 함께 근무한다.[33]

입법자와 달리 법관은 일반적으로 임기가 길고, 신분이 보장되며, 제한적으로 선거상의 요구와 압력에 대응할 유인을 가진다(예를 들어 법관은 일반적으로 감봉으로부터도 보호받는다). 이들은 또한 선거상의 소수파 및 다수파의 관심사를 다루는 문제에서도 이들의 직접적인 교환거래trade-off에 직면하는 경우가 덜하다. 샤우어Fred Schauer가 보여 주었듯이, 미국 연방대법원과 같은 법원조차도 일반적으로 민주적 다수파에게 가장 중요한 문제를 결정할 때 입법부에 비해 제한된 역할만을 수행한다.[34] 따라서 소수만이 관심을 가지는 사건을 선택하는 경우에도 법원은 민주적 다수에게 중요한 문제에 덜 주목하려고 하지 않을 것이다. 설령 법원이 이러한 교환거래에 직면할지라도, 이들은 입법부에 비해 주어진 기간 내에서 고려하는 쟁점의 수를 늘리는 폭넓은 기회를 보유할 수 있는데, 이들은 더 많은 수의 청원이나 항소를 심리할 수 있도록 허가grant를 내리는 데 동의함으로써 기존의 제도적 제약 내에서 실질적인 "안건 목록docket"을 확장할 수 있는 기회를 더 많이 확보한다.

이러한 특징은 법원에 입법적 사각지대나 타성의 부담에 대처할 수 있는 다양한 도구를 제공한다. 즉 법원은 새로운 법적 해결책이나 결과를 집행하기 위한 강압적 구제책을 사용하고 특정 법적 쟁점이나 선택지에 대한 대중의 관심을 더 많이 끌어낼 수 있는 소통 도구를 사용하는 방식으로 대처할 수 있다. 실제로 법원이 사건을 심리한다는 단순한 사실만으로도 사각지대나 타성의 부담을 극복하는 데 도움이 되는 방향으로 언론이나 대중의 관심을 끄는 데 충분할 수 있다.[35] 이는 입법자들에게 사각지대 및 타성의 부담을 모두 극복할 수 있는 방식으로 민주적 다수 세력의 발전하는 이해(인식)와 일치하도록 쟁점을 재검토하라는 압력을 생성할 수 있다.

법원의 판결은 민주적 장애물에 중요한 **간접적** 영향을 끼칠 수도 있다.[36] 특히 권리 기반 결정은 기존에 불이익을 받았거나 소외된 집단의 입장에서 새로운 권리 의식의 발전을 장려할 수 있으며, 이를 통해 그들의 인정 및 정의 주창에 대한 의지 역시 고취할 수 있다. 또한 부분적으로는 이를 법원에서 풀어 내는 방식으로 인해 그러한 주장이 엘리트 세력에 의해 경청되고, 나아가서 그들이 타당하고 정당한 것으로 이해하도록 만들 확률을 높일 수 있다.

법원은 종종 선거적·제도적 독점의 원천이 되는 조치를 수행하는 데 들어가는 정치 비용을 증가시킬 수도 있다.[37] 법원은 반민주적 독점권이 발생하는 사례를 말 그대로 "예방"할 수는 없다. 독재자가 되고자 하는 행위자들이 반민주적 형태의 변화를 달성하기로 결심했다면, 이들에게는 이러한 목적을 달성하는 다양한 방법이 주어질 것이다. 이들은 다양한 형태의 헌법적 "차선책workaround"을 동원함으로써 법적이거나 초법적으로, 또는 기존의 합법성의 경계에서 행동을 취할 수 있다.[38] 또한 기존의 민주적 헌법이 이들의 특정 행위를 막는다고 할지라도, 이들은 대부분의 경우 기존 헌법을 폐지하고 이를 완전히 새로운 (표면상으로는 그렇지만 실제로는 훨씬 덜한) 민주적 헌법으로 대체할 수 있는 선택지를 가진다.[39]

근본적으로, 민주 헌법의 권위는 국민의 "동의"에 달려 있다. 국민은 "헌법 제정권constituent power"을 행사하여 헌법을 다시 자유롭게 만들 수 있다.[40] 그런데 헌법 제정권이라는 개념은 정확하게 정의 내리기 어려우며, 독재적 행위자가 되고자 하는 이들에 의해 가장 쉽게 남용되는 민주적 개념 가운데 하나이다. 이는 반민주적 형태의 변화를 만들고자 하는 이들에 의해 고도로 선택적이고 탈맥락화된 방식으로 자주 언급된다. 이것이 바로 데이비드 랜도와 내가 "남용적 헌법 차용abusive constitutional borrowing"이라고 일컫는 핵심이다.[41] 그런데 법원은 종종 그러한 행위에 대해 중요한 "과속방지턱"으로서 기능하거나 이를 억제할 수 있다.[42]

예를 들어 반민주적 입법을 무효화하는 법원의 판결은 일반적으로 해당 입법의 효력을 즉각적으로 박탈한다. 따라서 입법자들은 목적 달성을 위해 유사한 법률을 다시 제정하고 사법적 접근방식이 변화하기를 기대해야 한다. 마찬가지로, 법원이 반민주적 개헌 사항을 파기할 경우, 입법자들은 비슷한 형태로 개헌안을 다시 마련해야 한다. 각각의 경우 입법자는 원하는 결과를 달성하기 위한 시간 및 정치적 자본의 측면에서 추가 비용을 지불해야 한다. 이러한 형태의 지연 또는 정치 비용의 증가 역시 상당한 영향을 끼칠 수 있다.[43] 이는 시간의 흐름에 따른 경제 상황의 변화를 초래할 수 있으며, 공직자의 위법행위나 비효율적인 통치의 증거가 나타날 시간을 부여하여 독재자를 꿈꾸는 이들이 더 이상 기존과 같은 수준의 대중의 지지를 받지 못하게 할 수 있다. 관련된 변화에 대응하기 위해 정치적 반대 세력이 조직되고 또동원될 시간을 제공할 수도 있다.

어떤 경우에는 반민주적 행위의 비용 증가가 그러한 행위 자체에 대한 유용한 제지 효과로 작용할 수도 있다. 그러한 행위가 주어진 시간 내에 성공할 가능성이 낮다는 사실을 알게 되면 독재자를 희망하는 세력에 이러한 행위는 매력이 떨어지는 선택이 될 것이다. 이는 그러한 변화를 추구하는 데 필요한 시간 및 정치적 자본이 더 이상 그만큼의 가치가 없어 보일 수 있다는 의미가 될 수도 있다.

사법심사가 이러한 효과를 내려면 매우 신중하게 (또는 우연히) 관여 시기를 정해야 한다. 법원이 그러한 위협에 개입하는 데 너무 오래 걸리면, 사법심사가 민주주의를 보호하기 위해 역할하는 데 적절한 시기를 놓칠 수 있다. 법원이 정권에 의해 점령당하거나, 권한과 독립성이 심각하게 약화될 수도 있다. 예를 들어 시민사회와 정치적 반대세력과 같이 민주주의 보호를 위해 맺어진 잠정적 동맹은 파괴되거나 은신 혹은 망명할 수도 있다. 그러나 반대로 법원이 지나치게 서둘러 조치를 취할 경우, 예를 들어 독재하려는 행위자에 대한 지지가 최고조일 때 조치를 취하면, 사법심사에 대한 정치적 지지는 상당히 제한적일 수 있다.[44] 엘리트 세력과 대중은 모두 이러한 상황에서의 대통령이나 총리의 권력을 제한하거나 제약하려는 시도에 대해 대중의 반발을 강하게 보이는 방식을 통해 이들을 지지할 수도 있다. 법원은 엘리트 세력이나 대중의 지지 없이는 헌법적 제약을 효과적으로 집행할 수 없다.[45]

결국 법원은 이와 같은 대표성 강화에 효과적으로 관여하기 위한 협소한 창구에 직면해 있다. 이러한 창구는 법원이 해당 시점에서 확신을 가지고 판별하기에는 상당히 어려운 것일 수도 있다. 그러나 이는 여전히 반민주적인 형태의 독점 권력을 창출하려는 시도를 늦추거나, 그러한 권력을 창출하려는 장래의 시도를 저지할 수 있는 중요한 기회를 제공할 수 있는 창구이다. 또한 이는 법원이 대응적 사법심사의 논리에 따라 인도될 경우 성공적으로 식별할 가능성이 더 높은 창구이기도 한데, 여기서 대응적 사법심사의 논리라고 함은 헌법적 민주주의의 최소 핵심을 보존하며, 국가적·비교적 관점에서 특정한 헌법적 변화가 제기하는 민주적 다원주의에 대한 위험성을 고려하고, 그러한 헌법적 변화가 개방적·경쟁적 형태의 민주적 논쟁에 미치는 영향의 가시성과 가역성의 맥락에서 이러한 위험성을 평가하는 것을 의미한다.

C. 대응적 사법심사의 주요 사례

입법적 사각지대와 타성의 부담과 관련된 사건의 경우 "사법적 성공"의 척도는 매우 명료할 것이다. 이는 단순히 해당 영역에서 실제 입법적 변화를 보여 주거나 추가적인 형태의 권리 보호를 허가하는 법원의 명령에 대한 수용이 있었다는 것을 보여 주는 것이다. 그 이상으로 사법적 개입의 성공을 측정하는 일은 더 복잡해진다. 이는 입법적 변화가 실제 현장에 변화를 불러왔는지, 또 법원의 판결이 그러한 변화를 달성하는 데 인과적 또는 도구적 역할을 수행했는지에 대한 평가를 요한다.

 공식적인 법 개정이 현장에서의 관련 권리에 대한 접근권에서의 변화와 항상 동일한 것은 아니다. 예를 들어 낙태법 개정과 관련해 사회학자들은 입법적 변화가 낙태 서비스에 대한 접근의 실질적 변화와 항상 일치하지는 않는다는 것을 증명하였다. 예를 들어 미국에서는 로 판결에 따라 주 및 지방 공무원이 낙태에 대한 형법적 금지의 집행을 중단하였지만, 많은 경우 실질적이며 **사실상의** 낙태 제한이 계속 시행되었는데, 이는 부분적으로는 관련 주 또는 지역 주민의 상당수가 **로** 판결에 동의하지 않았기 때문이다.[46]

따라서 첫째 질문은 단순히 법전상의 것이 아니라 "실행되는in action" 법에 대한 복합적이고 실증적인 판단을 요구한다. 둘째 질문은 훨씬 다루기 까다로운데, 어떤 결정적인 답이든지 정교한 형태의 다수 사례 비교large-*n* comparison에 의존하거나, 종합적 형태의 "매칭"에 좌우될 것이다.[47] 반면 대부분의 소수 사례 비교small-*n* comparison 형태는 어느 정도의 잠정적 해답을 제공할 수 있는데, 이는 대개 법원 판결에 따른 변화 양상을 강조하며 이러한 양상이 본질적으로 인과적일 수 있는 방법과 이유를 설명함으로써 이루어진다.

LGBTQI+ 권리, 구조적 사회권 혹은 "위헌적 헌법 개정" 법리와 관련된 법원 판결의 영향을 살펴보자.

1. LGBTQI+ 권리

캐나다에서는 엠 판결 이후 온타리오 주의회가 **가족법**Family Law Act의 관련 조항을 수정하였으며, 연방 입법부 및 여타 주의회 역시 다양한 관련 법률을 수정하여 동성관계에 대해 이성 간 **사실혼**에 부여된 것과 동일한 일반적 법적 승인을 제공하고자 하였다.[48] 연방 및 지방의 정치 지도자 역시 이성 간의 관계로 결혼을 정의하는 코먼로상의 정의는 캐나다 **권리자유헌장**에 불일치한다는 지역 법원의 판결인 **헨드릭스**Hendricks v. Québec, **할펀**Halpern v. Canada, **이글**Egale Canada Inc. v. Canada 등에 대응하여, 동성 결혼을 채택하는 방향으로 움직였다. 퀘벡주 법무 장관attorneygeneral은 퀘벡 고등법원superior court의 헨드릭스 판결에 항소하지 않았으며, 연방 법무 장관 역시 2003년 7월에 해당 판결에 대한 항소를 중단하였다. 그 후 지방 및 연방 법무 장관은 할펀과 이글 판결에 대한 온타리오 및 브리티시컬럼비아 항소법원의 판결에 동의하였다. 연방 정부역시 동성 결혼을 인정하는 것과 관련하여 캐나다 대법원에 몇 가지 질문을 회부한 뒤 이를 포괄적으로 인정하는 연방법안을 도입하였다.[49]

남아공에서는 정부가 동성애자를 위한 각종 법적 혜택의 접근권을확대하기 위한 헌법적 주장에 반대하지 않았다. 또한 코먼로상의 결혼에 대한 정의가 무효임을 선언한 남아공 헌법재판소의 푸리 판결에 따라[50] 정부 내에서 해당 결정에 대응하는 최선의 방법에 대한 오랜 논쟁이 있어 왔다는 보고서가 존재하였다.[51] 그리고 국회는 시민결합법Civil Unions Act을 통과시켜 법률명만 그렇지 실질적으로는 동성 결혼을 효과적으로 인정하였다. [52]

콜롬비아 법원은 동성 결혼에 대한 접근권 보장 문제에서 더욱 적극적인 역할을 하도록 요구받았다. 2011년 판결인 *C-577*에서 법원은 동성관계와 관련하여 "보호의 결함"이 존재함을 확인하였으며 의회에 이에 대한 시정 기간을 2년 부여하였지만, 이 기간 동안 의회는 성공적인법안 통과에 실패하였다.[53] 2011년 판결에서는 법관 및 공증인으로 하여금 동성관계에 대한 공식적인 인증(즉 "엄숙한 형식적 계약 체결")을 제공하도록 하였는데, 이러한 내용의 입법이 실패하였던 것이다.[54] 일부 법관의 경우 (입법 실패에도) 이에 대한 권한을 행사하기로 결정한 반면다른 법관의 경우 이를 거부하거나 감사원Office of the Inspector General에서이를 금지하기도 하였다.[55] 2016년에 법원은 동성 결혼에 권리를 부여하는 이와 같은 결정을 지지하기로 의견을 모았으며, 헌법에 의거하여 동성 커플의 법정 혼인civil marriage 권리를 보호한다고 판결하였다.[56] 이러한 판결이 LGBTQI+ 콜롬비아인에 대한 지속적 폭력을 막거나 동성애자의 권리 운동 및 진행 중인 평화 협상 과정을 좌절시키려는 시도까지 막지는 못하였지만, 해당 판결은 콜롬비아 내에서 LGBTQI+ 관계를 다루는 문제에서 실질적이고 지속적인 법적 변화를 끌어내는 데 성공하였다.[57]

영국 법원은 법적 변화의 촉진 측면에서 더 제한적인 역할을 해 왔다. 영국에서 동성 결혼은 2014년 결혼(동성 커플)법의 통과로 합법화되었으나, 이는 법원의 논의를 즉각적으로 따른 결과는 아니었다. 그러나 게이든과 벨린저 판결은 사실상 동성관계의 인정 및 결혼에서 트랜스젠더 정체성 인정에 중요한 변화를 불러왔다. 게이든 판결이 선고되고 5개월 뒤, 웨스트민스터 의회는 동성 및 이성 간의 시민적 동반자관계를 포괄적으로 인정하는 2004년 시민적 파트너십법Civil Partnerships Act 2004을 통과시켰다.

이와 유사하게, 영국 항소법원의 벨린저 판결 및 이에 대한 유럽인권재판소ECtHR의 후속 판결에 따라 대법관이자 상원의장인 로드 챈슬러Lord Chancellor는 트랜스젠더 문제와 관련해 기존 부처 간 실무 그룹을 재소집하였으며, 2003년 말까지 트랜스젠더의 정체성 등록을 허용하는 법안을 제출하겠다는 의사를 발표하였다.[58] 항소위원회의 2003년 4월 결정에 따라 정부 역시 같은 해 7월에 젠더인정 법안Gender Recognition Bill 초안을 제시하고 이를 11월 의회에 상정하며 일정에 박차를 가하였다. 해당 법안은 1년이 채 되지 않아 통과되었다.[59]

인도 대법원에 의해 생겨난 변화는 훨씬 제한적이었다. **국가법률구조국** 판결에서 법원은 국가가 트랜스젠더 정체성을 인정하기 위한 조치를 채택할 의무가 있다고 언급하였으며, 인도 의회는 5년 뒤인 2019년 **트랜스젠더(권리 보호)법**_Transgender Persons (Protection of Rights) Act 2019_을 통과시켰다. 해당 법률은 지나치게 협소하며 트랜스젠더 및 제3의 성 정체성을 인정하기에 충분하지 않다는 비판을 받았다. 법률은 수술 뒤의 성 정체성에 초점을 맞추며, 수술 혹은 기타 의학적 형태의 개입을 겪지 않은 제3의 성 및 트랜스젠더에 대한 보호는 포함하지 않는다.[60] 트랜스젠더에 대한 차별 역시 여전하며 특히 주요 도시 외의 지역에서 차별이 계속되고 있다는 징후 역시 존재한다.[61]

그러나 법적 변화는 트랜스젠더의 법적 권리에 직접적인 영향을 미치고 더욱 광범위한 LGBTQI+ 권리 운동 및 **조하르** 판결과 같이 후속 소송에서의 성공에 간접적인 영향을 미친다는 점에서 여전히 중요하다. 제이나 코트하리_Jayna Kothari_가 지적했듯, 사법부의 판단은 "트랜스젠더 운동 조직에 기폭제가 되었고" "여러 정부 당국이 여권, 운전면허증 [그리고] PAN 카드와 같은 정부 문서에 추가적 성별 선택지를 제공하도록 이끌었"으며, "형법 제377조에 대한 도전을 되살리기 위한 새로운 근거와 희망을 제공하였다."[62]

또한 **조하르** 판결 자체에서도 대법원은 궁극적으로 **형법** 제377조가 헌법 제14조, 제15조, 제19조 및 제21조에 나타난 평등, 자유, 존엄성 및 사생활 보장과 일치하지 않는다고 판결하였다.[63] 이에 기반하여 대법원은 제377조의 적용 범위를 축소하여 해석함으로써 이것이 성인 간 합의에 의한 성관계에는 적용되지 않도록 하였고, 이를 통해 인도에서 동성애자 정체성의 법적 인정을 위한 첫걸음을 내디뎠다.[64] 이는 더욱 광범위한 법적 차별 혹은 사회적 편견의 근원을 제거하지는 못하였지만, "[인도의] LGBT인은 이제 스스로를 표현하는 데 더욱 당당해졌으며 (…) 차별이나 괴롭힘에 대한 두려움 없이 관계를 맺을 수 있다"[65]고 평가된다.

2. 구조적 사회권

마찬가지로 사회적 권리의 경우에도 다양한 법원 결정에 따라 발생하는 (때로 제한적일지라도) 실제 변화에 대한 증거가 존재한다. 예를 들어 그루트붐 판결에서 남아공 헌법재판소의 개입은 기본적인 임시 거주지 제공에서의 타성에 별다른 영향을 미치지 못하였다. 이는 해당 영역에서 국가 정책의 변화를 불러일으켰지만, 헌법재판소 판결 이후 3년이 지나서였다.[66] 일부 비평가는 이를 유의미한 것으로 간주하기에는 너무 긴 기간이라고 비판하는 반면, 다른 이들은 그럼에도 이는 당시 남아공의 심각한 주택 부족에 대한 포괄적인 대응책 개발에 있어 중요한 진전이었다고 주장한다.[67]

치료행동 캠페인 판결에서는 헌법재판소와 다양한 고등법원이 건강권 실현에서의 타성에 훨씬 더 큰 영향을 미쳤다. 2002년 4월, 하우텡 고등법원의 판결이 내려진 지 한 달도 채 되지 않아 정부는 특정 시범 장소에서 네비라핀에 대한 접근을 제한한 이전의 정책을 뒤집는 결정을 발표하였으며, 이후 2002년 7월 헌법재판소 판결에 따라 네비라핀을 공급하는 정부 병원에 대한 제한을 폐지하라는 지시를 즉시 준수하겠다는 의사를 밝혔다.[68] 또한 시험시설 구축이 더욱 지연되었을 때 치료

행동 캠페인TAC은 다수 고등법원에서 이에 대한 후속 소송을 제기하였으며, 이에 따라 지방 정부가 HIV 감염병에 대한 대응에 가장 느리게 반응했던 음푸말랑가Mpumalanga와 같은 지역에서 나타나는 타성을 효과적으로 극복할 수 있었다.[69]

올리비아 로드Olivia Road,[70] 조 슬로보Joe Slovo,[71] 자프타Jaftha v. Schoeman[72]와 같은 판결 역시 다양한 입법적·행정적 사각지대에 효과적으로 대응하는 데 결정적 역할을 하였다.[73] 포트 엘리자베스Port Elizabeth Municipality v. Various Occupiers 판결에서 헌법재판소는 해당 지자체가 퇴거 명령을 촉구하는 과정에서 "거주자가 해당 토지에서 거주한 장기간의 기간"과 그들이 "진정 거주지가 없으며 도움이 필요한 것으로 보이는 상대적으로 소수의 사람들"을 대표한다는 사실을 고려하지 않았던 것으로 보인다고 판결하였다.[74] 헌법재판소는 취약계층의 강제 퇴거가 미치는 영향에 대해 지자체의 주의를 환기하며, 다음과 같이 지적하였다.

> 집은 그러한 요인으로부터의 피난처 그 이상이다. 이는 개인의 내밀함과 가족의 안전을 보장하는 공간이다. 종종 이는 (특히 가난한 이들에게) 격동적이며 적대적인 세상에서 유일하게 비교적 안정된 사생활과 평온의 공간이 될 것이다. 강제 철거는 어느 가족에게나 충격을 주며, 이는 친숙한 거주지에 자리 잡은 가족에게는 더욱 그러하다.[75]

유사하게, 올리비아 로드 판결에서 헌법재판소는 "시city가 관련된 이들을 퇴거시키는 결정을 내릴 때 그들이 노숙자가 될 것이라는 사실을 전혀 고려하지 않은 것이 (결정의) 흔한 이유"임을 지적하였다.[76] 헌법 재판소는 참여engagement에 대한 명령을 내리면서 시가 관련 거주지에서 건강과 안전을 향상하는 것을 돕도록 거주민을 참여시키는 다양한 방법을 이전에 고려하지 않았음을 암묵적으로 시사하였다.[77] 자프타에서도 마찬가지로 헌법재판소는 의회가 그와 같은 조치가 빚이 매우 적은 빈곤층, 특히 국가 지원을 받아 구입한 주택에 거주하는 이들에게 미칠 잠재적 영향을 충분히 고려하지 않았다고 보았는데, 특히 강제 매각이 그들에게 국가 지원을 받을 자격을 영구히 박탈한다는 점을 충분히 고려하지 않았다고 보았다.[78]

또한 헌법재판소는 강제 매각과 관련된 어떤 명령이든지 "모든 관련 상황을 다 고려한 뒤에야 법원이" 내릴 수 있었다고 판결했는데, 이는 채무자와 채권자 모두의 재정 상태, 채무의 절대적 크기 및 재산 가치 대비 상대적 크기, 채무자가 빚을 다른 방법으로 상환할 역량 및 상환하기 위해 행한 노력, 채무를 질 당시 채무자의 인식 및 의도를 포함한다고 보았다.[79] 의회는 관련 입법의 실행에서 이러한 해석을 받아들였다.

인도에서도 비슷한 양상을 볼 수 있다. **점심 급식** 판결은 인도 학교에서 음식에 대한 권리의 시행, 특히 영양 보충 프로그램의 시행에서의 지속적이고 복잡한 형태의 타성을 배경으로 내려진 판결이었다. 이 사건은 라자스탄Rajasthan 지역의 심각한 가뭄과 식량 부족의 상황에서 중앙 및 주 정부가 국가 기근법national famine code에 따라 저장고에 있는 잉여 곡물을 방출하여 대응해야 하는데 이를 수행하지 못함에 따라 제기되었다.[80] 인도 학생을 위한 점심 급식 프로그램은 1950년대와 1960년대에 일부 주에서 시행되었다(독립 이전의 타밀 나두Tamil Nadu에서도 시행됨).[81] 그리고 인도 정부Union government는 1995년에 전국적으로 점심 급식 프로그램을 채택하였다.[82] 그러나 프로그램 실행에는 지역별로 상당한 지연과 편차가 존재하였다.[83] 따라서 해당 판결 자체는 일종의 복합적인 민주적 타성에 대한 대응이자 영양실조로 초래되는 아동의 신체적·교육적 발달에 관한 심각하며 돌이킬 수 없는 위험에 대한 대응을 목표로 하는 것으로 볼 수 있다. 이 판결은 강력한 영향을 미쳤는데, 현재 하루에 1억 1천만 명 이상의 학생에게 음식을 제공하고 있는 프로그램의 전국적 실시를 촉진하는 데 분명히 도움이 되었기 때문이다.[84]

이와 유사하게 올가 판결[85]에서 인도 대법원은 주와 시가 노상 거주자를 강제 퇴거하는 데 제한을 부과하였는데, 이를 우기monsoon season 이후로 연기하고, 그동안 정부는 적합한(즉 상대적으로 근접한) 대체 토지, 즉 거처를 찾을 것을 요구하였다. 이 과정에서 대법원은 해당 명령이 "노상 거주자"를 퇴거시키는 데 주와 시(봄베이) 당국의 명백한 사각지대에 대응하는 것을 목표로 함을 암시하였다. 대법원은 주와 시의 조치가 비공식 거주자의 노동권에 대한 해당 조치의 영향을 충분히 고려하지 않은 것으로 보인다고 판결하였다. 인도의 농촌 지역에서는 분명히 일자리가 부족하고, 이는 개인이 일자리를 찾기 위해 도시로 이주해야 한다는 압력으로 나타났다. 그러나 퇴거 명령을 내리는 과정에서 주와 시는 해당 명령이 사람들의 일이나 생계에 대한 접근권을 박탈한다는 점을 고려하지 않은 것으로 보이며, 따라서 이는 장기적으로 지속 불가능하였다. 대법원은 구직 활동이 필연적으로 사람들이 일자리를 찾기 위해 도시로 **돌아가도록** 촉구하였다는 사실은 강제 퇴거가 도시 과

밀화에 대한 "효과적이지 못한 구제책"이 될 확률이 높으며, 단지 비공식 거주자에게 단기적인 "비참함과 인격적 수모"의 원인이 될 뿐이라고 지적하였다.[86]

콜롬비아에서 콜롬비아 국내 난민 판결과 같은 결정은 혼합적인 영향을 미쳤다. 비평가들은 (판결 이후에도) 여전히 국내 난민Internally Displaced Persons(IDP)이 주요 혜택에 접근하는 것을 보장하는 데 상당한 격차가 존재한다고 주장한다.[87] 그러나 대부분의 관찰자들은 이것이 지속적이며 복잡한 형태의 국가 무능력과 타성에 대응하는 방식으로 특정 영역의 접근권에 의미 있는 개선을 이끌었다는 데 동의한다.[88] 이는 국내 난민의 요구에 대한 정부 지출의 상당한 증가로도 이어졌는데, 관련 국가 예산은 2004년부터 2009년까지 4배 증가하였다.[89] 또한 다수의 평론가는 이것이 난민의 입장에서 더 광범위한 권리 의식 및 정치적 동원動員, mobilization의 발전과 인식에 기여했다고 주장한다.[90]

3. 위헌적 헌법 개정 법리

마지막으로, 인도와 콜롬비아에서 인디라 간디Indira Gandhi 총리와 알바로 우리베Álvaro Uribe Vélez 대통령에 의한 선거적·제도적 다원주의의 약화 시도를 저지하거나 늦추는 데 있어서 위헌적 헌법 개정 법리의 두 가지 변종(기본 구조 법리basic structure doctrine 및 대체 법리substitution doctrine)이 미친 영향을 고려해 보자. 액면상 케사바난다 판결은 인도 의회가 토지 개혁에 관여하며 이의 일환으로 특정 법률을 사법심사에서 배제하는 권한의 범위에 대한 것이었다. 그러나 이 판결은 훨씬 더 넓은 영향을 미쳤다. 이 판결이 공표한 기본 구조 법리는 대법원의 사법관할권을 제한하거나 없애려는 인도 의회의 권한에 명확한 제약을 부과하였으며, 이는 이후 인디라 간디 총리가 집권을 이어 가기 위해 다양한 반민주적 또는 **독점적** 전략을 추구하려고 함에 따라 특히 중요해졌다.

1975년 인도 고등법원은 간디가 인도 선거법상 다수의 (형사상) 위반으로 기소된 건에 유죄를 선고함으로써 간디에게 사임 압박을 가했다. 그러나 간디의 대응은 의회에서 **선거 개정법**Elections Laws (Amendment) Act(1975)을 통과시켜 이를 소급 적용하여 선거법상 관련 위반 혐의를 모두 제거하며, 모든 선거법을 헌법 제9부칙(법률에 대한 사법심사 면제)에 포함하는 것이었다.[91]

그러나 **선거법**Elections 판결에서 인도 대법원은 해당 조치가 기본 구조 법리에 위배된다고 판결하였다. 대법원은 간디의 이전 유죄 판결에 대해 증거 불충분으로 무효 판결을 내리는 동시에 헌법 개정을 통해 선거 조작이나 위법행위를 면책하려는 권한에 대해서는 향후 이를 제한할 가능성을 간디에게 보여 주었다. 대법원은 이러한 행위가 기본 구조 법리에 따라 가로막힐 것임을 시사하였다. 이러한 배경에서 간디가 1977년에 새로운 선거 실시를 공표하였을 때, 그녀가 상대적으로 깨끗하며 공정한 선거 운동을 진행하기로 결정하였다는 증거 역시 존재한다.[92] 그 결과 인도 역사상 처음으로 비의회당non-Congress Party 정부(인도 인민당이 이끄는 정부)가 선출되었다.[93]

콜롬비아의 **제2차 재선임** 사건에서 민주적 최소 핵심에 대한 위협은 더욱 즉각적이었다. 이 판결은 기존에 헌법 개정을 통해 대통령의 재선이 허용되도록 한 우리베 대통령이 다시금 세 번째 집권을 시도한 데 대한 문제 제기를 다루었다. 우리베 대통령에게 세 번째 집권은 다양한 독립 기관에 효과적인 임명 권한을 행사할 수 있는 권력을 부여했을 것이다.[94] 또한 이는 그가 "미디어 환경을 지배하고 (⋯) 큰 규모의 권력을 축적하기 위해 후견주의clientelism를 이용"하도록 허가하였을 것이다.[95] 그러나 법원은 그 대신 이런 식의 결과를 허용하는 개정은 헌법을 실질적으로 대체하므로 의회의 권한을 벗어나며, 이러한 개정은 해당 목적을 위해 특별히 소집된 제헌의회Constituent Assembly에 의해서만 승인될 수 있다고 판결하였다.[96] 이 판결은 콜롬비아 민주주의의 건전성에 대한 급박하며 조직적인 위협을 피하는 데 도움이 되었다. 우리베는 해당 판결에 승복하였으며 두 번째 임기 말에 사임하면서 국방장관인 후안 마누엘 산토스Juan Manuel Santos에게 권력을 넘겼다.[97] 산토스는 이후 본인만의 독특한 정치 의제를 발전시켰으며 우리베는 결국 야당에 합류하여 정치 권력의 진정한 전환을 이루었다.[98]

따라서 제2차 재선임 판결은 우리베가 언제든 해당 판결을 무시하고 무효화하려고 시도할 수 있었기에 우리베의 3선 출마를 "금지"하지는 않았지만, 그러한 행위를 하는 것과 관련된 정치 비용을 증가시켰으며, 가까운 동맹이지만 이후 정치적 반대 세력의 리더가 되는 산토스에게 자신의 리더십을 제창할 정치적 통로 혹은 기회, 그리고 더욱 민주적인 활로를 펼쳐 나가는 데 대한 열망을 제공하였다.[99] 또한 산토스 정권은 궁극적으로 우리베와 더 가까운 동맹인 이반 두케 마르케스Iván Duque Márquez에 의해 교체되었지만, 그러한 권력의 순환 자체는 콜롬비아 내에서 제도적 다원주의의 중요성을 유지하는 데 기여하였다.[100]

케냐에서 은디 판결의 영향을 판단하기엔 아직 이르다.[101] 그러나 현재까지는 희망적 징후 몇 가지가 존재한다: 일례로 정부는 스스로가 제안한 개헌을 무효화한다는 고등법원의 결정을 무시하기보다는 이에 항소하기로 결정하였다. 또한 정부는 궁극적으로 제안된 개정 절차를 절차적 이유를 들어 무효화하기로 한 대법원의 더욱 협소한 판결을 받아들였다. 더욱이 2022년 대통령 선거에서 케냐타 대통령은 패하였으며, 많은 이들이 이전에 제안된 개정안의 몇몇 요소의 표적으로 보았던 그의 부통령이자 경쟁자인 윌리엄 루토가 대통령에 당선되었다.[102]

D. 대응적 사법심사 성공의 전제

법원이 이와 같은 역할을 성공적으로 수행하기 위해서는 다수의 전제 조건이 현존해야 함에 주목하는 것이 중요하며, 이들이 실제에서 충족되는 정도에는 전 세계적으로 상당한 격차가 존재할 수 있다는 데 유의해야 한다.

1. 사법의 독립성 그리고 사법심사에 대한 정치적 허용

대표성 강화 역할의 어느 맥락에서나 법원이 마주하는 과제 가운데 하나는 해당 역할의 성공이 정치적 지지와 독립성 모두에 의해 좌우된다는 것이다. 알렉산더 해밀턴Alexander Hamilton이 《연방주의자 논집 Federalist Papers》에서 언급한 대로, 법원은 "지갑의 힘도 칼의 힘도" 가지고 있지 않다.[103] 따라서 판결을 이행하기 위해 법원은 어느 정도 정치적 행위자들의 지지를 받아야 할 필요가 있다.[104]

아니면 적어도 독립적 사법심사에 대한 어느 정도의 정치적 "관용 (허용)"이 존재해야 한다.[105] 정치학자들—리 엡스타인Lee Epstein, 잭 나이트Jack Knight 및 올가 슈베초바Olga Shvetsova 등— 은 사법심사에 대한 "정치적 허용 구간political tolerance interval"을 사회 지도 세력의 특정 정책에 대한 선호도의 관점에서 정의하는데, 동일한 광의의 원칙은 일반적으로 헌법적 사법심사에 대한 지배 세력의 태도에도 적용된다.[106] 법원에 대한 대중의 지지는 정치적 지배 세력이 법원의 판결에 동의하든 그렇지 않든 이를 존중해야 할 타당한 이유가 될 것이다. 정치적 지배 세력은 법원 판결이 그들의 목적이나 목표에 "우호적"이라는 이유로 이를 지지할 수도 있다.[107] 예를 들어 국가 차원의 정치적 지배 세력은 행정 공무원 혹은 지방 정부 단위의 정치적 행위자의 행동에 대한 제약으로부터 혜택을 받을 수 있는데, 이는 이러한 행위자에 대한 대리 비용을 효과적으로 줄이거나,[108] 또는 그러한 판결에 대한 불복종이 대중의 반대와 비판을 불러일으키기 때문이다.

그 대신 정치적 행위자들은 판결에 대한 공격 혹은 묵인에 거의 무관심해질 수도 있다.[109] 예를 들어 만약 법원이 진정한 입법적 사각지대 혹은 타성의 부담에 대응하려고 개입한다면, 정치적 행위자들은 개인적으로 법원의 접근에 동의하지 않을지라도 법원을 공격하는 데서 얻을 수 있는 이익이 거의 사라진다.[110]

반면 정치적 행위자들은 특정 문제에 접근할 때 통일된 입장을 보일 수 있는데, 이 경우 사법심사의 허용 구간은 매우 작을 수 있다. 이는 반민주적 독점의 위험에 대응하려는 법원에는 특히 중대한 난관일 수 있다. 이러한 종류의 위험은 정당이나 지도자가 광범위한 대중적·입법적 지지를 받는 경우에 발생할 확률이 가장 높은데, 이 경우 사법심사의 허용 구간이 특히 작을 것이다.[111]

이와 동시에 대응적 형태의 심사에 참여하기 위해 법원은 반드시 일정 수준의 정치적 **독립성**을 향유하여야 한다. 이러한 독립성 없이는 법원 자체가 민주적 최소 핵심을 보호하기보다는 훼손하며, 남용적 헌법 개정 과정을 제한하기보다는 오히려 이에 기여하게 될 수 있다. 이것이 바로 랜도와 내가 "남용적 사법심사"의 문제라고 명명한 것이다.[112]

이와 같은 남용적 사법심사는 크게 두 가지 형태로 나타날 수 있다: 이는 본질적으로 약하거나 강한, 혹은 소극적이거나 적극적 형태일 수 있다. 반민주적 조치가 "유효"하다고 주장함으로써 소극적 형태의 사법심사는 국내 또는 국제적 행위자에게 그러한 조치의 정당성을 인식하게끔 할 수 있다. 또한 **민주적인**_pro-democratic_ 헌법적 제약을 무효화한다고 주장함으로써 더 적극적 형태의 심사는 남용적이거나 반민주적인 형태의 헌법 변화를 활발하게 촉진할 수도 있다. 두 가지 형태의 심사 모두 민주적 최소 핵심의 침식에 기여할 수 있는 것이다. 또 두 가지 형태 모두 법원이 반민주적 목표를 발전시켜 나가는 방식으로 헌법을 고의적으로 또는 의식적으로 해석하는 경우가 생겨날 수 있다. 그러나 이러한 일은 보통 법원이 권위주의를 추구하는 정권에 의해 강요받거나 점유되었을 때 발생할 것이다.

법원이 **의도치 않게** 민주적 최소 핵심을 침식하는 경우, 이는 대개 헌법이나 사법적 신중함이 특정한 판결을 요구한다는 잘못된 믿음 때문이거나 사법적 결정이 미칠 영향을 오산했기 때문일 것이다.[113] 따라서 반민주적 사법적 결정의 일부 형태는 일정 수준의 사법적 독립성에 기인할 수 있다. 그러나 고의의 혹은 의도적인 남용적 사법심사의 형태는 어느 정도 유의미한 수준의 사법적 비독립성에 달려 있다. 여기서 비독립성이라고 함은 직간접적인 사법적 강요 혹은 "점령", 또는 행정부에서 기능적으로 독립적이지 않으며 이념적 혹은 정치적으로 동조적인 재판부를 형성하는 사법부 임명을 말한다.

전 세계적으로 법원이 형식적 및 기능적으로 진정한 독립성을 향유하는 정도에도 상당한 차이가 존재한다. 세계적으로 법원은 자체 예산과 직원(임명)에 대해 다양한 수준의 통제권을 가지며, 그들의 예산, 급여 및 임기에 대한 부정적 변화로부터 보호받는 정도도 다양하다. 사법부 임명을 관리하는 규범 역시 다양하다. 사법부 임명의 과정은 크게 세 가지의 큰 축에 따라 분류된다: 1단계의 임명 과정 대 2단계의 임명 과정, 정치적 판단을 포함하는 과정 대 "기술관료적" 형태의 판단을 포함하는 과정, 통합된 임명권 대 분할된 임명 권한이 그것이다. 이러한 다양함은 또한 사법부 임명이 당파적 영향의 대상이 되는 정도에도 영향을 미치며 단일 (지배적) 정치행위자 또는 정당의 영향력에도 영향을 미친다.

이는 결과적으로 대응적 사법심사의 실천에 상당히 엄격한 조건이 필요함을 시사하는데, 다시 말해 정치적 지지와 법원 독립성의 조합이 필요하다. 대부분의 경우 이는 대중 및 사회 지배 세력의 지지, 또는 최소한 무관심 정도 그리고 사법부 독립의 구조적 및 관행적 보장의 혼합으로 해석될 것이다.

이를 보여 주는 한 가지 명확한 사례로는 대통령 임기 제한에 대해 제안된 변화와 관련해 내려진 특정 법원의 판결이 있다. 앞 장에서 살펴보았듯이 콜롬비아에서는 헌법재판소가 콜롬비아 내 민주적 최소 핵심을 위협할 수 있는 방식으로 대통령 임기 제한에 대한 수정 시도가 발생하는 것을 방지하고자 위헌적 헌법 개정 법리에 의존하였다.[114] 이와 비슷한 형태를 취하는 많은 소송 역시 존재하였는데, 즉 법원에 절차적인 또는 실질적인 위헌적 헌법 개정 법리 원칙의 조합을 기반으로 대통령 임기 제한을 변경하려는 시도를 무효화해 달라고 요청한 것이다.[115] 그러나 이러한 소송의 대부분은 실패하였다. 많은 경우에 이는 해당 법원이 정권에 의해 점령되었거나, 점령하겠다는 위협 혹은 법원 독립성에 대한 다른 형태의 공격에 대한 위협으로 인해 법원의 기능이 정지되었기 때문이었다.[116]

2. 소송 지원 구조

성공적인 사법적 대표성 강화를 위한 또 다른 핵심 조건은 헌법 소송에 대한 지원 구조, 혹은 헌법재판 기관에 사건을 제소하고 법원이 독점의 위협, 사각지대의 징표 또는 타성의 부담을 증명하는 데 필요한 주장과 증거를 제시할 의지와 능력이 있는 당사자들이다.

　일부 법원에서는 개별 소송 당사자를 통하지 않고 제소가 가능하다. 그러나 많은 법원에서는 당사자에 의한 제소가 필요하며, 이는 추상적 심사라는 대륙법적 전통의 영향을 받으나 개별적 청원을 통해 법원에 직접 접근할 수 있는 형식을 허용하는 법원을 포함하여 다수의 법원에서 그러하다. 이와 같은 구체적 사법심사에서는 어떠한 형태이든 개인이 법원에 제소하는 행위에 의해 심사가 진행된다. 경우에 따라 개별 당사자가 이러한 헌법적 주장을 제기할 수단과 의지를 갖추고 있을 수 있다. 이는 무료 법률 서비스legal aid 혹은 공익 법률 서비스pro bono legal presentation의 가용성, 또는 개별 제소의 비용과 복잡성을 줄이기 위한 법원 주도의 절차적 개혁 등을 통해 뒷받침될 수 있다. 예를 들어 콜롬비아의 **투텔라** 시스템은 시간이 흐르며 시민이 헌법재판소에 폭넓고 단순하며 직접적인 형태로 접근이 가능하도록 개선되었다.[117] 인도에서는 대법원이 소위 말하는 서신관할권epistolary jurisdiction하에서 공식적인 법적 소송을 제기하지 않고도 제소된 청구를 헌법 소원으로 인정하기도 하였다.[118]

그러나 많은 국가에서는 일반 시민이 헌법 소송을 제기하는 데 상당한 장애물이 남아 있다. 단순히 말해 소송 행위는 경제적으로나 실제에서나 비용이 지나치게 많이 들고 복잡하다. 이는 헌법 소송이 시민사회에서 더 광범위한 "지원 구조"의 존재 여부에 달려 있음을 의미한다. 실제로 찰스 엡Charles Epp과 같은 학자가 주장했듯, **NGO** 활동가 혹은 시민사회단체는 종종 헌법 소송에서 중요한 지원 구조를 제공한다.[119] 이들은 헌법 소송이나 청구를 제기하기 위한 개인의 준비를 돕고 자금을 지원하며 헌법적 주장을 뒷받침하는 데 필요한 사회적·정치적 증거를 수집한다. 또한 이들은 쟁점에 대한 정치적 관심 및 조치를 지속적으로 촉구하여 법원 판결의 이행을 지원한다.

어떤 경우에는 사회적 행동주의social activism와 공공 선택public choice 또는 민주적 대응성을 약화할 수 있는 형태의 이익 집단 역학관계 사이의 경계에 대해 논쟁의 여지가 있을 수 있다. 이들 사이의 한 가지 차이점은 사회 운동 행동주의social movement activism는 일반적으로 강력하거나 사회적으로 혜택을 받는 집단이 아니라 역사적으로 소외되거나 박해받아 온 집단의 권리와 이익 증진을 목표로 한다는 것이다. 또한 대부분이 국가가 조치를 취하지 않는 것과 반대되는 의미에서, 이러한 집단의 권리나 이익 보호를 위해 적극적인 국가적 조치를 장려하는 것을 목표로 한다. 그러나 문제는 그 '정도'에 있으며, 적어도 특정 경우에는 합리적인 의견 대립이 발생할 수도 있다.

필연적으로 이와 같은 진정한 지원 구조가 존재하는 정도에서는 국가마다 차이가 있을 것이다. 일부 국가에는 사회 변화를 위한 광범위한 운동의 일환으로 지속적으로 헌법 소송에 참여하는 집단이 다수 존재하는 반면, 다른 국가에서는 사회 운동 행동주의의 전통이 거의 나타나지 않는다. 정치적 문화는 이와 같은 사회 운동 활동을 지지하거나 독려하지 않을 수 있으며, 효과적인 사회 운동의 동원을 지원하기에는 사법권의 규모가 너무 작거나 경제적으로 억압된 상황일 수도 있다.[120] 또한 소송에 대한 지원 구조 없이는, 법원은 민주적인 헌법 가치를 보호하거나 증진할 수 있는 헌법적 해석에 관여할 역량을 거의 가지지 못한다.[121]

그루트붐과 치료행동 캠페인과 같은 사회적 권리 관련 판결의 차이점을 고려해 보자. 그루트붐 사건은 남아공의 주요 공익소송센터인 법률지원센터Legal Resources Centre의 지원을 받아 제소되었지만 더 폭넓은 사회 운동의 뒷받침이나 지지는 부재하였다. 이와 대조적으로 치료행동 캠페인 사건은, 남아공 내에서 항레트로바이러스제antiretrovirals에 대한 접근성을 높이기 위해 잘 조직된 법적·정치적 사회 운동 캠페인의 일부였다. 이는 정치적으로, 그리고 후속 소송을 통해서 두 판결에서의 법원 명령을 집행할 수 있는 능력에 큰 차이를 가져왔다.[122]

헌법재판소의 그루트붐 판결에 대한 비평가들의 지적에서 보듯, 판결이 내려진 날짜로부터 긴급한 도움이 필요한 이들에게 임시 거처를 제공하기 위한 조항을 포함한 정부의 주택 계획이 채택되기까지 거의 4년이라는 시간이 필요했다.[123] 따라서 케이프타운 외부 지역에서 긴급하게 임시 거처가 필요했던 개인은 법원의 해당 판결로 인해 추가적인 보호를 거의 받지 못하였다. 이와 같은 국가 차원의 지연은 **그루트붐** 사건의 원고 본인에게도 매우 직접적인 결과를 초래했다. 이는 고등법원의 판결을 따르기 위해 케이프타운의 지방자치단체가 초기에 제공한 것과 같은 수도 및 휴대용 화장실 등과 같은 편의 시설의 지속적인 제공 및 유지를 지원할 정부 정책이 존재하지 않음을 의미하였다. 따라서 이와 같은 시설은 앞서 언급한 4년이라는 기간 동안 빠르게 노후화되었다.[124]

네비라핀의 제공을 지원하는 데 필요한 테스트 및 상담 서비스의 시행과 관련한 **치료행동 캠페인** 판결이 헌법재판소에서 내려졌을 때, 이에 대한 대응은 엇갈렸다.[125] 시행 시 약간의 지연이 예상되긴 하였지만, 몇몇 지역은 헌법재판소의 판결 직후 해당 절차 시행에 즉각적으로 착수하였으며, 다른 지역에서는 판결 이행을 위한 즉각적인 조치를 취하지 않았다. 예를 들어, 이스턴 케이프Eastern Cape에서는 입법부가 필수적 교육 및 상담 서비스를 구축하는 데 필요한 예산 할당을 위한 어떠한 조치도 취하지 않았다.[126] 또한 음푸말랑가와 같은 지역에서는 보건 장관이 계속하여 어떠한 형태의 서비스 보급에도 반대하였다. 그러나 치료행동 캠페인이 법적·정치적으로 이러한 지속적인 타성을 극복하기 위하여 조직되었다. 이는 음푸말랑가와 같은 지방 보건 장관의 행동에 대해 추가적인 헌법상 이의를 제기했으며, 이로 인해 해당 지역은 입장을 번복하고 지역 내에서 네비라핀의 출시 확대에 대한 계획을 발표하였다. 또한 해당 캠페인은 헌법재판소의 판결 이행을 위한 대책 본부를 구성하도록 중앙 정부에 압력을 가했으며, 이는 국가적 이행의 진정한 보장에 중요한 역할을 수행하였다.[127]

이러한 차이는 서로 다른 국가 및 맥락에 걸쳐서도 관찰된다. 아이린 그루트붐Irene Grootboom과 같은 개인이 때로 헌법 문제를 성공적으로 제기하는 자가 될 수 있기에, 대응적 사법심사를 위한 핵심 전제 조건 가운데 하나는 개인이 유료 또는 무료 법률 서비스를 받을 수 있거나 헌법재판소에 저렴한 비용으로 직접 접근 가능한 소송체제를 갖추는 것이다. 그러나 이보다 더 빈번하게 성공적인 헌법적 변화는 더 광범위한 형태의 소송 지원 구조 또는 기꺼이 법원에 사건을 제기하고 승소한 판결의 이행을 보장하기 위한 법적·정치적 변호에 참여할 수 있는 시민사회 또는 사회 운동 활동가의 존재에 달려 있다.[128]

물론 법원은 이러한 종류의 지원 구조를 형성하는 데, 즉 누가 제소할 수 있는지, 그들의 구제책을 어떻게 형성할지와 관련해서 역할을 할 수 있다. 첫째로 법원은 폭넓은 범위의 행위자들이 헌법 소송의 당사자로서, 혹은 **법정 조언자**나 "법정의 친구"로서 참여할 수 있도록 허용할 수 있다.[129] 이는 다른 층위의 정부 혹은 정부행위자, 다양한 시민사회 및 NGO 활동가를 포함한다.[130] 둘째로 법원은 명시적이거나 묵시적으로 헌법 이행의 과정에서 조력자로서 사회 운동에 참여하며 이를 구축하려고 시도하는 명령과 구제책을 내릴 수 있다.[131]

예를 들어 콜롬비아의 **콜롬비아 국내 난민** 판결에서 헌법재판소는 국가 옴부즈맨과 법무 장관을 포함한 다양한 국가 기관에 판결의 이행을 관리감독하는 역할을 수행할 것을 명령하였다. 또한 국내 난민을 대표하는 콜롬비아 원주민 전국 연합National Indigenous Organization of Colombia (ONIC)과 같은 시민사회단체, 고위 공무원, 전직 법관 등으로 구성된 감독위원회Monitoring Commission를 구성하였다.132 아울러 이행을 관리감독하며 장려하기 위한 일련의 공청회를 개최하였으며, 해당 공청회에는 국내 난민을 대표하는 광범위한 풀뿌리 시민사회단체들이 포함되었는데, 이에는 원주민 전국 연합뿐만 아니라 아프리카계 콜롬비아 난민 연합AFRODES(National Association of Displaced Afro-Colombians), 여성의 집 위원회Corporation Women's House(*Casa de La Mujer*), 콜롬비아 원주민 기관Indigenous Authorities of Colombia(AICO), 지역 및 지방 라운드테이블 대표들까지 포함되었다.133 해당 공청회는 2004년부터 2010년까지 진행되었으며 언급된 집단이 진행 상황에 대한 평가 기준을 설정하는 데 직접적인 역할을 하도록 했을 뿐 아니라 "매체의 관심과 (…) 그들의 목소리를 더 널리 퍼뜨릴 수 있는 기회" 역시 제공하였다.134 이에 따라 이는 해당 집단의 일관성 및 가시성 그리고 법원 판결의 이행을 지원하는 데 필요한 정치적 옹호에 관여할 수 있는 역량 모두를 강화하였다.135

이와 유사하게 인도 대법원은 **점심 급식** 판결에서 법원 판결의 준수를 관리감독하는 특별위원회를 꾸렸으며, 국가 및 주 위원을 임명해 법원 명령의 이행에 대한 정보를 수집하게 하였고 주 정부 및 법원에 이행 상태 및 후속 조치에 대한 권고를 하도록 하였다.136 이와 같은 관리감독위원회는 시민사회 구성원을 포함하였고, 특히 "식량권right to food" 캠페인을 지속적으로 포함하였으며, 해당 캠페인의 보고서 및 권고 사항을 통해 수집된 정보에 의존하였다.137 이러한 의미에서 위원회 위원들은 "법원 및 정부 개입 모두에서 시민사회의 관점을 위한 비공식적이지만 합법적인 채널을 창출하였다".[138] 더욱이 법원, 다양한 위원회, 식량권 캠페인 간의 삼각관계는 해당 캠페인 자체를 촉진하는 데 중추적역할을 하였다.[139] 앨리사 브라이얼리Alyssa Brierley는, **점심 급식** 판결 이전에는 전국적으로 조직된 식량권 캠페인은 존재하지 않았다고 주장한다. "식량권 캠페인은 해당 사건에서 일어나 이를 중심으로 조직되기시작하였던 것이다".[140]

따라서 성공적인 소송을 위한 지원 구조는 그 형태와 발달 수준은다양할지라도 대체로 대응적 형태의 사법심사에서 고정적인 필요 조건이다. 법원은 대응적 접근의 성공을 자체 생성하는 방식으로 사법심사에 대한 대응적 접근을 유지하는 데 필요한 지원을 스스로 구축하는 역할을 수행할 수 있다.[141] 또한 민주주의의 오작동에 대응하기 위해 이와 같은 구조가 어느 정도로 필요한지는 해당 오작동 자체의 성격 및법원이 창출하고자 하는 법적·정치적 변화의 복잡성에 달려 있다.

3. 사법관할 및 구제 수단

마지막으로 법원은 민주주의의 장애물에 대처하는 데 필요한 구제 수단을 갖추어야 한다. 이는 약한 구제책과 **강한** 구제책의 조합, 혹은 본질적으로 시의적절한 동시에 강제적인 구제책을 의미할 수 있다.

사법적 명령을 내릴 때 법원은 일반적으로 폭넓은 형태의 구제책 두가지 가운데 선택을 내리는데, 이는 바로 "선언적declaratory" 및 "강제적coercive" 구제책이다. 선언적 명령은 단지 법이 무엇인지 명시하는 반면에 강제적 명령은 일반적으로 개별 정부행위자government actor가 법을 이행하기 위해 특정한 조치를 취할 것을 지시한다. 따라서 정부측 행위자는 명령을 위반하지 않은 채로 선언적 요구 사항에 반하여 행동할 수 있지만, 만약 강제적 명령에 반하여 행동한다면 법원 명령 불이행에 대한 (형사) 처벌을 포함하여 다양한 처벌의 대상이 될 수 있다. 그러므로 선언적 명령은 일반적으로 금지 명령injunctions, 구조적 (변경) 명령structural edicts, 직무집행 명령mandamus(구체적 판결의 형성) 또는 이송 명령certiorari(결정을 하지 않거나 각하하는 것)과 같은 더 강제적인 구제책에 비해 비교적 약한 것으로 여겨진다.

나아가서 선언적 명령 자체가 더 강하거나 약한 형태를 취할 수도 있다.[142] 영국, 뉴질랜드 그리고 호주의 몇몇 주 및 준주에서의 "신영연방New Commonwealth"헌법 모델의 특징 가운데 하나는 바로 독특한 약한 선언적 구제책 모델을 채택하고 있다는 것이다. 이와 같은 각 사법관할의 법원은 법률의 용어가 언어적으로 재해석에 열려 있는 경우, 이를 권리 해석과 일치하도록 읽거나 재해석할 수 있는 권한을 코먼로상에서보다 더욱 광범위하게 보유한다(확장된 해석 권한).[143] 해당 법원은 또한 법률이 권리장전의 실질적인 조항과 양립할 수 없다고 선언할 수 있다.

예를 들어 영국에서 1998년에 제정된 **인권법**UKHRA 제3조는 "가능한 한 (…) 법률은 유럽인권협약(의 권리들)Convention rights에 부합하는 방식으로 해석되며 효력을 가져야 한다"라고 명시하고 있다. 법률이 협약에서 보호되는 권리에 부합하는 식으로 해석될 수 없는 경우에는, 인권법 제4조에 따라 법원은 법률이 협약에 부합하지 않는다고 선언할 수 있는 권한을 가진다. 뉴질랜드의 1990년 **권리장전** 제6조는 "이 권리장전에 포함된 권리 및 자유와 일치하는 의미가 법률에 부여될 수 있는 경우 그러한 의미가 다른 어떤 의미보다도 우선시되어야 한다"라고 명시한다. 이러한 식의 의미 부여가 불가능한 경우, 대법원은 스스로가 영국 인권법 제4조와 흡사한 불일치 선언을 할 수 있는 묵시적 권한을 가진다고 판결한 바 있으며, 뉴질랜드 의회는 현재 이와 같은 선언이 법무장관에 의해 의회에 제출되도록 하는 내용의 입법을 진행 중이다.[144]

호주에서는 2004년에 제정된 호주 수도 특별구ACT 인권법 제30조가 "준주법territory law은 법의 목적과 일치하게 해석될 수 있는 한 인권에 부합하는 방향으로 해석되어야 한다"라고 규정하고 있으며, 제32조는 만일 준주의 대법원이 특정 법이 "인권에 부합하지 않는다고 판단할 경우 법원은 해당 법률이 인권과 불일치함을 선언할 수 있다"라고 명시하고 있다.[145] 또한 빅토리아주의 2006년 권리 및 책임 헌장Charter of Rights and Responsibilities 제32조는 "목적과 일치하는 한 모든 법률 조항은 반드시 인권에 부합하는 방향으로 해석되어야 한다"라고 규정하고 있으나, 제36조는 "관련된 무효 선언에 따라", 주 대법원의 관점에서 특정 법 조항이 "인권과 일치하게 해석될 수 없는 경우 법원은 그러한 취지의 선언을 할 수 있다"라고 규정하고 있다.

이와 동시에 해당 국가의 사법부는 이와 같은 부적합 또는 불합치를 이유로 입법을 무효화하거나 효력을 박탈할 수 있는 권한은 가지지 못한다. 부적합 또는 불합치 선언은 관련 법률의 지속적인 유효성 또는 시행에는 영향을 미치지 않는 것으로 간주된다.[146] 따라서 이는 소송 당사자의 법적 권리나 의무에도 영향을 미치지 않는다. 이는 단지 권리 기반의 약속에 부합하도록 법률을 개정해야 할 필요성이 있음을 입법부에 시사할 뿐이다. 이는 법원이 전통적으로 더 "강한" 구제 권한을 갖는 모델하에서의 불합치 결정이 가지는 효과와는 극명한 대조를 이룬다. 예를 들어 미국 연방대법원은 권리장전과 일치하지 않는다고 판단되는 연방법과 주법을 폐기할 수 있는 권한이 있는 것으로 명백하게 여겨진다. 체계적 헌법 조항이 확고히 자리 잡혀 있는 다른 나라 역시 거의 모두가 비슷한 상황이다.

이는 특히 법원이 특정 형태의 민주주의의 장애물에, 특히 그 성격에 있어 "순수하게 공법public law"적인 것이 아닌 경우 그에 대응하는 능력에 중요한 영향을 미친다. 제4장에서 다뤘듯이 순수한 공법 사안의 대부분에서 청구인은 진행되고 있는 권리와 책임(예 행정 구금 상태 유지, 세금 납부 혹은 다양한 행정 규제 준수)과 관련한 구제를 모색할 것이다. 대부분의 헌법 체제에서 입법부는 또한 법의 **장래** 효과를 변화시킬 수 있는 광범위한 권한을 가진다. 대조적으로 형법이나 민법 사안의 경우 대부분의 헌법적 청구인은 과거의 책임 소재에 대한 판결에서부터 구제책을 구하려고 할 것이다. 또한 대부분의 체제에서 입법부는 제한적으로만 특정한 개인의 책임을 **소급적으로** 소멸시키거나 법원 명령의 효과를 **소급적으로** 변경하기 위한 권한을 가질 것이다. 입법자는 장래적으로만 책임 소멸이 가능하며, 이는 사각지대나 타성의 부담에 대한 결과로 (법적) 책임을 지게 되었던 개인에 대한 구제책을 제공하는 데에는 별 도움이 되지 않는 방식이다. 따라서 사법적 구제책은 법적 사각지대나 타성의 부담 극복을 위해 강제적이며 즉각적인 효과를 발휘해야 하는 경우가 많다. 그렇지 않으면 법원으로부터 구제책을 구하고자 하는 당사자는 이로부터 혜택을 받지 못하거나, 특정 형태의 재량적 구제를 제공하도록 행정부를 설득할 수 있는 경우에만 비로소 혜택을 받을 수 있다.[147] 사실상 이는 법원이 특정 형태의 강한 구제책을 허용하지 않을 경우, 인간 존엄성에 대한 권리를 포함하여 개인의 권리에 대해 심각하고 돌이킬 수 없는 피해가 발생할 수 있음을 뜻한다.[148]

트랜스젠더와 동성 커플의 법적 인정과 관련해 **벨린저**와 게이든 판결에서 나타난 영국 법원의 역할을 고려해 보자. 두 사건 모두에서 영국 법원은 트랜스젠더 및 동성 커플을 인정하지 않는 것이 1998년 영국 **인권법**에 수용된 유럽인권협약 제8조와 제14조에 대한 위반이라는 청구인 주장의 핵심을 받아들였다. 또한 두 판결 모두에서 약한 형태의 구제책이 제시되었는데, 게이든의 구제책은 벨린저의 구제책보다 훨씬 강력한 형태였다. 게이든 판결에서 항소위원회는 인권법 제3조에 의거하여, 영국의 1977년 **전세법**$^{Rent \, Act}$하에서 법률상·사실상의 "배우자"에 대한 정의에는 "마치 **서로가** 부인이자 남편인 것처럼" 사는 동성 커플이 포함되어야 한다는 결정을 지지하였다. 구제책의 차이는 판결 간의 주된 차이점을 반영하는 것으로 보이는데, 하나는 온전히 공법상의 권리와 의무에만 집중한 사건인 반면, 다른 하나는 공법상의 권리 및 의무와 잠재적인 사법적 권리(재산권) 주장을 모두 포함한 사건이었다.

벨린저 사건의 원고는 이미 스스로의 트랜스젠더 정체성을 인정한 남성과 결혼했으며 결혼과 관련된 법적 권리의 향유와 관련하여 어떠한 즉각적인 장애물에도 직면하지 않았다. 따라서 그녀의 청구에 대응하여 영국 법원이 약한 구제책(즉 불합치 선언)을 내렸다는 사실은 그녀가 궁극적으로 얻고자 했던 구제책을 얻는 것을 가로막지 않았다. 시간은 조금 걸렸을지라도 원고는 그 기간 동안 돌이킬 수 없는 피해를 입지는 않았던 것이다. 이와 대조적으로 게이든에서는 청구인이 (부부 일방 사망 후) 살아남은 "배우자"에게 기존에 공유하던 집에서 계속 거주할 수 있는 권리를 부여하는 기존 법률의 조건에 의거하여 동성 파트너와 함께 살던 집에 계속 거주하는 것을 요구하였다. 미래의 어떠한 법률에 의해서도 이러한 결과를 달성할 수는 없는 상황이었다.[149] 즉 벨린저에서는 약한 선언적 구제책(즉 불합치 선언)이 청구인에게 효과적인 구제책을 제공하는 데는 논리적으로 충분했지만, 게이든에서는 청구인의 권리를 보호하려면 훨씬 더 강한 구제책이 필요하였다. 사실상 고딘-멘도자Godin-Mendoza(청구인) 개인에게 효과적인 구제책을 제공하려면 법원은 인권법 제3조에 의거하는 방식으로 사실상의 또는 "우회적인backdoor" 강한 구제책을 제공해야만 했다.

이러한 우회적인 강한 구제책은 민주적 난관을 야기할 수도 있다. 이러한 구제책과 관련해 자주 제기되는 문제 제기 가운데 하나는 이러한 방식은 법관이 "해석"과 "입법"행위 사이의 경계를 과도하게 흐리는 것을 허용한다는 것이다.[150] 실제로 이는 바로, 게이든 사건에서조차도, 상원House of Lords이 인권법 제3조는 구제책으로서 한계를 지닌다고 주장한 이유 가운데 하나이다.[151] 그러나 대응적 접근에서 이러한 문제 제기는 제한적인 힘만을 가진다. 법관은 항상 스스로의 판결에 대한 법적·정치적 정당성을 갖추어야 하며, 이는 헌법상의 권력 분립 약속에 대한 존중을 뜻한다. 그런데 권력 분립이라는 개념 자체는 기능주의적 시선에서 이해되며, 실제의 사법 및 입법적 의사결정의 가능성과 한계에 대한 인식 역시 동반한다.[152]

주된 우려 사항은 오히려 그 기원에서는 민주주의와 연관되는데, 이는 바로 이러한 종류의 접근방식(강한 구제책)은 입법부가 헌법적 요건과 민주적 이해 간의 관계에 대해 법원과 공식적 및 비공식적 "대화"에 참여하는 범위를 축소할 수 있다는 것이다.[153]

왜 그러한가? 영국 등의 헌법 체제에서 입법부는 법원과의 대화를 수행할 수 있는 네 가지 광범위한 수단을 지닌다. 입법부는 헌법적 규범을 개정할 수 있다. 입법부는 그러한 규범의 적용을 주어진 상황에서 명시적 또는 묵시적으로 폐기할 수 있다. 입법부는 불합치 선언과 같은 선언적 구제책에 대해 무응답을 택할 수 있다. 혹은 입법부는 기존 법원 판결의 효과를 완전히 대체하는 것이 아니라 축소하는 것을 목표로 하는 법안을 통과시킬 수도 있다. 이러한 모든 메커니즘은 "일반적인" 입법 과정에서의 효율성 및 이와 같은 입법에 효력을 부여하려는 법원의 의지에 따라 좌우된다. 이는 법원이 "해석" 또는 "독해"를 가장한 채 법률적 해석의 범위를 확장하며 법의 언어를 읽어 낸다면, 입법자들이 법원과의 의견 불일치를 표출할 수 있는 효과적인 수단으로서 기능해야 할 입법적 언어의 능력을 법원이 약화함을 의미한다.

제 6 장

민주주의의 위기
역타성, 민주주의의 반발 그리고 쇠약

대표성 강화 심사를 수행할 **역량**을 갖춘 법원이라고 할지라도, 이러한 심사를 하는 과정에서 필연적으로 한계에 부딪힌다. 가장 숙련되고 강력한 법원조차도 관련된 정보 또는 관점에 적절히 접근하지 못할 수 있고, 민주사회의 의견의 윤곽을 판단하거나 광범위한 민주적 헌법 가치에 대해 특정 입법 조치가 제기하는 위협의 정도를 판단하는 데 오류를 범할 수 있다. 따라서 민주적으로 대응적이기를 목표하는 사법심사는 때로 새롭고 뚜렷한 형태의 민주주의의 "역*reverse*"타성을 유발할 수 있고 또는 이와 관련되지만 별도의 문제인 "민주주의의 반발*democratic backlash*"을 야기할 수 있다.

역타성의 부담이 발생하려면 세 가지 기본 조건이 충족되어야 한다: ① 법원 결정에 대한 광범위한 의견 불일치가 존재하며, ② 해당 불일치가 **합당하며***reasonable*, ③ 입법자가 해당 의견 불일치에 의견을 내거나 법원과의 "대화"에 참여하는 것이 불가능해야 한다. 이는 법원 스

253

스로의 정통성에도 위험을 초래할 수 있다. 사법심사의 목적 가운데 하나가 민주적 대응성을 촉진하는 데 있다면, 다수의 사법적 결정은 높은 수준으로 대중의 지지를 받거나 정당성이 인식될 것이라고 기대할 수 있다. 민주적 다수파는 법원이 그들의 (심사숙고한) 견해에 대한 대응성 촉진을 도왔다는 것을 인식하며 이에 따라 그러한 역할을 수행한 법원에 고마워할 것이다. 그러나 법원이 특정한 헌법적 가치를 민주주의 관점에서 볼 때 과도하게 적용하며 집행한다면 이는 대중의 상당한 반발이나 실망으로 이어질 것이다. 또한 원칙적인 관점에서는, 특정 판결이 명백한 의견 불일치를 끌어낸 경우 이는 법원이 실제로 대표성 강화의 기능을 수행하는 데 오류를 범했다는 징후로 보일 수 있다.

민주주의의 반발은 대응적 사법심사를 시도하는 법원에 대한 위험으로 역타성의 부담과 밀접하게 관련되어 있지만 이와는 미세하게 다른 종류의 위험이다. 이 역시 깊고 넓게 인식되는 (법원과의) 의견 불일치에서 비롯한다. 그러나 민주주의의 반발의 경우 본질상 합당할 필요는 없다. 또한 헌법에 대한 서로 다른 해석이나 민주적 대화 및 재해석에 주목하는 대신 민주주의의 반발은 일종의 민주주의의 보복에 초점을 맞추는데, 다시 말해 이는 제도로서의 법원 그 자체에 대한 공격이라고 할 수 있다.

설령 헌법 문제에 대한 민주적 다수의 이해를 올바르게 식별하더라도, 법원은 민주적 "쇠약"의 형태를 통해 민주적 대응성에 대한 위험을 초래할 수 있다.[1] 법원이 다수의 이해에 의거하여 **지나치게** 효과적이며 일관적으로 법률 및 정책을 갱신(개선)할 경우, 이는 이러한 역할 수행에 대한 입법자의 유인을 감소시킨다. 또한 어떤 경우에는 사법적 개선이 입법적 개선만큼 정당하며 효과적일 수 있지만, 대부분의 경우 이는 덜 체계적이며 협소하다. 이는 결국 전반적인 민주적 대응성에 명백한 위험을 초래한다.

대응적 접근을 택하는 법원은 대표성 강화에 대한 약속의 일부분으로 이러한 모든 위험을 염두에 두어야 한다. 이렇게 유념하는 정도는 관련된 의견 불일치가 얼마나 합당한지와, 법원이 가지는 정당성과 권위에 따라 달라질 수 있다. 다만 어느 정도의 대응은 정당하면서도 안정적인 형태의 대표성 강화 심사의 촉진을 위해 당연히 중요하다.

이 장은 이러한 주장을 입증하기 위해 전 세계적으로 가장 잘 알려진 헌법적 사법심사의 사례 일부를 인용한다—여기서 사례라고 함은 낙태권에 대한 헌법적 규제와 관련된 법원 판결, 특히 로 판결에서부터 돕스 판결에 이르는 미국의 경험이다.[2] 이러한 판결은 타성 및 사각지대의 입법적 부담에의 대응을 돕는 데 사법심사가 가지는 잠재적 가치를 보여 주지만, 동시에 전반적인 민주주의의 타성의 감소가 아니라 "역타성의 부담"을 이끌고 잠재적으로 해로운 형태의 민주주의의 반발을 초래하는 방향으로 민주 헌법적 약속이 사법적으로 과잉 집행되는 위험 역시 나타낸다.

A. 정당성과 사법적 역량의 한계

앞 장에서 다뤘듯 법원은 다양한 제도적 강점 및 이점을 지닌다. 법원은 흔히 정치적으로 독립적이며 당장의 선거의 압력에서 자유롭다. 법원은 헌법적 문제를 신중하게 숙고할 수 있는 시간과 기회도 보유하는 데, 이는 추상적 심사 및 특정 사건 맥락에서의 구체적 심사 모두에서 그러하다. 또한 법원은 헌법 및 법률 해석 과정에 상당한 기술과 경험을 지닌 법관으로 구성된다.

그러나 법원은 다양한 측면에서 역량의 한계를 보인다. 많은 법관이 선거 과정에 대한 직접적인 지식이나 경험을 갖추지 못하며, 일부는 대중의 헌법적 관점(입장)에 대한 이해가 부족할 수 있다. 따라서 일부 법원의 경우 판결을 내리면서 논란의 가능성을 예상하기도 하지만, 정작 여론은 해당 판결을 신속하게 수용하는 방식으로 전개될 때도 있다.[3] 반면 판결 시점에는 법원이 비교적 논쟁의 여지가 없는 듯 보이는 판결을 선고하였더라도 이는 특정 아이디어나 변화에 반대하는 광범위한 정치적 동원mobilization의 중심이 되기도 한다.[4]

또한 법원은 대체로 정부의 예산 및 재정 능력에 대한 자세한 정보에 접근하기 어렵다. 그리고 법원은 그들 앞에 제기된 사실과 주장을 숙려하는 것으로 역할이 국한되는데, 그러한 주장이 항상 특정 판결의 **구조적** 결과까지 다루는 것은 아니다.

이전 장에서 언급했듯, 법원은 심리 대상인 사건 당사자의 범위를 확장하는 것을 포함하여 다양한 방법으로 그들이 접근할 수 있는 정보의 폭을 넓힐 수 있다.[5] 전통적인 소송 모델이 과거에 벌어진 사건에 대한 두 당사자 간의 대립에 관한 것이라면, 더 현대적인 공익소송 모델의 경우 종종 "완벽한 양자 구분이 아닌 불규칙하며 무정형적"인 당사자 구조 및 소급적이기보다는 "장래적"인 구제책 그리고 이러한 절차적 사항에 대한 사법부의 적극적인 운영을 포함한다.[6] 이는 때로 법원에 쟁점 사안의 구조적 결과를 고려하고 그러한 결과와 관련된 정보에

접근할 수 있는 훨씬 폭넓은 기회를 제공할 수 있다.[7]

그렇지만 더 많은 주장(목소리)을 듣더라도 이것이 이러한 맥락에서 사법적 역량의 한계를 온전히 극복할 수는 없다. 먼저, 법원에 제기된 주장이 헌법적 문제에 대한 다수의 의견을 완벽하게 대표하지는 않는다. 이익 집단이 입법부에 미치는 영향력을 뒷받침하는 동일한 역학이 법원에 제기된 주장에도 불가피하게, 설령 그 정도는 덜할지라도 영향을 미칠 것이다. 즉 작지만 재원을 갖춘 집단의 경우, 분산된 이해관계를 가지며 재원이 부족한 대규모 혹은 중간 규모의 집단에 비해 법원에 목소리를 낼 수 있는 더욱 큰 역량과 유인을 가지게 될 것이다. 비록 법원은 입법부에 비해 이러한 편향을 조정할 수 있는 더 큰 능력을 가지는 동시에 이에 대응할 직접적인 선거적 유인을 덜 가질 수 있지만, 법원은 여전히 법정에서 실제로 대변되는 목소리만을 듣기에 결국 (사회 내 주장에 대해) 불균형적으로 영향을 받을 것이다.

또 다른 이유로는, 우리 모두와 마찬가지로 법관 역시 그들에게 주어진 정보와 주장을 평가할 때 다양한 인지적 편향*cognitive bias*에 종속될 수 있기 때문이다. 최근 수십 년간의 사회과학의 주요 발전 가운데 하나는 개인이 완전히 이성적인 "베이즈식Bayesian" 의사결정자가 되기에 한계가 있다는 논의였다. 오히려 사회심리학자 및 행동경제학자는 개인이 다양한 편향의 영향을 받으며 정보를 처리하는 경향을 보임을 증명해 왔다.[8] 이러한 측면에서, 법관에게 주요 위험 중 하나는 그들이 기존 판결의 옳음을 "확정"하는 방식으로, 또는 기존 사법 제도의 적절성에 대한 그들의 견해를 효과적으로 강화하는 방식으로 정보를 처리할 것이라는 점이다.[9]

또한 이는 헌법 해석 및 이행 과정에서 다양한 오류를 유발할 수 있다. 법관은 제안된 입법 또는 헌법적 변화가 민주적 헌법의 장치에 대해 다르지만 동일하게 합리적인 구체화로 나아가는 경우와는 대조적으로 실제 선거적·정치적 독점의 위험을 야기하는 경우에 그 정도를, 과소평가하거나 과대평가할 수 있다. 법관은 특정 헌법적 주장에 대한 시민 간의 민주적 지지의 정도를 오독할 수 있다. 법관은 특정 주장에 대한 민주적 지지가 진화하는 정도를 인식하지 못할 수 있다. 혹은 그러한 지지의 정도를, 현상 유지에 대한 지속적인 지지나 이러한 주장에 대한 반대의 정도와 비교해 과대 해석할 수도 있다.

마지막으로, 법관은 다른 헌법상의 권리나 보장 또는 기타 사회적·경제적으로 가치를 지니는 이익을 향유하는 데 스스로의 판결이 미치는 결과를 과소평가할 수 있다. 론 풀러Lon Fuller가 지적했듯, 많은 헌법적 문제는 "다중심주의적polycentric" 특성을 띤다.[10] 한 가지 권리의 향유는 대립하거나 중복되는 다양한 권리의 향유에 대한 법적 범위에 영향을 미칠 수 있다. 또한 하나의 권리를 보호하기 위해 할당된 자원은 다른 권리의 보호를 위해 사용될 수 있는 자원을 분산하거나 보완할 수도 있다. 이러한 점이 사법심사의 관행에 대한 유효한 반대는 아닐 수 있지만, 법원의 역량을 제한하거나 사법적 오류의 가능성을 야기할 수는 있다.[11]

이러한 문제 제기는 종종 사회경제적 권리를 보호하는 사법적 결정에서 발휘되는 특별한 집행력과 관련하여 제기되기도 한다.[12] 다만 이들은 훨씬 더 광범위한 사례 및 맥락에도 적용될 수 있을 것이다.[13] 대응적 접근의 핵심 발상 가운데 하나는 법원이 정당한 민주 헌법적 요구에 대응하여 신속한 입법 및 행정 조치가 이루어지도록 도울 수 있다는 것이다. 이러한 조치를 강제하는 심사라는 관념은 법원이 소극적 권리뿐만 아니라 적극적 권리로서의 사회적 권리에 대한 보증인 또는 보호자 역할을 할 수 있다는 생각과 중요한 연속성을 가진다. 이러한 두 가지 맥락 모두에서 법원 역량은 명백히 오류 가능성을 포함하는데, 이는 전문성 및 정보의 부재 그리고 판결의 결과를 예측할 수 있는 능력의 부재를 원인으로 한다.

이러한 한계는 또한 법원이 "유형 1"과 "유형 2"의 오류를 모두 범하도록 만들 수 있다. 반민주적 독점 권력, 민주주의의 사각지대 그리고 타성의 부담과 관련된 위험에 대처하려는 과정에서 법원은 필연적으로 민주적 증진 및 보호에 대한 약속을 **과소** 집행하거나(유형 1 오류), **과도**하게 집행하게 될 것이다(유형 2 오류). 법관이 민주주의 혹은 민주적 대응성에 대한 약속을 과도하게 집행하는 경우 이는 법원의 법적·정치적·사회적 정당성을 위협하는 **역타성** 혹은 **민주주의의 반발**로도 이어질 수 있다.

B. 역타성의 부담

민주주의 체제라고 해서 모든 이들이 모든 법원 판결에 동의하지는 않을 것이다. 입헌 민주주의에서 사법심사가 존재하는 근거는 부분적으로는 숙고를 촉진하고 소수자의 권리를 보호하는 것인데, 이는 법원 판결이 보편적 대중의 승인을 받기를 기대해서는 안 된다는 의미이기도 하다. 따라서 법원 판결에 대한 반대 의견 자체가 사법 과잉의 신호는 아니며, 오히려 법원이 헌법상 부여된 역할을 실제 수행하고 있다는 신호일 것이다.

그러나 일부 형태의 반대 의견은 사법심사의 정치적 정당성에 더 큰 의문을 제기할 것이다. 많은 헌법 조항은 서로 다른 해석 가능성을 허용한다. 민주주의 체제의 시민은 또한 이러한 헌법적 질문에 대해 자신의 삶의 경험과 관점을 바탕으로 자유롭게 결정을 내릴 수 있다.[14] 다양성을 갖춘 사회에서 이러한 질문에 대한 답변은 마찬가지로 다양할 수 있다. 나아가서 이는 헌법적 해석의 문제에 대한 의견 불일치를 해결하기 위한 메커니즘의 필요성을 시사하며, 법원은 확실하게 그러한 메커니즘을 제공한다. 그러나 민주주의에서 선택된 메커니즘이 다수의 헌법적 이해―또는 더 광범위한 "헌법적 문화" 내에서 가장 널리 지지를 받거나 가장 명백한 다수 혹은 상대다수의 지지를 받는 헌법적 이해와 가치―를 존중해야 한다고 주장하는 타당한 이유 역시 존재한다.[15] 제러미 월드런과 같은 정치적 입헌주의자가 주장했듯이, 이러한 접근법은 민주 시민 간의 평등에 대한 약속을 가장 직접적으로 증진한다.[16] 또한 이는 모든 시민에 대한 "동등한 관심과 존중"이라는 민주적 원칙을 존중한다.[17]

따라서 민주적 다수가 지지할 것으로 합리적으로 예상할 수 있는 범위를 넘어서는 사법심사는 민주주의상 명백히 난제를 불러일으킬 것이다. 여러 학자가 주장한 바와 같이, 사법심사는 "선거로는 책임을 물을 수 없는 전문가로 구성된 위원회에 사실상 모든 민주적 정치체제가 직면하는 다수의 중요하고 비중 있는 규범적 문제를 결정할 수 있는 심사 불가능한 권한을 효과적으로 부여하며, 이는 이러한 문제의 해결에 해당 위원회의 전문성이 특별히 혹은 특유하게 필요하지는 않음이 드러날 경우에도 그러하다".[18] 또한 월드런이 지적했듯 유권자에게 사법심사는 사실상 "일반 시민의 투표권을 박탈하고 나아가서 권리에 대한 문제의 최종적 해결에서 대표성과 정치적 평등이라는 소중한 원칙을 무시한다".[19]

또 이러한 주장은 "역타성의 부담" 논의의 핵심이기도 한데, 그러한 논의는 바로 법원 판결에 대하여 합당하면서도 법원과의 입법적 '대화' 등을 통해서 순조롭게 표현할 수는 없는 광범위한 이견이 존재하는 경우 이는 사법심사의 정치적 정당성에 심각한 문제를 초래한다는 것이다.

여기서 대화라는 개념은 그 자체로 다양한 방식으로 이해할 수 있다. 예를 들어 이는 법원 판결에 대한 입법적 반응 일체를 지칭할 수 있고, 특정 형태의 이의를 포함하는 대응만을 지칭할 수도 있다. 캐나다에서는 피터 호그Peter Hogg 및 앨리슨 부셸Alison Bushell(결혼 전 성은 손턴Thornton)과 같은 초기 대화이론가들이 캐나다 대법원의 판결에 대한 모든 "입법적 후속 조치"를 지칭하기 위해 "대화"라는 용어를 사용하였으며, 이러한 틀에서 캐나다 대법원과의 입법적 대화 비율이 상당히 높다는 것을 발견하였다.[20] 후에 캐나다에서의 대화 논의에 대한 널리 인정받은 연구를 수행한 켄트 로치Kent Roach도 해당 개념을 동일하게 넓은 의미에서 사용하였다.[21] 그는 단순히 좀 더 순응적인 입법적 후속 조치와 "도전적인" 입법적 후속 조치를 구분하고, 이들 각각의 대화 개념과의 관계를 구분 지었을 뿐 이들 모두를 대화 개념 안에 포함하였다.[22]

그러나 캐나다의 다른 학자들은 이러한 접근법이 지나치게 넓고 형식적이라며 비판하였다. 예를 들어 정치학자 크리스토퍼 맨프레디 Christopher Manfredi와 제임스 켈리James Kelly는 대화라는 개념은 오직 법원 판결에 대한 입법적 반대 의견 표명을 포함하는 경우에만 유의미하다고 주장하였다.[23] 대화는 단순히 입법자가 법원 판결에 따라 특정 조치를 취하는 일 또는 법원 판결의 이행 및 준수를 위해 법 개정을 하는 일을 의미하지는 않는다. 대화라는 개념이 이런 일을 의미한다면, 대화는 캐나다(혹은 다른 나라)의 사법심사체제를 구분 짓는 특징이 아니라 민주 헌법 체제의 보편적 특징에 불과할 것이며, 대화(이론)가 사법심사의 정치적 정당성에 기여하는 점은 거의 없을 것이다.[24]

따라서 헌법적 대화에 대한 가장 유용한 설명은 헌법적 문제에 대한 법원과 입법자 간의 "주고받기" 형태의 발상에 중점을 둔다.[25] 로버트 포스트Robert Post와 레바 시겔Reva Siegel이 지적했듯 장기적인 관점에서 모든 헌법적 의미는 궁극적으로 법원, 입법부 그리고 더 광범위한 헌법적 문화 사이의 대화에서 창출된다.[26] 또한 이러한 대화는 직접적인 사법적 개시opening나 수용 없이도 일어날 수 있다. 대화는 시민이 헌법에 대해 상반된 주장 및 반론을 제기하는 민주 헌법적 맥락 내에서 헌법상의 의미가 형성되며 만들어지는 방식에 따른 필연적 산물인 것이다.[27]

그러나 단기·중기적 관점에서는 헌법적 대화의 성공은 훨씬 더 조건적이다. 그러한 성공은 법원에 대하여 논리 정연하며 합당한 형태의 반대 의견을 표현하는 데는 입법자의 의지 및 능력, 그리고 이러한 반대 의견에 효력을 부여하는 입법을 승인하는 데는 법원의 의지 및 능력 모두에 달려 있을 것이다. 나아가서 그러한 성공은 법원 판결 이전에 제기되었던 민주주의의 타성을 유발한 동일한 압력(예 시간, 역량, 이익 집단 압력과 정치적 제약)이 법원의 타성 극복 시도에도 불구하고 해당 판결 이후에 지속되는 정도에 달려 있을 것이다. 또한 그러한 성공은 법원이 합당한 입법적 후속 조치와 관련해 어느 시점에서든 어느 정도의 존중을 보여 주고자 하는 의지의 정도에 달려 있을 것이다.[28]

로 판결과 같은 사례를 떠올려 보자.[29] 로 판결에서 미국 연방대법원은 낙태에 대한 텍사스주의 광범위한 법적 금지를 무효화하였다. 대법원은 이러한 종류의 금지는 여성의 낙태권에 대한 허용될 수 없는 제한이며, 최소한 임신 3분기 중 첫 두 분기 동안에는 산모나 태아의 생명을 보호하려는 주의 이익에 의해서도 정당화될 수 없다고 판결하였다.[30] 블랙먼Blackmun 대법관에 따르면 낙태에 대한 제한은 임신 3분기 중 제2분기에는 산모의 건강이라는 이익을 위해, 제2분기 종료 이후 혹은 태아의 "생존 가능성viability"이 확보되는 시점 이후에는 태아의 생명이라는 이익을 위해서만 허용 가능하였다.[31]

어떤 관점에서는 이 판결은 주 낙태법 개정에서 민주주의의 타성의 문제를 극복하는 데 도움이 되었다고 볼 수 있다.[32] (즉 관련된 민주적 다수에 대한 순수하게 주 차원의 관념이 아니라 민주적 헌법상 요건에 대한 판단을 위한 국가적 기준선을 가정할 경우 적어도 그러하다.)[33] 당시 자료 대부분은 판결이 로 판결 당시의 낙태권 확대에 대한 명백한 대중의 지지를 반영했다는 점을 보여 준다. 판결 이전의 갤럽 여론 조사는 합법적 낙태권에 대한 광범위한 대중의 지지를 보여 주었다. 린다 그린하우스Linda Greenhouse는 로 사건의 판결문 작성 과정에서 블랙먼 대법관이 이러한 여론 조사를 고려하였음을 밝혀냈다.[34] 판결 2개월 뒤 진행된 전미 여론 조사National Opinion Research에서도 모든 응답자 집단에서 낙태권의 자유화에 대한 지지가 지속적으로 높아지고 있음이 드러났으며, 1976년에는 응답자의 67퍼센트가 "여성의 낙태할 권리는 전적으로 여성 본인과 의사에게 맡겨야 한다"는 지문에 동의하는 것으로 나타났다.[35] 산모의 건강을 이유로 한 낙태 수행을 지지하는 움직임은 특히나 강력했는데, 심지어 일부 복음주의 개신교회 역시 건강상의 이유로 인한 낙태를 옹호하였다.[36]

그러나 시간이 흐르며 로 판결이 임신 3분기 중 첫 분기 동안의 제한 없는 낙태에 대한 좀 더 장기적 관점의 대중의 지지 수준을 지나치게 넘어선 판결이었다는 점을 보여 주는 증거가 나타났다. 1975년에 실시된 갤럽 여론 조사에서는 응답자의 21퍼센트만이 낙태가 "어떠한 경우에도 합법"이어야 한다는 의견을 지지하였다.[37] 거의 같은 비율(22퍼센트)의 응답자가 모든 상황에서 낙태 금지를 지지한 반면, 앞서 언급한 대로 응답자의 54퍼센트는 낙태가 "일부 상황에서" 합법화되는 것을 지지한다고 밝혔다. 이러한 의견 차이는 시간이 흐르며 대체로 안정적으로 유지되었다.[38]

따라서 1975년부터 1992년 사이(즉 연방대법원이 그간의 법리를 케이시 판결을 통해 수정할 때까지)에 미국에서는 태아가 생존 가능성을 확보하기 이전에 낙태를 수행하는 것과 관련된 규제 쟁점에 대하여 상당한 역타성의 부담이 있었다는 시각도 존재한다. 로 판결에서 낙태를 금지하는 텍사스주의 관련 법을 폐지하는 과정에서 블랙먼 대법관은 헌법이 여성의 낙태권을 어떻게 해서든 보호하는지 여부, 혹은 강간의 경우에 국가가 낙태에 대한 접근을 허용적으로 제한할 수 있는지 여부 등의 협소한 질문을 훨씬 뛰어넘어 판단하였다.[39] 그 대신 그는 주가 낙태에 대한 여성의 헌법적 권리를 제한할 수 있는 경우를 판단하면서 여성의 임신기간의 단계(3분기) 및 주장된 특정한 주의 이익에 기반한 광범위한 판단틀을 설계하였다.[40] 해당 틀에 따르면 낙태는 당시의 의학적 견해에 의거하여 태아가 모체 밖에서 스스로 생존할 수 있는 임신 제2분기 말 이전에는 금지될 수 없었다. (비로소 그때 금지가 가능한데, 그러한 금지가 태아의 생명 보호를 목표로 하고, 임신이 여성의 생명이나 건강을 위협하는 경우를 예외로 두는 경우 그러하였다.) 아울러 오직 임신 첫 3분기 종료 이후에만 낙태를 규제할 수 있었으며, 태아의 생명 보호가 아니라 여성의 건강을 보호하기 위한 목적으로만 규제가 가능하였다.

그럼에도 불구하고 로 판결 이후 다수의 주에서는 태아의 생존 가능성이 확실해지는 시기 이전에도 낙태에 대한 접근을 규제하며 제한하려는 입법 시도가 있었는데, 예를 들어 낙태 시술에 부모 또는 배우자의 동의나 그들에 대한 고지를 요구하거나,[41] 낙태 시행 전 의무적인 대기 기간을 부과하며, 낙태 수술이 시행될 수 있는 장소를 제한하는 등의 내용이 법률에 포함되었다.[42] 그러나 이와 같은 법적 장치 가운데 다수가 로에서 제시된 임신 3분기라는 틀의 적용에 따라 후속 판결을 통해 무효화되었다.[43]

예를 들어 애크런 판결*Akron v. Akron Center for Reproductive Health*에서 대법원은 "정보(고지)에 기반한 동의informed consent", 대기 기간, 부모 동의, 임신 3분기 중 두 번째 분기의 낙태를 위한 입원 등 낙태 시술과 관련된 다양한 요건을 무효화하였으며, "법의 지배rule of law"에 따른 고려를 해보면 산모의 건강과 잠재적 생명을 보호하는 데 주의 이익은 각각 임신 제1분기 및 제2분기 이후에 비로소 긴절해진다는 로 판결의 판단은 재검토하기보다는 확정하는 쪽이 더 적합하다고 판결하였다.[44] 대법원은 **손버그 판결***Thornburgh v. American College of Obstetricians*에서 다시금 상담 및 대기 기간과 관련된 다양한 요구 조건을 무효화하며, 대법원의 관점에서 보았을 때 **로**에서 공표된 원칙의 지속력은 "단순히 그에 대한 반대 의견이 존재한다고 하여 포기될 수는 없다"라고 강조하였다.[45]

심지어 연방대법원이 **로**에서 설정한 틀의 적용을 다소 완화하기 시작한 **웹스터 판결***Webster v. Reproductive Health Services*[46]에서도 대법원은 해당 틀의 이익에 대해 재검토하는 것을 소의 이익이 없음mootness을 근거로 공식적으로 거부하였다.[47] 1992년이 되어서야 **케이시 판결**[48]에서 대법원은 낙태가 "안전하고 합법적이지만 드물게 진행될"(즉 합법적이지만 권장되지는 않을) 필요성에 대한 이해를 더 광범위하게 적용하기 시작하였다. 하지만 이러한 과정에서조차 대법원은 관련 문제에 대한 민주적 다수의 의견을 적용하기보다는 이를 거부하는 입장을 나타내었다.[49]

이는 주 입법부가 **로**에 부여된 효력을 제한하려고 시도하는 방식이 국가적 다수의 의견과 필연적으로 일치하였다고 주장하는 것은 아니다. 예를 들어 낙태가 제한되거나 억제되어야 한다는 생각은 피임에 대한 접근을 장려하는 데 대한 우려나 태아 생명에 대한 더 큰 강조와도 연결될 수 있으며, 여성의 신체적 또는 정신적 건강을 위협하는 조치(예 추가 대기 기간)나 여성의 의사결정에 대한 가부장적 관념(예 대기 기간 및 배우자 통보 요건)을 반영하는 조치를 결코 지지하지 않을 수도 있다. 그러나 어느 정도 일반적인 수준에서 보았을 때, 임신 제1분기의 낙태에 더 폭넓은 제한을 가하려는 주 입법부의 시도는 민주적 다수의 입장에서 지지되었다.

이러한 형태의 민주적인 의견 불일치―또는 입법적 대화―의 상당 부분은 민주적 관점에서 볼 때 본질적으로 합당하였다.[50] 낙태에 대한 헌법상의 권리 인정에 동조하는 강력한 주장이 있다. 즉 낙태권은 보통 여성의 신체적·정신적 건강과 인간의 기본적인 존엄성 또는 안전을 보호하기 위해 필수적이다. 낙태권은 스스로의 신체와 삶의 형태 및 과정에 대한 통제력을 여성에게 보장하는 데 매우 중요하다. 또한 낙태권은 여성의 사회적·정치적·경제적 평등의 촉진을 돕는다.[51]

그러나 다수의 합리적인 사람들은 태아 역시 어느 정도의 법적 혹은 헌법적 보호를 받을 자격이 있다고 여긴다. 이는 태아를 국가가 보호해야 하는 실질적인 생명·사람으로 보는 시각에서 비롯된 것일 수 있다. 혹은 단순히 태아가 잠재적인 생명을 상징한다는 시각을 반영하는 것일 수 있다. 어느 경우에나 태아의 생명과 존엄성을 보호하는 일은 확실히 낙태에 대한 일정한 제한을 요한다.

이처럼 상충하는 이해들의 균형을 맞추는 방법은 그 자체에서도 합당한 의견 불일치가 존재할 수 있는 문제이다. 대립하는 가치의 균형을 맞추려는 시도의 타당성과 관련해서는 분명히 몇 가지 한계가 존재한다. 마사 누스바움과 내가 보여 주었듯이, 존엄성 보호가 양쪽 모두에서 강조된다는 사실은 서로 다른 주장의 강점을 보정하는 유용한 방법을 제공하거나, 혹은 이들에 어느 정도의 통약 가능성을 부여한다.[52] 또한 양쪽 주장 모두에서 존엄성이 강조되는 경우, 태아의 존엄성에만 전적인 우선권을 부여하는 것은 명백히 불합리한데, 예를 들면 임신이 여성의 신체적·정신적 건강이나 생명을 위협하거나 성폭행의 결과로 발생한 상황에서 낙태에 대한 모든 접근을 금지하는 방식 등이 그러하다.[53] 마찬가지로 자기 신체와 운명에 대한 여성의 통제 가능성과 관련해 존엄성 및 자율성에 대한 여성의 주장을 **전적으로** 부정하는 것 역시 부당하다. 이는 낙태에 관한 헌법적 권리를 인정한 선례를 폐기한 **돕스** *Dobbs* 판결의 타당성과 관련해서도 직접적인 함의를 가지는데, 해당 판결은 **로**에서 **케이시**에 이르는 오랜 선례를 무시했을 뿐 아니라, 합당한 민주적 헌법 질서에서라면 시민 모두의 동등한 존엄성에 대한 보장의 일환으로 낙태에 대한 최소한의 접근권을 인정해야 한다는 사실을 간과하였다. 여기서 낙태에 대한 최소한의 접근권이라고 함은 낙태가 여성의 생명과 건강 보호에 필수적인 경우, 또는 분만까지 임신을 지속하는 것이 해당 여성의 인생 경로에 대한 통제력에 불합리한 수준의 심리적 고통이나 부담을 주는 경우에 낙태권에 대한 보장을 의미한다.

그러나 마찬가지로, 이러한 동일한 이해는 태아의 생명과 존엄성의 보호 및 증진을 위해 여성에게 **어느 정도**의 희생을 요구하는 것도 전적으로 합당할 수 있음을 시사하기도 한다. 예를 들어 독일 헌법재판소는 여성의 생명과 건강에 지장을 주거나 인생 계획에 지나친 부담을 줄 수 있는 임신을 지속하도록 요구하는 것은 합당하지 않다고 판결하였다. 그러나 동시에 헌법재판소는 낙태에 대한 예산을 지원하며 규제되지 않은 낙태를 허용할 수 있는 연방의회Bundestag의 권한에 광범위한 제한의 타당성을 인정하였는데, 이는 낙태가 국가 건강보험 체제에 의해 지원되는 경우에 "임의적non-indicated" 낙태(즉 건강 또는 일부 범죄학적 지표에 근거하지 않은 낙태)에 대해서는 여성에게 비용을 지불하도록 요구하는 것이 합리적이며 그러한 환경에서는 '생명권 존중(낙태 방지)' 상담을 명시적으로 거쳐야 한다는 이론에 근거한다.[54]

따라서 지속적인 입법적 타성을 극복하는 데 도움이 된 로와 같은 표준적인 판결조차도 1992년까지는 새로운 형태의 민주주의의 역타성을 창출한 것으로 보인다. 로 판결 당시 대법원은 낙태권에 대한 지나치게 광범위한 형법적 금지의 폐지를 도왔으나, 동시에 이러한 과정에서 낙태에 대한 계속적인 민주적 대화의 관점에서는 그 자체로 범위를 벗어난 임신 3분기의 틀trimester framework을 만들어 냈다. 따라서 이는 적어도 이러한 틀이 케이시 판결에서 재검토되기 전까지, 재생산권과 태아의 보호 간의 균형을 (재)정의하려는 입법부의 합리적 시도에 명백한 장애물을 부과하였다.

이는 또한 대응적 사법심사의 잘못된 시행이, 비록 시간이 지나며 바로잡힐 수는 있지만, 단기적 관점에서는 민주주의에 얼마나 값비싼 비용을 치르게 할 수 있는지를 보여 준다. 대응적 접근에서 이러한 비용은 관행으로서의 대응적 사법심사의 가치에 대한 전반적인 평가뿐만 아니라 헌법적 해석에 대한 법원 스스로의 접근법에서도 반드시 고려하여야 하는 비용이다.

이유는 다를지라도 동일한 논의가 모건탈러와 같은 판결에 대해서도 제기될 수 있는데, 결론적으로 이 판결은 캐나다의 여론에 더 가깝다고 할 수 있었다. 모건탈러 판결에서 대법원은 매우 협소하게 최소한의 용어로 논증하였다. 헌장 제7조에 대한 위반을 찾아내는 과정에서, 예를 들어 딕슨Dickson 대법원장과 라메르Lamer 대법관은 캐나다 의회가 치료적 (혹은 건강 기반적) 이유에서의 낙태에 대한 접근을 공식적으로 허용하면서 동시에 그러한 접근에 대한 "트라우마, 비용, 불편함"을 상당히 증가시킨 절차적 요건을 부과한 것에 대해 비합리적이라고 강조하였다. 비츠Beetz 대법관과 에스티Estey 대법관 역시 이와 같은 형태의 비합리성을 지적하는 한편 헌장 제7조에 따라 의회가 낙태에 대한 모든 접근권을 "완전히 제거"할 수는 없다는 점만을 추가로 지적하였다. 또한 훨씬 더 과격한 동조 의견을 작성한 월슨Wilson 대법관조차도 낙태에 대한 접근 거부에서 "전적인" 거부라는 특성으로 인해 사안의 법은 헌법적 심사를 통과할 수 없다고 판시함으로써 헌장 제2조 제b항하에서 그녀의 결정 내용이 폭넓게 적용되는 것을 제한하려고 시도하였다. 이러한 형태의 협소성은 로 판결에서 미 연방대법원의 폭넓은 논증(결정)과 의도적으로 대조를 이루었으며, 그 결과 낙태를 다시금 범죄화하는 법안을, 이전과 동일한 절차상의 불합리함이나 결함이 없다는 가정하에, 통과시킴으로써 이러한 판결에 대응하는 것이 캐나다 의회에 **명백하게 가능하였다.**

그러나 최종적으로 의회는 그렇게 하지 않았는데, 이는 부분적으로는 낙태권에 대해 온건한 제약을 부과할지, 엄격한 제한을 부과할지, 아니면 더 이상 제약을 부과하지 않을지 등에 대해 의원 간에 의견이 분분했기 때문이다. 예를 들어 온건한 제약을 가하려는 시도는 더 엄격한 제약 혹은 전혀 제약을 두지 않고자 하는 이들에 의해 지속적으로 가로막혔다.[55] 이는 캐나다에서 낙태에 대한 법적 권리에 대한 대중의 지지와 일치하는 것으로 보일 수도 있지만, 캐나다의 선출직 공무원과 시민 다수는 낙태 결정에 대한 연방상의 법적 규제가 완전히 부재한 데 대하여 계속적으로 반대 입장을 표명해 왔다.[56]

이런 식의 타성은 민주주의의 보호 및 증진을 목표로 하는 사법심사의 전반적인 정치적 정당성에 대하여 심각하게 문제를 제기한다. 일부 경우에 사법심사는 상대적으로 사소하거나 본질적으로 합당하지 않아 민주적 관점에서 볼 때 제한적인 중요성만을 가지는 반대 의견에 관여될 뿐이지만, 다른 경우에는 광범위하며 합당한, 따라서 민주적으로 훨씬 유의미한 반대 의견의 표명을 가로막을 수도 있기 때문이다.

C. 민주주의의 반발

법원 판결에 대한 일부 반대 의견은 헌법적 요건을 강제하는 것과 관련된 법원의 **사회적 정당성** 또는 능력에 대하여 분명한 문제 제기를 할 수도 있다.

법원과의 의견 불일치 중 일부는 그 본질에서 비교적 중요하지 않을 수도 있다. 헌법적 쟁점의 상대적인 **사소함**이라고 함은 다수의 시민이 해당 쟁점에서 법원에 반대할지라도 이러한 의견 불일치가 존재한다는 사실이 법원의 사회적 정당성에 대한 주장을 거의 약화하지 않는다는 의미일 수 있다. 판결 자체가 제한적인 현실적·상징적 결과를 가질 수도 있고, 혹은 더 광범위한 영향을 가지지만 다른 정치적 문제가 대중에게 더욱 본질적으로 시급한 것으로 보일 수도 있다.[57]

B절에서 언급하였듯이, 의견 불일치 중 또 다른 일부는 반발과는 반대되는 개념에서의 민주적 대화의 형태를 나타낼 수 있다.[58] 시민이 공통된 언어와 일련의 약속(즉 "헌법")을 사용하여 법원을 공격하거나 방어하도록 독려함으로써, 대화는 실제로 시민의 담론적 공동체 또는 일련의 약속에 대한 인식의 공유를 촉진할 수 있다.[59] 또한 일부 경우에 이러한 공유된 인식은 제도로서의 법원 및 민주 헌법에 대한 지지를

높일 수 있다.[60] 법관과 입법자 간의 대화는 "헌법적 의미의 민주적 대응성을 유지"[61]하는 것을 도울 수 있으며, 법원이 "사회적·정치적 세력을 고려하여 [그들의] 의사결정을 재조정"하도록 도울 수 있다.[62]

이와는 반대로 민주주의의 반발은 널리 퍼져 있으며 깊이 공감되나 본질적으로 꼭 합당하지만은 않은 반대를 포함한다. 이는 법원의 헌법적 재해석을 장려하는 데 집중하는 대신, 민주주의의 보복retaliation 계획 혹은 제도로서의 법원에 대한 공격에 중점을 둔다.[63]

이러한 종류의 민주주의의 반발을 재단하기 위한 시간의 지평은 항상 신중하게 식별하여야 한다. 단기적으로 법원의 결정에 대한 대중의 반대는 정치적 행위자가 해당 결정을 이행할 의지를 거의 가지지 않음을 의미할 수 있다. 그러나 시간이 지나며 이러한 결정은 장기적인 변화를 끌어내는 방식을 통해 대중의 태도 또는 우선순위의 재구성에 도움이 될 수 있다. 이는 중요한 명시적 효과를 가지는 결정, 즉 기존에 배제를 당하였거나 취약했던 집단의 동등한 가치 및 존엄성을 승인하는 결정에서 특히 그러하다. 그러나 이는 해당 집단에 의한 새로운 형태의 정치적 운동의 초점을 형성하는 데 도움이 되는 결정에서도 그러할 수 있다. 반대로, 일부 결정의 경우 단기적 순응을 끌어낼지라도 장기적으로는 법원이나 특정한 헌법적 요건에 대한 반발을 불러일으킬 수도 있는데, 이는 법원 판결의 이행을 지지하는 데 그리고 해당 판결이 강제하고자 하는 헌법상의 규칙을 지지하는 데 점진적인 쇠퇴가 존재함을 의미한다.

마찬가지로 반발의 다양한 형태를 구별하는 일 역시 중요하다. 어떠한 형태의 반발은 특정한 헌법적 주장이나 근거에 초점을 맞출 수 있다. 또한 이러한 종류의 "쟁점 특정적" 형태의 반발은 특정한 정치적 목적이나 목표 달성에 폭넓은 영향을 미칠 수 있다. 마이클 클라먼 Michael Klarman이 지적한 바와 같이, 이런 식의 반발은 법원 판결 이후에 생겨날 수 있는데, 판결은 "쟁점의 중요성을 제기하고", "'외부 간섭'에 대한 분노"를 촉발하며, "일어날 수 있었던 사회 변화의 순서를 변경"하기 때문이다.[64] 이런 식의 반발은 법원에서 결정을 내린 쟁점뿐만 아니라 당파적·정치적 유인성誘引性, valence의 측면에서 대중이 상호 연결된 것으로 여기는 쟁점에서도 발생할 수 있다.[65] 이는 또한 다양한 단기 및 장기적 선거 결과로도 이어질 수 있는데, 특정한 헌법 개정 반대파들의 선출 증가, 발의안(즉 대중적 개정안) 통과 또는 기존 헌법상의 "이득"을 차단하거나 무효화하기 위해 고안된 헌법적 조치의 마련 등을 포함한다.[66] 그러나 일반적으로 이는 법원의 지위나 독립성에 직접적인 위해를 가하지는 않는다.

반대로 "제도적으로 집중된" 형태의 반발은 법원의 **사회적 정당성** 및 헌법적 요건에 대한 법원의 집행 능력에 직접적인 위협이 될 수 있다.[67] 이러한 반발은 민주적 헌법상 요건의 안정성 및 이행에 더욱 침식적인 영향을 미치는 방식을 통하여 법원의 특정 판결의 이행에 대한, 그리고 심지어는 헌법적 요건의 이행에 대한, 대중의 지지를 위협할 수 있다. 만일 대중이 법원 판결에 반대할 경우, 정치적 행위자는 단순히 법원 판결의 이행을 거부할 수 있다. 그리고 정치적 행위자 역시 해당 판결에 동의하지 않을 수 있다. 또 판결에 대한 대중의 지지 결여는 법원 명령을 따르기를 거부하는 데 정치적 비용이 거의 들지 않는다는 의미일 수 있다. 이는 심지어 선거적 이점을 제공할 수도 있다. 또한 헌법적 요건을 굳건히 유지하려는 법원의 역량에 장기적인 피해를 입힐 수도 있는데, 정치적 행위자가 사법의 독립성 또는 제도로서의 사법심사의 범위에 대한 조직적 공격에 가담하도록 장려하거나 이와 관련해 그를 대담하게 만들 수 있다.

정치적 행위자는 여러 도구를 활용해 법원의 독립성과 권위를 훼손할 수 있다.[68] 이러한 도구 가운데 일부는 법원의 **독립성**을 훼손하거나 사법심사 기관을 동료로 끌어들이는 것에 집중하여, 법원이 더 이상 반민주적이거나 "남용적인" 형태의 헌법적 변화를 제한하는 것이 아니라 이를 효과적으로 촉진할 수 있는 기구가 되도록 한다. 다른 도구의 경우에는 법원의 제도적 역할과 권위를 약화하거나 제한하는 데 초점을 맞추거나, 또는 자체적으로 결정의 절차, 심의, 투표 또는 판결 공표에 관한 규범을 정할 수 있는 법원의 독립적 역량을 약화하거나 제한하는 데 초점을 맞춘다. 더욱이 법원을 약화하려는 이들이 법원의 권한이나 권위의 억압을 위해 반드시 이러한 전략만을 **사용**하는 것은 아니다. 일부 경우에는 이와 같은 조치를 취하겠다는 단순한 위협만으로도, 법원이 강한 형태의 심사를 수행할 능력이나 의지를 상실하게 만들 수도 있다.[69]

때때로 "기관동등주의(권력분할주의)departmentalist" 학자들은 이러한 대응을 법원 결정에 대한 합리적인 반대 표명이라고 옹호한다.[70] 이러한 도구는 또한 대화적 목적으로 사용되거나 기존 법원 판결에 대한 합리적인 반대 의견을 표명하거나 더욱 광범위한 사법적 대응 및 책임에 대한 정당한 민주적 요구를 표현하기 위해 활용될 수도 있다.[71] 예를 들어 사법권 박탈jurisdiction-stripping 조치는 법원에 대한 반발의 일부로,

혹은 남용적 목적으로 이용될 수 있으나, 법원이 합리적인 입법적 "후속 조치"[72]를 인정하지 않을 경우 사법심사의 종국성finality을 약화하는 수단이 되기도 한다. 이러한 차이는 주로 법원의 사법관할권을 축출해 내려는 시도의 정도에 따라 발생할 것이며 (일반적으로 반발은 입법적 대화에 대한 진지한 시도보다는 사법권 제한에 대한 훨씬 광범위한 시도를 포함할 것이다), 법원과 입법부 간의 상호 작용에 대한 폭넓은 맥락에 달려 있을 것이다.

마찬가지로 법원의 규모와 구성을 "채우기stacking", "꾸리기packing" 또는 줄이기shrinking와 관련된 조치 간에도 잠재적인 차이가 존재한다.[73] 대부분, 법원의 "채우기"는 단순히 이념적으로 또는 정치적으로 동조적인 새로운 법관의 임명과 관련된다. 법관의 정치적 이념에 대한 어느 정도의 고려는 법적 이익과 민주적 책임이라는 관념에 근거한 사법부 임명 과정에서 필수적이며 바람직한 부분이기도 하다. 따라서 대부분의 경우, 법원 채우기의 관행은 견제와 균형이라는 헌법 체계에 대한 장기적인 위협이 아니라, 단지 사법부 임명 과정에서의 당파적 또는 이념적 요소의 역할을 증폭할 뿐이다.

이에 반해 법원 꾸리기(법원 재구성)의 경우 이념적·정치적으로 동조적인 새로운 법관의 임용 경로를 터 주기 위하여 필연적으로 법원 규모의 확장을 수반한다. 또한 이는 일부 경우에 민주적 대응성과 책임성이라는 규범의 확립 혹은 복원에 필요하다고 옹호될 수 있는 반면, 당파적 목적을 위해 기존 헌법 구조에 대한 중대한 변화를 수반하며, 따라서 이는 확장과 채우기라는 도구를 사용하여 법원의 구성을 통제하기 위한 서로 다른 정당 간의 장기적인 "앙갚음"식 싸움의 망령인 것이다.[74] 이러한 식의 반복적인 꾸리기는 법원이 독립적이며 공정하다는 대중의 인식에 상당한 손상을 줄 가능성이 있다. 어느 경우에 이는 부당한 법원에 대한 정당성의 인식을 감소하는 데 근본적으로 도움을 준다고 정당화될 수 있지만, 다른 경우에 이는 민주적 입헌주의에 대한 보장과 관련하여 훨씬 뚜렷하게 부정적인 결과를 초래할 것이다. 이는 특정적이거나 광범위한 방식 모두를 통해 법원이 개인의 권리, 법치주의 및 민주주의에 대한 헌법적 기속을 집행하는 능력을 약화시킬 수 있다.

일부의 생각처럼 로 판결에 대한 반대 의견이 합당하지 않다고 가정해 보자. 이 경우에 후속 사건이 이러한 주장을 잘 보여 준다. 종종 "로 판결은 1980년 레이건 대통령의 당선을 도운 정치적으로 강력한 생명권 운동을 일으켰으며, 그 이후 국가 정치에 중대한 영향을 미쳐 왔다"라고 일컬어진다.[75] 그러나 보수적 입장에서의 낙태에 대한 반대는 낙태법에 대한 주 차원의 변화라는 맥락에서 로 판결보다 훨씬 앞서 시작되었다는 타당한 증거가 존재한다. 또한 평등권 관련 헌법 개정Equal Rights Amendment과 같은 변화와 LGBTQI＋ 권리를 위한 움직임에 대응하여서도 그 정도 수준의 보수적 정치 운동이 일어났다는 타당한 증거 역시 존재한다.[76] 그러나 분명한 것은, 로 판결 이후 몇 년간 이에 반대한 이들은 대법원이 판결을 번복하거나 판결의 영향을 제한하도록 "부추기거나" 압박을 가하기 위해 설계된 다양한 조치를 채택했다는 것이다.[77]

이러한 조치 가운데 하나는 헌법 본문의 범위를 변경하는 "생명권" 개정안의 제안이었다.[78] 그러나 다수의 다른 조치는 법원의 독립성 및 관할권의 제한을 특정하여 목표로 하였다: 로 판결에 반대하는 세력은 연방법관 후보자들이 낙태권을 포함하는 헌법상의 사생활에 대한 권리를 인정하지 않도록 하려 하였다. 로 판결을 옹호하는 세력은 후보자들이 로 판결과 선례구속의 원칙을 공개적으로 지지하며 적용하는 데 전념하도록 세력을 모아 이에 대응하였다. 그 결과, 20여 년 동안 "[미국에서] 연방법관 인준 절차는 후보자의 낙태 쟁점에 대한 입장이라는 단일 쟁점에 대한 논쟁이 되어 버렸다".[79] 돕스 판결은 이러한 노력(조치)이 완전히 효과적이지는 못했음을 시사한다. 돕스 판결에서 로와 케이시 판결을 폐기해야 한다고 투표한 대법관 거의 대부분은, 인사청문 과정에서 로 판결 및 선례구속의 원칙에 대한 존경심을 표명했음에도 불구하고, 생명권 찬성/낙태 반대 법관으로 법관석을 "채우려는" 보수 진영의 노력이 횡행하던 시대에 공화당 출신 대통령에 의해 임명되었다.[80] 그리고 해당 법관은 매우 광범위한 범위의 권리 보호적 헌법 선례에 기꺼이 의문을 제기해 왔다.

이와 비슷하게, 연방의회에서 로 판결에 반대하는 이들은 메디케이드Medicaid 프로그램(극빈층 미국인에게 무료 의료 서비스를 제공하는)을 통해 낙태 수술에 대해 이루어지던 연방 차원의 재정적 지원 일체를 없애는 법안—소위 하이드Hyde 개정안—과 연방 예산의 지원을 받는 가족계획 전문 병원family planning clinic의 낙태 수술 서비스 제공 역량을 제한하는 법안을 성공적으로 후원하였다.[81] 이들은 또한 낙태 관련 사건에 대한 대법원 및 하급 연방법원의 관할권을 제거하는 법안 수백 건을 발의하였다. 이러한 차원의 조치 433건이 1973년부터 1980년 사이에 연방의회에서 발의되었는데, 이는 이 기간 동안 연방대법원의 사법권을 제한하려는 모든 시도의 70퍼센트에 해당하는 수치였다.[82] 또 이와 같은 조치 중 일부는 법원의 광범위한 독립성 및 기능을 쇠퇴시킬 가능성이 있었다.[83]

제럴드 로젠버그Gerald Rosenberg와 다른 이들이 보였듯이, 주 차원에서는 주의회가 로 판결의 영향을 단순히 좁히거나 제한하는 것이 아니라 효과적으로 무시하는 법안을 지속적으로 통과시켰다.[84] 또한 주 및 지방 공무원 다수가 낙태권을 제한하는 법률을 계속하여 집행하였는데, 이는 로 판결에서 분명히 위헌이라고 판단한 것이었다. 사실상 많은 정부 기관이 낙태와 관련해 "쉽게 법을 무시"하였는데, 이는 기관 및 다수의 대중(특히 주 또는 지역에서의 대중)이 해당 법에 동의하지 않았기 때문이었다.[85]

따라서 민주주의의 반발은 다양한 맥락에서 민주적 대응성을 보호하며 촉진하는 법원의 능력에 위협으로 작용할 수 있다. 이는 단순히 민주적 최소 핵심에 관한 가장 시급한 위협에 대응하는 법원의 능력을 위협하는 것이 아니라 민주주의의 사각지대와 타성의 문제에 맞서 유의미한 헌법적 변화를 창출해 내는 법원의 능력에 영향을 미칠 것이다.

D. 민주주의의 쇠약

민주적 다수의 의견에 입각하여 일관되게 행동한다고 할지라도, 법원은 "민주주의의 쇠약"의 문제를 야기하여 민주적 대응성에 대한 약속을 약화할 위험을 내포한다.[86]

민주주의 내에는 입법부와 행정부가 헌법 이행 과정에서 적극적인 역할을 하도록 장려받는 이유가 여러 가지 존재한다. 일부 법률은 헌법적 문제를 일으킨다고 할지라도 결코 법원의 심판 대상이 되지 않을 수 있다.[87] 대부분의 체제에는 입법적·행정적 형태의 이행을 요구하는 다양한 헌법적 규범이 존재한다. 또한 정치적 행위자는 사법적·정치적 기관 모두가 관여하는 헌법 해석의 문제에 분명한 관점 및 일련의 경험을 제공한다.

따라서 법원 외부에서의 헌법적 이행 과정을 장려하는 것이 아니라 이를 대체하는 형태의 사법심사에는 명백한 위험이 도사린다. 마크 투시넷Mark Tushnet이 지적한 대로, "법원이 헌법을 진지하게 고려할 것을 안다[면]—또는 믿는다면—국민이나 국민의 대표자 모두 헌법을 진지하게 받아들이지 않[을]" 가능성이 크다.[88] 법원 외부에서의 헌법적 이행은 필연적으로 시간과 정치적 자본의 지출을 수반하며, 어떤 경우에든 법원이 법률상의 공백을 메꿀 확률이 높은 경우에는 이에 대한 필요성은 훨씬 적을 것이다. 또 법원이 민주주의 오작동의 원인에 지나치게 일관되게 대응하는 경우 사법심사가 오히려 입법자로 하여금 헌법적 이행에 관한 스스로의 역할에 적절한 책임을 지지 않도록 하거나, 새로운 형태의 민주주의의 "쇠약" 또는 타성을 발생시킬 수도 있다.[89]

일부 헌법이론가는 헌법적 문제에 대한 사법적 관심과 입법적 관심 간에는 질적인 차이가 존재한다고 본다. 이러한 설명에 따르면 사법심사는 비선출직 법관에 의한 법적 권위의 행사를 수반하는 반면 입법 과정은 "국민"의 대표자에 의한 정치적 권위의 직접적인 행사를 나타낸다. 따라서 헌법적 문제에서 사법적 숙고가 아니라 입법적 숙고를 장려할 본질적인 이점이 존재한다.[90]

사법심사에 대한 대응이론에서는 법적 권위 및 과정과 정치적 권위 및 과정 간의 구분이 상당히 모호해진다. 헌법 해석 과정은 궁극적으로 법적 판단 및 정치적 판단 모두의 행사를 수반한다. 또한 사법심사의 핵심 초점은 민주적 대표성 강화, 즉 적절하게 숙고적이며 포괄적이고 대응적인 형태의 민주 정치에 대한 촉진에 있다. 입법부와 법원 모두가 이와 같은 목표에 대하여 일정한 제도적 이점을 가진다.

입법부는 민주 헌법적 의견과 제약을 더욱 잘 숙지하고 있는 경향이 있으며, 이와 같은 정보를 다룰 더 큰 유인을 가진다. 반면 법원은 개인 및 특정 소수 집단의 헌법적 요구에 좀 더 대응적인 경향을 보이며, 헌법상 권리에 대한 특정한 형태의 수용을 만들어 내는 데 더 많은 기회 및 경험을 보유한다. 에일린 캐버노Aileen Kavanagh가 언급했듯, 입법과 사법심사의 과정은 법적 권위와 정치적 권위 간의 엄격한 구분을 따른다기보다는 본질상 "협업적"이거나 상호 연결된 것으로 이해하는 것이 최선이다.[91] 따라서 민주적 "쇠약"의 비용은 그 자체로 입법자가 특정한 문제에 대한 토론 및 판단에 기여할 수 있는 기회의 상실이 아니라 오히려 헌법적 주장에 대한 관심의 폭에서의 상실에 해당한다.

민주적 장애물—또는 입법적 사각지대 혹은 타성의 부담—이라는 아이디어는 입법자가 항상 이러한 기회를 갖지는 않는다는 것이다. 그러나 입법자가 그러한 기회를 가지려는 유인을 감소시키는 것은 필연적으로 일부 형태의 민주적 입법이 입법적 사각지대나 타성의 부담의 대상으로 전략할 가능성을 높인다.

E. 사법적 타산打算, 원칙 그리고 실용주의

이러한 종류의 역타성과 민주주의의 반발 위험에 법원은 어떻게 대응해야 할까? 다음 장에서 나는 법원이 사법심사의 범위나 종국성을 약화하는 방식을 통해 이에 대응해야 한다고 주장할 것이다. 이는 로와 같은 판결에 대한 대응으로 민주주의의 역타성과 반발이 벌어졌다는 증거에 대응하여 미국 연방대법원이 케이시 판결에서 행한 것—비록 그렇게 했다고 적시된 것은 아니지만—과 정확히 일치한다고 볼 수 있다. (또한 같은 이유로, 연방대법원이 돕스 판결에서 추가로 낙태권 보호에 대해 후퇴하는 입장을 보인 것은 민주 헌법적 관점에서 불필요하며 바람직하지 않았다.)

케이시 판결 당시 연방대법원은 (태아의 생존 가능성이 인정되기 전 여성의 낙태권 범위와 관련하여) 로 판결에 대한 최소주의적 해석을 유지했지만, 동시에 현대의 민주 헌법적 사고방식과 맞지 않는 부분과 관련해서는 로 판결을 파기하기도 하였다. 케이시 판결에서 상대다수 의견은 로 판결의 선례적 영향력을 재검토해야 한다는 이유로 표면적으로는 1973년부터 1992년까지의 기간 동안 임신 후반기의 출산과 비교하여 낙태의 상대적 안전성 측면에서의 변화 그리고 태아의 생존 가능성 측면에서의 변화를 제시하였다.[92] 그러나 이러한 변화 중 어느 것도 로 판결에서 블랙먼 대법관이 옹호한 3분기 체계나 생존 가능성이 확보된 시점 이후에 태아의 생명 보호가 긴절한 주의 이익이 된다는 판시 사항을 (조정이 아니라) 파기하기에 충분하지 않은 것으로 보였으나, 연방대법원은 케이시 판결에서 두 가지를 모두 행하였다. 부분적으로는 이러한 이유로 상대다수 의견의 판단 역시 널리 비판받았는데, 스캘리아 Scalia 대법관은 반대 의견에서 상대다수 의견이 "실제 로 판결"이 아니라 명백하게 "수정된 형태"의 로 판결에 의존하였으며, "작위적" 형태의 선례구속 원칙에 근거하고 있다고 주장하였다.[93] 이 비판은 로와 케이시 판결을 폐기하는 취지의 돕스 판결에서도 마찬가지로 반영되었다.[94]

동시에 연방대법원의 접근법은 합당한 입법적 반대에 대한 존중 또는 (합당한) 입법적 반대에 맞서 기존 사법 판결의 양상을 좁히려는 의지와 일치하였다.

이와 비슷한 분석을 카하트 II, 즉 2003년의 부분 출산 낙태 금지법 Partial-Birth Abortion Ban Act을 옹호한 연방대법원 판결에도 적용할 수 있다. 카하트 I에서 대법원은 "부분 출산(분만)" 낙태 절차를 금지한 네브래스카주의 법률을 두 가지 이유로 무효화하였다: 첫째로 해당 법률은 임신 후기 낙태에 대한 무손상 확장 적출술D&X과 경관 확장 자궁 배출법D&E을 적절하게 구별하지 못하기에 위헌적일 정도로 모호하다는 것이었으며, 둘째로 주 정부가 무손상 확장 적출술의 사용이 "여성의 건강을 지키는 데 결코 필수적이지 않다"는 것을 증명하지 않았다는 것이었다. 그러나 해당 판결은 민주주의의 오류에 대한 비용을 잠재적으로 보여주는 형태의 상당한 대중의 반대에 직면하였으며, 의회는 2003년에 부분 출산 낙태 금지법을 제정하여 여성의 생명을 구하는 데 필요한 경우를 제외한 모든 경우에 무손상 확장 적출술의 사용을 금지하였다.

카하트 II 판결에서 해당 법률의 합헌성을 인정하며 연방대법원은 기존 카하트 I의 논증 일부를 명백하게 실행하였는데, 가장 중요하게는 2003년의 법률과 네브라스카주 법률 간의 여러 차이점을 지적하여 헌법적 모호성에 대한 기존의 우려를 해결하는 데 도움을 주었다. 그러나 대법원은 이를 넘어서 임신 후기 낙태에 대한 금지에서 건강을 이유로 한 예외의 필수적 범위와 관련된 기존 논증 대부분을 은연중에 폐기하기로 결정하였다. 무손상 확장 적출술과 경관 확장 자궁 배출법의 상대적인 안전성에 대한 상충하는 의학적 증거에 직면한 대법원은 법원이 아니라 입법부가 이와 관련한 "위험의 균형"을 결정하도록 허용하는 것이 적절함을 시사하였다. 이는 반대 의견을 낸 대법관이 지적한 대로, 그러한 제한은 적법절차 조항Due Process Clause에 의거하여 "면밀한 심사 close scrutiny"의 대상이 되어야 한다는 연방대법원의 기존 주장에서 명백히 "후퇴"한 것이기도 하다.

제 7 장

강-약/약-강 사법심사와 구제를 향하여

대응적 사법심사이론은 사법심사와 대응성 가치 간의 관계에 대한 두 가지 폭넓은 생각을 전제로 한다. 첫째, 사법심사는 민주적 다수의 요구와 열망에 대응하는 민주 헌법 체제의 능력을 적극적으로 보호하며 증진하려고 힘써야 한다. 둘째, 그렇게 하는 과정에서 법원은 스스로의 역량 및 정당성에 대한 제약을 포함하여 자신의 제도적 위상 및 역할에 대응하여야 한다. 법원이 이를 수행할 수 있는 가장 중요한 방법 가운데 하나는 바로 판결의 종국적 성격을 "약화"하는 것이다.

"강한" 심사와 "약한" 심사의 구분은 종종 헌법적 설계에서 형식에 관한 선택과 연계되지만,[1] 법원이 사법심사 과정에서 결정해야 하는 다양한 선택과 관련해서도 적용되는 구분이기도 한데, 이는 다음과 같은 선택을 포함한다: ① 얼마나 넓게 혹은 좁게 논증할 것인가(폭breadth), ② 어떠한 종류의 구제방법(구제책)에 의존할 것이며, 그러한 구제책을 내릴 시기는 어떠해야 하는가(구제책remedy), ③ 선례구속의 원칙을 얼마나 강하게 주장할 것인가(선례구속의 원칙the doctrine of precedent).[2] 상대적으로 협소한 판결은 법원의 논거나 논리에 대한 반대 의견을 표현하는 방식을 포함하여 입법자가 법원 판결에 대응할 수 있는 범위를 명시적으로 광범위하게 열어 둔다. 비강제적non-coercive인 구제책이 내려지거나 구제책이 지연되는 경우 입법자는 어떠한 형태의 입법적 역타성에도 직면하지 않으면서 반대 의견을 표명하는 식으로 법원 판결에 대응할 기회를 얻을 수 있다. 특히 구제책이 지연되는 경우에는 법원 판결에 대한 엘리트층 및 대중의 지지를 늘리거나 반대를 줄이는 방식을 통해 사회적·정치적 조건이 바뀌도록 시간을 벌 수 있다. 그리고 적절하게 약화된 형태의 **선례구속 원칙**은 역타성의 부담 및 지속적인 민주주의 쇠약의 위험을 줄여 나가는 방식을 통하여 입법자가 법원과의 "대화"에 참여할 수 있는 범위를—다소 암시적일지라도—폭넓게 허용한다.

사법심사에 대한 대응적 접근에서, 역타성 및 민주주의의 반발의 위험은 또한 일부의 방식으로든 혹은 모든 방식으로든 법원이 헌법적 결정의 종국성을 약화하여야 한다는 강력한 논거를 제공할 것이다. 이와 동시에 법원이 어떻게, 언제 그렇게 해야 하는지는 법원이 맞서고자 하는 장애물의 특성과 직면하는 역타성 혹은 반발의 구체적인 위험에 따라 다를 것이다.

해당 위험이 민주적 최소 핵심의 건전성에 관한 경우에 대응적 접근은 사법심사가 본질적으로 강-약의 형태여야 함을 강조하는데, 즉 이는 강하거나 심지어 "초강력한" 형태로 헌법적 변화의 공식적인 과정 또는 입법에 대하여 강제적인 제약을 부과하고, 정치적 반발의 즉각적 위험을 피하기 위해서만 약한—혹은 지연되거나 약한 선례적 구속력의 영향을 받는—형태를 갖는 것이다. 대조적으로, 민주주의의 사각지대나 타성의 부담을 수반하는 사건에서 대응적 접근은 약-강의 접근방식, 즉 권리에 대한 약화된 접근방식으로 더욱 강한 사법적 구제책과 결합한 방식의 가치를 강조한다. 여기에는 종종 일종의 "제재적 임의규정penalty default"의 논리를 동반한 지연되나 강제적 구제책 또는 참여적 방식engagement-style의 구제책에 대한 선호와 함께, 입법 부작위보다는 입법적 조치를 지지하려는 법원의 더 강한 의지가 포함될 것이다.[3]

A. 약한(약화된) 사법심사

본래 구성된 대로, 약한 형태의 심사라는 개념은 주로 다양한 체제의 사법심사에서 형식적 종국성을 묘사하는 데 사용되었다. 예를 들어 일부 헌법 체제에서는 "헌법적" 또는 준헌법적 도구(수단)가 일반적인 입법을 거쳐 제정된다. 이는 마크 투시넷과 스티븐 가드바움이 지적했듯, 사법심사의 종국성을 최소 두 가지 방식으로 제한한다. 헌법적 규범을 법령의 형태로 제정함으로써, 의회는 후속 입법을 통해 헌법적 수단을 수정하거나 폐지하거나 명시적으로 유예할 수 있는 권한을 확실하게 보유할 수 있다.[4] 이에 따라 의회는 그러한 규범에 대한 법원의 해석 중 자신들이 동의하지 않는 해석의 모든 측면을 무효화할 수 있는 권한을 가진다. 대부분의 헌법 체제에서 이는 의회 우월주의parliamentary supremacy 원칙의 필연적 결과로 이해된다. 이는 1990년대에 새로운 헌법적 권리헌장 및 사법심사 모델을 채택한 국가인 영국과 뉴질랜드 등에서는 확실히 그러하다.[5]

헌법이 사법심사를 "약화"하거나, 최종적이지는 않은 특징을 갖도록 만들 수 있는 또 다른 방법은 견고히 확립된 헌법적 수단의 범위에 입법부의 재의결 권한legislative override(무효권)을 명시적으로 포함하는 것이다. 예를 들어 잘 알려져 있듯이, 캐나다의 1982년 권리자유헌장 제33조는 캐나다 연방 및 주 의회가 헌장의 다른 주요 조항의 효력을 "유예하면서notwithstanding" 법안을 통과시킬 수 있는 명시적 권한을 부여하였다. 이는 헌장상 권리의 시행과 그러한 권리에 대한 대법원의 해석 모두를 갱신 가능한 형태로 5년간 효과적으로 유예할 수 있는 권한을 캐나다 연방 및 주 의회에 부여한 것으로 캐나다 대법원에 의해 이해되어 왔다.[6] 유사한 의회 우선권이 폴란드, 몽골, 벨기에, 룩셈부르크, 핀란드의 헌법에서 여러 시기에 걸쳐 채택되었다.[7] 이는 미국 연방대법원이 강한 형태의 사법심사를 개조하기 위한 수단으로 보크Bork 법관이 제시한 유명한 모델로 최근 이스라엘에서 논의된 모델이기도 하다.[8]

그런데 영연방 국가 및 헌법이 이러한 모델을 앞장서서 채택해 온 정도는 바로 가드바움이 1982년에서 2006년 사이에 다수의 영연방 국가가 채택한 권리 보호 모델에 약한 형태의 심사 개념을 연결한 이유 가운데 하나이다. 처음에 그는 영국, 캐나다, 뉴질랜드에서 마련된 새로운 권리헌장을 묘사하기 위해 "약한 형태의 심사"라는 용어를 사용하지 않았지만, 시간이 지나며 이러한 용어를 "헌장의 두 가지 구성적 특징 가운데 하나를 위한 유용한 줄임말"로 보게 되었다. (다른 하나는 입법 전의 정치적 권리에 대한 심사이다.)[9] 그러나 투시넷은 약한 형태의 심사가 이러한 특정한 형태를 취할 필요가 있다거나 "신新영연방 입헌주의"의 부상과 명백하게 연결된다는 생각에 회의적이었다.[10] 그 대신 투시넷은 사법적 종국성에 대한 제약이 취할 수 있는 특정한 형태와 관련해서는 불가지론적agnostic이었다. 실제로 그는 나와 함께한 아시아에 대한 공동 연구에서, 다양한 종류의 기능적 형태가 개헌 권한을 포함하여 입법부의 일반적인 우선권을 효과적으로 창출해 낼 수 있다는 생각을 수용하기도 하였다.[11]

미국에서는 연방헌법 제5조 때문에 개헌이 극도로 어렵다: 개헌에는 상하 양원 모두에서 재적의원 3분의 2의 지지가 필요하고, 주의회(또는 주 헌법회의)의 4분의 3의 지지가 필요하다. 실제로 많은 학자가 이러한 조항이 개헌 과정을 현존하는 다른 어떤 입헌 민주주의 국가보다 어렵게 만든다고 주장한다.[12] 이는 명백히 제5조가 미국 연방대법원의 판결을 무효화하는 장치로 작동하는 능력을 제한한다. 이 조항은 수정헌법 제11조, 제14조 및 제16조의 채택 과정에서는 이러한 목적으로 사용되었지만,[13] 논쟁적인 법원 판결을 무효화하기 위해 제5조에 의존하려는 시도는 20세기에는 지속적으로 실패하였다.

반면 다른 입헌 민주주의 국가 다수는 훨씬 완화된 헌법 개정 요건을 가진다. 일부 국가에서는 입법부 자체가 헌법을 개정할 수 있는 권한을 가지며, 비교적 온건한 형태의 초다수결적인 정족수 요건에 따라 개헌이 가능하다.[14] 다른 국가의 경우에는 개헌안이 국민투표referendum에서 유권자 과반수의 승인을 받아야 하지만, 제안된 개헌안을 늘 승인해 온 강한 전통을 가지고 있어 이러한 비준 요건은 법원 판결을 뒤엎는 데 주된 장애물이 되지 않기도 한다.[15] 또한 이러한 종류의 유연한 개헌 절차가 헌법적 설계를 향상하며 개정하는 식의 변화 등 다양한 종류의 헌법적 변화를 허용하는 한편, 이러한 절차의 주요 기능 가운데 하나는 입법부가 합당하게 반대하는 **현존** 헌법 조항에 대한 사법부의 해석을 무효화할 수 있도록 허용하는 것이다.[16] 많은 국가에서는 정확히 이러한 목적을 위하여 개헌 권한에 의존해 온 입법부의 오랜 전통이 존재하기도 한다.

인도와 콜롬비아가 그 대표 사례이다. 인도 의회는 재산권, 표현의 자유, 차별 금지 및 사법심사의 범위에 대한 인도 대법원의 판결을 무효화하려는 의도로 헌법 개정 조항(제368조)에 의존해 왔다.[17] 콜롬비아 의회는 사회권, 마약에 대한 비범죄화 및 공공 부문 노동자의 노동 조건에 대한 헌법재판소의 결정을 제한하기 위하여 헌법 개정에 의존하였다.[18] 마찬가지로 아일랜드에서는 특히 낙태권 관련 판결을 포함하여 다양한 대법원 판결의 효력을 조정하기 위하여 개헌이 활용되었다.[19]

사법심사를 약화하는 또 다른 메커니즘은 특정 영역에서 법원의 관할권(사법권)을 없애거나 제한하는 입법부의 권한이다.[20] 예를 들어 미국에서는 연방헌법 제3조에 의거하여 의회가 대법원의 상고관할권에 대한 "예외"를 만들 수 있는 권한이 부여된다.[21] 다른 많은 국가에서도 입법부가 사법심사로부터 행정적 조치를 보호하기 위해 이를 관할에서 "축출ouster"하는 조항을 채택하는 경우가 관찰된다.[22] 제6장에서 언급한 대로 이와 같은 권한은 법원 및 기본적인 사법부의 독립성을 공격하는 도구로 사용될 수 있다. 그러나 이는 사법심사의 종국성을 약화하는데 초점이 맞춰진 도구로, 혹은 입법부가 사법적 무효화의 위험 없이 합리적인 입법적 후속 조치를 행할 수 있도록 보장하는 수단으로 활용될 수 있다. 이와 같은 대화에 기저하는 논리적 흐름은 다음과 같다: 먼저, 법원이 판결을 내리고 민주적 다수는 이를 수용할 수 없다고 판단하기에 합당한 이유를 갖는다. 이에 입법부는 (판결의 효력을) 협소하게 만드는 특정 형태의 입법을 하거나 대화적인 입법적 후속 조치를 내놓는 식으로 대응하며, 이와 동시에 (혹은 그 이후에) 광범위한 법 조항의 유효성에 대한 문제 제기를 심사하는 법원의 관할권을 공식적으로 없애는 법안을 통과시킨다.

이러한 논리는 완전무결하지 않다. 분권적 또는 확산적 헌법심사의 경우, 입법 또는 행정적 조치가 위헌이라고 선언할 수 있는 다양한 법원이 존재한다. 입법부가 헌법재판소나 최고 법원이 헌법 사건을 심리할 수 있는 관할권을 제거할지라도, 타 법원은 계속하여 이에 대한 관할권을 보유할 수 있다. 이는 주 및 연방의 중간급 법원이 병행하여 존재하는 연방체제에서는 특히 그러하다. 또한 미국 연방대법원을 포함하여, 법원이 헌법상의 문제를 심리할 수 있는 관할권을 모든 법원에서 전면 박탈하려고 시도하는 입법에, 효력을 부여할 준비가 되어 있을지도 확실하지 않다.[23]

그러나 관할권의 박탈은 여전히 입법부가 법원 판결의 효과를 무효화하려고 시도할 경우 기댈 수 있는 주된 공식적 법적 도구 가운데 하나이며, 이로 인해 민주주의의 반발 및 합당한 입법적 반대나 대화 모두를 위한 도구가 된다.[24] 따라서 미국의 경우 의회는 대체로 이와 같은 논리에 대한 의존을 거부하였으나, 제3조에 의거한 권한을 사용하여 학교에서의 인종차별 철폐(학교통합)school desegregation 구제책과, 공산당원 및 동조자의 시민적 자유에 대한 연방법원의 결정을 무효화하겠다고 거듭 위협을 가하였다.[25] 또한 인도 의회는 대법원에 반대 의견을 표명하기 위한 도구로서 이와 유사한 권한에 의존해 왔다. 의회는 헌법에 따른 다양한 권리(예 재산권)의 범위를 재정의하고, 나아가서 의회가 그러한 권리의 범위와 우선순위에 대한 다른 관점을 표명하는 것을 허용하는 방식으로, 그러한 권리를 해석하고 집행하는 법원의 능력을 제한하는 일련의 헌법 개정안을 통과시켰다.[26]

약한 심사라는 개념은 법원이 스스로 판결의 종국성을 제한할 수 있는 방법을 설명하기 위해 점점 더 많이 사용되었는데, 그러한 방법은 ① 논증이 얼마나 광범위한지 혹은 협소한지(강하거나 약한 논증), ② 의지할 구제책의 종류와 시기(강하거나 약한 구제책), ③ **선례구속**의 원칙을 얼마나 강력하게 주장할 것인지(강하거나 약한 **선례구속성**)에 대한 법원의 선택과 연관된다.[27]

캐스 선스타인이 주목했듯이, 사법적 판결은 그 범위가 협소하거나 광범위할 수 있으며 혹은 얕거나 깊을 수 있다.[28] 협소하면서 얕은 판결은 보통 진정으로 "최소주의적minimalist"으로 이해되는데, 즉 이러한 판결은 의도적으로 "결과를 정당화하기 위해 최소한으로 필요한 만큼만 말"하는 반면, 더 광범위하거나 깊은 판결은 본질적으로 더 최대주의적maximalist이다.[29] 선스타인이 지적한 대로 협소하거나 "최소주의적"인 판결에는 여러 이점이 존재할 수 있다: 이러한 판결은 사법적 의사결정 과정에서의 "결정" 및 "오류"에 수반되는 비용을 줄이는 데 도움이 될 수 있다.[30] 민주적 관점에서, 이러한 판결은 추가 입법 조치를 위한 **명시적** 여지를 남겨 놓는다. "이러한 판결은 주 및 국가 차원에서 더 많은 숙고 및 토론을 위한 공간을 넓히는데, 이는 단순히 이러한 판결이 후속 판결을 배제하지 않기 때문이다."[31]

마찬가지로 법원은 사법적 구제책의 상대적인 강도와 관련하여 다양한 선택지를 보유하는데, 이에는 선언적 집행력과 강제적 집행력 그리고 지연적 효과와 즉각적 효과가 있다. 금지 명령, 구조적 변경 명령, **직무집행** 명령(특정한 결정을 내리는 것) 또는 **이송** 명령(결정의 파기의 유보)과 같은 일부 사법적 명령은 법적 강제의 가능성을 필수적으로 수반하는 것으로 이해되는 반면, 선언적 결정은 그렇지 않다. 선언적 결정은 법적 구속력 및 권위는 갖지만, 개인에게 강제적 제재를 통하여 집행이 가능한 의무를 부과하지는 않는다.

선언적 결정 자체도 좀 더 강한 혹은 좀 더 약한 형태가 있을 수 있다. 영국, 뉴질랜드 및 호주 내 여러 주 및 준주 등에서 보이는 "신영연방" 헌법 모델의 특징 가운데 하나는 특정 법률이 헌법과 양립 불가능(불합치)하다고 선언할 수 있는 권한이 법원에 부여되지만, 그에 근거하여 해당 법률이 무효라거나 효력이 없다고 선언할 권한은 명시적으로 **거부되는**, 독특한 형태의 약한 선언적 구제책 모델을 채택한다는 것이다.[32]

나아가서 구제책은 원고에게 즉각적인 구제를 약속하는지 또는 지연적인 구제를 약속하는지에 따라 그 강도에 있어 다양할 수 있다.[33] 예를 들어 캐나다에서는 대법원이 "상황에 적합하고 정당한" 구제책을 명령할 수 있는 권한의 일부로서 유예된 무효 선언suspended declarations of invalidity을 내릴 권한을 갖는다는 법리를 **매니토바**Manitoba Language Rights 판결[34]에서 제시하기 시작하여 **샥터**Schachter 판결[35]에서 더 완전하게 마련하였다.[36] 대법원이 이러한 구제책을 적용한 경우는 적어도 20건 이상 존재한다.[37] 남아공에서는 1996년 헌법의 초안 작성자들이 이러한 명령을 내릴 수 있는 법원의 권한을 명시적으로 인정하면서 헌법 제172조

제1-b항을 제시하였는데, 그에 따르면 법원은 헌법 사안에 대한 결정에서 "적정하고 형평에 부합하는 어떠한 명령"이든지 내릴 수 있으며 특히 "어떠한 기간 동안 혹은 어떠한 조건에 따라 무효 선언을 유예"하는 명령도 내릴 수 있다. 헌법재판소는 이 조항이 유예된 무효 선언을 내리는 근거라고 판시하였다. 헌법재판소는 1996년에서 2016년 사이에 38건의 유예된 무효 선언을 내렸다.[38] 한국, 독일, 이탈리아, 콜롬비아, 홍콩 등의 법원에서도 이러한 종류의 구제책이 사용되어 왔다.[39]

이러한 종류의 지연적인 구제책은 암묵적이거나 명시적일 수 있다. 일차적 지연의 경우 구제 명령의 효과를 보류하거나(예 유예된 무효 선언), 판결이 장래에 효과를 내도록 하거나, 혹은 지연적·"점진적" 실현의 실질적 헌법 기준을 보장하는 식의 법원의 명시적 결정으로 이루어진다.[40] 그러나 이차적 지연의 경우 더욱 암묵적이며, 마버리*Marbury* 판결에서처럼 폭넓은 논증과 결과에서의 협소성이 혼합되거나, 혹은 "구체적인 법적 구제 혹은 판결의 즉각적인 법적·정치적 영향의 차원에서의 부분적 회피 또는 지연과 결합된, 쟁점에 대한 법원의 부분적 대립"[41]을 수반한다. 이런 의미에서 이는 법원의 재판 가능성(재판 적격)justiciability에 대한 미국식 제한(소의 이익, 사건의 성숙성, 당사자 적격, 정치 문제 법리 등)과 유럽의 판단(평가) 여지(재량) 법리와 같은 (타 기관에 대한) 존중deference의 실질적 원칙을 포함하여 다양한 양상의 사법적 "회피"와 밀접하게 연관된다.[42] 그러나 이러한 서로 다른 회피 양상은 한 가지 중요한 측면에서 지연과 구분되는데, 이들은 문제에 대한 일시적인 사법적 회피가 아니라 종종 영구적인 회피를 포함할 수 있다는 것이다. 대조적으로 지연의 경우에는 법원이 헌법적 문제에 직면하는 것

을 무기한 연기하거나 회피하는 것이 아니라, 결국에는 이와 마주해야 함을 시사한다.[43]

약한 사법적 구제책에서 또 다른 변형 형태로는 정부가 시민의 권리를 침해하기 전에 시민과 협의 혹은 소통하도록 요구하는 "참여적 방식"이 있다.[44] 소통의 규범은 효과적이고 정당한 민주 정부를 위한 필수적인 전제 조건으로서의 협의를 강조하는 민주주의의 폭넓은 경향을 반영한다. 소통 양식의 구제책의 개념 또한 이러한 종류의 협의 관련 요건을 헌법화하는 것인데, 이는 사건 당사자에 대한 존중의 표시이자 이와 관련된 헌법상의 보장을 보호하고 증진하며 해당 내용을 정의하는 데 도움이 되도록 그들을 참여시키며 그들에 권한을 부여하는 수단이다.

법원은 또한 **선례구속 원칙**의 구속 정도에 대해 판단을 내려야만 한다. 많은 대륙법 체제에서는 선례구속의 원칙을 공식적으로 인정하지 않지만, 헌법적 맥락에서는 기존 판결, 특히 일관적인 판결 혹은 "법리jurisprudence"에 어느 정도 비중을 둔다.[45] 대부분의 코먼로 법원 역시 헌법적 맥락에서는 **선례구속 원칙**에 대하여 다소 약화된 접근법을 취한다. 헌법적 맥락에서 궁극적인 권위의 원천은 성문헌법 본문이지 선행하는 판례법이 아니므로, 이 경우에 선례는 코먼로적 맥락에서보다는 권위가 덜한 것으로 간주될 때가 많다.[46]

영미권 헌법 체제에서도 대부분이 코먼로적 맥락에서조차 **선례구속 원칙**에 대해 어느 정도의 제한을 인정한다.[47] 예를 들어 케이시 판결에서 미국 연방대법원은 **선례구속**이라는 일반적 규범하에서도 기존 판결에서 벗어나야 할 광범위한 세 가지 이유를 적시하였다. 즉 ① 종전의 판결이 "실질적 실행 가능성을 무시한" 경우, ② "관련된 법 원칙이 현재까지 발전하여 [기존] 원칙은 버려진 원칙의 잔재에 지나지 않게 된 경우", ③ "사실관계가 매우 바뀌었거나 다르게 받아들여져서 그에 대한 [기존] 판결이 가지는 중요성이나 정당성이 상실된 경우"가 그 이유이다.[48] 다른 법원 역시 상소심에서 판결이 승인되는 정도나, 특정 판결에 찬성하는 다수의 본래의 지지 강도를 선례구속성의 강도를 시사하는 추가적 요인으로 인식해 왔다.[49]

나아가서 실제로는 많은 법원이 일정 기간이 지나면 스스로 기존 판결에서 멀어지기도 한다. 예를 들어 미국에서 대부분의 연방대법원 선례는 선례구속성이라는 일반적인 규범하에서조차도 판결 첫해에 가장 많이 인용될 뿐이다.[50] 그 후로는 인용될 확률이 점차 낮아지는데, 판결 5년 뒤에는 인용률이 30퍼센트에서 20퍼센트로, 10년 뒤에는 약 13퍼센트로, 42년 후에는 단 5퍼센트로 떨어진다.[51]

그러나 법원은 특정 상황에서 선례구속 원칙이 가지는 힘을 더욱 약화하기로 선택할 수도 있는데, 이는 예를 들어 "재심사second look(반복 입법에 대한 심사)" 사건, 즉 기존 헌법 결정의 사실상의 종국성에 영향을 미치는 방식으로 입법부의 명백한 반대를 표현하는 입법적 후속안과 관련된 사건에서 그러하다. 선스타인이 언급했듯, "선례구속성은 최소주의minimalism에 시간 차원을 추가한다": "너비와 깊이의 효과는 단순히 법원에서 결정하는 기능이 아니다. 이는 적용 가능한 선례구속성 이론에 크게 좌우될 것이다."[52] 제6장에서 주목한 것처럼 로와 케이시(돕스는 아님), 카하트 I과 카하트 II와 같은 판결 간의 관계가 대표적인 사례이다.[53]

대응적 접근에서는 사법심사의 종국성을 약화하는 공식적·비공식적 형태 모두에 분명한 가치가 있을 것이다. 모든 사법심사는 장기적으로 볼 때 약하거나 혹은 최종적이지 않다. 시간이 지나며 사법부 임명 과정과 그에 따른 법관의 태도나 경험에서의 변화는 거의 대부분 민주 헌법적 태도와 사법적 결정 간의 어느 정도의 수렴으로 이어질 것이다.[54] 그러나 사법심사에 대한 약화된 개념의 이면에는, 이 문제에 대한 시간적 틀이 중요하다는 생각이 존재하며, 중단기적으로 이러한 수렴은 법원 판결의 종국성을 약화하기 위한 공식적·비공식적 형태 모두의 가용성에 따라 좌우될 것이다.

누군가는 여전히 왜 **입법자**가 가지는 공식적인 재의결(무효화) 권한의 행사에 의존하기보다 법관이 사법심사를 약화하여야 하는지에 대한 이유를 물을 수 있다. 두 가지 폭넓은 답변이 있다. 첫째, 잘 작동하는 모든 입헌 민주주의라고 해도 법원 판결에 대한 공식적인 입법적 무효화를 위한 유의미한 장치를 제공하는 것은 아닌 반면에, 법원에 강력한 형태의 사법심사에 관여할 수 있는 광범위한 권한 및 재량권을 부여하기 때문이다. 둘째, 공식적인 입법적 무효화 권한을 사용하는 데에는 때로 현실적 제약이 존재하기 때문이다. 예를 들어 입법적 무효화 권한이 장기간 행사되지 않을 경우 그 사용에 반대하는 쪽으로 정치적 의견이 굳어질 수도 있다. 비슷하게, 한 국가 내에 강력한 "인권 문화"가 존재하는 경우, 입법부는 종종 입법적 무효화가 민주적으로 정당화될지라도 공식적인 무효화 권한에 의존하는 데 정치적 대가를 지불할 수도 있다.[55]

두 가지 요인 모두 약화된 심사의 공식적 모델은 일반적으로 사법심사의 종국성을 약화하는 비공식적인 사법적 방법을 **대체하는** 것이 아니라, 이를 **보완하는** 것으로 가장 잘 이해됨을 시사한다.[56] 이러한 이해는 비슷한 강도의 공식적인 사법적 종국성을 보이는 국가들에서 사법심사가 가지는 사실상의 최종성에서의 차이에 대한 주목을 통해서도 뒷받침된다. 예를 들어 일반적으로 영국과 캐나다는 모두 공식적으로 약한 사법심사체제를 가지고 있는 것으로 여겨지지만, 한 국가(영국)는 **사실상 강한 심사로 옮겨 간 반면, 다른 국가(캐나다)는 좀 더 약하며 더욱 대화적인 모델을 유지하고 있다.**[57]

1998년에 제정된 영국 **인권법**은 앞서 제5장에서 언급한 대로 제3조와 제4조에 의거하여 영국 법원에 오직 약한 해석적·선언적 구제 권한만을 부여한다. 많은 경우에 영국 법원이 제3조 및 제4조에 의존해 온 반면, 영국 정부는 법원이 특정 입법이 유럽인권협약상 권리Convention rights와 양립할 수 없다고 판결하는 경우 거의 완벽하게 일관적으로 구제 명령을 제안하는 식의 관행을 발달시켜 왔고, 의회 역시 해당 조치를 일관되게 승인해 왔다.[58] 정부가 양립 불가능성(불합치)이라는 결과에 대응하지 않은 유일한 경우는 재소자 투표권인데, 이때 애초의 법원 판결(허스트 *Hirst* 판결)은 영국 법원이 아니라 유럽 법원의 것이었다.[59]

마찬가지로 캐나다 **권리자유헌장**의 경우 캐나다 법원에 강력한 구제 권한을 다양하게 부여하지만, 제33조하에서 거의 동등한 정도로 의회 및 주 입법부에 헌장에 의해 보호되는 권리에 우선할(권리를 무효화할) 수 있는 광범위한 권한을 부여한다. 다시 말하지만, 제33조하의 권한은 실제로 주의회에서는 좀처럼 활용되지 않았다(또한 연방의회에서는 아예 사용된 적이 없다).[60] 그러나 대법원 판결에 대한 통상적인 입법적 대응을 면밀히 살펴보면, 영국에 비해 캐나다에서는 강한 심사와 약한 심사의 더 복잡한 양태를 관찰할 수 있다. 대법원과 대화하려는 시도의 대부분은 (법원에의 후속적인 이의 제기가 없을 경우) **사실상** 성공했거나, 대법원이 헌장 제1조에 따라 이를 권리에 대한 합리적 제약으로 옹호하였기에 성공할 수 있었다.[61] 이에 대한 유일한 예외는 또다시 재소자 투표권과 관련되는데, 소베 II 판결*Sauvé II*에서 대법원이 재소자 투표에 대한 제약을 복원하려는 시도에 반대한 것이다. 그러나 이는 헌장 제33조에 따른 무효화 권한을 사용할 수 없는 사안에 해당하였으며, 캐나다 학자들이 "도전적인" 입법적 답변이라고 일컫는 것을 포함하여 입법적 후속안에 대한 대법원의 접근에서 규칙이라기보다는 예외에 해당하였다.[62]

따라서 캐나다 헌장하에서 사법심사는 **형식적으로나 사실적으로나** 약한 성격의 것으로 분류되는 것이 타당해 보인다.[63] 그러나 이러한 결론은 적어도 헌장 제33조의 영향하에서 캐나다 법원이 일반적인 입법 후속안이나 대화 시도를 지지하려는 의지에 전적으로 좌우될 것이며, 이러한 종류의 형식적 권한의 실제 발동에 달려 있지는 않을 것이다(표 7.1 참조).

표 7.1 사법심사의 종국성 모델의 실제

형태/실제	강한 선례구속성	약한 선례구속성
약한 공식적 종국성	사실상 강함	법률상 및 사실상 약함 (예 캐나다 제33조의 영향)
강한 공식적 종국성	법률상 및 사실상 강함 (예 미국의 케이시 판결에서의 논증, 캐나다의 소베 판결에서의 논증)	사실상 약함 (예 미 연방대법원의 케이시 판결에서의 실제)

B. 왜 (그리고 어떻게) 심사를 약화시키는가

따라서 법원은 그들이 작동하고 있는 헌법 구조에 대응하는 것을 넘어, 판결의 범위와 **종국성**에 대한 세 가지 광범위한 선택에 직면한다. 그들은 광범위하게 혹은 협소하게 논증하거나, 강하거나 약한 구제책을 제시하거나, 강하거나 약한 선례구속 원칙에 의존하는 것과 관련해 선택을 내릴 수 있다. 대응적 접근에는 이러한 종류의 모든 사법적 약화에 대한 강력한 논거 역시 존재할 것이나, 이는 법원이 맞서고자 하는 특정한 장애물에 대하여, 그리고 역타성이나 민주주의의 반발과 같은 예측 가능한 위험에 대하여 대응적인 방식으로 이루어진다.

1. 민주적 최소 핵심, 그리고 약-강 사법심사에 대한 실용주의적 논거

민주적 최소 핵심에 대한 공격 관련 사건의 경우 약화된 사법심사를 옹호하는 주장은 본질적으로 실용적이거나, 민주주의의 반발의 위험을 피하기 위한 우려와 연결될 것이다. 이러한 경우에 사법심사의 종국성 약화가 수행할 수 있는 역할이 여전히 존재할 수 있다. 그러나 사법적 약화에 대한 주장은 본질적으로 원칙적이기보다는 전적으로 실용적이다. 이는 민주주의가 무엇인지, 또 민주주의가 무엇을 요구하는지에 대해 합리적인 의견 차이가 존재한다는 것이 아니다. 오히려 이는 협소한 판결이나 약화된 구제책이 합리적인 민주적 의견 불일치를 표현할 기회를 확대하기보다는, 법원이 민주주의 수호를 위해 "살아남아 싸우도록" 도울 수 있다는 것이다.[64]

　예를 들어 구제 지연은 정치적 조건이 바뀌며 대중 또는 지식인층의 의견이 헌법적 집행에 유리하게 움직이도록 할 시간을 확보할 수 있게 한다.[65] 물론 이러한 변화가 항상 일어나는 것은 아니다. 때로는 제시된 헌법적 방식에 대한 반대가 시간이 지나며 사그라들기보다 오히려 증폭될 수 있으며, 구제 지연은 반대자에게는 판결 이행을 막을 기회가 존재한다는 신호가 될 수도 있다. 이는 미국 연방대법원이 브라운 I*Brown I* 및 II 판결에서 지연된 구제책을 채택한 효과를 이해할 수 있는 하나의 방법이다.[66] "신중한 신속함all deliberate speed"이라는 개념은 인종차별 철폐 반대자에게 인종통합 정책의 시행에 저항할 기회가 있음을 암시했을 수 있다.[67] 그러나 종종 구제 지연은 정치적 상황이 바뀌며, 사법 개입에 대한 정치적 관용이 더 늘어났음을 의미할 수도 있다. 강력한 헌법재판 기관의 경우 일반적으로 정치적으로 가장 민감한 헌법적 결정을 "연기"하거나 지연함으로써 가장 손상된 형태의 제도적 반발을 피할 것이다.[68]

지연은 또한 법원이 차후의 헌법적 집행에 대한 **법적** 지지를 제공하는 특정한 "법리적 표식" 또는 진술을 방론에 제시할 기회를 제공할 수 있다.[69] 이러한 법적 지지는 일반 법관이나 변호사의 시선에서 법원 판결이 가지는 정당성에 대한 인식을 강화하여 법원이 어떠한 문제에 대하여 행정부 또는 입법부 다수와 직접적으로 부딪힐 때 법원의 권위에 대한 더 큰 지지를 유발할 수 있다.

콜롬비아의 제1차 재선임 판결과 제2차 재선임 판결을 예로 들어 보자.[70] 제1차 재선임 판결에서 콜롬비아 헌법재판소는 우리베 대통령 스스로 대통령직 재선을 허용함으로써 재임을 추진하기 위해 콜롬비아 헌법을 개정하려고 한 시도가 합헌인지 판단할 것을 요구받았다. 헌법재판소는 결국 제안된 개정안의 정당성을 인정하였으나, 이 과정에서 개정권에 절차적·실질적 한계가 존재한다고 판시하였다.[71] 이로써 우리베와 의회는 관련 개정안은 통과시킬 수 있었지만, 헌법재판소는 이러한 헌법상의 한계를 개정하려는 **향후의 시도**에 대한 명확한 제한을 설정하였다.[72] 또한 당시 우리베는 65%가 넘는 지지율을 확보하고 있었다.[73] 그러나 헌법재판소는 강–약 심사의 형태를 취하였는데, 즉 관련 헌법적 한계의 **향후 개정 시도**에 대하여 명확한 절차적·실질적 제한을 설정하였으나, 해당 제한을 즉시 적용하거나 문제가 제기된 특정 개정안에는 적용하지 않기로 결정한 것이다.[74]

그러나 2010년의 제2차 재선임 판결에서 헌법재판소는 우리베의 3선 시도를 무효화하였다.[75] 이때에도 우리베의 개인적인 인기는 유지되었으나, 우리베 정부에 대한 지지율은 부분적으로 정부 부패 및 인권 유린 혐의로 하락하였으며, 대통령 리더십의 이양을 요구하는 판결에 대한 대중의 지지는 더욱 높아졌다.[76] 헌법재판소의 이전 판결인 2003년의 *C-551* 판결 및 **제1차 재선임** 판결 또한 재판소 판결에 대한 정당성 인식을 확대하는 방식으로 개정안의 실질적 정당성을 심사할 수 있는 헌법재판소의 권한을 규정하는 중요한 법리적 표식을 제시하였다.[77]

실제로 이러한 경우 법원의 과제는 정치적 독점의 위험에 대응할 수 있을 정도로 **충분히 강력한** 사법심사에 대한 보장이다. 이와 같은 맥락에서 사법심사의 목적은 민주적 최소 핵심을 침식하려는 입법적 또는 행정적 행위자의 공조 노력을 늦추거나 저지하는 데 있다. 이를 달성하려면 법원은 독재를 꿈꾸는 행위자의 목표 달성에 **즉각적**이며 구체적인 법적 장애물을 부과할 수 있어야 하며, 이는 기존의 입법적·행정적 조치를 무효화하고 법원 명령 이행을 돕도록 다양한 행정적 행위자에게 강제적 의무를 부과하는 식의 즉각적 효과를 가지는 강력한 구제책의 집행을 포함한다. 법원은 또한 독재를 꿈꾸는 행위자가 단순히 법원에 압력을 가하거나 법원의 논리를 협소하게 해석하여서는 이러한 장애물을 뛰어넘을 수 없음을 시사할 정도의 상당히 광범위한 논증을 수행할 필요가 있다.

제3장에서 언급했듯, 민주적 최소 핵심의 침식 시도는 어떤 경우에는 통상적이거나 하위 헌법적인 변화를 통해 발생할 수 있지만, 다른 경우에는 공식적인 헌법 개정을 통해서도 발생할 수 있다. 따라서 이러한 종류의 "남용적인" 헌법적 변화를 늦추거나 저지하기 위하여 법원은 일반적인 입법 과정에 가할 수 있는 것과 마찬가지로 헌법 개정 혹은 대체의 과정을 제한할 수 있는 권한을 가져야만 한다.[78] 공식적인 개정 절차가 민주적 반대 의견 표명의 역할을 할 수 있다는 점을 고려하면, 이는 꽤 강력한 — 사실상 잠재적으로 "초강력한" — 사법심사의 형태를 의미한다.[79] 그렇더라도 법원은 여전히 독립적이며 효과적인 사법심사에 대한 정치적 지지가 불충분하다는 것을 발견할 것이다.

2017년의 케냐 대통령 선거를 유보하고 선거관리위원회EBC(Electoral and Boundaries Commission)에 2010년의 민주 헌법 및 선거법에 의거하여 새로운 선거를 실시하도록 명령한 케냐 대법원의 판결을 생각해 보자. 이 판결은 선거 독점의 확실한 위협에 대응하려는 법원의 시도였다. 제3장에서 언급한 것처럼 대통령 선거 전 및 실제 선거 기간 동안 심각한 부정 선거 혐의가 제기되었으며, 대법원은 이에 새로운 선거를 명하고 선거관리위원회의 관리감독 및 개입을 강화하여 이에 대응하고자 하였다.[80] 그러나 이 판결은 궁극적으로 좀 더 자유롭고 공정한 선거를 장려하는 데는 충분치 않았다.

선거관리위원회 위원장은 선거의 공정성을 보장할 수 없으며 부정선거와 협박을 막을 수 없었다고 공개적으로 시인하였다.[81] (당시) 야권의 대통령 후보이던 라일라 오딩가는 이에 항의하여 선거에서 기권하였다.[82] 또한 우후루 케냐타 대통령과 측근들은 처음에는 대법원의 결정을 따르겠다고 약속하였으나, 금세 대법원의 권위와 독립성에 이의를 제기하였으며 결국 대통령 선거 결과에 대한 사법심사의 범위를 제한하는 선거법 개정안을 통과시켰다.[83] 따라서 지속적인 유권자 협박과 선거 조작에 대한 비난 속에서도 케냐타가 큰 득표 차로 재선에 성공한 것은 결코 놀라운 일이 아니었다.[84]

그러므로 이러한 맥락에서 민주주의를 효과적으로 보호하고자 대법원은 최초 대통령 선거뿐만 아니라 반복된 선거 역시 무효화할 수 있는 권한 그리고 우후루 케냐타 대통령과 측근들의 선거법 개정 시도를 막기 위한 선거법 개정이 동시에 필요하였다. 이와 같은 상황에서 법원은 권한은 보유하였으나, 정치적 지지나 능률은 충분하지 못하였다.[85]

2. 사각지대와 타성 부담: 약-강 심사를 위한 원칙적·실용적 사례

이와 반대로, 입법적 사각지대 및 타성의 부담을 수반하는 사건의 경우 사법심사의 종국성을 약화하는 원칙적 이유와 실용적 이유가 모두 존재할 수 있다. 사법적 구제책이 지나치게 약하면 법원은, 일반적으로나 민주주의의 장애물이 개인에게 미치는 영향에 있어서나, 민주주의의 장애물에 더 이상 대응하지 못할 실질적인 위험이 존재한다. 입법적 타성의 원천은 지나치게 깊숙하게 자리 잡았을 수 있으며, 법원 판결에 대한 활동적인 소수파로부터의 반대가 매우 강할 수도 있다. 또는 제5장에서 다뤘듯 입법부가 개인의 권리와 자격을 소급하여 변경할 수 있는 여지가 거의 없을 수도 있다.

낙태권을 예로 들어 보자. 콜롬비아의 2006년 판결인 C-355에서 헌법재판소는 헌법에 따라 콜롬비아 여성이 다양한 상황에서 낙태를 할 권리를 가진다고 판결하였는데, 여기서 다양한 상황이라 함은 임신이 여성의 생명이나 신체적·정신적 건강을 위협하거나, 임신이 강간, 근친상간, 기타 범죄로 인한 것이거나, "의학적으로 인증된 태아 기형"을 수반하는 경우를 의미한다.[86] 해당 판결은 이후 콜롬비아 보건부가 발표한 새 지침을 통하여 성문화되었다.[87] 그러나 가톨릭 단체 사이에서 해당 판결에 대한 강력한 반대가 제기되었으며,[88] 공적·사적 주체들은 판결의 효과적인 이행에 반대하여 다수의 장애물을 포진시켰다. 이들은 낙태 시행 전에 특정한 사법적 승인을 요구하였다.[89] 일부 건강보험사는 낙태 비용 지원에 동의하기 전에 낙태에 대한 사법적 명령을 요구하였다. 또 다수의 의료종사자가 수술 절차에 대한 양심적 거부를 근거로 낙태 시술을 거부하였다. 일부 법관 역시 같은 이유로 낙태 명령을 내리기를 거절하였다. 예를 들어 2009년 판결인 T-388에서는, 보험사가 사법적 명령 없이는 낙태 비용 지원을 거부한 사건에서, 1심 법관은 이러한 근거에 기반하여 사건 심리 자체를 거부하였다.[90] 이와 유사하게, 2011년 판결인 T-841에서도 건강보험사는 사법적 명령이 없는 상황에서 12세 소녀의 낙태 비용 지원을 거부하였다.[91]

그러나 2006년의 C-355 판결은 이러한 시도가 콜롬비아 내 여성의 낙태권을 완전히 무효화하지 못할 정도로 충분히 강력하였다. 즉 2013년 최고행정재판소State Council가 시행령Decree 4444호에 대한 이전의 개정 사항*을 무효라고 결정하였을 때에도, 콜롬비아 여성은 — 이 결정의 효력 그리고 이를 포함하는 더 광범위한 민주적 반발에도 불구하고 — 헌법재판소가 2006년에 인정한 낙태에 대한 직접적인 법적 권리(즉 강력한 구제책)에 의존할 수 있었다.[92] 이러한 낙태권은 실제로는 종종 제한적이었는데, 이는 헌법재판소가 2022년 판결인 *C-055*에서 임신 첫 24주 동안의 낙태권에 대한 거의 모든 법적 제한을 무효화하기로 결정한 이유를 부분적으로 설명해 줄 수 있다. 한편 만약 2022년 판결이 콜롬비아에서 현재의 민주적 다수 의견이 지지하는 것을 넘어섰다고 여겨지는 경우, 판결의 시행에 난관이 존재할 수 있다.[93] 그렇더라도 헌법재판소의 2006년 판결은 여전히 콜롬비아 여성이 합법적으로 낙태를 받을 권리의 확대를 보장할 정도로 충분히 강력하다.

비슷한 양상이 LGBTQI+ 권리에 대한 인정 과정에서도 나타났다. 2011년 판결인 *C-577*에서 콜롬비아 헌법재판소는 의회가 2013년 6월 전까지 동성관계에 대한 법적 인정의 형태를 마련해야 하고, 그렇지 않을 경우 동성 커플이 법관이나 공증인에게 그들의 결합을 공식화해 달라고 요청할 권리를 얻도록 결정하였다.[94] 의회는 해당 판결에 대응하여 법을 개정하자는 제안에 폭넓은 논의를 거쳤으나 가톨릭 교회 및 보수파 의원은 이러한 개정에 강력히 반대하였다. 이에 따라 동성 결혼을 지지하는 콜롬비아인은 점차 증가했지만, 동성관계의 인정을 확대하는

● 콜롬비아 보건부가 2006년 발표한 새 지침.

입법적 변화는 2013년 이전이나 이후 모두 의회에서 통과되지 못하였다.[95]

따라서 (논쟁적인) 타성의 부담의 영향을 극복하려면, 헌법재판소는 다시금 동성 커플에게 직접적이며 강력한 형태의 구제책을 제공할 필요가 있었다. 2011년의 *C-577* 판결은 이를 일정 부분 수행하였다. 헌법재판소의 약-강 접근법은 2013년 이후 공증인이 동성 커플의 "엄숙한 결합"을 나타내는 계약서를 발급하기 시작하도록 하였다.[96] 또한 2016년에 헌법재판소는, 2011년의 약한 형태의 구제책 혹은 대화적 구제책과 관련해 의회가 응답하지 않았음에도 불구하고, 동성 결혼에 대한 직접적 권리를 인정하는 판결을 내렸다.[97]

민주적 대응성을 더욱 촉진하는 데 법원이 행할 수 있는 역할에 대한 사례로 제3장부터 제5장에 제시된 사회권 관련 판결을 살펴보자. 남아공에서는 입법적·관료적 타성에 대한 확실한 증거가 **그루트붐** 및 **치료행동 캠페인**과 같은 판결의 배경으로 존재하였다.[98] 두 경우 모두 헌법재판소는 대체로 이러한 형태의 민주주의의 타성에 제한적인 영향을 미치는 방식으로 약한 구제책에 의존하였다.

헌법재판소는 **그루트붐**에서 판결을 뒷받침하기 위한 어떠한 형태의 강제적 구제 수단의 사용도 거부하였으며, 판결의 이행 여부를 관리하기 위한 감독관할권을 보유하는 것 역시 거부하였다.[99] 긴급 거처 제공의 필요성에 부응하는 주택 계획 개발을 위해 정부 내 다양한 단계에서의 완수 기간을 설정하지도 않았으며, 특정 정부행위자에 대한 어떠한 형태의 명령적injunctive 구제책도 내리지 않았다. 마찬가지로 **치료행동 캠페인** 판결에서 헌법재판소는 적극적 사회경제적 권리 보호에 대한 국가의 의무 — 즉 네비라핀 제공을 지원하는 데 필요한 임상·상담 서비스를 확대하기 위해 합리적인 조치를 취할 국가의 의무 — 를 지지하는 과정에서 어떠한 형태의 강제적 구제 또는 지속적인 관리감독도 거부하였다.[100] 헌법재판소는 이러한 의무의 이행을 위해 취한 조치에 대해 정부로 하여금 보고하는 것과 관련하여 시한을 부과한 고등법원의 명령을 파기하고 이러한 시한을 시행하기 위한 명령적 구제책 또는 구조적 (변경) 명령structural edict을 무효화하였다.

구조적 명령과 같이 더 시급하며 강제적인 구제책이 이러한 타성 극복을 위해 더 많은 역할을 했을지 예측하기는 어려우나, 대부분의 학자는 그럴 수 있었다고 주장한다. 그리고 헌법재판소가 약한 구제권이나 약한 사법심사권의 행사만을 하도록 제한되었다면 이는 불가능했을 것이다.[101]

동시에 대응적 접근은 이러한 유형의 사례에서 실용적이고 원칙적인 관점 모두에서 약화된 형태의 심사가 가지는 가치를 지적한다. 법원이 사법심사의 종국성을 약화시켜야 하는 경우 및 방법에는 분명히 중요한 제약이 있다. 법의 지배 원칙에 대한 기속에 따라 행정부 공무원은, 최소한 그들이 다루는 특정 사건과 관련하여, 법원의 명령을 준수해야 한다. 또한 법의 지배 원칙에 대한 기속에 따라 법원은 기존 판결에 대한 가장 넓은 해석까지는 아니더라도, 가장 협소한 해석의 구속력을 계속하여 주장하는 식으로 약화된 **선례구속의 원칙**을 적용해야 한다. 이는 개별 소송 당사자에게 정의를 보장하며 법적 제약에 대한 입법자의 더욱 광범위한 존중을 증진하게끔 한다.

이에 더하여, 역타성의 부담이라는 개념은 민주적 의견 불일치가 합리적이라고 가정한다. 따라서 법원 판결에 대한 입법적 대응이 존중받을 자격을 갖추려면 그러한 대응이, 쟁점에 대한 법원의 기존 논증과 소통하려는 의지를 포함하여, 입법자의 합리적 심의 과정에 기반을 두어야 한다.[102] 이와 비슷하게, 일리 스스로도 지적한 바와 같이, 합리성이라는 개념은 법원이 특정 그룹에 대한 적개심이나 적대감을 반영하는 법안을 옹호해야 한다는 생각을 배제한다.[103]

그러나 이러한 주의점에도 불구하고 대응적 접근은 법원이 민주주의의 역타성과 쇠약의 위험을 해석적 선택 과정의 일부로 간주할 원칙적이고 실용적인 이유가 모두 존재함을 보인다. 이러한 맥락에서 법원은 "최소한의 핵심" 또는 헌법적 민주주의의 보호나 증진을 추구하는 것이 아니라, 민주적 규범이 요구하는 것이라는 더 광범위하며 논쟁의 여지가 있는 개념을 추구할 것이다. 또한 사법심사의 전제가 헌법이 요구하는 것에 대한 다수주의적 이해를 옹호하려 하는 것이라고 본다면, 법원 판결은 높은 수준으로 대중의 지지를 받을 것으로 기대할 수 있다. 민주적 다수가 법원의 판결에 반대할 확률은 명백하게 낮을 것이며, 심지어는 대중적 의지의 표출을 가능하게 한 법원에 고마워할 수도 있다. 따라서 판결에 대한 대중의 반대는 법원이 진화하는 여론의 윤곽을 민주주의의 반발 그리고 민주주의의 역타성의 실제 위험을 야기하는 방향으로 잘못 읽었다는 신호로 볼 수 있다.

그러나 법원 판결이 더 약하고 덜한 종국성을 갖는다면, 이러한 위험은 훨씬 감소한다. 이는 입법부에 대하여 자유롭게 법원 판결의 영향을 수정하거나 축소하며 법원과의 "대화"에 참여할 수 있다는 것이 훨씬 명확해질 것이기 때문이다.[104] 사법적 결정의 종국성을 약화시키는 것은 원칙에서도 벗어나지 않는다. 이는 단순히 법원이 민주적 대응성에 대한 두 가지의 상충하나 동일하게 원칙적인 고려 사항에 적절한 비중을 부여함으로써 헌법 해석 과정에서 전반적인 민주적 대응성을 어떻게 최선으로 촉진할지의 방법을 따져 보는 것에 관한 것일 뿐이다.

예를 들어 독일에서는 연방헌법재판소의 낙태권에 대한 판결을 두고 민주적 논쟁이 이어지고 있다.[105] 1975년의 낙태 I*Abortion I* 판결에서 연방헌법재판소는 기본법에 근거하여 태아의 "생명권"에 대한 광범위한 견해를 옹호하고 여성의 (예를 들어 건강과 반대되는 의미에서) 자기결정권보다 생명권의 "우위"를 지지함으로써 임신 제1삼분기의 낙태를 자유화하려는 연방의회의 시도를 무효화하였다.[106] 해당 판결은 특히 독일 통일 이후 강력한 민주적 반대 의견에 부딪혔으며, 1992년에 연방의회는 여성이 국가가 지원하는 특정 형태의 낙태 방지 상담을 받는 것을 조건으로 임신 제1삼분기의 낙태를 비범죄화함으로써 1975년의 자유화에 대한 노력을 재현하려고 시도하였다.[107]

또한 낙태 II*Abortion II* 판결에서 연방헌법재판소는 낙태 상담이 여성의 낙태 결정과 관련하여 중립적이기보다는 명백하게 낙태 반대적이라는 조건하에서 임신 제1삼분기의 낙태를 비범죄화하는 것을 옹호함으로써 이러한 대화적 시도를 대체로 지지하였다. 이러한 결과가 나올 여지는 연방헌법재판소의 이전 결정인 낙태 I 판결에서도 어느 정도 존재하였다.[108] 낙태 I 판결에서 연방헌법재판소는 연방의회가 "형벌적 제재 이외의 수단으로 [순전하게 재량적인 낙태에 대한] 헌법적으로 허용되는 수준의 반감을 표현"할 수 있으며, 이러한 목적상 중요한 것은 관련 법적 수단의 "전체적 성격totality"은 명백한 형법적 금지에 상당한 수준에서 태아에 대한 보호를 "사실상 보장한다"는 점을 명백하게 밝혔다. 이는 1992년 낙태 찬성파 및 중도파 입법자가 (낙태에 대한) 합법화가 아니라 비범죄화, 그리고 개방적인 상담이 아니라 노골적인 낙태 반대적(친생명적) 상담 모델에 동의하는 과정에서 근거한 이론 바로 그것이었다.

이는 또한 미국 연방대법원이 로 판결에서 어떻게 판단했어야 했는지와 관련하여 제6장에서 제기한 질문에 답한다. 역타성에 대한 우려 및 입법적 대화의 가능성을 보존해야 할 필요성은 입법부가 어떠한 경우에 헌법상의 낙태권을 정당하게 제한하거나 이에 부담을 부여할 수 있는지에 관한 질문에 대하여 연방대법원이 훨씬 협소하며 규준standard을 제시하는 방식을 채택하는 것을 선호하였을 것이다. 케이시 판결에서도 이는 연방대법원이 기존 판결을 협소화하는 것—즉 헌법상 기본권으로 낙태권을 인정하는 로 판결의 핵심 판시 사항을 강조하며, 임산부에 대한 적의나 무시 또는 여성의 역할에 대한 선입견에 근거한 입법적 논리가 아니라 여성과 태아 간 상충하는 권리의 균형을 맞추려는 입법부의 합리적인 시도에 대해서만 이를 따를 필요가 있다고 주장하는 것—을 지지했을 것이다. (이는 헌법상의 낙태권에 대한 기존 인식 모두를 무효화한 돕스 판결과 케이시 판결을 구분짓는 것이기도 하다.)

민주적 반발의 위험은 법원에 더 어려운 질문을 제기한다. 이러한 반발에 대응하려면 법원은 순수하게 원칙에 입각한 판단을 내리기보다는 실용적이거나 타산적인 판단을 내려야 한다. 어떤 이들은 이에 대해 심각한 이의를 제기하는데, 이들의 견해에 따르면 법원은 "순수한" 원칙의 광장이어야 하며 이러한 종류의 위험에 대한 고려는 배제한 채 민주적 헌법 요건에 대한 자체적인 최선의 해석을 채택해야 한다.[109] 이러한 견해를 가진 이들에게는 이와 같은 방법론에서 탈피하는 것이 법원의 법적 정당성을 훼손할 수 있는 위협인 것이다.[110]

헌법적 의사결정에 대한 더 실용적인 이론은 법원이 스스로의 역량 및 정당성에 대한 한계를 고려해야 한다는 생각을 수용한다.[111] 예를 들어 일리의 스승이자 예일대 동료인 알렉산더 비켈은 "어떠한 좋은 사회도 원칙이 존재하지 않을 수는 없으며, 어떠한 자립적인 사회도 원칙이 지배할 수는 없다"라고 주장하였다.[112] 동일한 이해가 사법심사에도 적용된다. 사법심사가 정당성을 갖추려면 헌법 원칙에 대한 기속에 기반을 두어야 하지만, 이는 동시에 원칙에 입각하지만 전략적인 접근법 혹은 "원칙에 입각한 실용주의principled pragmatism"[113] 철학을 통해 타산적인 고려 역시 수용해야 한다.

그러나 "원칙에 입각한 실용주의"의 옹호자들은 법원이 잠재적인 민주적 반발의 우려에 어느 정도로 대응해야 하는지에 대하여 서로 다른 의견을 보인다. 일부 실용주의론의 경우 법원이 해석적 선택 과정의 부분으로서 민주적 반발의 위험을 고려하며 이에 대응하는 것은 항상 허용될 것이라고 주장한다.[114] 다른 학자들은 법원 스스로의 사회적 정당성 또는 명령을 이행할 법원의 능력을 위협하는 정도에서만 이와 같은 위험을 고려해야 한다고 주장한다.[115]

사법심사에 대한 대응적 접근은 두 번째 접근방식을 선호한다. 대응적 접근은 법관이 본인의 제도적 역량에 대한 제약에 대응하는 일환으로만 민주적 반발의 위험에 주의를 기울여야 한다고 강조한다. 또한 대응적 접근은 법관이 스스로의 특정한 제도적 맥락에 대응적으로 이러한 판단을 내려야 한다고 제안하는데, 다시 말해 법관이 속해 있는 법원이 현재 향유하고 있는 제도적 자산 또는 정당성의 정도를 고려해야 한다는 것이다. 예를 들어 일부 법원은 상당히 높은 수준의 사회적 정당성을 가질 수 있는데, 이는 법원의 특정 판결이 그러한 정당성을 훼손할 위험성을 줄인다.[116] 한편 다른 법원의 경우에는 더 최근에 도입되었거나 훨씬 취약하여 사법적 제약이나 주의가 더 강하게 필요함을 시사할 수 있다.

물론 선거 결과가 법원의 제도적 역할과 정당성에 간접적인 영향을 미칠 수도 있다. 따라서 판결이 선거에 미칠 영향을 고려하는 것은 더욱 즉각적이며 제도적인 판결의 영향을 고려하는 논리적인 부분으로 간주될 수 있다. 그러나 이 견해는 이러한 종류의 판결이 선거 정치와 밀접한 관련을 가지면서 거의 전적으로 결과주의적인 형태의 논증을 수반할 수 있음을 경시하며, 따라서 정부의 정치기관으로부터의 법원의 실제 독립성 혹은 독립성에 대한 인식 모두를 해칠 위험을 경시한다. 이는 또한 이러한 종류의 판단이 높은 수준의 불확실성을 포함할 수 있음을 무시한다. 민주적 선거 결과를 예측하는 것은 광범위한 공적·사적 여론 조사를 실시할 수 있는 정치 전문가에게조차 극도로 어려운 일이며, 이는 법관이 잘 훈련을 받거나 자원이 제공되어도 할 수 있는 일이 아니다.

따라서 대응적 접근에서 법원은 이러한 결과가 발생할 가능성이 있으며 스스로의 제도적 역할을 위협할 가능성이 있다고 확신하는 경우에만 선거에 대해 판결이 가질 수 있는 폭넓은 영향에 관한 우려를 고려해야 한다. 이러한 판결을 내릴 때에도 법원은 이와 같은 반대 의견이 민주적 관점에서 실제로 합리적인지 고려해야 한다. 법원이 반대 의견을 합리적이라고 보는 경우, 이러한 종류의 반대 의견에 대응하는 데 원칙적인 주장과 실용적인 주장이 모두 존재하게 될 것이며, 이와 달리 반대 의견이 불합리하다고 인식할 경우에는 이에 대응하는 유일한 근거는 본질적으로 실용적일 것이다.

따라서 로와 같은 판결에서 대응적 접근은 헌법상의 재생산권 법리가 더욱 광범위한 선거적 결과 또는 더 폭넓은 보수적 사회 정치 운동의 부상—1973년에는 어떠한 이도, 당연히 어떠한 법관도, 확실히 예측할 수 없었던 전개—에 미친 영향을 연방대법원이 예측하거나 이에 대응하기 위해 노력했어야 한다고 주장하지 않는다. 또한 대응적 접근은 미 연방헌법이 태아의 생존 가능성 인정 전후에 낙태 수술에 대한 적절한 접근을 통하여 여성의 자율성과 존엄성에 대한 보호를 요구한다고 본 로나 카하트 I 판결의 핵심 판단 사항을 연방대법원이 케이시, 카하트 II, 또는 돕스 판결에서 완전히 회피하거나 이로부터 후퇴한 것이 적절했다고 주장하지도 않는다.[117] 그러나 대응적 접근은 로 판결의 범위를 결정할 때 연방대법원이 그러한 결정에 합리적인 민주적 반대 의견을 낼 가능성에 대한 원칙적 우려 및 그러한 판결이 연방법원 예산, 사법관할권 및 구성에 공격을 촉발할 가능성에 대한 타산적인 우려 모두를 고려했어야 함을 시사한다. 이는 케이시, 돕스와 카하트 I과 카하트 II 판결에서도 마찬가지이다.

C. 강-약/약-강 사법심사를 향하여

결국 대응적 접근은 법원이 민주주의의 사각지대 및 타성의 부담에 맞설 때 약한 심사와 강한 심사를 결합하는 것—즉 즉각적이며 강제적인 구제책을 덜 지시적인 형태의 심사와 결합하는 것—이 가치가 있다고 제안한다.[118]

이러한 종류의 "강-약" 또는 "약-강" 형태의 사법적 개입도 다양한 형태를 취할 수 있다. 이들은 광범위하거나 강력한 권리를 약한 구제책과 결합하거나(강한 권리, 약한 구제책), 협소하거나 약한 권리적 접근을 강력한 구제책과 결합하거나(약한 권리, 강한 구제책), 광범위하거나 강력한 사법적 논증을 약한 선례구속의 원칙과 결합하거나(강한 권리, 약한 선례), 혹은 긴급하지만 강제적이지는 않은 구제책 또는 지연적이나 강제적인 구제책의 조합(약-강/강-약 구제책)을 취할 수 있다.[119]

B절에서 지적하였듯, 낙태 I과 낙태 II와 같은 판결은 약한 권리와 강한 구제책이라는 접근법을 구체화한 반면, 로와 케이시 판결은 강한 권리와 약한 선례구속의 원칙의 결합 사례에 해당하였다.[120] 로런스 판결은 약한 권리에 강한 구제책을 수반하는 결정으로 여겨지며, 이는 남아공에서의 새치웰Satchwell v. President, 뒤 투아Du Toit v. Minister of Welfare 및 제이앤드비J and B v. Director General 판결과 같이 LGBTQI + 권리와 관련된 초기 판결에서도 마찬가지이다.[121] 반대로 동성 결혼에 대한 캐나다 및 콜롬비아의 초기 판결은 강한 권리와 약하거나 지연된 구제책의 혼합을 수반하였다.[122] 다수의 사회권 판결에서는 법원이 약한 권리와 구제책 및 강한 권리와 구제책의 혼합에 의존하였다.

콜롬비아 국내 난민이나 인도 점심 급식 판결을 예로 들어 보자. 콜롬비아 국내 난민 판결에서 헌법재판소는 이행에 대한 관리감독을 담당하는 특별 원院을 재판소에 만들어 해당 과정과 관련한 사법관할을 유지하였다.[123] 이러한 의미에서 이 판결은 본질적으로 강한 형태의 사법적 구제에 기반하였다. 그러나 이러한 구제책은 "약한 권리"적 접근법—즉 국내 난민의 권리를 보호하며 실현하는 최선의 방법을 결정하는 데 조정 가능한 개방적인 접근법— 및 약화된 혹은 "실험주의적" 사법심사 개념과 연관된 비지시적이며 참여적인 구제 과정과 결합하였다.[124] 마찬가지로, 점심 급식 판결에서 인도 대법원은 판결에 대한 준수 여부를 관리감독하는 특별 재판부를 만들었으며, 판결의 이행과 관련하여 감독관할권을 유지하였다.[125] 그러나 제5장에서 언급했듯, 이 역시 사법적 집행에 대한 더 약하며 실험주의적인 접근법을 택하였다. 대법원은 국가 및 주 위원을 임명하여 법원 명령의 이행에 대한 정보를 수집하고 이행에 대한 권고 사항을 각 주 및 대법원에 제안하도록 하였으며, 후속 명령을 내릴 때 이러한 권고 사항에 의존하였다.[126]

약-강 구제책 자체도 여러 다른 형태를 취할 수 있다. 법원은 무효화에 대한 "유예적 선언"을 내리거나, 법률이 무효라고 선언하면서 (강력한 형태의 강제적 사법심사의 전형적 특징) 주어진 기간 동안 그러한 명령이 가지는 효과를 지연하는 방식을 택할 수 있다.[127] 대안적으로 법원은 어떠한 형태의 강제적 또는 감독적 구제책을 수반하지 않으면서도 즉각적인 구제책을 발급하는 것을 택할 수도 있다. 혹은 퇴거 명령, 재개발 또는 기타 형태의 강제적 국가 행위와 같은 추가 조치에 대한 전제 조건으로, 정부 공무원이 대화나 협의에 참여하도록 요구하는 "참

여" 구제책을 내릴 수도 있다.[128]

유예적 무효 선언은 구제에서 강력함의 요소, 즉 강제성과 구제에서 약함의 요소, 즉 지연을 결합한다. 이러한 지연은 민주주의가 문제를 논의하고 관여하는 데 필요한 시간에 비해 상대적으로 짧을 수 있으며, 개별 소송 당사자의 관점에서 봤을 때는 상당히 긴 시간일 수도 있다. 또한 이러한 지연의 기간은 필연적으로 시민이 새로운 법적·정치적 현상現狀, status quo에 대해 토론하고 적응해 나가는 데 걸리는 시간의 정도에 영향을 미칠 것이고, 헌법적 결과물에 대한 지지를 높이고자 개입하는 정치적·법적 변화를 위한 시간이 존재하는지 여부에 영향을 미칠 것이다.[129] 그러나 이러한 종류의 구제책은 필연적으로 입법부가 새로운 법적 현상에 의해 만들어지는 타성 없이 문제에 대한 조치를 취할 기회와, 헌법적 결과물의 실질적·인지적 정당성 모두를 향상할 수 있는 방식으로 정치조직이 문제를 논의해 나갈 시간을 제공한다.[130]

참여 구제책은 암묵적으로 약한 구제책 및 강한 구제책의 혼합에 의존한다. 이러한 구제책은 국가가 다른 조치를 취하기 전에 참여나 협의가 있어야 함을 요구한다. 그러나 이러한 구제책은 참여나 협의가 진행되어야 하는 특정한 시간 프레임을 구체화하지는 않으며, 이러한 구제책은 의무적 명령이지만 오직 참여의 방법이나 내용이 아니라 특정 형태의 참여가 있어야 한다고 요구하는 한에서 강제적이다. 그런 의미에서 이러한 구제책은 사법적 개입의 긴급성과 강제성의 정도 모두에서 약-강의 형태이다.

강한 구제책 자체도 마찬가지로 기간 및 강도가 다양할 수 있다. 예를 들어 법원은 일회성의 강제적 명령을 내릴 수 있으며, 지속적으로 명령의 이행을 감독하는 역할을 맡을 수도 있다. 이러한 종류의 "구조적 변경 명령", 구조적 금지 명령 또는 감독 명령은 특히 강력한 사법적 구제 수단이기도 하다.[131] 이는 법원에 지속적이고 긴급하며, 법원 명령의 불이행에 대한 이행 명령orders for contempt of court을 포함하여 다양한 강제적 명령을 내릴 권한을 부여한다.[132] 그러나 세사르 로드리게스 가라비토César Rodriguez-Garavito는 이러한 종류의 강력한 관리감독 자체가 다소 강하거나 약한 정도, 또는 본질적으로 "독백적"이거나 "대화적"인 정도를 강조한다. 이는 접근법에서 하향식 및 법원 주도적이거나 또는 상향식, 참여적 및 대화적일 수 있으며, 진행 상황 측정을 위한 기준, 해당 진행 상황에 대한 정보 및 이행의 개선을 위한 제언을 창출하기 위해 공청회나 광범위한 시민사회 활동가 및 이행 담당 정부 기관에 의존한다.[133] 좀 더 하향식의 모델이 더 순수한 형태의 강한 심사를 수반하는 경향이 있는 반면, 좀 더 상향식의 모델이 사법적 강함과 약함의 요소를 결합한다(표 7.2 참조).

약-강 심사의 각 모델에는 장점과 단점이 존재하며, 지나치게 강한 심사와 약한 심사 간 균형을 잡는 데 무엇이 가장 적합할지는 사건의

표 7.2 강-약/약-강 심사의 변화적 형태*

약-강 심사	구제책	선례구속성
권리	강한 권리, 약한 구제책(강-약) 협소한 권리, 즉각적이며 강제적 구제책(약-강)	광범위한 권리, 약한 선례구속성 (강-약)
구제책	지연되나 강제적 또는 감독적 구제책(약-강)	즉각적이나 선언적(강-약)

* 위의 주 9 참고.

성격 및 이와 관련된 민주주의의 장애물에 달려 있다. 예를 들어 강한 권리-약한 구제책은 대개 민주적 최소 핵심에 대한 위협과 관련된 사건에 가장 적합할텐데, 이 경우 법원은 제안된 입법적·헌법적 변화가 가져올 민주주의에 대한 위험을 명시적으로 지적하려고 하며 이는 즉각적인 정치적 반발을 촉발할 정도로 즉각적이거나 대립적이지는 않은 방식으로 이루어질 것이다. 유예적 무효 선언은 일반적으로 입법적 사각지대나 타성의 부담이 연루된 사건에 적합한데, 예를 들어 남색sodomy에 대한 형법적 금지 또는 결혼에 대한 이성관계적opposite-sex 정의에 대한 도전과 관련하여 앞서 논의한 사례와 같은 경우에 그러할 것이다. 감독적 구제책은 복합적인 타성의 부담과 관련된 사례―즉 입법부의 감독 실패와 행정부의 헌법적 요건 이행에서의 실패 모두―에 대응하는 데 가장 적합할 것이다.[134] 또한 참여 구제책은 행정부에 의한 실제 권리 침해나 위협적인 권리 침해의 경우, 그리고 입법적 또는 행정적 사각지대의 경우에 적절할 것이다. 참여 구제책은 시민사회의 소송 지원 구조에 대응함과 동시에 이를 구축할 필요가 있는 경우에 특별한 가치를 지닐 수 있다.

또한 국가별로 이와 같은 서로 다른 형태의 약-강 심사를 활용하려는 법원 의지의 역사에도 차이가 존재한다. 다만 이러한 의지의 역사는 법원이 다른 국가의 법원의 접근법을 이해하고 배우면서 변화할 수 있다.[135] 예를 들어 남아공 헌법재판소는 유예적 무효 선언 및 참여 구제책은 내리나, 감독적 명령이나 "구조적 명령"은 내리지 않는 경향을 보인다.[136] 그런데 이는 바뀔 수 있는 것이어서 현재 헌법재판소는 이러한 다양한 형태의 약-강 구제책을 모두 발부하고 있고, 다만 이러한 변화의 정도는 불분명하게 남아 있다.[137] 이와는 대조적으로 인도와 콜롬비아에서는 대법원과 헌법재판소가 그들의 명령의 준수 정도에 대한 지속적인 관리감독을 수행할 의지를 지속적으로 보여 왔다.[138] 따라서 점심 급식 및 국내 난민 판결 모두에서 법원은 판결의 이행을 모니터링하기 위한 특별 재판부를 배치하였다. 해당 재판부는 각 판결에서 법원의 최초 명령이 내려지고 난 후에 10년 이상 계속하여 일정하게 열리며 보고를 받는다.[139]

그러나 약-강 심사 모델은 모두 자주 언급되지는 않으나 궁극적으로 공통의 논리에 의존하는데, 즉 법원은 약한 형태의 판결에 대한 합리적이며 근거 있는 입법적·행정적 대응을 어느 정도 존중할 용의를 가진다는 것이다. 실제로 이는 계약법에서 적용되는 동일한 종류의 "제재적 임의규정penalty default" 체계를 적용하는 법원의 경우와 관련될 것이다.[140]

계약법에서 임의규정default rule이란 당사자가 사전 합의를 통해 약정할 수 있는 조건(조항)이다.[141] 제재적 임의규정의 개념은 임의규정의 특수한 하위 분류 규정으로 "적어도 한 명의 계약당사자에게 임의규정에 따른 계약 인센티브를 제공하여 그들이 선호하는 계약 조항을 적극적으로 선택하도록 고안된" 것이다.[142] 헌법적 맥락에서 이는 입법부 또는 행정부가 법원의 명령에 따른 조치를 취하지 않을 경우 적용될 임의규정을 법원이 정해야 한다는 아이디어로 연결된다.[143]

데이비드 랜도는 이를 "공격적인" 약한 심사의 형태라고 부르며, 포 젠 얍Po Jen Yap은 이를 "엄밀한with bite 유예 명령"이라고 일컫는데, 즉 이는 유예된 무효 선언을 "유예 기간 만료 시까지 입법적 불이행이 계속되는 경우 자동으로 효력을 발휘하는 것으로 해석되는 구제책 조항"[144]과 결합하는 아이디어이다. 이와 같은 "엄밀한 유예 명령"의 논리는 협상된 결과물의 이행이 불가능한 경우를 관할하기 위해 사법적으로 정의된 임의규정이 수반되는 참여 구제책이나 과도하게 포괄적인 법률이 유예 기간 만료에 따라 자동으로 효력을 상실하는 유예된 무효 선언에도 적용될 수 있다. 이는 감독 명령이나 구조적 변경 명령 또는 금지 명령에 의거한 법원의 감시에도 적용될 수 있으며, 이에 따라 법원은 **명백한** 불이행noncompliance이 발생한 경우 후속 감시를 늘리거나 이에 참여하게 된다.

또한 헌법상의 제재적 임의규정의 개념은, 입법자 또는 행정상의 행위자가 충실하고 합리적인 방식으로 조치를 취하는 경우 제안된 사법적 임의규정은 적용되지 않으며 그 대신 법원은 헌법적 이행에 대한 최선의 접근과 관련된 정치적 부문의 헌법적 판단을 존중할 것이라는 점을 시사한다.[145] 비슷한 맥락에서 이 개념은 행정부가 법원의 명령을 이행하기 위해 합리적이고 능동적인 방식으로 행동한다면 법원은 높은 비용이 들며 침해적인 사법적 감시를 해제하여 그러한 노력에 더욱 존중을 표하는 식으로 대응해야 한다고 제안한다.

이러한 종류의 제재적 임의규정의 구조는 입법자와 행정부 공무원에게 주어진 기간 내에 조치를 취하도록 하는 명확한 유인책을 제공한다.[146] 즉 이 구조는 정치적 행위자가 헌법 규범 및 요건을 형성해 나갈 자유를 부여하는데, 다만 오직 그들이 주어진 기간 내에 법원 논증에 대응적인 방식으로 조치를 취할 경우에만 그러할 것이다. 이는 또한 정치적 행위자에게 타성을 극복해야 할 이유를 제공하고 기존에 무시했거나 간과했던 문제에 대해 고심할 근거를 제공한다.

그러나 이러한 종류의 약-강 심사가 효과적이려면 두 가지 핵심 사항이 요구된다. 첫째로 법원은 최소한, 단지 최협의의 법적 개혁(법률 개정)이 아니라 광범위한 헌법적 변화(개헌)의 가능성을 헌법적 임의규정의 형태로 제기해야 한다. 둘째로 제4장에서 제안한 대로, 법원은 입법적·행정적 무대응의 경우와 달리 헌법 규범의 적극적인 입법적·행정적 이행에 더 큰 존중을 보여야 하거나 "판단의 여지(재량)"를 보여야 한다. 예를 들어 어떤 법원이 약-강 구제책을 제시했으나 향후 사건에서 법적 개혁을 요구하는 데 좀 더 나아갈 수 있도록 준비되어 있음을 시사하지는 않았다고 해 보자. 예상할 수 있듯, 입법부는 이러한 종류의 판결에 매우 협소하며 형식적인 조건으로 대응할 것이며, 이는 당해 지역 내에서 더욱 광범위한 민주적 타성을 극복하는 데에는 별 도움이 되지 않을 것이다. 한편 더 나아가서 법원이 장래에 헌법적 변화가 필요할 수 있음을 시사하는 경우에는 입법부가 더 이상의 문제 제기를 막기 위하여 법률을 개정할 훨씬 더 큰 동기가 부여될 것이다.

LGBTQI+ 권리 인정에 관한 판결을 살펴보자. 홍콩의 더블유 판결에서 최종항소법원Court of Final Appeal은 2004년 영국의 젠더승인법Gender Recognition Act을 홍콩에서의 입법적 개혁의 잠재적 모델로 언급하며, 법원이 지적하는 문제에 대한 입법적 관심을 요청하였다.[147] 그러면서도 법원은 명시적으로 "그러한 법률의 제정 여부는 입법부가 결정할 문제"라고 밝혔다.[148] 그 결과 정부는 트랜스젠더의 결혼을 인정하는 가능한 한 가장 협소한 형태의 입법 개혁안을 제시하였으며, 트랜스젠더 정체성에 대한 다른 형태의 인정은 제안하지 않았다. (하지만 오히려 해당 문제를 살펴보기 위한 독립적 실무 그룹의 창설을 제안하였다.)[149] 제안된 법안이었던 2014년의 혼인(개정) 법안Marriage (Amendment) Bill은 부분적으로 이러한 이유로 입법위원회Legislative Council에서 결국 부결되었다.[150]

입법 실패에 대비하여, 최종항소법원은 수술을 거친 트랜스젠더를 기존 혼인 조례Ordinance의 문구 내에 포함하여 읽을 것임을 분명히 하였다.[151] 그에 따라 LGBTQI＋ 권리의 옹호자에게는 제안된 개정안에 찬성하는 투표는 트랜스젠더 권리 발전과 무관해졌고, 반대자에게 이러한 찬성 투표는 중요한 상징적 패배이자 동성관계에 대한 더 포괄적인 인정으로 흘러가게 되는 잠재적 파국을 나타내었다. 따라서 이 법안에 친민주파 의원 20명과 보수파 의원 20명이 반대표를 던지면서 법안이 결국 부결된 것은 놀라운 일이 아니었다.[152] 결국 2022년을 기준으로, 최종항소법원의 더블유 판결 자체에 따라 수술을 거친 트랜스젠더는 자유롭게 결혼할 수 있지만, 홍콩에서 트랜스젠더의 정체성 인정 확대를 위한 폭넓은 입법적 시도는 존재하지 않는다.[153]

남아공에서는 2000년대 초 동성 커플을 다양한 법적 혜택에서 배제하는 법률이 성적 지향을 근거로 하는 용납할 수 없는 차별이라는 헌법재판소의 판결들 이후 유사한 양상의 입법적 무대응이 전개되었다.[154] 해당 판결에서 헌법재판소는 이러한 종류의 차별을 끌어내는 법률은 무엇이든 반드시 위헌이라고 밝히지는 않았으며, 커플에 혜택을 부여하는 법률의 적용 대상에 동성 커플을 포함하였을 뿐이었다. 당연하게도, 이러한 판결 역시 입법적 대응을 끌어내지 못하였다. 관련된 법적 혜택에 대한 접근을 확대하기 위해 필요한 것은 아무것도 없었기 때문이다. 그러나 푸리 판결[155]에서 헌법재판소는 동성관계에 대한 권리 인정에서 더욱 폭넓은 접근법을 취했으며, 강한 권리 및 구제책 그리고 약한 권리 및 구제책을 혼합하여 채택하였다.

헌법재판소는 **푸리** 판결에서 동성 결혼이 헌법상 **요구되는** 것이라고 판시하는 것을 피한 채 이 문제를 국회에 회부하여 12개월 동안의 숙고를 거치게 한 한편, 동성관계에 대한 인정을 받아들이지 않으면 더 많은 헌법적 문제 제기가 발생할 수 있음에 대한 여러 가지 암시를 제공하였다.[156] 헌법재판소는 물질적·의미적 차원 모두에서 동성 결혼의 평등을 강조했으며, 시민 간 결합에 기반한 어떤 모델이라도 이성 커플과 동성 커플 간에 차별을 가할 수 없음을 시사하였다.[157] 헌법재판소는 또한 국회가 12개월 이내에 법안을 제출하지 않으면 동성 결혼이 사법적 법 해석 절차를 통해 정당화될 것임을 확실히 하였다.[158] 따라서 국회에 보내는 메시지는 분명하였다. 단순히 동성 커플을 위한 시민적 결합 개념을 도입한 채 혼인법 자체를 개정하지 않는다면, 해당 입법에 대한 헌법상의 문제 제기에 직면할 가능성이 높으며, 아무 조치도 취하지 않을 경우 동성 결혼은 어쨌든 채택될 것이라는 것이다. 이는 아프리카 국민회의ANC 정부의 여러 지지자가 반대하는 결과이기도 하였다.[159]

따라서 판결에 대한 대응으로 ANC 다수파에게 가장 매력적인 선택지는 동성관계의 평등을 인정하는 입법적 조치를 마련하면서 다만 이성혼과 동성혼을 구분 짓는 방식이었다. 이는 ANC 다수파가 2006년의 시민 **결합법**Civil Unions Act 2006을 통해, 이름만 그렇지 실질적으로는, 동성혼을 입법화한 것과 정확히 일치하는데, 이는 동성 간의 결혼을 효과적으로 합법화한 법률이다.[160]

제6장에서 지적한 대로, 본질적으로 수사적rhetorical 형태의 헌법적

대화를 요청하는 판결과 실질적real 형태의 헌법적 대화를 요청하는 판결 간에는 결정적인 차이가 존재한다.[161] 어떤 판결은 약화된 심사 형태를 취하며 실질적인 사법–입법 간 대화의 형식을 요구할 수 있는 반면, 다른 판결의 경우 입법자에게 헌법 이행 과정에서 순전히 명목상의 "준수"에 방점을 둔 역할을 부여할 수 있다.[162] 이러한 두 가지 접근법은 또한 민주주의에 매우 다른 함의를 가질 것이며, 법원의 판결이 역타성의 부담이나 민주주의의 쇠약으로 이어질 것이라는 위험을 대하는 데에도 그러할 것이다. 입법자와의 실질적인 대화를 유도하는 판결은 민주 헌법적 토론과 판단을 위한 중요한 공간을 제공하며, 입법자가 헌법적 판결에 대한 적극적인 입법 심의에 참여할 동기를 부여한다.

반대로 공식적으로는 약한 형태이나 **사실상** 강한 판결의 경우 입법자에게 민주 헌법상의 선호와 이해를 (재)주장할 수 있는 유의미한 여지를 거의 제공하지 않는다. 이러한 판결은 입법자가 헌법 이행에 대한 스스로의 역량이나 실적을 향상할 유인책을 거의 제공하지 않는데, 그러한 향상의 노력이 사법적 관리감독이나 제재의 가능성을 줄이거나 제거하는 데 아무런 도움이 되지 않는다는 점에서 그러하다. 또한 의미 있는 실질적 판단의 기회를 부여하지 않은 채 입법적 대응을 요구함으로써, 이러한 판결은 시간과 자원에 제약을 가지는 입법자로 하여금 단순히 다른 입법적 우선순위 사항을 뒤로 미루면서 판결을 준수하는 식으로 자원을 소비하도록 강요한다.

따라서 콜롬비아의 2006년 판결인 *C-355* 및 2011년 판결인 *C-577*, 혹은 독일의 **낙태 I 판결**과 같은 약한 형태의 판결을 찬양할 때 대응적 접근에 의해 선호되는 판결에 대한 특정한 이해를 강조할 필요가 있다.

2006년의 *C-355* 및 2011년의 *C-577*과 같은 판결은 공식적으로 약-강 형태의 결정이었는데, 입법적 대응으로 이어지지 않았기 때문이다. 그러나 만약 이것이 입법적 대응으로 이어졌다면, 또 그러한 대응이 합리적이며 근거 있었다면, 콜롬비아 헌법재판소는 그러한 대응에 대해 민주적 대화의 한 형태로서 존중을 더 크게 표해야 했을 것이며, 이는 설령 그러한 대응이 낙태권에 대한 더 큰 제한의 수용을 의미하거나 재판소가 선호하는 것보다 더 협소한 형태의 혼인유사 보호를 받아들이는 것을 의미할지라도 그러했을 것이다. 이는 사실 독일 연방헌법재판소가 낙태 II 판결에서 행한 것이며 낙태 I 판결에서 예시像示한 것이다.

약-강 형태의 사법적 구제책이 효과적이려면, 법원은 또한 이를 적절하게 역동적이며 유연하고, 실제 입법 및 행정적 성과에 민감한 방식으로 적용해야 한다. 이는 또한 시간이 지나며 사법적 감시의 강도를 높이거나 낮춤을 의미할 수도 있다.

일부 법원은 사법적 감시에 대하여 역동적 접근방식이 아니라 정적인 접근방식을 취하거나 강력한 사법적 구제책의 집행방식을 취해 왔다.[163] 여기에는 그렇지 않았으면 대응적 접근법을 택했을 법원도 포함된다. 예를 들어 인도 **점심 급식** 판결과 **콜롬비아 국내 난민** 판결에서 법원은 이러한 명령의 이행에 대해 각각 20년과 17년 이상의 정기적인 감시를 유지해 왔다.[164] 또한 국가적 성과에 기반하여 법원은 감시의 초점은 다양화한 반면, 성과를 기반으로 감시를 늘리거나 줄이는 것이 아니라 특정 지역 및 집단에 대한 감시를 늘리는 경향을 보였다. 이러한 접근법은 입법부와 행정부가 헌법적 요구 사항을 능동적으로 이행해야 할 유인을 크게 감소시킨다. 사실상 이는 입법자나 행정부 공무원이 법원에서 제시한 기한이 만료되고 법원의 명령 자체가 효력을 발휘할 때까지 기다리는 것이 합리적임을 의미할 수도 있다. 이는 국가의 (무)능력과 민주적 불신의 문제를 복합적으로 만드는 더 큰 민주주의의 타성의 순환으로 이어질 수도 있다.

이와는 대조적으로, 약–강 또는 "실험주의적" 접근은 법원이 법원 명령에 대한 준수의 정도에 맞추어 사법적 감시의 강도를 명시적으로 조정하는 좀 더 유연하고 차별적인 접근방식을 취할 것을 권장한다.[165] 예를 들어 **점심 급식** 판결에서 사법적 관리감독에 대해 좀 더 다양한 접근법을 취했다면 점심 급식 수요가 가장 큰 인도 내 지역에서 좀 더 효과적인 모니터링으로 이어졌을 수도 있었다. 혹은 관련된 권리의 정의에서 좀 더 유연하고 대응적인 접근법은 음식 준비 및 배달의 최선의 형태에 대한 더 풍부한 실험을 장려했을 수도 있었다.[166]

이와 유사하게, 콜롬비아 헌법재판소도 지속적이고 다양한 감시 활동에 참여해야 할 필요성에 민감하게 반응하며 시간이 흐르면서 가장 취약하고 명령 미이행으로 가장 부정적 영향을 받는 집단—즉 여성, 아동, 청소년, 토착민 집단[167]—에 초점을 맞추기도 하였지만, 이행 성과가 저조한 특정 지역에 대한 감시에 집중하기 위해 아마도 더 많은 것을 수행할 수도 있었고 공중 보건 및 개발 프로그램의 효율성 촉진을 위해 보건 및 개발 경제학자가 사용하는 단말기나 기타 기술을 포함한 새로운 감시 기술을 실험할 수도 있었다.[168]

그러나 여전히 이런 식의 약–강 접근법이 복잡한 타성의 부담에 맞서 이러한 위험을 피하는 데 **충분한지** 여부에 대한 중요한 질문이 남는다. 인도 **점심 급식** 및 **콜롬비아 국내 난민** 판결과 같은 경우, 판결이 인도에서의 학교 출석률 및 아동 영양과 관련하여 유의미한 개선에 촉매제 역할을 하였고, 또 콜롬비아 내 난민을 위한 주요 서비스에 대한 접근의 개선에도 촉매제 역할을 하였다는 분명한 증거가 존재한다.[169] 판결은 또한 식량권 및 난민을 위한 기본 서비스에 대한 권리의 맥락에서, 더욱 광범위한 형태의 권리 의식을 촉발하였으며, 권리 주장의 타당성과 권리 주장자의 존엄성에 대한 인식을 야기하였다.[170]

그렇지만 법원 명령의 이행에서는 상당한 격차가 남아 있다. 인도 학교 급식의 질은 극단적으로 불균형하며, 가정 환경에서 식사의 부분적 대체의 경우와 비교하여 학교 급식이 아동 영양 상태의 전폭적인 개선을 끌어냈는지에 대해 엇갈리는 증거가 존재한다.[171] 또한 콜롬비아의 많은 난민은 여전히 2004년과 유사한 상황에 처해 있는데, 즉 주택, 의료 및 교육에 대한 유의미한 접근이 불가능하다.[172]

또 다른 문제는 다양한 민주주의의 장애물, 특히 복잡한 타성의 부담을 극복할 수 있는 적절한 헌법적 소송이 존재하는가이다. 예를 들어 법원이 약하며 비강제적이거나 장래효적 구제책만 내리는 경우 개인이 법원에 헌법 소원을 제기할 유인이 제한적일 것이다. 이는 남아공 헌법재판소와 같은 법원이 콜롬비아 헌법재판소와 같은 법원에 비해 상대적으로 소수의 사회권 사건을 심리해 온 이유 가운데 하나일 수 있다. 남아공 헌법재판소는 개인에게 제한적인 구제책을 제공하는 방식으로 권리와 구제책을 밝히는 반면, 콜롬비아 헌법재판소는 매년 사회권 관련 주장을 제기하는 수천 명의 개별 청원인에게 **투텔라** 메커니즘을 통해 직접적이며 구체적인 구제책을 내린다.[173]

이 문제에 대한 하나의 잠재적 해결책은 법원이 상당히 구체적인 의미에서의 강-약 구제책을 채택하는 것인데, 이는 법원에 소를 제기하는 개인에게는 강력한 구제책을 내리고 민주주의의 장애물에 영향받는 다른 이들에게는 약한 구제책만 허용하는 것이다.[174] 예를 들어 켄트 로치는 최근 헌법 규범의 사법적 과소 집행 및 과잉 집행에 대한 우려의 균형을 맞추기 위한 수단으로 "이중노선식two-track" 구제적 접근법을 주장하였다.[175] 이는 **그루트붐** 사건에서 첫 심급 법원(케이프 고등법원)이 택한 접근법이었는데, 해당 판결에서 데이비스Davis 법관은 자녀가 있는 모든 가정에 보호소에 대한 즉각적인 접근이 이루어지도록 명령한 뒤, 동의를 전제로 지정된 원고 모두가 임시 보호소에 즉각 접근할 수 있도록 할 것을 명령했지만, 사건에서 제기된 더욱 광범위한 주거권 주장에 대해서는 약한 심사를 수행하였다.[176]

그러나 이러한 형태의 구제적 접근에는 잠재적 위험 역시 도사린다. 이는 개인의 소송을 장려하여, 특히—예를 들어 **암파로**amparo, **투텔라** 또는 기타 개별 헌법 소원 메커니즘을 통하여—법원에 직접 소를 제기할 수 있는 국가의 법원 업무량에 상당한 부담을 가한다.[177] 특히 사회권 사건의 경우, 이러한 구제적 접근은 소송을 할 역량이 있는 좀 더 부유한 자에게 유리하면서 법원 명령에 간접적인 영향을 받는 상대적으로 소외된 집단에게는 불리한 방식으로 자원의 분배를 왜곡할 수 있다.[178]

이에 대해 가능한 답변 한 가지는 대응적 또는 약-강 형태의 심사가 일어나는 방식을 개선하는 중요한 작업이 아직 남아 있다는 것이다. 약-강의 사법적 집행 모델의 경우 본질적으로 더 역동적이거나 대응적으로 만들어질 수 있다. 예를 들어 이중노선적 구제책의 개념은 구조적 사법 개입에 관한 약-강 접근에 대해 더 크게 강조하면서 강력한 임시적 구제책(그루트붐에서와 같이)의 개념에 초점을 맞추도록 개선될 가능성이 있다.

그러나 또 다른 설득력 있는 답변은 이러한 위험은 법원이 효과적으로 다룰 수 있는 능력을 넘어서는 국가적 역량의 문제라는 것이다.[179] 이러한 경우 사법심사는 민주주의 오작동의 영향을 경감할 수는 있으나 이를 완전히 제거 혹은 극복할 수는 없을 것이다. 비록 우리가 약-강 형태의 사법적 구제책 및 개입에 대한 이점을 강조하려고 하지만, 이를 인정하는 것은 중요하다.

D. 결론

법원 판결은 본질적으로 어느 정도 종국적일 수 있다. 그런데 판결은 헌법 개정, 특별한 입법부의 재의결(무효화) 조항 또는 입법적 "후속 조치"를 포함해 법률을 심사하거나 무효화하는 법원의 사법관할권을 제한하는 다른 메커니즘을 통해 공식적으로 무효화될 수 있다.[180] 또 법원 판결의 종국성은 법원이 이러한 종류의 개정이나 법률의 해석에 어떻게 접근하는지, 그리고 논증의 폭, 구제책의 강제성 및 긴급성, 선례 구속성의 강도에 대한 법원의 선택에 따라 영향을 받는다.

이와 같은 방법의 일부 또는 전부에 의해 사법심사의 종국성을 약화하는 것 역시 민주적 대응성에 대한 기속이라는 관점에서 볼 때 매우 바람직할 것이다. 이는 민주적 다수가 헌법적 권리에 대한 분쟁을 해결하는 역할을 하도록 허용할 수 있는데, 헌법적 권리의 범위와 의미에 대한 합리적인 의견 불일치를 수용하므로, 역타성의 부담 및 그로 인한 잠재적인 민주적 정당성 결핍의 위험을 줄이는 데 도움이 된다. 또한 이는 마찬가지로 민주적 반대 의견에 대한 배출구 또는 안전 밸브 제공에도 도움을 줄 수 있는데, 그것이 제공되지 않는 경우 이러한 의견은 법원의 정당성을 위협할 수도 있다. 이러한 종류의 민주적 반발을 피하는 것은 사법심사의 안정성 및 유효성의 유지에 대단히 중요하며, 때로는 더욱 광범위하게 입헌 민주주의를 유지하는 데에도 그러하다.

그러나 대응적 접근에서 사법심사가 약화되는 방식과 경우는 사건의 특성 및 관련된 민주주의의 장애물에 달려 있다. 입법적 사각지대 또는 타성의 부담의 경우, 법원이 협소한 논증을 하거나, 약한 구제책을 활용하거나, 선례구속성의 강도나 이와 사실상 동일한 선판례 준수 규범의 힘을 약화하는 데에는 강력한 원칙적 근거가 존재할 수 있다. 그러나 선거적·제도적 독점 사건의 경우, 심사의 종국성을 약화해야 한다는 주장은 훨씬 더 제약을 받을 것이다. 그러한 주장은 민주적 최소 핵심의 범위에 대한 의견 불일치가 본질적으로 합리적이거나 원칙적이라는 관념에서가 아니라, 오직 손상적 형태의 민주적 반발을 피하려는 바람에서만 비롯될 것이다. 민주주의의 사각지대와 타성의 부담을 포함하는 사건의 경우에서조차 법원이 심사에 지나치게 약한 접근법을 채택하는 것은 위험할 수 있다. 이러한 접근은 사법적 개입이 관련된 장애물에 대응하거나 민주적 대응성을 촉진하는 데 충분하지 않다는 것을 의미할 수 있다.

따라서 대응적 사법심사는 궁극적으로 그 본질에서 강한 심사와 약한 심사의 혼합을 수반하거나, 혹은 랭퍼드Langford가 표현하듯, (타 권력 기관에 대해) 완전히 존중적이지도 않으면서 사법적 역할의 독립적인

"집행자"의 개념에도 기반하지 않는 심사를 수반한다.[181] 이러한 종류의 약–강 심사는 다양한 형태를 취할 수 있다. 실제로 모든 사법심사는 "약한 형태와 강한 형태의 심사 사이의 스펙트럼 어딘가에 존재"하는 것으로 이해되어야 한다.[182] 그러나 대응적 사법심사에 기저하는 핵심 아이디어는 법원이 관련 사건의 특성, 법원이 맞서려는 민주주의의 장애물, 그리고 역타성 및 민주적 반발의 위험에 맞춰 사법적 논증 및 구제책의 범위를 조정함으로써 전반적인 민주적 대응성을 증진하는 "강–약" 또는 "약–강" 형태의 심사를 채택해야 한다는 것이다.

약–강 형태의 심사는 특히 이중노선적 구제책 모델의 아이디어, 또는 다른 주요 비교헌법학자들이 발전시켜 온 "대화적", "협동적", "관계적" 구제책의 아이디어와 밀접하게 연관될 것이다.[183] 그러나 이 역시 고유한 구조와 논리를 지니고 있으며, 그 핵심에서는 제재적 임의규정 논리의 형태에 의존한다. 이러한 접근법에서 강한 심사는 정치적 행위자가 기존 장애물을 극복하고 헌법 규범을 이행하도록 하는 강력한 유인을 제공하는 식의 제재적 임의규정의 형태가 되는데, 이러한 식으로 사법심사를 궁극적으로 사실상 약화시킨다.[184]

제3부

대응적 재판과
비교헌법이론

제 8 장

대응적인 사법부의 목소리
법원의 정당성을 세우다

약-강 심사는 법원이 판결의 정당성 및 수용을 촉진할 수 있는 한 가지 방법이다. 그러나 이것이 유일한 방법은 아니다. 법원은 더불어 사법심사를 위한 지원 구조를 구축하고,[1] ① 저자성authorship, ② 어조tone, ③ 판결을 뒷받침하는 내러티브(서술)narrative 등에 대한 신중한 선택을 내림으로써 성공적인 대응적 심사가 이루어질 가능성에 기여할 수 있다.

이러한 요인이 법원 판결 대응에 어떻게 영향을 미치는지 그리고 실제로 영향을 미치는지 여부는 법원 판결의 청중을 포함한 다양한 요소와 더불어 언론과 같은 매체가 이러한 판결을 어떻게 설명하는지에 따라 달라진다. 이와 같은 질문에 대한 전략적 선택이 부적절하거나 실행 불가능한 경우 역시 존재할 것이다. 그러나 이와 같은 선택은 사건 당사자나 지식인층 또는 일반 청중이 법원 판결에 어떻게 반응하는지를 형성하는 중요한 능력을 가진다.

법관의 정체성(신원)은 법관이 논증 과정의 일부로 고려하려고 해 온 주장에 대한 대중의 인식에 영향을 미칠 수 있다. 판결의 정당화에 사용되는 특정 내러티브는 청중별로 받아들여지는 방식에 영향을 미칠 수 있다. 또한 특정 사건 당사자에 대한 공개적 존중의 표시는 해당 당사자로부터 보답의(호혜적) 존중을 끌어낼 수 있다.

따라서 법원이 저자성, 어조 및 내러티브를 신중하고 세심하게 선택한다면, 법원은 판결의 실제 정당성과 인식된 정당성 모두를 강화할 수 있는 반면, 무분별하게 또는 이러한 사항을 고려하지 않은 채 판결을 내린다면 종종 판결에 대한 대중적 수용도가 떨어짐을 깨닫게 될 것이다. 따라서 이 장에서는 법원이 ① 사건 패소자에게 직접 말하는(호소하는) 사법적 "저자", ② "세계적"이고 "지역적" 요소를 결합한 내러티브, ③ 패소자에 대한 존중의 자세를 보여 주는 논증에 대한 선택을 포함하는 방향으로 의도적으로 판결의 틀을 짜야 한다고 주장한다.

이것이 의미하는 바는 상황별로 다를 것이며, 어떤 경우엔 이러한 접근법의 실행 가능성 및 바람직함 모두에서 한계를 보일 것이다. 그러나 이러한 틀 짜기framing는 다수의 성공적인 대응적 사법심사의 사례, 특히 명백한 입법적 타성의 증거가 존재하나 동시에 법 개정에 대한 강한 반대가 확인되는 식의, LGBTQI＋ 권리 인정 등의 고도로 논쟁적인 쟁점을 포함하는 사례에서 중요하다.

어떤 측면에서는 이런 식의 접근은 본질적으로 매우 **실용적**이다. 이는 정치적 독점, 사각지대 또는 타성의 부담에 대응하기 위한 법원의 시도에서 **효율성**의 증진을 추구한다.[2] 이는, 즉 강력한 사법심사의 형태가 아니라 강력한 헌법재판 기관 설립에 기여하는 것을 목표로 한다.[3] 그러나 서두에서 언급했듯 이런 접근이 사법적 대응성의 개념과 연결되는 또 다른 더 원칙적인 측면이 존재하는데, 여기서 그 개념은 법원의 경우 사법심사에 관여할 때 재판이 실천practice으로서 가지는 독특한 성격에 대응해야 하며, 특히 개인의 주장을 경청하고 판결의 결과에 낙담한 개인 및 집단에 대하여 판결을 정당화할 책임에 대응해야 한다는 것이다. 이러한 의미에서 이는 원칙에 입각한 사법적 실용주의의 또 다른 요소일 뿐이다.[4]

A. 왜 대응적 재판인가?
또는 왜 대응적인 사법부의 목소리인가?

재판에서 의견을 표명하고 경청될 권리the right to be heard는 근본적 정의 혹은 공정의 문제이지만, 또한 판결의 정당성 및 공정성 인식에서 중요한 결정 요인이며, 이에 따라 판결에 실망한 이들이 선고 결과에 순응할 의지에 대한 결정 요인이기도 하다. 사회과학적 연구에 따르면 법원의 재판 과정에서 의견 표명voice의 기회를 갖는 것과 판결의 공정성 혹은 정당성에 대한 인식은 밀접하게 연관된다.[5] 이는, 즉 재판에서 의견을 표명하고 경청될 권리에 강력한 "도구적" 근거뿐만 아니라 "관계적relational" 근거 역시 존재한다는 것이며, 이 권리가 법원 명령의 준수와 더불어 시민의 자존감과 존중감 역시 촉진한다는 것을 확인시킨다.[6] 이러한 설명 모두가 의견 표명이란—후속적인 의사결정 과정에서 채택되는 것까지는 아니라고 하더라도—**경청되는**listened to 것을 포함한다는 관념을 강조한다.

알론 하렐Alon Harel, 아담 시나르Adam Shinar 및 츠비 카하나Tsvi Kahana

가 언급했듯, 재판에서 의견을 표명하고 경청될 권리에는 최소 세 가지 내용이 필요하다. 즉 ① 개인이 고충을 표명할 기회, ② 해당 고충을 심리하는 재판소가 "유의미한 도덕적 숙고"에 관여하거나 판결에 대한 "합당한" 이유를 제공하려는 의지, ③ 의사결정자가 이와 같은 고충 및 관련된 논증 과정을 고려하여 스스로의 결정이나 조치를 재고하는 것이 요구된다.[7] 이와 같은 각 단계는 판결로 인해 부정적인 영향을 받는 이들의 존엄성에 대한 존중을 보여 주는데, 론 풀러가 지적했듯이 법의 지배를 정의하는 특징 중 하나는 그것이 시민에게 보내는 존중의 메시지이다.[8]

이는 정치이론가들이 사법심사가 중요한 절차적 미덕을 가진다고 주장하는 이유 중 하나이다. 사법 절차는 개별 소송 당사자에게 불리한 영향을 미치는 판결에 이의를 제기할 권리, 왜 그러한 판결이 실제로는 정당화되지 않는지를 주장할 권리를 제공한다.[9] 그러나 이를 효과적으로 수행하려면 법원은 궁극적으로는 "자신의 문제가 심리되고 있는 당사자"를 공정하며 중립적인 방식으로 합당하게 만족시킬 수 있는 근거를 제시해야 한다.[10]

그렇다고 법원이 사건을 제소하는 모든 개인 또는 판결의 영향을 받는 모든 집단의 주장을 수용해야 한다거나, 법원이 사건에서 당사자가 제기하는 주장 전부를 직접적으로 다루어야 한다고 볼 수는 없다. 제7장에서 언급한 대로 종종 법원이 그렇게 하지 않는 데에는 강력한 타산적인 이유가 존재할 수 있다. 이는 법원이 패소자 및 판결에 낙담한 폭넓은 범위의 시민에게 그들의 주장과 우려가 경청되며 존중되었음을 보장해야만 한다는 것을 의미한다. 법원은 특정 경우에는 그들의 판결을 "패소자에게 보내는 편지", 더 광범위하게는 시민사회에 보내는 편지로 틀을 짜서 작성해야 한다.[11] 헌법상의 "패배자"가 가지는 관점 및 신념commitment을 인정하는 방식을 통해 판결을 내리려는 법관의 의지는—법원이 실제로 해당 시민의 존엄성 또는 지위(자격)standing, 그리고 재판에서 의견을 표명하고 경청될 권리를 존중했다는—정확히 이런 종류의 대응 또는 보증을 제공하는 것으로 볼 수 있다.[12]

법원이 이를 수행하는 방법에는 여러 가지가 있다: 본인의 신상이나 인생 경험이 사건에서의 패소자에게 직접적으로 전하는(호소하는) 바가 있는 그러한 사법적 "저자"를 택하는 것, 패소자에 대한 존경의 태도나 어조를 보여 주는 논증, 보편적 가치 및 국가적 가치에 대한 호소를 결합하여 판결을 정당화하는 내러티브(서술)가 이에 해당한다.

이러한 기법 가운데 어느 것도 법원 판결의 정당성에 대한 인식을 촉진하는 확실한 방법을 제공하지는 못한다. 실제로 이러한 기법은 아래에서 언급하는 것과 같이 법원 판결의 정당성에 대한 인식을 강화하는 것이 아니라 이를 적극적으로 약화할 수도 있다. 그러나 문맥 및 청중에 주의하여 신중하게 사용된다면, 이러한 기법은 대응적 사법심사의 일부 경우에서 정당성과 수용성 향상을 도울 수 있다.

B. 사법적 틀 짜기와 대응적 사법심사

1. 저자성

법원이 패소자에 대한 존중을 보일 수 있는 첫째 방법이자 가장 뚜렷한 방법은 가장 결과에 실망할 가능성이 높은 이들과 동일한 정체성 및 인생 경험을 공유하는 법관에게 법정 (또는 다수) 의견 작성의 책임을 부과하는 것이다. 물론 배경이 같다고 항상 동일한 경험이나 관점을 공유하는 것은 아니다.[13] 마찬가지로, 동일한 경험을 공유한다고 항상 배경이 같은 것 역시 아니다. 또 법관의 정체성 자체는 사회적으로 구성될 것이다. 이는 언론 및 시민사회가 공적 담론에서 강조하기로 결정한 법관의 개인사 또는 서사의 측면에 따라 달라질 것이다.

그러나 법관이 결과에 실망한 당사자와 유사한 배경을 공유하는 것으로 **인식된다면**, 해당 당사자의 주장이 받아들여지지 않았더라도 그들에게 이것이 제대로 심리되었으며 이해되었다는 강한 신호를 보낼 수 있다.[14]

법관이 이러한 메시지를 전달하기 위해 항상 법정 의견을 작성해야 할 필요는 없다. 때로는 다른 법관의 의견에 참여joining하거나 동조concurring하는 행위만으로도 충분할 수 있다. 법관이 사법적 저작에 대한 책임을 **공유하는** 이점 역시 종종 존재한다. 이를 통해 법원의 업무량이 더 공정하고 효율적으로 할당될 수 있다. 또한 법원의 권위에 대한 인식이 단일 법관이 아니라 법원 전체와 연결되도록 하여 법원 구성원의 변화가 발생해도 이를 견뎌 낼 수 있도록 만든다.[15]

비슷하게, 패소자와의 유대감보다 법원 의견에서의 **만장일치**가 더 중요한 경우가 생길 수 있다. 예를 들어 법원이 법원 명령에 대한 불이행을 우려하는 경우, 결정의 배후에 최대의 제도적 권위를 투입하였음을 시사하기 위해 단일한 의견으로 판결문을 작성하거나, 재판부 **공동의견**per curiam*을 공표하는 것이 특히 중요할 수 있다.[16] 또는 스티븐 가드바움이 지적한 것처럼, 법원이 정치적 간섭을 우려하는 경우에 한목소리로 판결문을 작성하는 것은 법원이 "재임명이나 다른 식의 고용을 할 수 있는 정부 인사와 법원 구성원 사이에 무지의 장막veil of ignorance 을 유지"할 수 있게 한다.[17]

　반대로, 일부 경우 반대 의견을 장려하는 강력한 주장이 있을 수 있는데, 이는 더욱 합리적이며 독립적인 형태의 사법적 의사결정 및 법체제의 장기적인 발전을 증진하려는 희망을 수반한다.[18] 또한 반대 의견은 그 자체로 패소자의 주장이 반대 의견뿐만 아니라 다수 의견의 정당성 인식에도 기여하는 방식으로 법원에 의해 경청되고 숙고되었다는 증거가 될 수 있다. 실제 그렇게 되는 데는 반대 의견의 어조가 상당히 중요할 것이다. 일부 반대 의견은 다수 의견이 패소자의 주장을 충실하게 경청하지 않았거나 이해하지 못했다는 식의 패소자의 감정(불만)을 배가하기만 하는 방식을 택하여, 다수 의견의 접근법에 대한 현저한 수준의 **존중의 결여**를 보일 수도 있다.[19] 하지만 반대 의견이 패소자 및 다수 의견에 대한 존중을 나타내는 어조를 채택하여, 둘 간의 간극 조정을 도울 수도 있다. 다만 대부분의 경우에 동조 의견이나 반대 의견보다는 법정 의견의 사법적 저자성이 패소자의 관심을 끌 가능성이 더 크다.

　사법적 정체성 관련 질문에 적절한 주의를 기울였다고 할지라도, 사법적 저자성은 사건 전반에 걸쳐 배분될 수 있다. 법원은 법관의 의견과 법원 업무량 모두를 고려하는 방식을 통하여 사건 전반에 걸쳐 의견 작성에 대한 책임을 배분할 수 있다. 또 재판부 **공동** 의견이 가지는 힘

● 특정 법관이 아니라 법원 전체 이름으로 내는 법원 의견.

은 법원이 여러 목소리를 내는 다른 의견과의 대비에 따라 달라질 수 있다.[20]

선택의 여지가 있는 경우, 스스로의 사회적 정당성에 주의를 기울이는 법원은 그에 따라 의견을 작성하는 법관의 정체성에도 세심한 주의를 기울여야 하고, 이는 설령 반대 의견의 일반적 가치와 재판부 **공동** 의견에 대한 특별한 가치가 인정되는 특정한 예외적 경우라고 할지라도 마찬가지이다.

2. 어조: 존중 혹은 예양

국제사법私法에서 예양禮讓, comity이라는 개념은 "다른 법 체제에 속한 법원의 판결을 인정하며 이행하는 것"을 의미한다.[21] 이는 국가 간의 '예의', '상호 존중' 및 '상호 편의mutual convenience'의 원칙에서 파생된 것이지만, 안정적이며 매끄러운 (혹은 틈 없는) 국제법 질서를 마련하는 수단이기도 하다.[22] 이런 의미에서 이는 중요한 정치적 목표에 이바지한다.[23] 또한 많은 국제 변호사와 학자는 이를 (최소한의 자격을 갖춘) 법적 의무의 문제로 이해한다.[24]

마찬가지로 헌법이론에서는 에일린 캐버노와 같은 학자가 예양을 정치적 의무의 문제—혹은 법원과 입법부 간의 관계에 대한 우리의 이해를 인도해야 하는 원칙—라고 주장한다. 캐버노는 예양이란 단순하게는 "국가의 한 중요한 기관이 다른 국가 기관에 대해 가지는 존중"이라고 지적한다.[25] 이는 법원과 다른 (주로 입법적) 행위자 간의 상호 의존적 관계로 인해 야기되는데, 그 관계는 "상호 자제 및 상호 지원"의 요건을 수반한다.[26]

호혜성reciprocity 역시 이러한 상호 의존성 개념의 필연적이며 밀접한 결과물이다.[27] 그러나 다시 말하지만 호혜성은 법적 의무의 문제로 이해되거나, 혹은 공유되는 책임 및 상호 의존성으로 특징지어지는 체계의 "지속적 성공" 보장에 필수적인 것으로 이해된다.[28] 전략적 관점에서 볼 때, 예양이나 존중의 표시는, 비록 관련되지만, 서로 구별되는 목적을 가진다. 캐버노의 예양에 대한 개념이 호혜성을 요구할 때, 존중의 전략적인 표시는 "선물 교환"의 역학관계와 같은 것을 통하여 호혜성을 단순히 장려하는 것을 목표로 한다.

선물 교환의 기저에 놓이는 아이디어는 매우 단순하다. 선물을 받은 사람은 답례품 또는 비슷한 가치의 혜택을 제공함으로써 어떤 식으로든 그에 보답해야 할 도덕적 의무를 느낀다.[29] 이러한 양상은 서로 다른 시대나 문화 및 다양한 사회적·경제적 환경에서도 적용되는 것으로 알려졌다.[30] 이는 심지어 존경이나 신뢰의 표식과 같은 무형의 "선물"에까지 확장된다. 더 많은 자율성을 보장받고 더 큰 신뢰를 받는 노동자는 철저하게 통제받거나 감시당하는 노동자보다 더 열심히 일하는 경향을 보인다.[31] 신뢰는 신용을 낳으며, 존중은 호혜적 형태의 존중과 협력을 낳는다.[32]

이러한 논리에서, 법원이 패소자에게 존중을 보일 경우 패소자를 모욕하거나 무시하는 법원에 비해 판결이 존중받을 가능성은 더 높다.[33] 법원과 소송 당사자 간의 관계는 선물을 주는 이와 받는 이, 혹은 고용인과 피고용인의 관계와 동일하지 않다.[34] 이는 더 간접적이고 비개인적이며 다양한 헌법적 구조 및 의무를 통해 매개되지만, 여전히 잠재적인 의사소통적·의사표현적 차원의 관계이다.[35] 또 일부 당사자의 경우 헌법 소송의 의사표현적 차원에 특히 민감할 것이다. 이들은 민주적 토론 과정에서는 높은 수준의 존중을 받지 못할 수 있기에, 재판에서 의견을 표명하고 경청될 권리를 제공하는 사법 환경에서는 자신의 의견에 대한 존중의 표시에 특별한 비중을 두게 된다.[36]

따라서 이와 같은 의미에서 예양이란 판결의 실제 정당성을 보장하는 것이기보다는 판결의 정당성에 대한 인식을 높이거나 그러한 판결에 대한 준수를 높이는 것에 더 가깝다.[37] 이는 단지 "수평적·동시지배적heterarchical" 관계를 누리는 기관만이 아니라 권력에서 서로 불균등한 기관에도 적용될 수 있다.[38]

3. 내러티브

로버트 커버Robert Cover가 언급하듯, 헌법적 결정은 법적 규칙을 공표할 수 있다.[39] 그러나 이러한 규칙은 "[그들을] 위치 지우며 [그들에게] 의미를 부여하는 내러티브(서사·서술)와 별개로" 존재하거나 작동하는 것이 아니다.[40] 또한 법적 규범은 두 가지의 광범위한 내러티브 형식으로부터 힘과 의미를 동시에 획득한다: 보편(주의)적 내러티브나 특정적 내러티브, 혹은 커버가 "제국적imperialist" 규범*과 "서사적paideic" 규범**이라고 칭했던 것이 이에 해당한다.[41] 이러한 규범의 공존은 커버에게 특히 중요하였다. 두 가지 규범 모두 법적 질서를 유지하는 역할을 하지만, 특히 서사적 규범은 "법이 힘의 강요라기보다는 대체로 의미의 체제인 규범적 세계를 창조한다."[42]

* 법의 다양한 서사적 성격을 파괴하는 단일한 법.
** 공동체 내에서 만들어지는 규범과 서사에 의한 규범 체계.

실제로, 토머스 네이글Thomas Nagel과 같은 철학자는 이와 같은 내러티브의 공존이 입헌 민주주의 내 정치적 의무의 본질에 내재하는 긴장 상태를 반영한다고 주장한다. 정치 공동체 내의 개인은 정의 문제에서 중립적인 의무와 편파적인 의무 모두, 혹은 객관적(비개인적)이며 주관적(개인적)인 관점을 모두 보유한다.[43] 정치 제도가 가지는 역할의 일부는 이처럼 객관적이고 주관적인 정의의 관념에 대한 요구 간의 긴장을 중재하며, 개인이 객관적이며 주관적인 관점을 통합하는 것을 허용하거나, 이러한 두 가지 관점에 의거한 합리성의 개념을 통하여 정치적 의무의 관념을 이해하도록 한다.[44]

정치학자도 마찬가지로 특정 개념이나 쟁점에 대한 대중의 태도나 대응을 형성하는 다양한 내러티브의 힘을 강조한다.[45] 설문에 따르면 민주주의 국가의 시민 대부분이 국제법을 비롯해 국제적 또는 보편적 가치에 대한 기속을 보일 뿐만 아니라, 더욱 구체적인 국가적 또는 지역적 가치와 우선순위에 대해서도 어느 정도의 기속을 보인다.[46]

따라서 보편주의적 헌법적 가치와 특정화된 헌법적 가치 모두(즉 "글로컬화된glocalized 가치")에 호소하는 법원의 경우 국제적 접근법이나 지역적 접근법을 좀 더 단일하게 채택하는 법원에 비해 판결에 대한 존중을 촉진할 역량이 더욱 클 것이다. 이를 통해 법원은 더 넓은 범위의 관점 및 시민에게 호소할 수 있는 방식으로 객관적 가치와 주관적 가치, 혹은 국가적 가치와 지역적 가치를 모두 인용할 수 있다.[47]

물론 이것이 실제로 법원이나 법원 판결에 대한 지지를 얻는 데 도움이 되는 정도는 국가마다 다르게 나타날 것이다. 국제 규범은 전통적으로 대부분의 국가에서 상당히 높은 지지를 받아 왔으나, 일부 국가는 점차 공유된 국제 규범이라는 개념을 공개적으로 거부하는 식으로 더욱 국수주의적인 정치 형태나 헌법 문화로 전환해 나가고 있다.[48]

마찬가지로 다른 국가에서는 공유적인 국가적·지역적 가치라는 개념 전체를 위협하는 내부 분열이 늘어나고 있다. 법원은 공유 가치의 개념 해석에 일정 역할을 할 수 있는데, 예를 들어 매우 추상적인 국가적 책무(예 아파르트헤이트 거부)와 더욱 논쟁적이며 구체적인 가치(예 별도의 관습법 체제 거부, 사형제, 동성 성교 금지, 무연고 노숙 등)가 연결된다는 점을 대중 또는 지식인층에 대해 설득하는 방식으로 말이다. 그러나 판결에 대한 지지를 쌓기 위해 공유 가치에 의존하는 동시에 이러한 공유 가치의 의미를 창출해 내는 법원의 능력에는 여전히 한계가 존재할 수 있다.

그러나 일반적으로 중첩되지만 상호 보완적인 내러티브의 다양성은 법원 결정의 결과에 대한 대중의 지지를 얻는 데 도움이 될 것이며, 이는 국제적이고 지역적인 구분을 초월하거나 혹은 교차하는 서로 다른 내러티브로 확장된다. 따라서 다양한 내러티브를 사용하는 법원은 판결을 좀 더 단일한 용어로 설명하거나 정당화하려는 법원에 비해 판결에 대한 대중의 지지를 얻는 더 큰 능력을 가질 것이다.

이는 모든 판결이 내러티브적인 내용을 담을 수 있거나 담아야 한다고 주장하거나 혹은 모든 법원이 개별 소송 당사자의 사연에 근거한 결정을 내리는 방식으로 논증할 수 있거나 그래야 한다고 주장하는 것이 아니다. 추상적인 심사의 권한을 행사하는 법원의 대부분은 이와 같이 할 수 없으며, 구체적인 형태의 심사에 관여하는 일부 법원은 경우에 따라서 그렇게 하지 않아야 할 타당한 근거를 가질 수 있다. 핵심은 단지 논증 과정에서 법원은 정의에 대한 보편적이고 특정적인 약속이나, 제국적 및 서사적 규범하에서 인정되는 근거에 의존하는 가치를 고려해야 한다는 것이다.

C. 대응적 사법심사와 재판: LGBTQI+ 권리에 대한 지지 구축

인도, 남아공, 미국 및 기타 지역에서 LGBTQI+ 권리와 관련된 사례를 살펴보자. 제2장에서 언급했듯이 **전국연합 I** 판결은 어떤 측면에서는 "쉬운 사건"이었다. 남아공 헌법 제9조는 성적 지향을 근거로 한 차별은 잠정적으로 불공평하며 위헌적인 것으로 판단되어야 한다고 명시하고 있다. 그리고 남성 성교에 대한 입법적 금지는 이 조항과 분명한 긴장관계에 있다. 그러나 판결은 공동체 내의 특정 집단, 특히 아프리카너Afrikaner● 및 흑인 기독교 공동체 일부에서 제기된 동성애자 권리에 대한 두드러진 반대에 맞서 내려졌다.[49] 따라서 다른 면에서 보면 이는 남아공 헌법재판소의 사회적 정당성과 관련해서는 매우 어려운 사건이었다. 헌법재판소는 남성 성교에 대한 입법적 금지를 위헌 무효화하며, 더 폭넓은 민주주의적 계획에서의 신념이 그의 성공에 필수적인 집단을 포함하여 최소한 일부 국민으로부터 상당한 반대에 직면할 것으로 예상할 수 있었다.

　　그러나 헌법재판소는 대응적 재판의 원칙에 민감한 방식으로 판결의 틀을 짜려고 하였다. 법정 의견을 작성하며 애커먼Ackermann 법관은

● 남아공 내 네덜란드계 백인.

존엄성, 평등 및 사생활에 대한 보편적인 개념과 "인간 존엄성, 평등, 자유에 기초한 다른 열린 민주적 사회의 법리"에 호소하여 성인 남성 간의 합의에 따른 성교 금지가 이러한 권리에 대한 부당한 제약에 해당한다는 결론을 뒷받침하였다.[50] 그러나 그는 또한 이러한 권리에 대한 옹호와 아파르트헤이트의 "절대적 재발 금지" 간의 연관성을 지적하며, "아파르트헤이트 입법이 다인종 커플의 삶을 영속적으로 위험하게 만들었듯이, 남색의 범죄화는 동성애 남성의 일상에 불안과 취약성을 심어 준다"라고 지적하였다.[51]

나아가서 애커먼 법관 본인은 남아공 내 네덜란드계 백인 출신의 몇 안 되는 법관 중 한 명이었다.[52] 자유주의적이며 진보적인 네덜란드계 백인은 명백히 보수적인 네덜란드계 백인 공동체에서 핵심 구성원은 아니지만, 그들과 중요한 문화적·언어적 유대를 공유한다. 네덜란드계 백인은 (흑인 기독교 보수주의자와 더불어) 헌법재판소 판결에 반대할 가능성이 가장 높은 공동체였다.

푸리 판결에서도 동일한 양상이 확인된다. 푸리에서 헌법재판소는 동성관계 인정에 대한 의지를 평등 및 존엄성의 보편적 규범과 연관 지으며, "민주적이고 보편주의적이며 배려 있고 열정적으로 평등주의적인 사회는 모든 이를 포용하며 사람들을 있는 그대로 수용한다"라고 강조하였다.[53] 또 이러한 인정을 아파르트헤이트의 잔재 및 관행 극복에 대한 맥락으로 구체적인 약속, "편협함과 배제에 기반한 과거와의 급진적 단절" 혹은 "수치스럽게 인종차별적이고 권위주의적이며 편협하고 억압적인 과거의 일부로부터 확실한 단절 및 명백한 거부"[54]와 연결하였다. 아울러 이러한 과정에서 LGBTQI+ 권리에 반대하는 보수파 흑인 시민에게 판결을 정당화하려고 노력하였다.

또한 헌법재판소는 판결에 반대하거나 실망을 보인 독실한 남아공인과 그들의 믿음이 가지는 중요성 및 진정성에 공개적으로 존경을 표하였다. 법원은 많은 이들의 "자신, 공동체 및 그들의 세상에 대한 의식(감각)"에서의 종교적 믿음의 중요성과, 남아공사회에서 종교 단체가 수행하는 중요한 역할에 대하여 언급하였다.[55] 그러나 헌법재판소는 종교적 이유로 동성 결혼에 반대하는 이들에게 그들의 신앙과 정체성에 대한 존중이 어째서 청구인의 주장에 대한 거부를 강제하지 않는지 그 이유를 설명하였다. 오히려 헌법재판소는 "열린 민주주의사회의 지표는 강도 높게 견지하는 세계관과 삶의 양상에서의 차이를 합리적이며 공정한 방식으로 수용하고 관리할 수 있는 능력"이며, 재판소의 역할은 "한 개인을 다른 개인의 영역으로 억지로 밀어 넣는" 것이 아니라 "세속적인 사람과 신앙이 있는 사람 간의 상호 존중적 공존"을 촉진하는 것이라고 판결하였다.[56]

푸리 판결은 아프리카 국민회의ANC에서 가장 길게 근무한 법관 가운데 한 명인 삭스Albie Sachs가 작성하였다. 법관으로 임명되기 전 삭스는 ANC 국가행정 및 헌법위원회 위원이었으며, 민주적인 남아공을 위한 ANC의 헌법 초안 작성을 도왔고, 민주주의로의 전환을 이끈 협상에도 기여하였다.[57] 그는 아파르트헤이트 정부에 충성하는 세력이 ANC 지도자였던 자신에게 보낸 편지 폭탄 때문에 눈과 팔을 잃기도 하였다.[58] 이에 따라 그는 해당 판결에 낙담한 ANC 당원에게 헌법 자체가 평등, 존엄성 및 다원주의사회의 측면에서 무엇을 요구하는지에 대해 말할 수 있는 진정한 권위를 가진다고 받아들여질 수 있었다.

콜롬비아의 동성 권리 인정에 대한 다양한 판결에서 콜롬비아 헌법 재판소는 이와 유사한 보편주의적(예 국제적 및 비교적) 논증과 특수주의적 논증의 혼합에 의존하였다. 예를 들어 2007년 *C-075* 판결에서 동성 커플이 **사실혼** 커플을 위한 공동 재산 제도의 적용 대상이 되어야 한다고 판시하면서, 헌법재판소는 "성적 지향에 근거한 차별에 대한 금지는 헌법의 일부를 형성하는 국제 규범에서 유래한다" 혹은 헌법상 그러한 일련의 국제 규범이 직접적으로 집행 가능하다고 판결하였다.[59] 또한 2016년 판결인 *SU-214*에서 헌법재판소는 유엔 인권고등판무관과 남아공의 삭스 법관에게 의견서 제출을 요청하였으며, 이에 뒤이어 결혼, 개인의 존엄성 및 평등 간의 긴밀한 연결 고리를 뒷받침하기 위해 오버거펠 같은 외국 판결을 인용하였다.[60]

동시에 헌법재판소는 이러한 판결에서 1991년 콜롬비아 헌법 문구와 재판소의 선례에서 도출한 존엄성, 자율권 및 평등의 개념에 크게 의존하였다.[61] 예를 들어 2011년 판결인 *C-577*에서 헌법재판소는 사실혼관계의 인정만으로는 콜롬비아 헌법의 명령에 따른 "자유로운 성격 발현" 및 "자율성과 자기결정"에 대한 권리 실현이 충분하지 못하다고 판결하였다.[62] 헌법재판소는 또한 (예를 들어 재산권의 맥락에서) 동성 커플의 권리를 인정하는 재판소의 일련의 기존 판결에 주목하며, 이러한 맥락에서의 보호가 부족함을 찾아내는 데 여러 판결의 지원을 받았다.[63] 또 헌법재판소는 콜롬비아 헌법 제42조 본문에 대한 해석을 면밀하게 진행하였으며, 제42조가 가족의 정의를 이성 커플로 제한한다는 시각은 콜롬비아의 다양한 가족 형태와 양립할 수 없으며, 헌법 제5조의 "사회의 기본 제도로서의 가족" 조항과도 양립할 수 없다고 판단하

였다. 따라서 헌법재판소는 제42조가 동성관계 인정에 대한 주장을 약
화하기보다는 이를 지지하는 식으로 더 광범위하고 목적적이며 덜 배
제하는 쪽으로 해석되어야 한다고 판결하였다.[64]

추가로 헌법재판소는 동성 결혼 인정 논쟁의 해결에 기여하는 의회
역할의 중요성을 명시적으로 긍정하였다. 그리고 헌법재판소의 (만장일치)
의견은 전 지방법원 법관이자 국가평의회 대법관인 마르텔로Gabriel
Eduardo Mendoza Martelo가 작성하였는데, 그는 확실히 재판소 내에서 종
교적으로 가장 보수적인 구성원 중 한 명이었다.[65] 따라서 재판소 의견
의 어조와 저자성 모두가 동성 결혼에 반대하는 정부 인사나 종교적 반
대자에 대한 배척보다는 설득을 추구하였다.

마찬가지로 인도의 조하르 판결에서 인도 대법원은 LGBTQI + 권리
인정을 위해 보편주의적인 형태와 문맥적으로 특정한 형태의 정당화를
결합하는 방식으로 논증을 펼쳤다.[66] 이는 해당 판결에서의 4건의 별개
의견―즉 (당시) 대법원장인 미스라Misra의 의견(칸윌카르Khanwilkar 대법
관 참여)과 나리만Nariman, 찬드라추드Chandrachud, 말호트라Malhotra 대법
관 각각의 의견―모두에서 뚜렷하게 나타났다. 그러나 이는 미스라 대
법원장과 찬드라추드 대법관의 의견에서 특히 두드러졌다. 두 가지 의
견 모두 성적 자유에 대한 LGBTQI + 권리 보호를 뒷받침하는 데 자율
성, 존엄성, 프라이버시, 평등의 보편적인 이해에 의존하였으나, 이러
한 아이디어를 역동적이며 "변형적인" 입헌주의 모델, 카스트와 신분
계급의 제거, 인도 헌법 제4부에 따른 국가 정책 서문 및 지침적 원칙,
그리고 뚜렷하게 인도 고유 형태의 "헌법적 도덕성" 등에 대한 구체적
인 역사적·현대적 기속과 연결하였다.[67] 두 가지 의견 모두 국제인권

법 원칙 및 선례, 그리고 유럽연합, 영국, 미국, 캐나다, 남아프리카공화국, 이스라엘, 카리브해 지역, 피지, 네팔, 홍콩에서의 비교법적 판결을 조사하였으나,[68] 이 역시 **조하르** 판결의 추론과 **국가법률구조국** 및 **푸타스와미** 등의 이전 판결 간의 연속성을 강조하였다.[69] 찬드라추드 대법관은 특히 존 스튜어트 밀John Stuart Mill, 이마누엘 칸트Immanuel Kant, 제러미 벤담Jeremy Bentham, 존 롤스를 포함한 다양한 자유주의 정치이론가, 그리고 영국에서 남색의 비범죄화에 관한 하트-데블린Hart-Devlin 논쟁을 인용하였으며, 미국의 평등 및 동성애 이론가인 앤드류 코펠먼Andrew Koppelman 및 이브 세지윅Eve Sedgwick[70]과 같은 현대 비판이론가를 비롯해 핵심 헌법 기초자 중 한 명인 암베드카르 등 다양한 현대 인도 헌법 사상가를 함께 인용하였다.[71]

국가법률구조국 판결에서 인도 대법원은 유사한 접근을 택하였다. 대법원은 성별에 근거한 차별이 성 정체성에 따른 차별로 확장된다는 점을 지적하며 세계인권선언, 국제인권법 및 영국, 네덜란드, 독일, 호주, 캐나다, 아르헨티나, 유럽연합 등의 비교법적 발전 사례를 인용하였다.[72] 그러나 대법원은 젊은 인도인의 트랜스젠더 경험에 대한 개인적 설명자료 및 인도 트랜스젠더 공동체의 독특한 역사와 경험에 대한 연구와 보고서도 인용하였다. 대법원은 제19조 및 제21조 해석에서의 접근법을 알리고자 헌법 제4부에 있는 국가 정책의 지침 원칙에 의존하였다.[73]

비슷한 접근방식이 LGBTQI+ 권리를 인정하는 미국 연방대법원의 판결에서도 나타난다. **오버거펠** 판결이 대표적 사례이다. 논란의 여지가 있지만, 이 판결은 미국 내 동성 결혼 인정 문제에서 광범위한 법적 변화를 불러일으키는 데 효과적이었다.[74] 또한 연방대법원 의견에는 저 자성, 내러티브 및 어조에 대한 전략적인 사법적 선택의 특징이 다수 존재하였다. 로머 및 로런스[75] 판결에서처럼 법정 의견은 케네디 대법관 이 작성하였는데, 그는 수정헌법 제14조를 LGBTQI+ 권리 보호를 위 한 방향으로 해석하는 데 찬성하는, 공화당에서 임명한 대표적인 대법 관이었다.[76]

법정 의견은 비교법적 경향과 미국 내 주 차원의 입법 경향 및 보편 적인 가치, 미국적인 가치에 대한 언급을 결합하였다. 따라서 이는 자 유, 평등, 존엄성의 일반 원칙뿐만 아니라 "세계에서 미국만큼 결혼의 유대가 존중되는 나라는 없다"라는 토크빌Alexis de Tocqueville의 생각을 인용하며 미국의 사회 질서에서 결혼이 가지는 독특한 중요성에 의지 하였다.[77]

법정 의견은 또한 그러한 결정에 동의하지 않는 이들, 특히 종교인 의 신실성을 명백히 긍정하며 동성 결혼에 대한 반대 입장의 많은 부분 이 "품위 있으며 명예로운 종교적 또는 철학적 전제"에 근거하고, 동성 결혼에 대한 반대자나 "그들의 믿음" 모두가 이번 판결로 폄하되는 것 은 아니라고 언급하였다.[78] 그러나 푸리 판결에서와 같이, 연방대법원 은 이러한 부분이 청구인의 주장을 기각하기에 왜 불충분한지를 설명 하며, "진실하며 개인적인 반대가 제정 법이나 공공 정책으로 되었을 때, 그것의 필연적 결과는 자신의 자유가 거절당한 이들을 비하하거나 낙인찍는 식의 배척에 대해 국가의 승인이 이루어지는 것이라고 언급 하였다."[79]

이는 보스토크 판결에서도 마찬가지인데, 이 판결은 1964년 민권법

Civil Rights Act 제7편의 성별에 근거한 차별 금지 조항이 동성애자 및 트랜스젠더 미국인에 대한 차별에까지 적용된다고 판시하였다. 이 판결은 대응적 재판의 몇 가지 특징을 보인다. 이 판결은 판결에 반대하는 자들의 우려, 즉 이런 식의 보호가 종교의 자유를 침해할 수 있다는 우려가 가지는 정당성을 명시적으로 인정하면서, 종교의 자유로운 행사는 "다원적 사회의 핵심"임을 언급하였다.[80] 나아가서 이 판결은 이와 같은 우려로 인해 향후 사건에서 일부 예외의 경우가 인정되어야 한다는 주장이 제기될 수 있음 또한 시사하였다.[81] 법정 의견은 트럼프 대통령이 임명한 최초의 대법관이자 헌신적인 **법적** 보수주의자(즉 문언주의자)[82]인 고서치 대법관이 작성하였다. 따라서 이 판결의 저자성은 결과에 낙담한 종교적 보수주의자에게 대법원이 그들의 종교적·헌법적 우려를 이해하고, 결론에 도달하는 과정에서 그러한 우려를 진지하게 숙고했다는 메시지를 강하게 보냈다.[83]

이러한 점이 판결의 올바름에 대해 종교적 보수주의자를 설득하기에 충분하지 않았을 수도 있다. 많은 공화당원은 케네디 대법관을 공화당 유권자, 특히 복음주의 기독교인evangelical Christians의 진정한 대표자라기보다는 "이름만 공화당원RINO"이거나 코스털 엘리트coastal elite●라고 여긴다.[84] **보스토크** 판결 내 다수 의견을 대표한 고서치 대법관의 의견에는 트럼프에 의해 임명된 또 다른 대법관인 캐버노 대법관의 매우 비판적인 반대 의견이 제시되었는데, 판결에 대한 보수주의자들의 반응은 긍정적이지 않았다.[85] 그러나 대법원의 대응적 접근은 관련된 핵

● 미국 서부 및 북동부 해안 대도시에 거주하는 높은 교육 수준과 전문지식을 갖춘 부유한 계층으로 중부 지역 일반 미국인과 공유되지 않는 진보적 정치 견해를 가지고 있는 집단.

심 행위자들이 판결을 준수하려는 의지를 높였을 수 있다. 오버거펠 판결의 준수는 공화당이 정권을 잡고 있는 다수의 주에서도 일반적이며, 트럼프 대통령은, 사건에서 청구인의 입장에 반대하고 의료 분야에서 트랜스젠더의 권리를 철회하려는 병행적 시도를 하였음에도 불구하고, 보스토크 판결에서 연방대법원의 권위를 존중할 필요가 있다고 인정하였다. [86]

D. 대응적 재판과 민주적 최소 핵심

대응적 재판의 도구 및 기법은 마찬가지로 법원이 민주적 최소 핵심을 보호하려는 시도에 대한 정당성 인식의 강화에 도움이 될 수 있다. 피지의 최근 헌법 경험을 들어 보자. 피지는 독립 이후 민주 정부를 전복한 세 차례 각기 다른 군사 쿠데타를 겪었는데, 그중 첫 번째 쿠데타로 1987년에 라부카Sitiveni Rabuka 중장이 권력을 잡았다.[87] 두 번째는 2000년에 스페이트George Speight 장군이 이끌었으며, 세 번째는 2006년에 바이니마라마Frank Bainimarama 제독이 이끌었다. 피지 법원은 두 번째 및 세 번째 쿠데타 시도의 정당성을 심사하라는 요구를 받았다. 프라사드 판결Prasad v. Fiji에서 법원은 민주적 헌법 규칙의 회복에 성공한 반면, 가라세 판결Qarase v. Bainimarama은 민주 헌법의 완전한 즉각적 유예를 촉발하였다.[88]

두 사건 간에는 차이점이 많지만, 중요한 한 가지는 각 사건에서 법원이 대응적 재판을 수행한 정도이다. 즉 저자성, 어조 및 내러티브 문제에 대해 대응적 접근을 보여 주는 의견을 제시한 정도이다.

2000년 판결인 프라사드에서 피지 고등법원은—다양한 고위 정부 관리를 인질로 잡은 것을 포함하여—스페이트의 쿠데타로 발생한 위기에 대처하는 과정에서 군부의 조치가 "필요성necessity"의 원칙*에 의거하여 타당하다고 판결하였다.[89] 그러나 고등법원은 또한 1997년 헌법이 여전히 유효하며 완전히 폐지되지 않았다고 판단하였다.[90] 항소법원은 해당 판결을 확정하였으며, 헌법이 폐지되었다는 주장은 필요성의 원칙이나 "효율적인" 헌법 혁명이라는 아이디어에 의해 지지되지 않는다고 판결하였다.[91] 나아가서 항소법원은 의회가 해산되었다기보다는 정회되었으며, 대통령은 사실상 사임하였고, 따라서 부통령은 새로운 대통령이 임명될 때까지 대통령의 역할을 수행할 자격이 있다고 판시하였다.[92] 군부와 과도정부가 법원의 판결을 따랐다는 점은 주목할 만하다.

쿠데타로 설립된 정부가, 정부 자체의 법적 기반 전체를 무효화한다고 하는 법원 판결을 존중하는 경우는 드물다.[93] 그러나 이는 정확히 프라사드 판결 이후 일어난 일이다. 일로일로Rata Josefa Iloilo 부통령은 참모협의회Council of Chiefs에서 대통령으로 임명된 뒤 2001년 8월에 새로운 민주 선거를 치르기로 하였다.[94] 피지 원주민과 인도계 피지인 모두의 이해관계와 관련하여 연맹을 맺은 정당들은 선거에 참여하기로 결정하였으며, 스페이트당의 당원들은 결과적으로 피지 원주민 SDL당과의 연립 정부를 구성하는 데 동의하였다.[95]

해당 판결을 내린 재판부는 뉴질랜드, 호주, 통가, 파푸아뉴기니 출

● 더 큰 해악을 막기 위해 필요하다고 판단되어 이루어진 조치가 기존 헌법, 법률 등에 위배되더라도 정당화될 수 있다는 원칙.

신 법관(예 모리스 케이시Hon. Sir Maurice Casey, 이언 바커Sir Ian Barker, 마리카피Sir Mari Kapi, 고든 워드Gordon Ward, 케네스 핸들리Kenneth Handley)으로 구성된 진정한 다국적 재판부였으며, 사건에 대해 단일한 재판부명의 공동 의견*per curiam*을 제시하였다. 항소법원은 정부를 존중하는 어조를 채택했는데, 이는 민주 정부를 훼손하기보다는 보존하기 위한 조치가 취해졌음을 효과적으로 가정하였다. 또한 항소법원은 국제적·지역적 내러티브의 혼합, 즉 국제인권법과 1996년 피지 헌법 및 헌법 제정 전 협의 기간 동안 나타난 대중의 지지 정도에 의존하였다.[96] 특히 핸들리 대법관은 이것이 판결의 정당성에 대한 인식을 강화하려는 법원의 의식적인 시도를 반영하였다고 지적하였다.[97]

이러한 결과 및 접근법은 몇 년 뒤 법원이 또다시 발생한 쿠데타—이번엔 바이니마라마 제독에 의해 발생한 쿠데타—에 따라 가라세에서 내린 판결과 극명한 대조를 이룬다.[98] 2006년 12월에 바이니마라마의 지시하에 군부는 필요성의 원칙과 인도계 피지인의 이익 보호가 필요함을 이유로 기존 선출 정부를 전복하려는 쿠데타를 일으켰다. 바이니마라마는 스스로를 대통령(당시에는 총리직)으로 임명하였고, 마헨드라 차우드리Mahendra Chaudhry를 선임 장관senior minister으로 임명하였다.[99] 이러한 조치는 다시금 피지 법원에서 법의 심판을 받게 되었다. 고등법원은 처음에는 이러한 문제 제기를 기각하며, 바이니마라마를 총리로 임명한 일로일로 대통령의 조치가 그의 특권을 정당하게 행사한 것이었다고 판결하였다.[100] 그러나 항소심인 가라세[101]에서, 항소법원은 바이니마라마의 행동이 불법이며 그가 총리로 임명될 근거가 없고 1997년 헌법은 완전한 효력을 보유한다고 판결하였다.[102] 따라서 항소법원은 새로운 선거를 치르는 것에 대해 제언할 임시 총리를 대통령이 임명할 것을 명령하였다. 그러나 정부는 이를 따르지 않고, 그 대신 1997년 헌법을 폐지하겠다고 주장하였다.[103]

가라세 판결은 저자성, 어조 및 내러티브의 문제에서 대응적 접근의 특징이 거의 **결여된** 판결이었다. 해당 사건을 판결한 항소법원은, 호주가 피지 정부에 대하여 문제가 될 정도의 영향력을 행사하는 것으로 널리 인식되던 시기에, 시드니 기반의 항소 변호사 및 법관이었던 프랜시스 더글러스Francis Douglas QC(Queen's Counsel), 이언 로이드Ian Lloyd QC 및 랜들 파월Randall Powell SC(Senior Counsel)로만 배타적으로 구성되었다.[104] 논증에서 항소법원은 바이니마라마의 행동이 "군사 쿠데타 또는 불법적인 권력 찬탈"에 해당함을 시사하며 바이니마라마의 행동을 공개적으로 비판하였다.[105] 그리고 판결을 내리는 과정에서 영국 상원 및 추밀원Privy Council 그리고 비교법적 자료를 인용하며 지역적 규범보다 보편적 규범에 큰 방점을 두었다.[106]

해당 판결에서 이러한 측면 중 일부는 바꾸기 어려웠을 수 있었을 것이다(예를 들어 임명 이후 재판부의 구성). 또한 바이니마라마 본인의 행동과 신념에 대한 정당한 문제 제기가 존재하였고, 국제적 권위에 대한 인용이 특정 청중, 특히 피지 외부의 청중과 피지 내부의 국제적 견해나 연결 고리를 가진 이들에 대해 법원 의견의 설득력을 높일 잠재력을 가지는지에 대한 타당한 질문도 존재하였다. 그러나 항소법원은 더욱 화해적인 어조를 채택할 수 있는 선택권이 있었으며, 법원이 보편적인 민주 헌법의 보호에 참여하기보다는 식민 지배 과정에 관여하였다는 인식을 피하는 수단으로 국제 법리뿐만 아니라 지역적 법리에 의존할 수도 있었다. 또 각각의 경우에 **프라사드** 판결과의 대조는 이보다 더 극명할 수 없었다. 따라서 **가라세**에서 항소법원이 더 대응적인 접근에 관여하려는 시도조차 하지 않은 것은, 피지에서의 이전 경험이 민주적 최소 핵심을 보호하려는 사법적 시도가 성공할 수 있음을 시사하였음에도, 이번에는 그렇지 못할 것이라고 법원이 예단한 것으로 볼 수 있었다.

E. 대응적 재판: 한계와 주의점

이러한 사법적 틀 짜기의 기법에 한계가 있다면 무엇일까? 모든 법원이 이러한 종류의 기법을 사용할 수 있을까? 또 방법론으로서의 대응적 재판에 내재하는 위험은 없을까?

1. 대응적 재판의 한계

모든 법원이 판결을 이러한 방식으로 할 수 있는 것은 아니다. 국가별로 재판부의 규모와 구성, 판결문 작성에 대한 규범(즉 동조 의견 및 반대 의견 작성에 관련된 규범)이 이러한 도구 및 기법의 온전한 사용을 가능케 하는 정도는 상당히 다를 수 있다.

일부 법원은 역사적으로 그 구성에서 상당히 다양성을 보여 왔고 서로 다른 배경을 가진 법관을 포함해 왔는데, 이러한 법관에는 각기 다른 직업 배경, 인종, 성별, 종교를 가진 법관 및 동성애자, 에이즈 감염자, 장애를 겪은 법관이 포함된다.[107] 다른 법원의 경우에는 다양성의 역사가 제한적이며, 앞서 언급한 종류의 다양성을 거의 창출하지 못하는 법관 임명 체제를 가지고 있기도 하다. 재판부에 최소한의 가시적 혹은 전문적 다양성이 없는 경우, 사건 당사자 혹은 광범위한 범위의 대중에게 직접적으로 호소할 수 있는 인생 경험을 한 법관이 법원 판결을 작성하는 일은 거의 없을 것이다.

비슷하게 일부 법원은 내부 구성에서 매우 높은 수준의 다양성을 띨 수도 있으나, 정치적 또는 이념적 양극화의 역사로 인하여 대법원장(혹은 다수파의 최고참 법관)이 전체 재판부 가운데 판결문 작성자를 결정할 수 있는 범위가 제한될 수도 있다.

일부 법원은 특정 법관에게 임의로 판결문 작성의 책임을 맡기는 관행이 있을 수도 있다.[108] 그리고 특히 대륙법 혹은 성문법 전통을 가지는 법원은 판결문에 서명을 하지 않거나 판결문을 익명으로 작성하는 관행을 가지거나, 동조 의견이나 반대 의견을 법관 개인의 이름으로 밝히는 것에 반대하는 관행이 있을 수도 있다.[109] B절에서 주목하듯, 동조 의견 및 반대 의견은 법원이 패소자 또는 판결에 실망한 시민에게 직접 호소하는 방식으로 서로 다른 의견의 집필을 설계할 때 법원의 여지를 넓히는 데 중요한 역할을 할 수 있으며, 이는 법원이 판결문의 주 저자 배정에서 자율권을 갖지 못하는 경우에도 그러하다.

법관이 대중에게 알려진 정도에서는 차이를 보일 수 있다. 일부 법관의 경우 변호사나 정치인 사이에서는 물론이고 일반 대중에게도 잘 알려져 있다.[110] 이는 해당 법관이 특정한 제도적 직책(예 대법원장)을 맡고 있거나, 그들이 내리는 판결의 내용과 중대성 때문일 수 있다. 아니면 이는 언론이 그러한 판결에 주목했거나 혹은 법원 소송을 방송하여 발생한 결과일 수도 있다. 그러나 법관의 신원과 배경에 대한 대중의 지식은 명백히 해당 법관이 취약한 사건 당사자나 집단에 호소하는 역량에서 중요하다.

또한 전 세계의 법원들은 광범위한 논거를 수반하는 장문의 판결을 내리는지, 혹은 추상적인 정당화만을 포함한 더 짧은 판결을 내리는지에 관해서도 상이한 모습을 보일 것이다. 예를 들어 인도에서는 대법원 판결문이 때로 1천 장을 넘는 반면, 프랑스 헌법위원회*Conseil Constitutionnel*의 판결문은 종종 채 1장이 되지 않는다.[111] 이는 법원이 국제적 및 지역적 내러티브의 혼합, 또는 각기 다른 설득의 기법을 활용하는 데 매우 다른 가능성을 가진다는 점을 암시한다.

마찬가지로 법원과 법원 판결에 대한 대중 및 언론의 주목의 정도, 사법적 논증의 서로 다른 접근법에 영향을 미치는 명백한 매개 통로의 존재 여부에서도 국가마다 차이를 보일 수 있다.[112] 예를 들어 너새니얼 퍼실리*Nathaniel Persily*와 공저자들은 미국의 경우 법원 판결에 대한 대중의 인식이 종종 거의 부재하며, 판결에 기저하는 논거에 대한 인식은 심지어 이보다도 더 적다고 주장하였다.[113] 분명히 많은 수의 대중이 법원 판결에 관련되어 있고, 특정 지식인층과 언론은 법원과 일반 대중 간의 매개자로서 중요한 역할을 할 수 있다.[114] 그러나 특정 입장에 대해 대중을 설득하는 법원의 능력에는 여전히 한계가 존재할 수 있다.

어떤 경우에는 법원의 어조에서 예양이라는 아이디어는 논리적이며 정치적인 한계를 보일 수도 있다. 법원은 사건 당사자의 행동이 선의로 유발되었다고 의심이 드는 경우에만, 적어도 공개적으로, 사건 당사자의 행동이 선의로 유발되었음을 가정해야 한다. 일부 경우에는 이러한 종류의 의심에 대한 여지가 거의 없을 수도 있다. 사건 당사자의 행동이 선의에서 일어났다고 법원이 인정하는 것이 명백히 부적절할 정도로 충분히 악의적인 행위에 사건 당사자가 연루되었을 수도 있다.[115] 이런 경우에 예양은, 해당 행위가 사실 법원이 헌법적 민주주의의 규범을 보호하고 증진하기 위해 직접적으로 맞서고 도전해야 할 것임에도, 단지 그러한 행위에 대한 정당성 인식만을 늘리게 될 것이다.[116]

2. 민주적 정당성 대 합법성

이러한 종류의 기법이 민주적 정당성을 증진하기보다는 궁극적으로 약화하는 방식으로 사용될 가능성에 주목하는 것 역시 중요하다. 제3장부터 제7장에서 다룬 명확하게 민주주의 친화적 방향성을 가지는 개념과는 달리, 이러한 기법은 궁극적으로 기존 민주주의의 장애물이나 병리를 극복하는 사법적 접근법을 지원하기 위해 사용되거나 아니면 오히려 이를 가중하는 사법적 접근법을 지원하기 위해 사용될 수 있다. 후자의 경우, 이러한 기법은 취약 집단의 구성원을 효과적으로 끌어들이는 식의 뚜렷하게 성가신 태도를 취할 수 있거나, 법적 혹은 정치적 정당성의 촉진이 아닌 그러한 불이익의 **합법화**legitimation를 지원하기 위해 해당 집단에 호소하는 특정 내러티브를 취할 수 있다.

고비티스Gobitis 판결에서 프랭크퍼터 대법관의 의견을 예로 들 수 있다.[117] 고비티스에서 청구인은 여호와의 증인 신자의 자녀로 충성의례(국민의례)pledge of allegiance ceremony에서 미국 국기에 대한 경례를 거부한 뒤 지역 초등학교에서 퇴학당하였다. 이들(및 이들의 아버지)은 하느님 이외의 권위에 충성을 서약하는 것은 그들의 종교에 위배되며, 따라서 이러한 방식으로 국기에 대한 경례를 요구하는 것은 헌법상 종교 행사

자유 조항을 위반한다고 주장하였다.[118] 그러나 프랭크퍼터 대법관이 작성한 8:1의 판결문에서 연방대법원은 수정헌법 제1조에 기반한 이들의 청구를 기각하였다. 연방대법원은 종교의 자유에 대한 청구인의 이익이 국가 상징으로서의 국기에 의해 집약되는 일종의 "질서 있는 사회"에 대한 존중과 충성을 증진하려는 정부의 이익보다 더 우선될 수 없다고 판단하였다.[119]

고비티스에서 프랭크퍼터 대법관의 판결문은 또한 사법적 의견틀을 마련하는 데 필요한 대응적 접근의 주요 특징을 거의 모두 나타내었다. 유대인 이민자이자 미국 시민으로 귀화한 프랭크퍼터는 종교적 "외부인"인 청구인의 경험을 공유하는 것과 관련하여 연방대법원 구성원 중 가장 근접한 인물이었다.[120] 판결 과정에서 프랭크퍼터 대법관은 청구인의 주장을 존중하는 방식으로 종교의 자유의 중요성을 강조하였고, 미국 헌법의 전통에서 종교의 자유의 중요성을 인지하면서 국제주의적이고 특정주의적인 내러티브를 혼합하여 사용하였다. 프랭크퍼터 대법관은 자유로운 종교 행사free exercise에 대한 권리는 "개인의 양심이 사회의 절실한 필요와 충돌할 때에만 (…) 의문이 제기되는 소중한 권리"임을 시사하였다. 마찬가지로 그는 "우주의 궁극적인 신비와 그에 대한 인간의 관계에 갖는 확신을 적극적으로 추구하는 것은 법의 영역을 넘어서는 것"이라고 밝혔다. 또한 그는 이를 ("미묘하며 소중한" 이익으로서의) 종교의 자유의 중요성에 대한 보편적 개념 및 미국에서 권리장전의 채택으로 이어진 종교의 자유에 대한 더욱 구체적인 투쟁과 연결하였다.[121]

그러나 고비티스의 판결은 궁극적으로 광범위한 반대에 부딪혔다. 판결 당시와 판결 이후에 헌법학자들은 해당 판결이 주의 입법권을 지나치게 존중하는 규범을 적용하였으며, 대체로 그 논증에서 설득력이 떨어진다고 비판하였다.[122] 해당 판결은 종교의 자유를 충분히 보호하지 못한다는 비판 역시 받았다. 심지어 프랭클린 델러노 루스벨트Franklin Delano Roosevelt 대통령과 그의 부인 엘리너Eleanor도 해당 판결에 실망을 표하였으며, 판결의 영향에 대처하려고 애썼다.[123] 불과 3년 뒤에 나온 웨스트버지니아 판결West Virginia v. Barnette에서 연방대법원은 입장을 바꿔 고비티스가 "오판"이라고 판결하였다.[124] 그러나 프랭크퍼터 대법관은 그의 기존 입장을 고수하였으며, "역사상 가장 비방받고 박해받은 소수자"의 일원으로 자신이 종교의 자유의 중요성에 무감각하지는 않았으나, 헌법적 제한에 효력을 부여할 의무가 있었다고 명시적으로 밝혔다.[125]

고비티스 판결의 내용 역시 사법심사에 대한 대응적 접근과 일치시키기는 어렵다. 국기에 대한 경례에 대한 의무적 요구는 아동의 종교적·철학적 배경의 다양성을 해명해 주지 않는다. 또한 그만큼 이러한 의무를 지우는 법률은 분명히 관점의 사각지대를 겪는다.[126] 이는 마찬가지로 아동이 국기에 대한 경례 외에 충성을 표시할 수 있는 다른 방법의 가능성을 무시하여, 잠재적인 수용의 사각지대를 보여 준다. 그러므로 이와 같은 상황에서 입법부의 헌법적 판단을 따르는 것은 민주주의를 촉진하기보다는 오히려 민주주의의 장애물을 가중하는 경향이 있다. 아울러 사법심사에 대한 대응적 접근은 헌법 해석 과정이 그러한 장애물에 **맞서도록** 법원이 적응시켜야 함을 강조한다.

따라서 "대응적 재판"의 기법은 주의 깊게 살펴보아야 한다. 이러한 기법을 수용할 때 법관은 이에 의해 달성되어야 하는 실질적인 민주적 가치나 목표를 망각해서는 안 되며, 사법심사에 대해 적절하게 대응적이거나 민주주의 친화적인 접근법과 이것을 묶는 것의 필요성을 잊어버려서는 안 된다. 또한 법원의 관찰자들은 대응적 재판의 기법과 대응적 사법심사의 내용을 계속 구별하기 위해 신중을 기해야 한다.

법원은 대응적 재판의 기법을 민주주의의 장애물에 맞서기 위해 활용할 수 있고 또 자주 활용하지만, 반드시 그럴 필요는 없다. 또한 그만큼 해당 기법을 사용하는 판결은 항상 적절하게 비판적이며 상황에 민감한 시각을 통해 평가되어야 한다.[127]

3. 법정 너머의 대응적인 사법적 의견 표명

이는 재판부 안팎에서의 대응적 접근에서도 마찬가지이다. 일부 법관은 법정을 넘어—연설, 언론 보도 자료 배포, 언론 인터뷰 및 판결을 설명하는 의견문 작성으로—대중과의 소통을 추구한다.[128] 또한 저자성, 내러티브 및 어조에 대한 고려에 유념하며 이러한 유형의 소통을 법원이 설계하는 것에 강하게 찬성하는 입장도 존재한다. 이와 같은 설계는 관련된 사법적 소통이 기관으로서의 법원에 대한 지지를 얻거나 소통이 목적하는 바를 달성하는 데 실제로 효과적일 가능성을 높인다.

법원이 실제로 이러한 관행에 참여해야 하는지의 여부는 명확하지 않다. 이런 식의 사법 활동은 분명히 사법 독립성에 대한 전통적 관점과는 일치하지 않지만,[129] 남반구에서의 권력 분립에 대한 진보하는 개념(논의)과는 대체로 일치한다.[130] 좀 더 어려운 문제는 이러한 관행이 실제로 법원의 사회적 정당성을 높일 가능성이 있는지 여부다. 법원이 스스로의 견해를 공론화하는 데에는 명백한 이점이 있으며, 이는 특히 행정행위자에게 이를 준수하도록 압력을 가하는 경우에 그러하다.[131] 더욱이 이러한 행동은 새로운 민주주의 체제에서 법원의 역할에 대한 인식 및 지지를 높이는 데 도움이 될 수 있다.[132] 이는 예를 들어 헝가리와 인도네시아에서 헌법재판소의 초기 운영 시기에 분명하게 나타났다.[133] 그러나 이러한 유형의 소통은 법원 및 법관을 더욱 광범위한 언론 및 정치적 논쟁에 휘말리게 할 수 있으며, 그들은 이에 대응할 준비가 부족할 수도 있다. 또한 일부 법관에게는 법원의 독립성과 제도적 위상에 대한 인식에 궁극적으로 매우 위험한 방식으로 본인의 역할에 대한 확장된 생각을 독려할 수도 있다.

따라서 대응적 접근은 이러한 유형의 모든 소통이 사법적 저자성, 내러티브 및 어조에 대한 우려를 고려하여 설계하여야 하나, 법관은 이러한 소통에 참여하는 것과 관련하여 주의를 기울여야 함을 강조한다. 그렇게 하는 것의 이점이 그로 인한 위험을 능가하는지의 여부는 온전히 특정 사회정치적 맥락에 따라 좌우되며, 그러한 실천에 참여하기로 결정하기 전에 법관에 의하여 신중하게 고려되어야 한다.

제 9 장

결론

새로운 비교정치과정이론을 향하여

사법심사의 대응이론은 법원이 민주적 헌법을 해석하는 데 일반적 지침을 제공한다. 즉 민주적 헌법하에서 해석적 선택을 행사할 때, 법원은 다음의 사항을 따라야 한다.

(1) 반민주적 독점 권력과 민주주의의 사각지대, 타성의 부담의 위험에 맞서기 위해 애써야 하며, 그에 따라 헌법적 법리의 적용 범위와 강도를 조정해야 한다.

(2) 스스로의 역량과 정당성에 있어 불가피한 한계로 인하여 민주주의의 역타성 및 반발과 더불어 광범위한 민주주의 쇠약의 위험이 야기될 수 있음을 유념해야 하며, 이를 고려할 때 판결의 종국성이 약화된―혹은 약-강 형태나 강-약 형태의―모델(접근법)을 채택해야 한다.

(3) 판결에서 사용되는 저자성, 어조 및 내러티브를 신중하고 세심

하게 선택함으로써 이런 식의 대표성 강화 심사의 정당성과 그에 대한 인식을 적극적으로 증진해야 한다.

각각의 경우에 사법심사 정당성의 근본적인 근거는 이것이 바로 다양한 현실 세계의 비이상적non-ideal 조건하에서 소수자의 권리 주장 및 다수 세력의 숙고된 이해에 대응할 수 있는 민주적 체제의 역량을 보호하고 증진하기 위한 약속이라는 점이다. 이는 서로 다른 맥락에서 적극적인 사법심사와 자제된 사법심사 모두에 대한 수용과, 구조화된 비례성 심사 및 미국 스타일의 단계적 심사방식 모두에서 사법심사의 강도에 대한 신중하게 조정된 맥락적 접근으로 나타난다.

또한 헌법적 정당성에 대한 "포괄적인" 개념이 이러한 접근방식에 내포되어 있다. 즉 이러한 접근방식에서는 사법심사의 정당성이 소수자의 권리 주장 및 민주적 다수의 이해에 대한 대응 그리고 특정 체제하에서의 헌법적 주장의 형식적 양상(예 헌법의 본문, 역사 및 구조, 선례 등)과의 일관성 간의 조합에서 비롯된다고 가정한다.

마찬가지로 사법심사의 대응이론은 사법적 결정에서 강함과 약함의 요소를—혹은 광범위함, 강제성 및 즉각성의 요소를 협소함, 비강제성 지연이라는 요소와—결합시킨다. 이는 원칙주의와 실용주의 모두의 차원에서, 또는 민주주의의 쇠약, 역타성의 부담 및 손상적 형태의 민주적 반발을 피하기 위하여, 사법적 의견의 수정 가능성을 도모하고자 하는 염려로부터 행해진다.

나아가서 대응이론은 법원이 패소자에 대한 존중을 나타내도록 저자성과 어조에 대한 선택을 내리고 국제적 및 지역적 내러티브를 모두 활용하며 논증하는 것의 원칙적이며 실용적인 가치 모두를 강조한다. 이러한 접근을 취함으로써 법원은 법원이 선호하는 헌법적 입장에 대해 더 넓은 범위의 행위자들을 설득할 수 있을 뿐 아니라, 판결에 낙담한 이들, 시민으로서 그들의 지위, 그리고 법이 그들에게 가장 가혹하게 대하는 상황에서 그들이 재판에서 의견을 표명하고 경청될 권리에 대한 존중 또한 보여 줄 수 있다.

　그러나 이러한 아이디어가 진정으로 국제적 차원에서 적용될 수 있을까? 사법심사에 대한 대응이론이 새로우며 진정한 형태의 "비교정치과정이론comparative political process theory"에 기여하는 데 실제로 성공적일까? 사법심사와 민주적 자치에 대한 약속 간의 긴장은 확실히 전 세계의 많은 입헌 민주주의에서 감지된다. 사법심사와 더불어 "반다수결주의적 난제counter-majoritarian difficulty"의 개념은 미국에서의 논의, 특히 알렉산더 비켈의 연구와 연관성이 있다는 것이 잘 알려져 있다.[1] 그러나 이에 대한 논의는 세계 곳곳의 헌법적 담론과 논쟁에서도 늘어나고 있다. 예를 들어, 유럽에서는 20세기에 파시스트 또는 전체주의 정부를 경험한 국가들이, 권리와 심의에 대한 두터운 민주주의적 개념 등 민주적 가치를 보호하고 증진하는 것과 관련하여, 헌법재판소가 수행하는 역할에 대해 열성적인 입장을 굳건하게 유지하고 있다. 그러나 이들 국가는 공유된 헌법적 원칙 및 가치라는 아이디어를 압박하는 다원주의와 양극화의 새로운 형태를 목도하고 있으며, 그러한 가치의 구체적인 범위와 내용에 있어 합리적인 의견 불일치의 존재를 인식하는 방향으로 민주적 가치에 관여할 필요성에 새로운 방점을 두고 있다.[2]

　이는 동유럽 지역 및 소련 해체 이후 세계의 많은 지역에서도 마찬가지인데, 이들은 공산주의의 잔재뿐만 아니라 민주적 다원주의 및 의견 불일치의 새로운 형태와 고군분투하고 있다.[3] 또한 남반구의 많은 지역과 같이, 독립 이후의 헌법이 헌법적 독립, 사회적·경제적 "변혁", 진정으로 민주적인 정부의 형태를 달성하기 위해 고안되었다는 데에는 일반적인 동의가 존재하지만 변혁적 입헌주의transformative constitutionalism의 이상적 형태가 실제로 무엇을 의미하는지에 대해서는 의견 충돌 또는 논쟁이 상당한 곳에서도, 이는 거의 비슷하게 나타난다.[4]

그러나 당연히 이러한 아이디어가 서로 다른 맥락에 관련되는 정도에는 차이가 있을 것이다. 모든 헌법이론은 잠재적으로 국제적인 적용 범위가 있지만, 지리적 한계 역시 보인다. 헌법은 궁극적으로 "일반적" 헌법 규범으로 간주될 수 있는 것과, 특정 시점에서 특정 국가의 특정한 법적·사회적·경제적 조건 및 요구에 대응하는 규범 간의 혼합물이다.[5] 그러므로 헌법이론은 일반적 요소와 더 상황(맥락) 특정적 요소를 결합해야만 한다. 이 책에서 나는 민주적 대응성이나 대표성 강화와 같은 일반적 헌법 원칙의 이행 및 적용에 관련된 법적·정치적 맥락에 주의를 기울일 필요가 있음을 강조하고, 성공적인 형태의 대응적 심사를 이끄는 법원의 역량은 다음을 비롯해 다양한 상황 특정적 요인에 달려 있음을 주장한다.

(1) 법원의 공식적·실질적 독립성의 정도
(2) 일반적이고 구체적인 맥락에서 사법심사에 대한 정치적 지지의 정도
(3) 시민사회 내 헌법 소송에 대한 광범위한 지원 구조

(4) 법원에서 사용 가능한 구제책의 범위[6]

대응적 사법심사의 사례로 보이는 것일지라도 사법의 독립성 없이는 사실상 **남용적** 사법심사의 한 형태일 수 있다.[7] 데이비드 랜도와 내가 지적했듯이, 남용적 사법심사는 사법심사가 민주주의의 최소 핵심의 침식을 제한하기보다는 오히려 적극적으로 촉진하는 경우 발생한다. 이는 또한 법원이 권위주의 혹은 독재를 추구하는 정권에 충성하거나, 그들의 목적을 옹호하거나 발전시키도록 강요받거나 이에 끌어들여지는 경우에 발생할 수 있다. 이러한 상황 모두의 전제 조건은 진정한 사법 독립성의 부재이다.

독립성의 부재 또는 독립적 심사에 대한 진정한 정치적 지지의 부재는 또한 법원이 모든 형태의 대응적 심사는 아니지만 일부의 형태에 참여할 여력을 가지는 것을 의미할 수도 있다. 예를 들어, 일부 상황에서 단일 정당의 지배는, 정치적 상황이 바뀌지 않는 한, 정치적 독점에 대항하려는 법원의 어떠한 시도라도 헛되거나 자멸적임을 의미할 수 있다.[8] 따라서 일당 지배적 민주주의에서 법원은, 강력한 반독점적 형태의 사법심사보다는, 강-약 형태의 사법심사 혹은 대화적 형태의 사법심사만을 수행할 역량을 가질 수 있을 것이다.[9]

마찬가지로 제5장에서 언급했듯 모든 **법관**이 성공적 형태의 대응적 심사를 수행할 수 있도록 동등한 수준으로 적절하게 처해 있는 것은 아니다. 대응적 사법심사에 참여하려면 법관은 반드시 정통의 법적 논증 형식에 능숙해야 하지만, 이와 동일하게 민주주의의 장애물에 대처할 수 있는 법적 원칙을 개발할 수도 있어야 한다. 그들은 광범위한 청중을 설득할 수 있는 집필력을 갖추어야 하며, 다양한 청중, 특히 법원 판결에 낙담한 청중을 존중하는 식으로 어조와 내러티브를 이용할 수 있어야 한다. 이는 법원의 판결에 실망한 이들의 관점에 대한 이해를 의미하고, 아마도 그들의 우려에 대응하는 것으로 여겨질 수 있는 어조 및 주장에 대한 이해를 뜻한다. 대응적 사법심사는 또한 공감 능력의 측면에서 법관에게 상당한 노력을 요하며, 나아가서 본인의 경험과 관점이 다른 이들에게 이해되는 정도에 대한 겸손한 자세를 요구한다.

대응적 형태의 심사를 수행하려면 법관은 마찬가지로 자신의 사회적 정당성 또는 특정 판결의 정당성에 대한 인식에 한계가 있을 수 있음을 예상하며 이에 대응할 수 있는 능력을 지녀야 한다. 이는 특정 판결에 대한 민주적 다수의 지지와 정치적 반대 또는 민주적 반발의 정도를 재단하는 능력을 포함하여 어느 정도의 정치적 기술 및 감수성을 요한다.

법관이 이러한 기술을 보유하는지의 여부는 법관의 개인적 특성, 기존 직업적 경험 및 법원 근무 기간을 포함한 다양한 요인에 달려 있다.[10]

성공적 형태의 대응적 심사는 또한 자기영속적self-perpetuating일 수 있는데, 법원 및 법관이 이런 식의 심사 경험이 많을수록, 과도하게 강한 심사와 약한 심사 간의 긴장 혹은 새로운 형태의 입법적 방해물을 악화하는 것과 이를 창조하는 것 간의 긴장을 탐색해 나가는 데 더욱 능숙해질 것이다. 그리고 대중과 정치적 엘리트가 독립적인 사법심사의 행사에 익숙해질수록 그들은 본질적으로 대표성 강화를 목적으로 하는 심사 형태를 더욱 지지할 수 있다.[11]

그렇다고 하여 역사가 오래된 법원만이 대응적 심사를 성공적으로 수행할 수 있다는 의미는 아니다. 역사가 짧은 신설 법원 역시 그렇게 할 수 있으며, 실제로 성공한 사례가 있다. 남아공 헌법재판소가 대표적이다. 남아공 헌법재판소는 아파르트헤이트 시기로부터 전환의 일부로서 만들어진 새로운 민주 헌법적 질서를 해석하고 집행하기 위해 1994년에 설립된 완전히 새로운 법원이었다.[12] 재판소의 구성원은 이전에 항소법원에서 근무한 이력도 있었으나, 이는 소수에 불과하였다. 재판관 대부분이 사법적 경험이 부족한 현직 변호사 및 학자였지만, 이들은 함께 전 세계에서 가장 효과적이며 존경받는 헌법재판소 가운데 하나를 만들었으며, 재판소가 민주주의의 사각지대, 타성의 부담, 선거적·제도적 독점의 위험 모두에 맞서는 데 점점 더 적극적인 역할을 맡도록 하였다.[13] 이는 성공적인 형태의 심사 가능성은 해당 국가 및 그 국가의 독립적인 사법심사의 역사에 따라 달라질 수 있음을 시사한다.

대응적 사법심사에 대한 정치적 유인성$_{valence}$은 민주주의 체제별로도 다를 수 있다. 내가 반복하는 주장 가운데 하나는 바로, 사법심사는 정당성에 대한 법적·정치적 개념에 부합하고자 애써야 하지만, 법원은 또한 법과 정치의 구분을 효과적으로 횡단하는 독특한 역할을 해야 한다는 것이다. 법원이 민주적 과정에서의 장애물이나 오작동에 맞서는 데 도움을 줄 수 있는 것은 부분적으로는 법관이 정치적 역학 및 과정을 이해하며 이에 민감하기 때문이다. 또 독립 기관으로서 법원이 가지는 지위와 법관의 독특한 훈련방식, 법적 도구 및 논증 양식을 통하여 법원은 민주주의의 장애물을 효과적으로 식별하고 대처할 수 있다.

사법심사에 대한 대응방식을 제안할 때, 나는 법원이 스스로의 역할에 대한 이러한 "이원적$_{dualist}$" 이해를 수용하고 사법적 역할에 대하여

전적으로 정치적이거나 법적인 접근으로만 지나치게 치우치는 것으로 간주될 수 있는 방식을 피해야 한다고 주장한다. 그러나 우리 각각은 헌법이론을 서로 다른 전통 및 관점에서 개념화할 것이며, 이에 따라 사법적 역할에 대해 대응이론이 제안하는 바에 다소 다른 반응을 보일 것이다.

강력하며 창조적인 사법심사의 전통을 확립한 일부 국가에서는 대응적 사법심사의 개념이 사법자제의 강화 혹은 사법적 역량 및 정당성의 한계에 대한 사법부의 민감성 확대에 대한 요구로 이해될 수 있다. 특정 국가에서 법원의 역할은 (소수자 권리의 범위나 우선순위에 관한 의견 불일치가 있더라도) 소수자 권리 보호라는 견해가 지배적인 경우에, 사법심사에 대한 대응적 접근은 법원과 입법부 간에 헌법적 "대화"의 확대를 요구하는 이론 중 하나의 변형으로 보일 수 있거나, 또는 사법심사에 대한 좀 더 약한—즉 더욱 자제하거나 종국적이지 않은—접근으로 보일 수 있다. 이러한 다른 이론과 마찬가지로, 사법심사에 대한 대응적 접근은 일부 경우에 법원이 과거의 방식 혹은 제안된 방식의 사법심사에 대한 반대 의견에 대응하는 실용적 근거와 원칙적 근거 모두가 존재함을 강조한다. 정치적 반대 의견에 대한 이러한 대응은 독립적이며 강력한 형태의 오랜 사법심사 전통을 가진 많은 헌법 체제에서는 상당히 이질적이거나, 최소한 급진적이다.

인도, 브라질, 콜롬비아와 같은 국가의 헌법 체제를 고려해 보자. 이들 국가의 법원은 여러 차례에 걸쳐 상당히 광범위하며 강력하나 실제 효과에서는 명백하게 제한적인 사법적 명령을 내려왔다. 따라서 이들 국가에서 사법심사에 대한 대응적 접근은, 특정 사건에서 법원 자체의 역량과 정당성에 대한 한계를 더욱 심각하게 받아들이는 유형의, 사법적 개입에 대한 좀 더 자제적이며 약-강 형태의 접근에 대한 요청으로 보일 수 있다.

반대로 국가의 지배적 법 전통이 사법자제의 전통이라면, 대응적 사법심사의 개념은 사법권의 매우 급진적인 확장이나 사법적 창작성을 요구하는 것으로 받아들여질 수 있다. 이는 예를 들어 일본과 같이 헌법적 (아니면 준헌법적) 사건에 대한 오랜 사법자제의 전통을 가지는 국가에서,[14] 그리고 호주와 같이 **마버리 스타일**의 좀 더 오래되고 활발한 사법심사의 전통을 가지나 "법률주의legalism"에 대한 기속 및 사법권과 비사법권의 분립에 대한 전통적 개념을 지속적으로 사수해 온 법 문화를 보유한 국가에서도 마찬가지일 것이다.[15]

심지어 미국과 같이 강력한 사법심사의 오랜 전통을 보유한 국가에서도 연방대법원은 스스로의 구제 권한에 대하여 또는 제도적인 정부의 부작위에 대응할 수 있게 하는 헌법적 함의의 적용 범위에 대하여 상대적으로 자제하는 입장을 채택해 왔다. 미 연방대법원은 캐나다, 남아공, 콜롬비아, 대한민국, 대만의 법원이 받아들인 참여적 구제책이나 유예적 무효화 선언, 혹은 콜롬비아 헌법재판소가 채택한 "위헌적 상태" 법리를 분명히 채택하지 않았다.

따라서 미국에서는 더욱 대응적인 방식의 사법심사에 대한 요구가—기후 변화나 총기 범죄와 관련하여 존재하는 것과 같은 제도적 타성의 부담에 대응할 수 있는 원칙을 포함하여—새로운 헌법적 구제책 및 원칙을 수용하려는 법원의 의지에 상당한 확장을 요구하는 것으로 타당하게 간주될 수 있다. 미래의 (민주당 다수파가 임명한) 법원이 미국의 현재 총기 범죄의 수준에 대하여 "위헌적 상태"라고 선언하고, 의회가 관련 조치를 12개월 내에 취하도록 하거나, 혹은 법원 스스로 획일적인 신원 조사의 기본 모델 및 공격용 무기 판매 금지를 도입하는 것을 상상해 보자. 이러한 영역에 대한 조치를 취하는 것과 관련하여 만연하고 지속적인 의회의 타성의 부담을 고려할 때, 이와 같은 조치는 사법심사에 대한 대응적 접근과 완전히 일치할 것이다. 그러나 이는 현재 미국의 헌법적 이해하에서는 명백히 급진적이다. 이는 법원이 의회가 투표권법Voting Rights Act 제5조에 따라 적용 범위 공식coverage formula●을 개정하도록 하거나, 기후 변화로 인한 위협에 대해 더욱 급진적인 대응을 채택하도록 요구하는 판결에 대해서도 마찬가지일 것이다.[16]

이와 유사하게 대응적 사법심사에 대한 유인성은 법관이, 공개적으로 혹은 법원 내부의 비밀 심의 상황에서, 사법적 국정운영statecraft의 관념을 이미 수용하고 있는 정도에 따라 다를 수 있다. 일부 상황에서 법관의 실용적 고려에 대한 공감의 존재는 이 책 제4장, 제7장, 제8장에 제시된 생각이, 사법적 역할에 대한 원칙적이거나 실용적인 접근방식을 촉진하기 위한 관심의 일환으로, 매우 정통의 것임을 의미할 수 있고, 또는 그러한 생각이 법관이 이미 직관적으로 적용하고 있는 개념을 넘어서는 제한적이지만 추가적인 가치를 가지고 있음을 의미할 수 있다.[17] 나는 여전히 이러한 법관이 해당 유형의 접근에 대한 더욱 공식적이며 명시적인 설명에 참여하는 것이 가치 있다고 주장한다. 그러나 이를 통해 얻을 수 있는 이점은 그리 대단하지 않다. 이는 기존 접근법

● 남부 주들이 행한 투표에서의 차별을 막기 위해 도입된 공식으로 주의 투표법을 개정하기 전에 연방 정부의 사전승인을 받도록 하는 주나 지역을 결정하는 데 사용되는 기준.

에 대한 유용한 명확화나 선명화를 제공할 수 있지만 근본적으로 새로운 통찰이나 지침의 원천은 제공하지 않는다.

그렇지만 다른 상황의 경우 사법적 국정운영의 개념은 훨씬 더 낯설게 다가온다. 법관은 실용주의보다는 원칙에 훨씬 큰 중점을 둔 채 스스로의 역할을 수행할 수 있으며, 그들의 판결의 틀을—법원 명령의 이행에 대한 지지를 높이는 한편 판결에 실망한 이들의 독특한 입장, 정체성 및 경험에 대응할 수 있도록 해당 명령의 실질적 정당성을 강화하는 식으로—어떻게 구성할지에 대해서는 거의 고려하지 않을 수 있다.

또 사법심사에 대한 대응적 접근이 현존하는 코먼로 또는 대륙법(시민법)적 헌법 전통과 부합하는 정도에 관하여는 다소 차이가 존재할 수 있다. 대응적 사법심사의 개념은 미국과 호주 및 독일에서 전개된 대응적 법과 규제responsive law and regulation 이론에 명시적으로 의존한다. 이 책은 또한 다양한 부분에서 콜롬비아, 독일, 대한민국을 포함한 대륙법 체제에서의 대응적 사법심사의 사례에 기대었다. 이는 민주적 헌법 규범의 해석 및 집행에서 코먼로 법관뿐만 아니라 대륙법계 법관에게도 정보 및 지침을 제공할 수 있는 방법으로서 대응적 사법심사의 관련성을 상당 부분 뒷받침한다.

그러나 서로 다른 법체계 내의 법관들이 다양한 형태의 민주주의의 장애물에 맞서는 데 필요한 도구 및 관점을 보유하는 정도에 관해서는 여전히 약간의 차이를 보일 수 있다.[18] 예를 들어 사각지대는 일반적으로 특정 법률에 의해 부정적인 영향을 받는 당사자를 참여시키는 식의 구체적 사법심사를 수행하는 법원에 의해 가장 효과적으로 식별되고 대응되지만, 모든 대륙법 체계가 구체적 사법심사의 전통이 길거나 이를 허용하지는 않을 것이다. 유사하게, 타성의 부담에 대처하는 유용한 도구 가운데 하나는, 쟁점에 대한 언론 및 대중의 광범위한 관심을 끌어내는 법원의 역량이겠지만, 모든 법원이 그렇게 할 수 있는 동등한 위치에 있는 것은 아닐 것이다. 특히 대륙법 전통에서와 같이 법원이 업무에서 일반적으로 광범위한 대중적 관심을 받지 않는 정부 소속 변호사로 구성되는 경우는 더욱 그러하다.

결국 헌법이론은 다양한 헌법 체제(의 분파)를 가로지르는 가교를 제공할 수 있으나, 동시에 다양한 헌법 체제하에서 그러한 이론이 가지는 구체적인 한계에 주목할 필요성에서 자유로울 수 없는 미완의 가교이기도 하다. 나는 시간이 지나며 훨씬 더 폭넓은 다양한 헌법 체제 및 맥락 내에서 법원이 민주적 대응성에 대한 약속을 보호하고 촉진하는 데 헌법이론이 의미하는 바가 무엇인지를 고려하는 일에 다른 이들 역시 동참하기를 소망한다. 그렇게 된다면, 우리는 이 가교를 확장하고 그의 기초를 완벽히 다지는 일 또한 기대할 수 있을 것이다.

주

제1장 서론

1 John Hart Ely, Democracy and Distrust: A Theory of Judicial Review (1980). 한국
   어 번역본으로는 전원열, 《민주주의와 법원의 위헌심사》, 나남(2006)이 있다.

2 *Id.* at 103.

3 Laurence H. Tribe, *The Puzzling Persistence of Process-Based Constitutional Theories*,
   89 Yale L.J. 1063 (1980); 제2장에서의 논의 참조.

4 Doreen Lustig & Joseph H.H. Weiler, *Judicial Review in the Contemporary World:
   Retrospective and Prospective*, 16 Int'l J. Const. L. 315 (2018).

5 다음과 비교해 보라. *Stephen Gardbaum, Comparative Political Process Theory*, 18
   Int'l J. Const. L. 1429 (2020); Manuel José Cepeda Espinosa & David Landau, *A
   Broad Read of Ely: Political Process Theory for Fragile Democracies*, 19 Int'l J. Const.
   L. 548 (2021).

6 Gardbaum, *Process Theory, supra* note 5; Samuel Issacharoff et al., The Law of
   Democracy: Legal Structure of the Political Process (1998); Samuel Issacharoff &
   Richard H. Pildes, *Politics as Markets: Partisan Lockups of the Democratic Process*, 50
   Stan. L. Rev. 643 (1998); Niels Petersen, Proportionality and Judicial Activism:
   Fundamental Rights Adjudication in Canada, Germany and South Africa (2017);
   Sujit Choudhry, *"He Had a Mandate": The South African Constitutional Court and
   the African National Congress in a Dominant Party Democracy*, 2 Const. Ct. Rev. 1
   (2009); Espinosa & Landau, *supra* note 5; David Landau, *A Dynamic Theory of
   Judicial Role*, 55 B.C.L. Rev. 1501 (2014).

7 Rosalind Dixon & David Landau, *Competitive Democracy and the Constitutional
   Minimum Core, in* Assessing Constitutional Performance 268-69 (Tom Ginsburg &
   Aziz Huq eds., 2016); Rosalind Dixon & David Landau, Abusive Constitutional
   Borrowing: Legal Globalization and the Subversion of Liberal Democracy 25
   (2021) 참조.

8 David Landau & Rosalind Dixon, *Abusive Judicial Review: Courts Against
   Democracy*, 53 U.C. Davis L. Rev. 1313 (2020).

9 예를 들어 다음과 비교해 보라. Rosalind Dixon & David Landau, *Transnational
   Constitutionalism and a Limited Doctrine of Unconstitutional Constitutional
   Amendment*, 13 Int'l J. Const. L. 606 (2015); David Landau & Rosalind Dixon,
   Constraining Constitutional Change, 50 Wake Forest L. Rev. 859 (2015). 또한

Samuel Issacharoff, *Constitutional Courts and Democratic Hedging*, 99 Geo. L.J. 961 (2010); Choudhry, *supra* note 6 참조.

10 Rosalind Dixon, *Creating Dialogue about Socioeconomic Rights: Strong- Form v. Weak-Form Judicial Review Revisited*, 5 Int'l J. Const. L. 391 (2007); Kent Roach, *Dialogic Judicial Review and Its Critics*, 23 S.C.L.R. (2d) 49 (2004); Barry Friedman, *Dialogue and Judicial Review*, 91 Mich. L. Rev. 577 (1993); Po Jen Yap, *Defending Dialogue*, Pub. L. 527 (2012); Po Jen Yap, *Dialogue and Subconstitutional Doctrines in Common Law Asia*, Pub. L. 779 (2013); Aileen Kavanagh, *What's So Weak About "Weak- Form Review"? The Case of the UK Human Rights Act 1998*, 13 Int'l J. Const. L. 1008 (2015); Christine Bateup, *The Dialogic Promise: Assessing the Normative Potential of Theories of Constitutional Dialogue*, 71 Brook. L. Rev. 1109 (2005); Peter W. Hogg & Allison A. Bushell, *The Charter Dialogue between Courts and Legislatures (Or Perhaps the Charter of Rights Isn't Such a Bad Thing After All)*, 35 Osgoode Hall L.J. 75 (1997); Christopher P. Manfredi & James B. Kelly, *Six Degrees of Dialogue: A Response to Hogg and Bushell*, 37 Osgoode Hall L.J. 513 (1999); Constitutional Dialogue: Rights. Democracy, Institutions 161 (Geoffrey Sigalet et al. eds., 2019).

11 예를 들어 다음을 참조. Tom Gerald Daly, *Can International Organisations Help to Stem Democratic Decay?*, ICONnect (Nov. 16, 2017), www.iconnectblog.com/2017/11/can-international-organisations-help-to-stem-democratic-decay-i-connect-column/; Kriszta Kovács & Kim Lane Scheppele, *The Fragility of an Independent Judiciary: Lessons from Hungary and Poland—And the European Union*, 51 Communist & Post-Communist Stud. 189 (2018); Lukas Zamecki & Viktor Glied, *Article 7 Process and Democratic Backsliding of Hungary and Poland: Democracy and the Rule of Law*, 34 Online J. Modelling the New Eur. (2020); Tom Ginsburg, Democracies and International Law (2021); Daniel R. Kelemen & Michael Blauberger, *Introducing the Debate: European Union Safeguards Against Member States' Democratic Backsliding*, 24 J. Eur. Pub. Pol'y 317 (2017); Anna M. Meyerrose, *The Unintended Consequences of Democracy Promotion: International Organizations and Democratic Backsliding*, 53 Comp. Pol. Stud. 1547 (2020).

12 Michael Pal, *Electoral Management Bodies as a Fourth Branch of Government*, 21 Rev. Const. Stud. 87 (2016); Mark Tushnet, *Institutions Protecting Constitutional Democracy: Some Conceptual and Methodological Preliminaries*, 70 U. Toronto L.J. 95 (2020); Vicki Jackson, *Knowledge Institutions in Constitutional Democracies: Preliminary Reflections*, 7 Can. J. Compar. Const. L. 156 (2021).

13 Ely, *supra* note 1, at 13.

14 Kim Lane Scheppele, *Aspirational and Aversive Constitutionalism: The Case for Studying Cross-Constitutional Influence Through Negative Models*, 1 Int'l J. Const. L. 296 (2003).

15 Phillip Bobbitt, Constitutional Fate: Theory of the Constitution (1982).

16 Ely, *supra* note 1, at ch. 2. 더 자세한 내용은 이하 36-38면 참조.

17 Lawrence B. Solum, *The Interpretation-Construction Distinction*, 27 Const. Comment 95 (2010); Lawrence Solum, *Originalism and Constitutional Construction*, 82 Fordham L. Rev. 453 (2013).

18 아래 제4장 참조.

19 Cass R. Sunstein, One Case at a Time: Judicial Minimalism on the Supreme Court (2001). Neal Devins, *Review: The Democracy-Forcing Constitution*, 97 Mich. L. Rev. 1971 (1999)에서의 논의 참조.

20 다음과 비교해 보라. Ittai Bar-Siman-Tov, *Semiprocedural Judicial Review*, 6 Legisprudence 271 (2012).

21 Philippe Nonet & Philip Selznick, Law and Society in Transition: Toward Responsive Law 78 (1978).

22 *Id.* at 95.

23 예를 들어 Gunther Teubner, *Substantive and Reflexive Elements in Modern Law*, 17 L. & Soc. Rev. 239 (1983); Peer Zumbansen, *Law After the Welfare State: Formalism, Functionalism, and the Ironic Turn of Reflexive Law*, 56 Am. J. Comp. L. 769 (2008) 참조.

24 Ian Ayres & John Braithwaite, Responsive Regulation: Transcending the Deregulation Debate (1992).

25 *Id.* at 35-100.

26 John Braithwaite, *The Essence of Responsive Regulation*, 44 U.B.C. L. Rev. 475, 476 (2011).

27 Michael C. Dorf & Charles F. Sabel, *A Constitution of Democratic Experimentalism*, 98 Colum. L. Rev. 267 (1998) 참조.

28 *Id.* 또한 법원의 헌법적 의사결정을 다룬 실험주의적 접근의 장점에 대한 비교연구적 설명은 Stu Woolman, The Selfless Constitution: Experimentalism and Flourishing as Foundations of South Africa's Basic Law (2013) 참조.

29 Dorf & Sabel, *supra* note 27, at 397, 399

30 Machteld W. de Hoon & Suzan Verberk, *Towards a More Responsive Judge: Challenges and Opportunities*, 10 Utrecht L. Rev. 27 (2014).

31 Malcolm Langford, *Why Judicial Review?*, 2 OSLO L. REV. 36 (2015); Malcolm Langford, *Judicial Politics and Social Rights', in* The Future of Economic and Social

Rights (Katherine Young eds., 2019), 66-109, at 69-73; Malcolm Langford, Responsive Courts and Complex Cases (발간 예정).

32 예를 들어 Lee Epstein et al., *The Role of Constitutional Courts in the Establishment and Maintenance of Democratic Systems of Government*, 35 Law & Soc'y Rev. 117 (2001); David Landau, *Substitute and Complement Theories of Judicial Review*, 92 Ind. L.J. 1283 (2017) 참조.

33 다음과 비교해 보라. Dixon & Landau, *Transnational Constitutionalism, supra* note 9; Kim Lane Scheppele, *The Rule of Law and the Frankenstate: Why Governance Checklists Do Not Work*, 26 Governance 559 (2013).

34 Mark Tushnet, *Alternative Forms of Judicial Review*, 101 Mich. L. Rev. 2782 (2003).

35 Stephen Gardbaum, The New Commonwealth Model of Constitutionalism: Theory and Practice (2013). 또한 Tom Hickey, *The Republican Virtues of the "New Commonwealth Model of Constitutionalism"*, 14 Int'l J. Const. L. 794 (2016) 참조.

36 투시넷 스스로가 이러한 확장과 논의의 연속을 반기고 있다. 그리고 다음을 참조. Tushnet, *Weak-Form Review: An Introduction*, 17 Int'l. J. Const. L. 807 (2019); Mark Tushnet & Rosalind Dixon, *Weak-Form Review in Asia and its Constitutional Relatives: An Asian Perspective, in* Comparative Constitutional Law in Asia 102 (Rosalind Dixon & Tom Ginsburg eds., 2014).

37 Rosalind Dixon, *The Forms, Functions, and Varieties of Weak(ened) Judicial Review*, 17 Int'l. J. Const. L. 904 (2019).

38 다음과 비교해 보라. Theunis Roux, *Principle and Pragmatism on the Constitutional Court of South Africa*, 7 Int'l. J. Const. L. 106 (2009); Theunis Roux, *The Politics of Principle: The First South African Constitutional Court, 1995-2005* (2013).

39 다음과 비교해 보라. Ely, *supra* note 1, at 121.

40 다음과 비교해 보라. Ian Ayres & Robert Gertner, *Majoritarian vs. Minoritarian Defaults*, 51 Stan. L. Rev. 1591-613 (1999). 더 상세한 논의는 아래 제7장 참조.

41 Richard A. Posner, Law, Pragmatism, and Democracy (2005).

42 Alon Harel & Adam Shinar, *The Real Case for Judicial Review, in* Comparative Judicial Review (Erin F. Delaney & Rosalind Dixon eds., 2018); Alon Harel & Tsvi Kahana, *The Easy Core Case for Judicial Review*, 2 J. Legal Analysis 227 (2010). 또한 Alon Harel & Adam Shinar, *Between Judicial and Legislative Supremacy: A Cautious Defense of Constrained Judicial Review*, 10 Int'l J. Const. L. 950 (2012) 참조.

43 Roux, *supra* note 38 참조. 또한 Roni Mann, *Non-ideal Theory of Constitutional Adjudication*, 7 Global Const. 14, 38-51 (2018); Langford, *supra* note 31. Rosalind Dixon, *Strong Courts, Judicial Statecraft in Aid of Constitutional Change*, 59 Colum.

J. Transnat'l L. 299 (2021) 참조.

44 다음과 비교해 보라. James N. Druckman & Lawrence R. Jacobs, *Lumpers and Splitters: The Public Opinion Information That Politicians Collect and Use*, 70 Int'l J. Pub. Opinion Q. 453 (2006); Lee Anne Fennell, Slices and Lumps: Division and Aggregation in Law and Life (2019).

45 Ronald Dworkin, Freedom's Law: The Moral Reading of the American Constitution (1999) 참조.

46 Mark Tushnet, Taking the Constitution Away from the Courts 66 (2000)에서의 논의 참조.

47 Robert A. Dahl, *Decision-Making in a Democracy: The Supreme Court as a National Policy-Maker*, 6 J. Pub. L. 279 (1957).

48 다음과 비교해 보라. Tom Gerald Daly, *The Alchemists: Courts as Democracy-Builders in Contemporary Thought*, 6 Global Constitutionalism 101 (2017).

49 Gerald N. Rosenberg, The Hollow Hope: Can Courts Bring About Social Change? (2008).

50 다음과 비교해 보라. Duncan Kennedy, A Critique of Adjudication: Fin de Siècle (1997).

51 Ran Hirschl, Towards Juristocracy: The Origins and Consequences of the New Constitutionalism (2004).

52 Landau & Dixon, *supra* note 8. 또한 Madhav Khosla, *With Freedom at Stake, Courts Are Collapsing, N.Y. Times* (Sept. 9, 2020), www.nytimes.com/2020/09/09/opinion/hungary-tur key-india-courts.html 참조.

53 David Landau, *Constituent Power and Constitution Making in Latin America, in* Comparative Constitution Making 567 (David Landau & Hanna Lerner eds., 2019) 참조. 특히 사회주의 붕괴 이후 세계에서 이것이 어떻게 이루어졌는지에 대해서는 Ngoc Son Bui, Constitutional Change in the Contemporary Socialist World (2020) 참조.

54 다음과 비교해 보라. Rosalind Dixon, *Toward a Realist Comparative Constitutional Studies?*, 64 Am. J. Comp. L. 193 (2016).

55 Stephen Gardbaum, *Are Strong Courts Always a Good Thing For New Democracies?*, 53 Colum. J. Transnat'l L. 285, 290 (2014).

56 Landau & Dixon, *supra* note 8; Rosalind Dixon & David Landau, *1989-2019: From Democratic to Abusive Constitutional Borrowing*, 17 Int'l J. Const. L. 489 (2019); Rosalind Dixon & David Landau, Abusive Constitutional Borrowing: Legal Globalization and the Subversion of Liberal Democracy (2021) 참조.

57 다음과 비교해 보라. Mark Tushnet, *Autochtony and Influence: The Charter's Place in Transnational Constitutional Discourse, in* Constitutional Crossroads: Reflections on

Charter Rights, Reconciliation, and Change (Kate Puddister & Emmett Macfarlane eds., 2022).

58 이들 법원 중 적어도 일부가 갖는 선도적 법원으로서의 위상에 대해서는 Rosalind Dixon, *Constitutional Design Two Ways: Constitutional Drafters as Judges*, 57 Va. J. Int'l L. 57 (2017) 참조.

59 다음과 비교해 보라. Ran Hirschl, Comparative Matters: The Renaissance of Comparative Constitutional Law (2014).

60 북반구에 대한 비평적 논의는 다음을 참조. Maldonado, Constitutionalism of the Global South: The Activist Tribunals of India, South Africa, and Colombia (2013) 및 Hirschl, *supra* note 51에서의 논의. 또한 Philipp Dann et al., *The Southern Turn in Comparative Constitutional* 참조.

61 Rosalind Dixon & Vicki C. Jackson, *Constitutions Inside Out: Outsider Interventions in Domestic Constitutional Contests*, 48 Wake Forest L. Rev. 149 (2013).

62 Dixon, *supra* note 54.

63 예를 들어, 코먼로 체계의 아시아 국가 대부분에서의 사법심사에 대한 다음의 묘사를 비교해 보라. Po Jen Yap, Constitutional Dialogue in Common Law Asia (2015).

64 Gardbaum, *supra* note 55.

65 아래의 제5장과 비교해 보라.

66 그렇게 하는 시도에 대해서는 예를 들어 다음을 참조. Daly, *supra* note 11; Michaela Hailbronner, Structural Reform Litigation in Domestic Courts (2022) (unpublished manuscript).

67 Licia Cianetti et al., *Rethinking "Political Monopoly" in Central and Eastern Europe: Looking Beyond Hungary and Poland*, 38 East Eur. Pol. 243 (2018) 참조.

68 *Id.*

69 2건의 아시아 사례의 맥락에서 이 질문을 다룬 유용한 시도로는 Yvonne Tew, Constitutional Statecraft in Asian Courts (2020) 참조.

70 영국에서 사법심사에 대한 주요 설명은 예를 들어 다음을 참조. Erin F. Delaney, *Judiciary Rising: Constitutional Change in the United Kingdom*, 108 Nw. U. L. Rev. 543 (2014); Tom Hickman, Public Law After the Human Rights Act (2010); Aileen Kavanagh, Constitutional Review Under the Human Rights Act (2009); Alison Young, Democratic Dialogue and the Constitution (2020).

71 Landau & Dixon, *supra* note 8; Dixon & Landau, *supra* note 54; Dixon & Landau, *supra* note 56 참조.

제2장 헌법과 해석적 선택

1 예를 들어 Aaron Blake, *There Was a Very Real "Birther" Debate About John McCain*,

Wash. Post (Jan. 7, 2016), www.washingtonpost.com/news/the-fix/wp/2016/01/07/there-was-a-very-real-birt her-debate-about-john-mccain/ 참조.

2   Rosalind Dixon, *Updating Constitutional Rules*, 2009 Sup. Ct. Rev. 319 (2011).

3   (구성적) 해석에 대해서는 Lawrence B. Solum, *The Interpretation-Construction Distinction*, 27 Const. Comment. 95 (2010); Jeffrey Goldsworthy, *Functions, Purposes and Values in Constitutional Interpretation, in* Australian Constitutional Values (Rosalind Dixon ed., 2018) 참조.

4   Rosalind Dixon, *Partial Bills of Rights*, 63 Am. J. Comp. L. 403, 408 (2015) 참조. 다음과 비교해 보라. Rosalind Dixon, *An Australian (Partial) Bill of Rights*, 14 Int'l J. Const. L. 80 (2016) (호주의 경우 권리장전을 아예 채택하지 않는 것이 아니라 극단적으로 부분적이거나 협소한 권리장전을 채택하였다고 제시함). 이스라엘의 경우 1958년 기본법Basic Law이 다양한 기본적인 민주적 규범을 보장하였지만 더 넓은 수준의 인권보호 규범을 포함하지는 않았다. 예를 들어 생명권, 프라이버시, 신체적 완결성, 존엄에 대한 보호 규범은 1992년 기본법(인간의 존엄과 자유)에서야 포함되었다. 그러나 이 기본법도 표현의 자유, 종교의 자유, 평등권에 대해 명백한 승인을 보여 주지 않았다.

5   David S. Law & Mila Versteeg, *The Declining Influence of the United States Constitution*, 87 N.Y.U.L. Rev. 762 (2012).

6   Roe v. Wade, 410 U.S. 113, 162-64 (1973).

7   다음과 비교해 보라. *Planned Parenthood v. Casey*, 505 U.S. 833 (1992) 및 *Dobbs v. Jackson Women's Health Organization*, 597 U.S. 215(2022).

8   Romer v. Evans, 517 U.S. 620 (1996).

9   Lawrence v. Texas, 539 U.S. 558 (2003).

10   Obergefell v. Hodges, 576 U.S. 644 (2015).

11   Bostock v. Clayton County, 590 U.S. 644 (2020).

12   R v. Morgentaler, [1988] 1 S.C.R. 30 (Can.).

13   Decision C-355 of 2006; Decision SU-096 of 2018; Decision C-055 of 2022 참조.

14   *Abortion Case*, 2010 Hun-Ba402, Aug. 23, 2012, 결정례에 대한 영문 요약본은 search.ccourt.go.kr/ths/pr/eng_pr0101_E1.do?seq=1&cname=%EC%98%81%EB%AC%B8%ED%8C%90%EB%A1%80&eventNum=30803&eventNo=2010%ED%97%8C%EB%B0%94402&pubFlag=0&cId=010400 참조.

15   *Mexico's Supreme Court Votes to Decriminalize Abortion*, N.Y. Times (Sept. 7, 2021), www.nytimes.com/2021/09/07/world/americas/mexico-supreme-court-decriminalize-abortion.html; Natalie Kitroeff and Oscar Lopez, *Abortion is No Longer a Crime in Mexico, But Most Women Still Can't Get One*, N.Y. Times (Sept. 8, 2021), www.nytimes.com/2021/09/08/world/americas/mexico-abortion-access.html.

16 Graeme Reid, *A Global Report Card on LGBTQ+ Rights for IDAHOBIT*, Hum. Rts. Watch (May 18, 2020, 10:47 AM), www.hrw.org/news/2020/05/18/global-report-card-lgbtq-rights-idahobit.

17 Susan B. Boyd & Claire F.L. Young, *From Same-Sex to No Sex: Trends Towards Recognition of (Same-Sex) Relationships in Canada*, 1 Seattle J. Soc. Just. 757 (2002) 참조.

18 Vriend v. Alberta, [1998] 1 S.C.R. 493, [179] (Iaccobucci J.) (Can.).

19 [1999] 2 S.C.R. 3.

20 Satchwell v. President of the Republic of S. Afr., CCT 45/01 (S. Afr.) (사법 연금 사례); Du Toit v. Minister of Welfare and Population Dev., 2003 (2) SA 198 (CC) (S. Afr.) (공동 입양 사례); J and B v. Dir. Gen. Dep't of Home Aff., 2003 (5) SA 198 (CC) (S. Afr.) (출산을 한 여성의 동성 파트너에 대한 부모로서의 인정 관련 사례).

21 Minister for Home Aff. v. Fourie, 2005 (3) BCLR 241 (SCA), 2006 (3) BCLR 355 (CCSA) (S. Afr.).

22 Decision C-481 of 1998, [16]-[17], [18]-[23], [35]. Mauricio Albarracín Caballero, *Social Movements and the Constitutional Court: Legal Recognition of the Rights of Same-Sex Couples in Colombia*, 8 Int'l J. Hum. Rts. 7, 13 (2011) 참조.

23 Decision C-075 of 2007 in Manuel José Cepeda Espinosa & David E. Landau, Colombian Constitutional Law: Leading Cases 5, 87-91 (2017) 참조.

24 *Id.*

25 Randal C. Archibold & Paulina Villegas, *With Little Fanfare, Mexican Supreme Court Legalizes Same-Sex Marriage*, N.Y. Times (Jul. 31, 2016), www.nytimes.com/2015/06/15/world/americas/with-little-fanfare-mexican-supreme-court-effectively-legalizes-same-sex-marriage.html.

26 Simon Romero, *Brazilian Court Council Removes a Barrier to Same-Sex Marriage*, N.Y. Times (May 14, 2013), www.nytimes.com/2013/05/15/world/americas/brazilian-court-council-removes-a-barrier-to-same-sex-marriage.html. 이러한 결정에 대해서는 불복 및 파기의 시도가 의회 및 연방최고재판소에서 있었지만, 이 책을 집필하는 시점까지 그러한 시도가 성공한 적은 없었다.

27 [2004] UKHL 30.

28 [2003] UKHL 21.

29 예를 들어 Marco Wan, *Gay Visibility and the Law in Hong Kong*, 32 Int'l J. for the Semiotics of Law-Revue 699 (2019).

30 No. 317 of 2005, [49], [50]-[55] 참조.

31 W v. Registrar of Marriages, [2013] H.K.F.C.A. 39, [25]-[39] (혼인 조례에 대한 올바른 해석에 관한 논의). Marco Wan, *Queer Temporalities and Transgender Rights:*

Hong Kong Case Study, 30 Soc. & Legal Stud. 563b (2020); Kelley Loper, *W v. Registrar of Marriages and the Right to Equality in Hong Kong*, 41 H.K.L.J. 89 (2011); Puja Kapai, *A Principled Approach Towards Judicial Review: Lessons from W Registrar of Marriages*, 41 H.K.L.J. 49 (2011); Howard Chiang, *Intimate Equality and Transparent Selves: Legalising Transgender Marriage in Hong Kong*, 58 Culture, Theory & Critique 166 (2017)에서의 논의 참조.

32 이러한 판결들, 그리고 홍콩에서 동성 커플에 대한 인정에 관하여 더 폭넓은 맥락의 분석은 다음을 참조. Michael Ramsden & Luke Marsh, *Same-Sex Marriage in Hong Kong: The Case for a Constitutional Right*, 19 Int'l J. Hum. Rts. 90 (2015); Kelley Loper, *Human Right and Substantive Equality: Prospects for Same-Sex Relationship Recognition in Hong Kong*, 44 N.C. J. Int'l L. 273 (2018); Joy L. Chia & Amy Barrow, *Inching Towards Equality: LGBT Rights and the Limitations of Law in Hong Kong*, 22 Wm. & Mary J. Women & L. 303 (2015); Denise Tse-Shang Tang et al., *Legal Recognition of Same-Sex Partnerships: A Comparative Study of Hong Kong, Taiwan and Japan*, 68 Soc. Rev. 192 (2020).

33 [66], [114] 참조.

34 AIR 2018 SC 4321, [253] (2018) (India). 유용한 논의로는 Pratik Dixit, *Navtej Singh Johar v. Union of India: Decriminalising India's Sodomy Law*, 24 Int'l J. Hum. Rts. 1011 (2020); Shreya Mohapatra, *Section 377 Read Down: The Way Forward*, Socio-Legal Rev. (Jul. 6, 2019), www.sociolegalreview.com/post/section-377-read-down-the-way-forward 참조.

35 Dobbs v. Jackson Women's Health Organization, 597 U.S. 215 (2022).

36 *Tracking the State where Abortion is Now Banned*, N.Y. Times (Jul. 22, 2022), www.nytimes.com/interactive/2022/us/abortion-laws-roe-v-wade.html.

37 *Homosexuality: The Countries Where It Is Illegal to be Gay*, BBC News, Apr. 20, 2018, www.bbc.com/news/world-43822234.amp(보츠와나, 트리니다드토바고 등 합의된 동성애에 대한 형사법적 금지를 위한 무효화한 국가가 있는 반면, 그렇지 아니한 많은 국가가 있다고 지적함).

38 EG v. Att'y Gen., Petition 150 & 234 of 2016 (병합) [2019] eK.L.R. (Aburili, Mwita, and Mativo JJ.) (Kenya); Misha Ketchell, *Homosexuality Remains Illegal in Kenya as Court Rejects LGBT Petition*, The Conversation (May. 25, 2019), theconversation.com/homosexuality-remains-illegal-in-kenya-as-court-rejects-lgbt-petition-112149.

39 Ong Ming Johnson v. Att'y Gen. [2020] SGHC 63 (Kee Oong J.) (Sing.). 또한 *Singapore Gay Sex Ban: Court Rejects Appeals to Overturn Law*, BBC News, Mar. 30, 2020, www.bbc.com/news/world-asia-52098362 참조. 그러나 Tessa Wong, *s 377A:*

Singapore to End Ban on Gay Sex, BBC News (Aug. 22, 2022), www.bbc.com/news/world-asia-62545577도 참조.

40 Falcis III v. Civ. Registrar Gen., G.R. No. 217910 (2019) (Leonen J.) (Phil.), perma.cc/W2F5-V24J; Diana Chandler, *Philippines High Court Rejects Gay Marriage Appeal,* BaptistPress (Sept. 3, 2019), www.baptistpress.com/resource-library/news/philippines-high-court-rejects- gay-marriage-appeal/.

41 호주의 경우 이에 관련된 권리는 준헌법적이거나 준주의 성문법률에 존재하였고 그에 따라 이것이 연방법에 합치되지 않는다고 고등법원High Court은 판단하였다. Commonwealth v. Australian Capital Territory (Same-Sex Marriage Case) (2013) 250 CLR 441, 467-68, [55]-[57] (French C.J., Hayne, Crennan, Kiefel, Bell, and Keane JJ.) (Austl.) 참조. 호주에서 동성 결혼에 대한 승인은 플레비지트를 통해 이루어졌다: Nick Evershed, *Full Results of Australia's Vote for Same-Sex Marriage, Electorate by Electorate,* The Guardian (Nov. 15, 2017), www.theguardian.com/australia-news/datablog/ng-interactive/2017/nov/15/same-sex-marriage-survey-how-australia-voted-electorate-by-electorate 참조. 이스라엘 대법원은 혼인이 율법 법원의 관할 영역 안에 있어야 한다는 이유로 그러한 주장을 기각하였다. Israel Org. for Prot. of Individual Rts. v. Ministry of Interior (HCJ 7339/15) (2017) (Isr.); *Israel: High Court Rejects Petition to Recognize Same-Sex Marriages,* Library of Congress (Sept. 11, 2017), www.loc.gov/item/global-legal-monitor/2017-09-11/israel-high-court-rejects-petition-to-recognize-same-sex-marriages/ 참조. 그러나 대법원은 대리모에 대한 접근 관련 법이 동성 커플에게도 동일하게 적용되어야 한다고 판단하였다. Claire Parker, *Israel's High Court Opens the Way for Same-Sex Couples to Have Children via Surrogacy,* Wash. Post (Jul. 12, 2021), www.washingtonpost.com/world/2021/07/11/israel-lgbtq-surrogate-parents/.

42 Australian Capital Television Pty Ltd v. Commonwealth (1992) 177 CLR 2016 (Austl.); Roach v. Electoral Comm'r (2007) 233 CLR 162 (Austl.).

43 Australian Capital Television Pty Ltd. v. Commonwealth (1992) 177 CLR 2016 (Austl.).

44 Roach v. Electoral Comm'r (2007) 233 CLR 162 (Austl.); Rowe v. Electoral Commissioner, (2010) 243 CLR 1 (Austl.).

45 *Commonwealth Prisoners Act 1967* (Cth) s 4(1).

46 HCJ 98/69 (1969).

47 *Knesset and Local Authorities Elections (Financing, Limitation of Expenses and Audit) Law 1969.*

48 *Id.* at 18, 29 [32]; Ka'adan v. Israel Land Administration, HCJ 6698/95 (2000).

49 Emily Zackin, Looking for Rights in All the Wrong Places: Why State

Constitutions Contain America's Positive Rights (2013) 참조.

50 예를 들어 Castle Rock v. Gonzales, 545 U.S. 748 (2005); DeShaney v. Winnebago County, 489 U.S. 189 (1989) 참조.

51 2000 (11) BCLR 1169 (CC), [99] (S. Afr.).

52 Minister of Health and Others v. Treatment Action Campaign and Others (No. 2), 2002 (5) SA 721.

53 Order dated Nov. 28, 2001, Peoples Union for C.L. v. Union of India, Writ Petition (Civil) No. 196 of 2001.

54 (1985) 3 SCC 545.

55 예를 들어 Cesar Rodriguez-Garavito, *Beyond the Courtroom: The Impact of Judicial Activism on Socioeconomic Rights in Latin America*, 89 Tex. L. Rev. 1669, 1672-73 (2011); Courting Social Justice: Judicial Enforcement of Social and Economic Rights in the Developing World (Varun Gauri & Daniel M. Brinks eds., 2008) 참조.

56 Daniel M. Brinks & Varun Gauri, *The Law's Majestic Equality? The Distributive Impact of Judicializing Social and Economic Rights*, 12 Persp. Pol. 375 (2014); David Landau, *Judicial Role and the Limits of Constitutional Convergence in Latin America, in* Comparative Constitutional Law in Latin America 237 (Rosalind Dixon & Tom Ginsburg eds., 2017) 참조.

57 예를 들어 Decision T-153 of 1998; Decision T-025 of 2004 참조.

58 Espinosa & Landau, *supra* note 23, at 178.

59 *Id.* at 182-83.

60 HCJD/C-12 at 5-6.

61 HCJD/C-121.

62 *Id.* at 6-7. 기후변화에 대한 범세계적으로 가장 잘 알려진 사법 결정은 네덜란드 법원에 의해 내려진 우간다 판결이지만, 그 결정은 헌법적 요건이나 심지어 인권 규범에도 직접적으로 의거하지 않았다. 레가리 판결은 이와 같은 묵시적 헌법적 원칙에 대해 강조했다는 점에서 상당히 독특하다: 예를 들어 Jacqueline Peel & Hari M. Osofsky, *A Rights Turn in Climate Change Litigation?*, 7 Transnat'l Envtl. L. 37, 38-39 (2018); Laura Bergers, *Should Judges Make Climate Change Law*, 9 Transnat'l Envtl. L. 55, 57-58 (2020); Myanna Dellinger, *See You in Court: Around the World in Eight Climate Change Lawsuits*, 42 Wm. & Mary Envt'l L. & Pol'y Rev. 525, 533-39 (2018)에서의 논의 참조.

63 Yaniv Roznai, Unconstitutional Constitutional Amendments: The Limits of Amendment Powers (2017).

64 Kesavananda Bharati v. State of Kerala, (1973) 4 SCC 225; AIR 1973 SC 1461 (India).

65 *Id.*, Rosalind Dixon, *Constitutional Drafting and Distrust*, 13 Int'l J. Const. L. 819 (2015); Bert Neuborne, *The Supreme Court of India*, 1 Int'l J. Const. L. 476, 482-92 (2003); Colin Campbell Aikman, *The Debate on the Amendment of the Indian Constitution*, 9 Victoria U. Wellington L. Rev. 358, 366-74 (1978) 참조.

66 Decision C-141 of 2010. Espinosa & Landau, *supra* note 23, at 352-60 참조.

67 *Id.*

68 Independent Electoral and Boundaries Comm'n v. David Ndii, Civil Appeal No. E291 of 2021 [2021] eKLR (Musinga P., Nambuye, Okwengu, Kiage, Gatembu, Sichale, and Tuiyott JJ.) (Kenya).

69 *Id.*

70 *Supreme Court Renders its Verdict on BBI*, Republic of Kenya: Judiciary (Mar. 31, 2022).

71 Attorney General & Others v. David Ndii & 79 Others, Petition No. 12 of 2021 (Building Bridges Initiative Case) 참조.

72 Goldsworthy, *supra* note 3, at 43. 또한 Jeremy Kirk, *Constitutional Implications (1): Nature, Legitimacy, lassification, Examples*, 24 Melb. U. L. Rev. 645 (2000) 참조.

73 Goldsworthy, *supra* note 3.

74 Jamal Greene, *On the Origins of Originalism*, 88 Tex. L. Rev. 1, 2 (2009).

75 예를 들어 Richard A. Posner, Law, Pragmatism, and Democracy (2005) 참조. William Huhn, *The Stages of Legal Reasoning: Formalism, Analogy, and Realism*, 48 Vill. L. Rev. 305, 317 (2003).

76 Richard H. Fallon, The Dynamic Constitution (2009).

77 Aharon Barak, Purposive Interpretation in Law (2005). 또한 Dixon, supra note 65 참조.

78 Barak, *supra* note 77; Dixon, *supra* note 65.

79 Etienne Mureinik, *A Bridge to Where? Introducing the Interim Bill of Rights*, 10 S. Afr. J. Hum. Rights. 31; Moshe Cohen-Eliya & Iddo Porat, *Proportionality and the Culture of Justification*, 59 Am.J. Comp. L. 463 (2011); John Rawls, Political Liberalism (2005) at 297-99 (다양한 헌법적 본질의 적용에서의 핵심 범위를 논의함). 다음과 비교해 보라. Frank I. Michelman, *The Question of Constitutional Fidelity: Rawls on the Reason of Constitutional Courts, in* Public Reason and Courts (Silje A. Langvatn et al. eds., 2020).

80 Richard H. Fallon, *"The Rule of Law" As a Concept in Constitutional Discourse*, 97 Harv. L. Rev. 1 (1997) 참조.

81 Fallon, *supra* note 80.

82 또한 Antonin Scalia, *The Rule of Law as a Law of Rules*, 56 U. Chi. L. Rev. 1175

(1989) 참조.

83   Fallon, *supra* note 80.

84   *Id.* 참조.

85   Jeremy Waldron, *Getting to the Rule of Law and the Importance of Procedure, in* Getting to the Rule of Law (James E. Fleming ed., 2012); K. Martin Krygier, *What About the Rule of Law,* 5 Const. Ct. Rev. 74, 88-89 (2014); Martin Krygier, *Four Puzzles About the Rule of Law: Why, What, Where? And Who Cares?,* 50 Nomos 64 (2011) 참조.

86   예를 들어 Bernstein v. Bester, 1996 (4) BCLR 449 참조.

87   Immanuel Kant, Critique of Judgement (1932). Martha Nussbaum & Rosalind Dixon, *Abortion, Dignity, and a Capabilities Approach, in* Feminist Constitutionalism: Global Perspectives (Beverly Baines et al. eds., 2012) 참조.

88   Amartya Sen, Development as Freedom (1999); Martha C. Nussbaum, Creating Capabilities: The Human Development Approach 33-34 (2011).

89   Nussbaum, *supra* note 88 at 33-34. 또한 Nussbaum & Dixon, *supra* note 87, at 559 참조. 누스바움은 또한 "동식물 및 자연에 대한 관심과 관계 속에서 살아갈 수 있는 것"을 그녀의 "잠정적" 목록에 포함하였다.

90   아래 제4장의 사례 참조.

91   적극적 평등 실현 조치에 관한 토머스 대법관의 의견을 참조. 예를 들어 Tomiko Brown-Nagin, *The Transformative Racial Politics of Justice Thomas: The Grutter v. Bollinger Opinion,* 7 U. Pa. J. Const. L. 787 (2004) 참조.

92   예를 들어 Abortion I, 39 BVerfGE I (1975); Abortion II, 88 BVerfGE 203 (1993); R v. Morgentaler, [1988] 1 S.C.R. 30 at 172 (Wilson J); Columbian Constitutional Court Decision C-355 of 2006 참조. Nussbaum & Dixon, *supra* note 87에서의 논의 참조.

93   Nussbaum & Dixon, *supra* note 87에서의 논의 참조.

94   Donald P. Kommers, The Constitutional Jurisprudence of the Federal Republic of Germany 339 (2d ed. 1997).

95   Dominic Standish, *From Abortion on Demand to Its Criminalization: The Case of Poland in the 1990s, in* Abortion Law and Politics Today 116 (Ellie Lee ed., 1998).

96   예를 들어 Lawrence v. Texas, 539 U.S. 558 (2003) 참조.

97   National Coalition for Gay and Lesbian Equality v. Minister of Justice, 1999 (1) SA 6 (CC), 30 [28] (Ackermann J).

98   *Id.*

99   *Id.*

100   Nussbaum, *supra* note 88.

101 예를 들어 Minister of Home Aff. v. Fourie, 2006 (1) SA 524 (CC) 참조.

102 예를 들어 Patrick Busch, *Is Same-Sex Marriage a Threat to Traditional Marriages?: How Courts Struggle with the Question*, 10 Wash. U. Global Stud. L. Rev. 143 (2011)에서의 논의 참조.

103 Goodridge v. Dep't of Pub. Health, 440 Mass. 309, 333-36 (2003) 참조.

104 *Id.* at 390-91.

105 예를 들어 Rawls, *supra* note 79; Cecile Fabre, *Constitutionalising Social Rights*, 6 J. Pol. Phil. 263 (1998); Suzanne B. Goldberg, *Constitutional Tipping Points: Civil Rights, Social Change, and Fact-Based Adjudication*, 106 Colum. L. Rev. 1955 (2006); Lawrence G. Sager, *Thin Constitutions and the Good Society*, 69 Fordham L. Rev. 1989 (2001) 참조.

106 Government of the Republic of South Africa v. Grootboom, 2001 (1) SA 46 (CC), at [81] (Yacoob J) (청구인에게 "특별한 시혜"를 효과적으로 베푸는 수단으로서의 즉각적 구제책의 효과에 대해 논함) 참조. 또한 다음과 비교해 보라. Katharine G. Young, *Rights and Queues: On Distributive Contests in the Modern State*, 55 Colum. J. Transnat'l L. 65 (2016).

107 Soobramoney v. Minister of Health, 1998 (1) SA 765 (CC), at [8], [28]-[31] (Chaskalson P.) (S. Afr.).

108 Brinks & Gauri, *supra* note 56

109 Joseph A. Schumpeter, Capitalism, Socialism and Democracy 247-49 (1976) (초판은 1942년에 출간). Posner, *supra* note 75; Samuel Issacharoff, *Democracy's Deficits*, 85 U. Chi. L. Rev. 485, 498-99 (2018)에서의 논의 참조.

110 다음과 비교해 보라. Posner, *supra* note 75; Issacharoff, *supra* note 109.

111 이것이 포스너가 "콘셉트 2" 민주주의라고 부른 것이다. Posner, *supra* note 75, at 158-78 참조.

112 예를 들어 Amy Gutmann & Dennis Thompson, Why Deliberative Democracy? (2009); Amy Gutmann & Dennis Thomson, Democracy and Disagreement (1996); Jürgen Habermas, Between Facts and Norms: Contributions to a Discourse Theory of Law and Democracy (William Rehg trans., 1996). See also Carole Pateman, Participation and Democratic Theory (1970) 참조. 또한 Robert Gargarella, The Law as a Conversation Among Equals (2002) 참조.

113 Mattias Kumm, *The Idea of Socratic Contestation and the Right to Justification: The Point of Rights-Based Proportionality Review*, 4 L. & Ethics Hum. Rts. 142 (2010); Wojciech Sadurski, Equality and Legitimacy (2008) 참조. 또한 Joshua Cohen, *Truth and Public Reason,* 37 Phil. & Pub. Aff. 2 (2009) 참조.

114 Roberto Gargarella, Latin American Constitutionalism, 1810-2010: The Engine

Room of the Constitution (2013).

115 *Id.* at 7-8.

116 K. Sabeel Rahman, Democracy Against Domination (2016); Ganesh Sitaraman, The Great Democracy: How to Fix Our Politics, Unrig the Economy, and Unite America (2019) 참조.

117 Ronald Dworkin, Freedom's Law: The Moral Reading of the American Constitution 17 (1999).

118 *Id.*

119 Rawls, *supra* note 79. 이러한 맥락에서 롤스와 드워킨의 사상 간의 관계에 대해서는 예를 들어 Frank I. Michelman, *Constitution (Written or Unwritten): Legitimacy and Legality in the Thought of John Rawls*, 4 Ratio Juris 279 (2018) 참조.

120 다음과 비교해 보라. Rawls, *supra* note 79, at 297-99 (다양한 헌법적 핵심 사항을 적용하는 데 있어 핵심 영역에 대해 논함).

121 예를 들어 Jeremy Waldron, Law and Disagreement (1999) 참조. 뒤이은 문단과 생각은 다음의 문헌에 전적으로 의존하였다. Rosalind Dixon, *Constitutional "Dialogue" and Deference, in* Constitutional Dialogue: Rights, Democracy, Institutions 161 (Geoffrey Sigalet et al. eds., 2019).

122 Richard H. Pildes, *Avoiding Balancing: The Role of Exclusionary Reasons in Constitutional Law*, 45 Hastings L.J. 711 (1994).

123 어떠한 경우에는 특정한 권리나 핵심적인 헌법 문언상의 조항의 핵심 영역에서조차도 그러할 수 있다: Frank I. Michelman, *Constitutional Fidelity/Democratic Agency*, 65 Fordham L. Rev. 1537 (1996).

124 Waldron, Law and Disagreement, *supra* note 121; Jeremy Waldron, *The Core of the Case Against Judicial Review*, 115 Yale L.J. 1346 (2005) 참조. 또한 Adrienne Stone, *Judicial Review Without Rights: Some Problems for the Democratic Legitimacy of Structural Judicial Review*, 28 Oxford J. Legal Stud. 1 (2008); Erin Delaney, *The Federal Case for Judicial Review*, 10 Oxford J. Legal Stud. 1093 (2022) 참조.

125 Waldron, *The Core of the Case, supra* note 124, at 1353.

126 Richard H. Fallon, Jr., *The Core of an Uneasy Case for Judicial Review*, 121 Harv. L. Rev. 1693, 1710 (2007).

127 Mark Tushnet, *How Different are Waldron's and Fallon's Core Cases For and Against Judicial Review?*, 30 Oxford J. Legal Stud. 49, 59 (2010).

128 *Id.* at 55-67.

129 Robert Burt, The Constitution in Conflict 31 (1992).

130 *Id.* at 359, 368-69.

131 John Hart Ely, Democracy and Distrust: A Theory of Judicial Review 103 (1980).

132 *Id*.

133 *Id*.

134 United States v. Carolene Prod. Co., 304 U.S. 144 (1938). Ely, *supra* note 131, at 75-76에서의 논의 참조.

135 Rosalind Dixon & Michaela Hailbronner, *Ely in the World: The Global Legacy of Democracy and Distrust 40 Years On*, 19 Int'l J. Const. L. 427 (2021).

136 Ely, *supra* note 131, at 21-22.

137 *Id*. at 103.

138 Lawrence v. Texas, 539 U.S. 558 (2003); Obergefell v. Hodges, 576 U.S. 644 (2015). 아래의 제4장을 참조.

139 Ely, *supra* note 131, at 68-69.

140 *Id*.

141 여기서 양식modality은 일리가 아니라 필립 보빗이 이러한 맥락에서 사용한 용어이다. Philip Bobbitt, Constitutional Fate: Theory of the Constitution (1982) 참조.

142 Ely, *supra* note 131, at 13.

143 *Id*. at ch 2.

144 이는 *Ka'adan v. Israel Land Admin.*, HCJ 6698/95 (2000) 사건의 청구인이었던 아랍계 이스라엘인과 같은 집단에도 적용될 수 있다. 예를 들어 Antonia Noori Farzan, *Arab Israelis Are Rising Up to Protest. Here's What You Need to Know about their Status in the Country*, Wash. Post (May. 13, 2021), www.washingtonpost.com/world/2021/05/13/arab-israeli-faq/ 참조.

145 Rosalind Dixon & Gabrielle Appleby, *Constitutional Implications in Australia, in* The Invisible Constitution in Comparative Perspective 343 (Rosalind Dixon & Adrienne Stone eds., 2018). 또한 Stephen Gageler AC, in Rosalind Dixon & Amelia Loughland, *Comparative Constitutional Adaptation: Democracy and Distrust in the High Court of Australia*, 19 Int'l. J. Const. L. 455 (2021) 참조.

146 위의 제1장을 참조; Dixon & Hailbronner, *supra* note 135.

147 Jane S. Schachter, *Ely and the Idea of Democracy*, 57 Stan. L. Rev. 737, 743 (2004) 에서의 논의 참조.

148 Laurence H. Tribe, *The Puzzling Persistence of Process-Based Constitutional Theories*, 89 Yale L.J. 1063 (1980) 참조. 또한 Mark Tushnet, *Darkness on the Edge of Town: The Contributions of John Hart Ely to Constitutional Theory*, 89 Yale L.J. 1037 (1979); Daniel R. Ortiz, *Pursuing a Perfect Politics: The Allure and Failure of Process Theory*, 77 Va. L. Rev. 721 (1991); Bruce A. Ackerman, *Beyond Carolene Products*, 98 Harv. L. Rev. 713 (1984); Schachter, *Ely and the Idea of Democracy, supra* note 147 참조.

149　Tribe, *The Puzzling Persistence, supra* note 148, at 1068.

150　예를 들어 Arwen Armbrecht, *Explainer: The State of LGBT Rights Today*, World Econ. F. (Jan. 4, 2016), www.weforum.org/agenda/2016/01/explainer-the-state-of-lgbt-rights-today/; M.V. Lee Badgett et al., *The Relationship Between LGBT Inclusion and Emerging Development: Emerging Economies*, UCLA School of Law: Williams Institute (Nov. 2014), williamsinstitute.law.ucla.edu/publications/lgbt-inclusion-economic-dev/; Jon Miller & Lucy Parker, *Open for Business: The Economic and Business Case for Global LGB&T Inclusion*, Open for Business (2015), www.wko.at/site/Charta-der-Vielfalt/Service/studien/Brunswick_Open_for_Business.pdf; Leonore F. Carpenter, *The Next Phase: Positioning the Post-Obergefell LGBT Rights Movement to Bridge the Gap Between Formal and Lived Equality*, 13 Stan. J. C.R. & C.L. 255 (2017) 참조.

151　예를 들어 World Economic Forum, Global Gender Pay Gap Report (2020); Esteban Ortiz-Ospina & Max Roser, *Economic Inequality By Gender*, Our World in Data (2018), ourworldindata.org/economic-inequality-by-gender; Inter-Parliamentary Union, *Women in National Parliaments* (Feb. 1, 2019), archive.ipu.org/wmn-e/classif.htm; Mark McCord, *This is How Women's Rights Have Progressed*, World Econ. F. (Mar. 6, 2020), www.weforum.org/agenda/2020/03/international-womens-day-equality-rights/ 참조.

152　다음과 비교해 보라. Ackerman, *supra* note 148, at 731; Tushnet, *supra* note 148; David Landau, *A Dynamic Theory of Judicial Role*, 55 B.C.L. Rev. 1501, 1533-35 (2014).

153　*Id.*

154　*Id.*

155　Nussbaum, *supra* note 88 참조.

156　Corbière v. Canada (Minister of Indian and Northern Aff.), [1999] 2 S.C.R. 203 [13], 173 DLR (4th) 1 (McLachlin & Bastarache JJ.) (Can.); Miron v. Trudel, [1995] 2 S.C.R. 418, 124 DLR (4th) 693(Can.); Harksen v. Lane NO (1997), [1998] 1 SA 300 [49], (CCT9/97) [1997] ZACC 1 (Goldstone J.) (S. Afr.) 참조.

157　Rosalind Dixon, *The Supreme Court of Canada and Constitutional (Equality) Baselines*, 50 Osgoode Hall L.J. 637 (2012).

158　*Id.*

159　R. (Miller) v. The Prime Minister [2020] AC 373; Stefan Theil, *Unconstitutional Prorogation of Parliament*, Pub. L. 529 (2020); *The Supreme Court Has Laid Bare Boris Johnson's Prorogation Ruse*, Fin. Times (Sept. 25, 2019), www.ft.com/content/71a691d8-dec7-11e9-b8e0-026e07cbe5b4 참조.

160 Matthew Taylor & Jim Waterson, *Boris Johnson Threatens BBC With Two-Pronged Attack*, The Guardian (Dec. 16, 2019, 3:15 AM), www.theguardian.com/media/2019/dec/15/boris-johnson-threatens-bbc-with-two-pronged-attack.

161 In Re Impeachment of President Donald J. Trump, *Trial Memorandum of the United States House of Representatives* (United States House of Representatives, Feb. 2, 2021) 2-3, 7, 14, 75, judiciary.house.gov/uploadedfiles/house_trial_brief_final.pdf?utm_campaign=5706-519.

162 Stephen Gardbaum, *Comparative Political Process Theory*, 18 Int'l J. Const. L. 1429 (2020).

163 Niels Petersen, Proportionality and Judicial Activism: Fundamental Rights Adjudication in Canada, Germany and South Africa 19-21 (2017).

164 *Id.*

165 Manuel José Cepeda Espinosa & David Landau, *A Broad Read of Ely: Political Process Theory for Fragile Democracies*, 19 Int'l J. Const. L. 548 (2021).

166 Landau, *supra* note 152.

167 Samuel Issacharoff, Fragile Democracies: Contested Power in the Era of Constitutional Courts (2015) 참조.

168 Rosalind Dixon & Samuel Issacharoff, *Living to Fight Another Day: Judicial Deferral in Defense of Democracy*, Wis. L. Rev. 683 (2016) 참조. 또한 Samuel Issacharoff, *The Corruption of Popular Sovereignty*, 18 Int. J. Const. Law. 1109 (2020) 참조.

169 Charles F. Sabel & William H. Simon, *Destabilization Rights: How Public Law Litigation Succeeds*, 117 Harv. L. Rev. 1016 (2004) 참조.

170 Michaela Hailbronner, Structural Reform Litigation in Domestic Courts (2022).

171 Landau, *supra* note 152, at 1554.

172 Katharine Young, *A Typology of Economic and Social Rights Adjudication: Exploring the Catalytic Function of Judicial Review*, Int'l J. Const. L. 385, 418 (2010).

173 *Id.* at 416, 420.

174 Malcolm Langford, *Judicial Politics and Social Rights'*, *in* The Future of Economic and Social Rights 66 (Katherine Young eds., 2019), at 71-72.

175 Espinosa & Landau, *supra* note 23.

176 Samuel Issacharoff, *Constitutional Courts and Democratic Hedging*, 99 Geo. L.J. 961 (2010-11); Issacharoff, *supra* note 167.

177 Gardbaum, *supra* note 162.

178 Espinosa & Landau, *supra* note 23, at 6.

1   Sarah Repucci, Freedom in the World 2020: A Leaderless Struggle for Democracy (Freedom House, Report booklet, n.d.).

2   *Id.* at 10.

3   예를 들어 미얀마에서의 쿠데타에 대해서는 Hannah Beech, *Myanmar Coup Highlights Autocracy's Rise in Southeast Asia*, N.Y. TIMES, Oct. 26, 2021 참조.

4   비밀스러운 권위주의에 대해서는 Ozan A. Varol, *Stealth Authoritarianism*, 100 Iowa L. Rev. 1673 (2015) 참조.

5   Jeremy Waldron, *The Core of the Case Against Judicial Review*, 115 Yale L.J. 1346, 1360 (2005).

6   David Landau & Rosalind Dixon, *Abusive Judicial Review: Courts Against Democracy*, 53 U.C. Davis L. Rev. 1313 (2020); Rosalind Dixon & David Landau, Abusive Constitutional Borrowing: Legal Globalization and the Subversion of Liberal Democracy (2021); Rosalind Dixon & David Landau, *Tiered Constitutional Design*, 86 Geo. Wash. L. Rev. 438 (2018); David Landau & Rosalind Dixon, *Constraining Constitutional Change*, 50 Wake Forest L. Rev. 859 (2015); David Landau & Rosalind Dixon, *Transnational Constitutionalism and a Limited Doctrine of Unconstitutional Constitutional Amendment*, 13 Int'l J. Const. L. 606 (2015). 또한 David Landau, *Abusive Constitutionalism*, 47 U.C. Davis L. Rev. 189 (2013) 참조.

7   Rosalind Dixon, *Creating Dialogue about Socioeconomic Rights: Strong-Form v. Weak-Form Judicial Review Revisited*, 5 Int'l J. Const. L. 391 (2007); Rosalind Dixon, *A New Theory of Charter Dialogue: The Supreme Court of Canada, Charter Dialogue and Deference*, 47 Osgoode Hall L.J. 235 (2009); Rosalind Dixon, *The Core Case for Weak-Form Judicial Review*, 38 Cardozo L. Rev. 2193 (2016).

8   Richard A. Posner, Law, Pragmatism, and Democracy (2005).

9   Joseph A. Schumpeter, Capitalism, Socialism and Democracy 269 (3d ed. 1950). 또한 Samuel Issacharoff, Fragile Democracies: Contested Power in the Era of Constitutional Courts (2015) 참조.

10 이러한 의미에서 이는 민주주의 다양성 지수$^{V-dem}$와 같은 다양한 주요 민주주의 색인과 유사하다. *V-Dem: Varieties of Democracy*, www.v-dem.net 참조. 그러나 이는 또한 제도적 다원주의, 제도적 견제와 균형 원리 관념에 상당히 의존한다.

11 이 부분의 논의에 대해서는 애드리언 스톤과 테우니스 루의 도움을 받았다.

12 Landau & Dixon, *Transnational Constitutionalism, supra* note 6. 정치적 민주주의와 자유주의가 요구하는 바에 대한 통찰을 일으키는 도구로서의 중첩적 합의 관념에 대해서는 John Rawls, Political Liberalism (2005) 참조.

13 Eric A. Posner & Cass R. Sunstein, *The Law of Other States*, 59 Stan. L. Rev. 131

(2006) 참조. 또한 Rosalind Dixon, *Democratic Theory of Constitutional Comparison*, 56 Am. J. Comp. L. 947 (2008)에서의 논의 참조.

14 Landau & Dixon, *Transnational Constitutionalism, supra* note 6. 또한 Rosalind Dixon, *How to Compare Constitutionally: An Essay in Honour of Mark Tushnet* (UNSW Law Research Paper No. 21, May 17, 2020) 참조.

15 Handyside v. United Kingdom, (1976) 1 EHRR 737. Rosalind Dixon, *Proportionality and Comparative Constitutional Law versus Studies*, 12 Law & Ethics Hum. Rts. 203 (2018); Michael R. Hutchinson, *The Margin of Appreciation Doctrine in the European Court of Human Rights*, 48 Int'l & Comp. L.Q. 638, 639 (1999); George Letsas, *Two Concepts of the Margin of Appreciation*, 26 Oxford J. Legal Stud. 705 (2006)에서의 논의 참조. 재판소가 이전에 해당 법리를 지지했던 점에 대해서는 또한 *Greece v. United Kingdom* (Cyprus Case), [1958-59] 2 Y.B. Eur.Conv. On H.R. 174; Lawless v. Ireland (No 3), [1961] ECHR 2 참조.

16 Hutchinson, *supra* note 15, at 640.

17 Dixon & Landau, Abusive Constitutional Borrowing, *supra* note 6, at 26 참조.

18 *Id.*

19 다음과 비교해 보라. Landau & Dixon, *Constraining Constitutional Change, supra* note 6.

20 Ronald Dworkin, Freedom's Law: The Moral Reading of the American Constitution (1999) 참조.

21 Jeremy Waldron, Law and Disagreement (1999). 다음과 비교해 보라. Dixon & Landau, Abusive Constitutional Borrowing, *supra* note 6.

22 예를 들어 Posner, *supra* note 8, at chs 4, 5 ("콘셉트 2" 민주주의와 그것의 미덕에 관한 논의) 참조.

23 다음과 비교해 보라. Robert Post & Reva Siegel, *Roe Rage: Democratic Constitutionalism and Backlash*, 42 Harv. C.R.-C.L. L. Rev. 373, 376 (2007).

24 Stephen Gardbaum, The New Commonwealth Model of Constitutionalism: Theory and Practice 32 (2013).

25 John Hart Ely, Democracy and Distrust: A Theory of Judicial Review 106 (1980).

26 Dixon & Landau, Abusive Constitutional Borrowing, *supra* note 6.

27 *Id.*

28 Wojciech Sadurski, Poland's Constitutional Breakdown (2019).

29 *Id.* at ch 3; Dixon & Landau, Abusive Constitutional Borrowing, *supra* note 6.

30 이러한 세 국가 모두에서 각 정부는 무슬림, 동성애자, 난민, 이민자를 국가 헌법 질서에 위협이 된다는 이유에서 여러 차례에 걸쳐 공개적으로 공격해 왔다. *Czech Republic*, Freedom House (2021), freedomhouse.org/country/czech-republic/freedom-world/2021; *Bulgaria*, Freedom House (2021), freedomhouse.org/country/bulgaria/

freedom-world/2021; *Romania*, Freedom House (2021), freedomhouse.org/country/romania/freedom-world/2021 참조. 또한 Carlie Porterfield, *Anti-LGBTQ Rhetoric is Ramping up in Eastern Europe, Human Rights Advocates Say*, Forbes (June 10, 2020, 04:31 PM), www.forbes.com/sites/carlieporterfield/2020/06/10/anti-lgbtq-rhetoric-is-ramping-up-in-eastern-europe-human-rights-advocates-say/?sh=4bbb95c3231e 참조.

31 예를 들어 Berk Esen & Sebnem Gumuscu, *Why Did Turkish Democracy Collapse? A Political Economy Account of AKP's Authoritarianism*, 26 Party Pol. 1 (2020); Zafer Yilmaz & Bryan S. Turner, *Turkey's Deepening Authoritarianism and the Fall of Electoral Democracy*, 46 Brit. J. Middle Eastern Stud. 691, 695 (2019) 참조. 그의 8년 간의 대통령 재임은 총리로서의 세 차례의 임기 이후에 이루어졌는데 그사이 그는 그의 선거적·제도적 권한을 강화하기 위해 이와 유사한 수많은 책략을 사용하였다: *Turkey Will Select New Prime Minister This Month to Replace Outgoing Erdogan*, The Guardian (Aug. 12, 2014, 02:46 PM), www.theguardian.com/world/2014/aug/11/turkey-select-new-prime-minister-replace-recep-tayyip-erdogan. 언론과 언론 독립에 대한 탄압에 관해서는 예를 들어 Emma Sinclair-Webb, *Turkey: Media Crackdown Amid Escalating Violence,* Hum. Rts. Watch (Sept. 11, 2015, 10:27 AM), www.hrw.org/news/2015/09/11/turkey-media-crackdown-amid-escalating-violence; Jacob Weisberg, *Capturing the News*, Slate (Oct. 9, 2014, 10:28 AM), slate.com/news-and-politics/2014/10/president-erdogans-media-control-turkeys-censorship-is-less-brutal-but-more-effective.html 참조.

32 Nadiv Mordechay & Yaniv Roznai, *A Jewish and (Declining) Democratic State? Constitutional Retrogression in Israel*, 77 Md. L. Rev. 244 (2017); Dixon & Landau, *supra* note 6, at 166-74. 또한 Symposium, *Constitutional Capture in Israel?*, Int'l J. Const. L. Blog (2017); Tamara Cofman Wittes & Yaël Mizrahi-Arnaud, *Is Israel in Democratic Decline?*, Brookings (Mar. 2019), www.brookings.edu/research/is-israel-in-democratic-decline/ 참조.

33 Dixon & Landau, Abusive Constitutional Borrowing, *supra* note 6, at 124.

34 *Id.* at 99-103, 126.

35 *Opinion: Democracy Is Under Attack in Nicaragua*, Wash. Post (Aug. 5, 2021, 6:26 PM), www.washingtonpost.com/opinions/2021/08/05/democracy-is-under-attack-nicaragua/.

36 Dixon & Landau, Abusive Constitutional Borrowing, *supra* note 6, at 34, 134.

37 Juliano Zaiden Benvindo, *The Historian of the Future in Brazilian Democracy: The Challenges of Interpreting and Comparing Events of Our Own Time*, Int'l J. Const. L. Blog (Feb. 24, 2021), www.iconnectblog.com/2021/02/the-historian-of-the-future-

in-brazilian-democracy-the-challenges-of-interpreting-and-comparing-events-of-our-own-time/.

38 Tom Phillips, *Brazil Begins Parliamentary Inquiry into Bolsonaro's Covid Response,* The Guardian (Apr. 28, 2021, 3:20 AM), www.theguardian.com/world/2021/apr/27/brazil-begins-parliamentary-inquiry-into-bolsonaros-covid-response.

39 Emilio Peluso Neder Meyer, Constitutional Erosion in Brazil (2021) 참조.

40 *Id.* 또한 Payton Scott, *The Death of Brazilian Democracy, 20 Years in the Making,* Democratic Erosion (Apr. 20, 2020), www.democratic-erosion.com/2020/04/20/the-death-of-brazilian-democracy-20-years-in-the-making/ 참조.

41 Dixon & Landau, Abusive Constitutional Borrowing, *supra* note 6.

42 Arafatul Islam, *Bangladesh Turns 50 as Fears Grow Over Deteriorating Democracy,* DW (Mar. 25, 2021), www.dw.com/en/bangladesh-democracy-human-rights/a-56988366.

43 Dinesha Samararatne, *Sri Lanka's Constitutional Ping Pong,* Himal Magazine (Sep. 25, 2020), www.himalmag.com/sri-lankas-constitutional-ping-pong-2020/; Iqbal Athas, *Sri Lanka's Prime Minister resigns amid Protests Over Economic Crisis,* CNN (May 10, 2022), edition.cnn.com/2022/05/09/asia/sri-lanka-mahinda-rajapaksa-resigns-intl/index.html.

44 Soutik Biswas, *Uttar Pradesh Elections: What a Historic Poll Win Says about Modi's India,* BBC News (Mar. 11, 2022), www.bbc.com/news/world-asia-india-60688 428; 예를 들어 Hari Kumar & Emily Schmall, Covid Payments Ordered by India's Supreme Court Could Total Hundreds of Millions of Dollars, The N.Y. Times (Oct. 5, 2021), www.nytimes.com/2021/10/05/world/asia/covid-india-compensation-payments.html 참조. 그러나 이것이 더는 사실이 아니라는 제안에 대해서는 Soutik Biswas, *"Electoral Autocracy": The Downgrading of India's Democracy,* BBC News (Mar. 16, 2021), www.bbc.com/news/world-asia-india-56393944 참조.

45 Abigail Sklar, *Democratic Erosion in India: The World's Largest Democracy No More?,* Democratic Erosion (Feb. 12, 2020), www.democratic-erosion.com/2020/02/12/democratic-erosion-inindia-the-worlds-largest-democracy-no-more/.

46 또한 Tarunabh *Khaitan, Killing a Constitution with a Thousand Cuts: Executive Aggrandizement and Party-State Fusion in India,* 14 Law & Ethics Hum. Rts. 49, 60, 66-67 (2020) 참조.

47 Yvonne Tew, Constitutional Statecraft in Asian Courts (2020) 참조.

48 *Cambodia,* Freedom House (2020), freedomhouse.org/country/cambodia/freedomworld/2020.

49 *Id.* 또한 David Landau & Rosalind Dixon, *Abusive Judicial Review: Courts Against*

Democracy, 53 U.C. Davis L. Rev. 1313, 1351-52 (2020) 참조.

50   Aries Arugay, *The Generals' Gambit: The Military and Democratic Erosion in Duterte's Philippines*, Heinrich Böll Stiftung Southeast Asia (Feb. 18, 2021), th. boell.org/en/2021/02/18/generals-gambit-military-and-democratic-erosion-dutertes-philippines; Sheila Coronel, *This is How Democracy Dies*, The Atlantic (Jun. 17, 2020), www.theatlantic.com/international/archive/2020/06/maria-ressa-rappler-philippines-democracy/613102/.

51   Richard Heydarian, *The Implications of Duterte's Proposed Constitutional Changes*, Council on Foreign Relations (Jul. 24, 2018, 4:27 PM), www.cfr.org/blog/implications-dutertes-proposed-constitutional-changes; Mong Palatino, *A Brief History of Charter Change Attempts in the Philippines*, The Diplomat (Feb. 2, 2021), thediplomat.com/2021/02/a-brief-history-of-charter-change-attempts-in-the-philippines/.

52   Lindsay Maizland & Eleanor Albert, *Hong Kong's Freedoms: What China Promised and How It's Cracking Down*, Council on Foreign Relations (Feb. 17, 2021), www.cfr.org/backgrounder/hong-kong-freedoms-democracy-protests-china-crackdown. 또한 Albert H.Y. Chen, *The Hong Kong Basic Law and the Limits of Democratization Under "One Country Two Systems"*, 50 The Int'l Law. 69 (2017) 참조.

53   *Id.* 또한 Simon Young & Richard Cullen, Electing Hong Kong's Chief Executive (2010) 참조.

54   Maizland & Albert, *supra* note 52; Brian C.H. Fong, *Death by a Thousand Cuts: Democratic Backsliding in Hong Kong*, 15 Global Asia 22, 24 (2020).

55   Fong, *supra* note 54, 26.

56   Maizland & Albert, *supra* note 52.

57   Sarah Repucci, *Freedom in the World 2020: A Leaderless Struggle for Democracy* (Report booklet, n.d.). 부룬디에 대해서는 Landau & Dixon, *supra* note 49, at 88 참조. 베닌, 말리, 기니, 니제르에 대해서는 Neil Munshi, *Democracy Erodes in Central and West Africa*, Fin. Times (Mar. 7, 2021), www.ft.com/content/d7319cb8-48c3-4acf-bfcf-7aaae0e5f9fd 참조. 탄자니아에 대해서는 Rob Ahearne, *Tanzania's New President Faces a Tough "To Do" List*, The Conversation (Mar. 27, 2021, 9:13 PM), theconversation.com/tanzanias-new-president-faces-a-tough-to-do-list-157973 참조. 나이지리아에 대해서는 Adewunmi Emoruwa, *Nigeria's Democracy Is Fading Away*, Aljazeera (Feb. 8, 2019), wwwaljazeera.com/opinions/2019/2/8/nigerias-democracy-is-fading-away 참조.

58   Christina Murray, *Political Elites and the People: Kenya's Decade Long Constitution-Making Process*, SSRN (Mar. 22, 2018), papers.ssrn.com/sol3/papers.cfm?abstract

id＝3147154.

59 Ochieng v. Independent Electoral & Boundaries Commission [2017] eKLR 7-9. 또한 Kimiko de Freytas-Tamura, *Kenya Supreme Court Nullifies Presidential Election*, N.Y. Times (Sep. 1, 2017), www.nytimes.com/2017/09/01/world/africa/kenya-election-kenyatta-odinga.html 참조. 아래의 제7장과 비교해 보라.

60 Peter Muiruri, *Kenya's High Court Overturns President's Bid to Amend Constitution*, The Guardian (May 27, 2021), www.theguardian.com/global-development/2021/may/27/kenyas-high-courtoverturns-president-uhuru-kenyatta-bbi-bid-to-amend-constitution; Ferdinand Omondi, *Kenya's BBI Blocked in Scathing Court Verdict for President Kenyatta*, BBC News (May 14, 2021), www.bbc.com/news/world-africa-57094 387; Uhuru Kenyatta, *Kenya Government Appeals Ruling Against BBI Constitutional Changes*, AlJazeera (June 2, 2021), www.aljazeera.com/news/2021/6/2/kenya-govt-appeals-ruling-against-bbi-constitutional-changes.

61 특히 위의 제2장과 아래의 제5장 및 제7장에서 논의되는 Ochieng v. Independent Electoral & Boundaries Commission [2017] eKLR and UCA 결정 참조.

62 예를 들어 Joleen Steyn Kotze, *South African Elections and the Declining Dominance of the ANC*, Austl. Inst. Int'l Aff. (May 16, 2019), www.internationalaffairs.org.au/australianoutlook/south-african-elections-declining-dominance-anc-aopub/; Susan Booysen, Dominance and Decline: The ANC in the Time of Zuma (2015); Hakeem Onapajo & Christopher Isike, *The Decline of a Dominant African Political Party: The Case and Future of South Africa's African National Congress (ANC)*, 36 Politeia 1 (2017) 참조.

63 Heinz Klug, *Corruption, the Rule of Law and the Role of Independent Institutions, in* Constitutional Triumphs, Constitutional Disappointments: A Critical Assessment of the 1996 South African Constitution's Local and International Influence 108 (Rosalind Dixon & Theunis Roux eds., 2018); Charles Fombad, *The Diffusion of South-African Style Institutions? A Study in Comparative Constitutionalism, in* Constitutional Triumphs, Constitutional Disappointments: A Critical Assessment of the 1996 South African Constitution's Local and International Influence 359 (Rosalind Dixon & Theunis Roux eds., 2018) 참조.

64 Economic Freedom Fighters v. Speaker of the Nat'l Assemb., [2016] ZACC 11. Simon Allison, *Nklandla Verdict Shows South Africa's Democracy is Alive and Kicking*, The Guardian (Apr. 1, 2016), www.theguardian.com/world/2016/mar/31/south-africa-nkandla-verdict-jacob-zuma; Klug, *supra* note 63에서의 논의 참조.

65 예를 들어 국정농단[state capture] 혐의로 존도[Zondo]위원회에 출석하라는 헌법재판소의 명령

을 준수하지 않은 주마Zuma 전 대통령에 대한 최근 명령에 대한 반응은 John Eligon & Lynsey Chutel, *South African Court Orders Arrest of Ex-President Jacob Zuma for Contempt*, N.Y. Times (Jun. 29, 2021), www.nytimes.com/2021/ 06/29/world/ africa/jacob-zuma-prison.html; Michael Cohen, *QuickTake: Why South Africa Just Suffered Its Worst Riots Since Apartheid*, Bloomberg (Jul. 13, 2021), www. bloomberg.com/news/articles/2021-07-13/why-ex-leader-s-arrest-cast-south-africa-into-turmoil-quicktake 참조.

66 John Eligon & Lynsey Chutel, *South African Court Orders Arrest of Ex-President Jacob Zuma for Contempt*, N.Y. TIMES (Jun. 29, 2021), www.nytimes.com/2021/ 06/29/world/africa/jacob-zuma-prison.html.

67 예를 들어 Aziz Huq & Tom Ginsburg, How to Save a Constitutional Democracy (2019); Wojciech Sadurski, Poland's Constitutional Breakdown 12-13 (2019); Richard Albert, *Constitutional Amendment and Dismemberment*, 43 Yale J. Int'l L. 1 (2018); Constitutional Democracy in Crisis? (Mark A. Graber et al. eds., 2018) 참조.

68 Landau, *Abusive Constitutionalism, supra* note 6; Landau & Dixon, *Transnational Constitutionalism, supra* note 6; Landau & Dixon, *Constraining Constitutional Change, supra* note 6; Landau & Dixon, *Abusive Judicial Review, supra* note 6.

69 Landau & Dixon, *Abusive Judicial Review, supra* note 6.

70 Jonathan S. Gould & David E. Pozen, *Structural Biases in Structural Constitutional Law*, 97 N.Y.U.L. Rev. (2022).

71 *Id.*

72 다음과 비교해 보라. Huq & Ginsburg, *supra* note 67, 199.

73 물론 때때로 그러한 야당이 민주주의를 위협하는 대상이 아니라 원천이 될 수도 있다는 점은 주목받아야 할 것이다.

74 다음과 비교해 보라. Richard H. Pildes, *Competitive Deliberative and Rights-Oriented Democracy*, 3 Election L.J. 685, 687-88 (2004).

75 예를 들어 UDM v. Speaker of the Nat'l Assembly, 2017 5 SA 300 (CC) 참조.

76 Samuel Issacharoff & Richard H. Pildes, *Politics as Markets: Partisan Lockups of the Democratic Process*, 50 Stan. L. Rev. 643, 692 (1998).

77 이러한 맥락에서 소송lawfare 용어의 사용에 대해서는 예를 들어 Theunis Roux, *The Constitutional Court's 2018 Term: Lawfare or Window on the Struggle for Democratic Social Transformation?*, 10 Const. Ct. Rev. 1 (2020); Paul R. Williams, *Lawfare: A War Worth Fighting*, 43 Case W. Res. J. Int'l L. 43 (2010); Hugh Corder & Cora Hoexter, *"Lawfare" in South Africa and Its Effects on the Judiciary*, 10 Afr. J. Legal Stud. 105 (2017) 참조. 이 용어를 사용하는 다른 경우에는 정쟁이 점점 법적 문제화되고legalized 법적 규범에 의해 다뤄지거나 그에 의해 통제된다는 논의를 담고 있다. 예를 들

어 *Lawfare: Hard National Security Choices*, Lawfare, www.lawfareblog.com/ 참조.

78 Alvin Y.H. Cheung, An Introduction to Abusive Legalism (Feb. 22, 2018), osf.io/ preprints/lawarxiv/w9a6r/.

79 Rosalind Dixon & David Landau, *1989-2019: From Democratic to Abusive Constitutional Borrowing*, 17 Int'l J. Const. L. 489 (2019); Dixon & Landau, Abusive Constitutional Borrowing, *supra* note 6.

80 이사차로프는 이를 "차베스 전술Chavez playbook"이라고 부르는데 이러한 책략 중 많은 것이 최근 "베네수엘라에서 사용되고 연마되어" 왔기 때문이다: Samuel Issacharoff, *The Corruption of Popular Sovereignty*, 18 Int'L J. Const. L. 1109 (2020) 참조.

81 Michael Pal, *Electoral Management Bodies as a Fourth Branch of Government*, 21 Rev. Const. Stud. 87 (2016); Mark Tushnet, *Institutions Protecting Constitutional Democracy: Some Conceptual and Methodological Preliminaries*, 70 U. Toronto L.J. 95 (2020).

82 Sujit Choudhry, *"He Had a Mandate": The South African Constitutional Court and the African National Congress in a Dominant Party Democracy*, 2 Const. Ct. Rev. 1 (2009).

83 *Id.*

84 *Id.*

85 Pal, *Electoral Management Bodies, supra* note 81; Tushnet, *Institutions Protecting Constitutional Democracy, supra* note 81 참조.

86 예를 들어 S. Afr. Const., ch 9, ss 181-194 및 Klug, *supra* note 63; Fombad, *supra* note 63에서의 논의 참조.

87 Pal, *Electoral Management Bodies, supra* note 81; Tushnet, *Institutions Protecting Constitutional Democracy, supra* note 81; Vicki Jackson, *Knowledge Institutions in Constitutional Democracies: Preliminary Reflections*, 7 Can. J. Comp. Const. L. 156 (2021) 참조.

88 Huq & Ginsburg, *supra* note 67, at 192-93 참조.

89 Choudhry, *supra* note 82, at 26 참조.

90 Jackson, *supra* note 87 참조.

91 Vicki C. Jackson, *Comparative Constitutional Federalism and Transnational Judicial Discourse*, 2 Int'l J. Const. L. 91 (2004) 참조.

92 예를 들어 Rosalind Dixon, *The Functional Constitution: Re-reading the 2014 High Court Constitutional Term*, 43 Fed. L. Rev. 455 (2015)에서의 논의 참조.

93 Choudhry, *supra* note 82, at 31 참조.

94 *Id.* at 16.

95 이를 준연방체제와 다른 연방체제의 특징으로서 다룬 입장은, 예를 들어 Elliot Bulmer,

Federalism (International IDEA Constitution-Building Primer 12, 2015); Ronald L. Watts, *Federalism, Federal Political Systems, and Federations*, 1 Ann. Rev. Polit. Sci. 117 (1998) 참조.

96 David Schleicher, *Federalism and State Democracy*, 95 Tex. L. Rev. 763 (2016).

97 예를 들어 Frances McCall Rosenbluth & Ian Shapiro, Responsible Partis: Saving Democracy from Itself 12 (2018) 참조.

98 Choudhry, *supra* note 82 참조. 또한 Tarun Gogoi, *Indian Federalism with Party System: Changes and Continuity,* 9 Int'l J. Sci. & Tech. Res. 180 (2020) 참조.

99 Organisation for Economic Cooperation and Development, Predatory Pricing 7 (1989).

100 다음과 비교해 보라. Dixon & Landau, Abusive Constitutional Borrowing, *supra* note 6.

101 예를 들어 an overview by the Federal Trade Commission: Fed. Trade Comm'n, The Antitrust Laws, www.ftc.gov/tips-advice/competition-guidance/guide-antitr ust-laws/antitrust-law 참조.

102 Ernest Gellhorn, *Justice Breyer on Statutory Review and Interpretation,* 8 Admin. L.J. Am. U. 755 (1995) 참조.

103 Landau & Dixon, *Transnational Constitutionalism, supra* note 6. 이 책과 랜도와의 공저에서의 남용적 헌법 차용Abusive Constitutional Borrowing 개념에 대한 나의 논의는 투시 넷의 도움을 받았다: Mark Tushnet, *Review of Dixon and Landau's Abusive Constitutional Borrowing,* 7 Can. J. Comp. & Contemp. L. 23 (2021); Rosalind Dixon & David Landau, *Abusive Constitutional Borrowing: A Reply to Commentators,* 7 Can. J. Comp. & Contemp. L. 49 (2021) 참조.

104 Kim Lane Scheppele, *The Rule of Law and the Frankenstate: Why Governance Checklists Do Not Work,* 26 Governance 559 (2013); Landau & Dixon, *Transnational Constitutionalism, supra* note 6; Khaitan, *supra* note 46 참조.

105 다음과 비교해 보라. Scheppele, *Frankenstate, supra* note 104; Khaitan, *supra* note 46.

106 Dixon & Landau, Abusive Constitutional Borrowing, *supra* note 6.

107 예를 들어 Yick Wo v. Hopkins, 118 U.S. 356 (1886); Gomillion v. Lightfoot, 364 U.S. 339 (1960) 참조. 논의에 대해서는 Landau & Dixon, *Abusive Judicial Review, supra* note 6; Dixon & Landau, Abusive Constitutional Borrowing, *supra* note 6 참조.

108 Waldron, *The Core of the Case Against Judicial Review, supra* note 5.

109 Ronald Dworkin, The Moral Reading of the American Constitution 74 (1996); Rawls, *supra* note 12, at 35-36.

110 Waldron, *The Core of the Case Against Judicial Review, supra* note 5, at 1360. 다음과 비교해 보라. Richard Bellamy, *Political Constitutionalism and the Human Rights Act,* 9 Int'l J. Const. L. 86, 91 (2011).

111 Waldron, *The Core of the Case Against Judicial Review, supra* note 5. Theunis Roux, *In Defence of Empirical Entanglement: The Methodological Flaw in Waldron's Case Against Judicial Review, in* The Cambridge Handbook of Deliberative Constitutionalism 203 (Ron Levy et al. eds., 2018); Rosalind Dixon & Adrienne Stone, *Constitutional Amendment and Political Constitutionalism: A Philosophical and Comparative Reflection, in* Philosophical Foundations of Constitutional Law 103 (David Dyzenhaus & Malcolm Thorburn eds., 2016)에서의 논의 참조.

112 다음과 비교해 보라. Samuel Issacharoff, *Constitutional Courts and Democratic Hedging,* 99 Geo. L.J. 961 (2010-2011); Roux, *In Defence of Empirical Entanglement, supra* note 111.

113 Roux, *In Defence of Empirical Entanglement, supra* note 111.

114 취약한 민주주의에 대해서는 Issacharoff, *supra* note 9 참조. 이와 연계해서 Issacharoff, *Constitutional Courts and Democratic Hedging, supra* note 112; Roux, *In Defence of Empirical Entanglement, supra* note 111; David Landau, *A Dynamic Theory of Judicial Role,* 55 B.C.L. Rev. 1501 (2014) 참조.

115 예를 들어 Issacharoff, *Constitutional Courts and Democratic Hedging, supra* note 112; Roux, *In Defence of Empirical Entanglement, supra* note 111; Landau, *A Dynamic Theory of Judicial Role, supra* note 114 참조.

116 예를 들어 Dixon, *Charter Dialogue, supra* note 7; Dixon, *Creating Dialogue about Socioeconomic Rights, supra* note 7 참조. 다음과 비교해 보라. Guido Calabresi, *Foreword: The Supreme Court 1990 Term: Antidiscrimination and Constitutional Accountability (What the Bork-Brennan Debate Ignores),* 105 Harv. L. Rev. 80, 104 (1991); William N. Eskridge, Jr. & Philip P. Frickey, *The Supreme Court, 1993 Term—Foreword: Law as Equilibrium,* 108 Harv. L. Rev. 4 (1994); Mark A. Graber, *The Nonmajoritarian Difficulty: Legislative Deference to the Judiciary,* 7 Stud. Am. Pol. Dev. 35 (1993).

117 Waldron, *The Core of the Case Against Judicial Review, supra* note 5, at 1397.

118 예를 들어 Richard Holden & Rosalind Dixon, From Free to Fair Markets: Liberalism After COVID-19 (2022); Karl Klare, *Legal Culture and Transformative Constitutionalism,* 14 S. AFR. J. HUM. RTS. 146 (1998); Gautam Bhatia, The Transformative Constitution: A Radical Biography in Nine Acts (2019); Transformative Constitutionalism in Latin America: The Emergence of a New Ius Commune (Armin von Bogdandy et al. eds., 2017) 참조.

119 Lisa Burton Crawford, *The Rule of Law in the Age of Statutes*, 48 Fed. L. Rev. 59 (2020). 또한 다음과 비교해 보라. Stephen Holmes's arguments in *In Case of Emergency: Misunderstanding Tradeoffs in the War on Terror*, 97 Cal. L. Rev. 301 (2009).

120 다음과 비교해 보라. David Bilchitz, Poverty and Fundamental Rights: The Justification and Enforcement of Socio-economic Rights 127 (2007).

121 제한적 합리성 개념에 대해서는 Eddie Dekel et al., *Standard State-Space Models Preclude Unawareness*, 66 Econometrica 159 (1998) (제한된 합리성의 중요한 측면으로서 결과에 대한 "불인식unawareness"을 설명하려고 시도함) 참조.

122 Calabresi, *supra* note 116. 또한 다음과 비교해 보라. Malcolm Langford, *Why Judicial Review*, 2 Oslo L. Rev. 36, 55 (2015).

123 예를 들어, 그들은 대항적인 이익이 아니라 유관된 정책적 목적의 달성에 기속되거나 군소정당이나 독립적인 대표가 아니라 주요 정당에 기속되는 자로 구성될 수 있다.

124 물론 법원은 대표성이 약함에도 시민이 헌법 소송을 통해 스스로의 이익을 주장할 수 있는 통로를 제공한다: Margit Cohn, A Theory of the Executive Branch: Tension and Legality (2021), at 289-320; Margit Cohn, *The Role of Courts in the Public Decision-Making Sphere: A Two-Pronged Argument for Heightened Review* (출간 예정) 참조.

125 Waldron, *The Core of the Case Against Judicial Review, supra* note 5, at 1395-401.

126 다음과 비교해 보라. Michael J. Perry, *Protecting Human Rights in a Democracy: What Role for Courts*, 38 Wake Forest L. Rev. 635, 655 (2003).

127 Graber, *The Nonmajoritarian Difficulty, supra* note 116, at 40 (강조 표시 추가); F.L. Morton, *Dialogue or Monologue, in* Judicial Power and Canadian Democracy 115 (Paul Howe & Peter H. Russell eds., 2001) 참조.

128 Mark Tushnet, *New Forms of Judicial Review and the Persistence of Rights-and Democracy-Based Worries*, 38 Wake Forest L. Rev. 813, 834 (2003) 참조.

129 Graber, *The Nonmajoritarian Difficulty, supra* note 116, at 40 (강조 표시 추가) 참조.

130 Dixon, *Creating Dialogue about Socioeconomic Rights, supra* note 6. 또한 Rosalind Dixon & David Landau, *Defensive Social Rights, in* Oxford Handbook of Economic and Social Rights (Malcolm Langford & Katharine G. Young eds., 2022) 참조.

131 예를 들어 Daniel A. Farber & Philip P. Frickey, Law and Public Choice: A Critical Introduction (1991)에서의 논의 참조.

132 다음과 비교해 보라. Einer R. Elhauge, *Does Interest Group Theory Justify More Intrusive Judicial Review*, 101 Yale L.J. 31 (1991); Mark Tushnet, *Darkness on the Edge of Town: The Contributions of John Hart Ely to Constitutional Theory*, 89 Yale L.J. 1037, 1054 (1980).

133 Bengt Holmstrom, *Moral Hazard in Teams*, 13 Bell J. Econ. 324 (1982); Elhauge,

supra note 132.

134 Stephen Gardbuam, *Comparative Political Process Theory: A Rejoinder*, 18 Int'l J. Const. L. (2020) 참조.

135 Landau, *A Dynamic Theory of Judicial Role, supra* note 114, at 1512.

136 *Id.*

137 다음과 비교해 보라. Ely, *supra* note 25, at 117.

138 예를 들어 Rosalind Dixon, *Updating Constitutional Rules*, 2009 Sup. Ct. Rev. 319 (2011) 참조.

139 예를 들어 Adrian Vatter, *Lijphart Expanded: Three Dimensions of Democracy in Advanced OECD Countries*, 1 Eur. Pol. Sci. Rev. 125 (2009); Arend Lijphart, Thinking About Democracy: Power Sharing and Majority Rule in Theory and Practice (2007) 참조.

140 예를 들어 Keith Krehbiel, *Institutional and Partisan Sources of Gridlock: A Theory of Divided and Unified Government*, 8 J. Theoretical Pol. 7 (1996); Michael J. Teter, *Gridlock: Legislative Supremacy, and the Problem of Arbitrary Inaction*, 88 Notre Dame L. Rev. 2217 (2012) 참조.

141 Michael Dimock, *How Americans View Trust, Facts, and Democracy Today,* Pew Trusts (Feb. 19, 2010), www.pewtrusts.org/en/trust/archive/winter-2020/how-americans-view-trustfacts-and-democracy-today(선출직 공무원이 국민이 선호하는 것에 관심을 기울인다고 믿는 미국 유권자가 지속적으로 줄어들고 있고 선출직 국가 기관에 대한 신뢰 역시 낮아지고 있다고 지적함) 참조.

142 Mark Tushnet, *Constitutional Hardball*, 37 J. Marshall L. Rev. 623 (2003).

143 예를 들어 Committee to Protect Journalists, *The Trump Administration and the Media* (Apr. 16, 2020), cpj.org/reports/2020/04/trump-media-attacks-credibility-leaks; Peter Greste, *When Trump Attacks the Press, He Attacks the American People and Their Constitution,* The Conversation (Jun. 3, 2020), theconversation.com/when-trump-attacks-the-press-he-attacks-the-american-people-and-their-constitution-139863; *In His Own Words: The President's Attacks on the Courts,* Brennan Ctr. for Justice (Feb. 14, 2020), www.brennancenter.org/our-work/research-reports/his-own-words-pre sidents-attacks-courts; Kevin Liptak, *A List of the Times Trump Has Said He Won't Accept the Election Results or Leave Office If He Loses,* CNN (Sept. 24, 2020), edition.cnn.com/2020/09/24/politics/trump-election-warnings-leaving-office/index.html; *Trial Memorandum of the United States House of Representatives in the Impeachment Trial of President Donald J. Trump,* Senate of the United States, judiciary.house.gov/uploadedfiles/house_trial_brief_final. pdf?utm_campaign=5706-519 참조.

144 Raul A. Sanchez Urribarri, *Courts Between Democracy and Hybrid Authoritarianism: Evidence from the Venezuelan Supreme Court,* 36 Law & Soc.Inquiry 854 (2011); Dixon & Landau, Abusive Constitutional Borrowing, *supra* note 5.

145 Martin Plaut, *Are Malema and the EFF A Threat to Democracy,* Politics Web (Sept. 15, 2014), www.politicsweb.co.za/news-and-analysis/are-malema-and-the-eff-a-threat-to-democracy; Theunis Roux, *Constitutional Populism in South Africa, in* Anti-Constitutional Populism (Martin Krygier et al. eds, 2022).

146 Eusebius McKaiser, *What the EFF, Malema? What About Democracy?,* Mail & Guardian, Mar. 7, 2019, mg.co.za/article/2019-03-07-what-the-eff-malema-what-about-democracy/; Bouwer van Niekerk, *Why the EFF's Threat to the Judiciary is a Threat to Our Democracy,* News24 (Aug. 19, 2019), www.news24.com/news24/columnists/guestcolumn/opinion-why-the-effs-threat-to-the-judiciary-is-a-threat-to-our-democracy-20190819.

147 Roux, *Constitutional Populism in South Africa, supra* note 145 참조.

제4장 대응적 사법심사의 범위와 강도

1 예를 들어 Moshe Cohen-Eliya & Iddo Porat, *Proportionality and the Culture of Justification,* 59 Am. J. Comp. L. 463 (2011); Vicki C. Jackson, *Constitutional Law in An Age of Proportionality,* 124 Yale L.J. 3094 (2014); Aharon Barak, *Proportionality and Principles Balancing,* 4 Law & Ethics Hum. Rts. 1 (2010) 참조. 또한 비례원칙방식의 판단이 서로 다른 맥락에서 어떻게 조정되는지에 대한 유용한 설명은 Michaela Hailbronner, Traditions and Transformations: The Rise of German Constitutionalism 117-22 (2015); Cora Chan, *Proportionality and Invariable Baseline Intensity of Review,* 33 Legal Stud. 1 (2013); Julian Rivers, *Proportionality and Variable Intensity of Review,* 65 Cambridge L.J. 174 (2006) 참조.

2 Theunis Roux, The Politico-Legal Dynamics of Judicial Review: A Comparative Analysis (2018).

3 예를 들어 Sujit Choudhry & Claire E. Hunter, *Measuring Judicial Activism on the Supreme Court of Canada: A Comment on* Newfoundland (Treasure Board) v. NAPE, 48 McGill L.J. 525 (2003); Kent Roach, The Supreme Court on Trial: Judicial Activism or Democratic Dialogue (rev. ed. 2016)에서의 논의 참조.

4 Richard H. Fallon, Jr., *Legitimacy and the Constitution,* 118 Harv. L. Rev. 1787.

5 *Id.*

6 *Id.* at 1794-95.

7 이것이 미국 법현실주의 운동의 근본적인 통찰이며 이는 비판법학자들에 의해 더욱 발전해 왔다. 예를 들어 Duncan Kennedy, A Critique of Adjudication: Fin De Siècle

(1998) 참조.

8 예를 들어 Karl Llewellyn, *The Crafts of Law Re-Valued*, 28 A.B.A. J. 801 (1942) 참조.

9 Fallon, *supra* note 4, 1795.

10 *Id.* at 1796.

11 *Id.* at 1796-97.

12 John Rawls, Political Liberalism (1993). 또한 Fallon, *supra* note 4, at 1787-88에서 의 논의 참조.

13 어떤 이는 이를 도덕적 정당성으로 지칭하는 것이 유용하다고 제안하기도 하는데 사실 이는 롤스 고유의 용법과 더욱 일치한다. 이는 또한 대응적 접근과 완전히 일치한다. 이 부분의 논의에 대해서는 크리스토프 묄러스Christoph Möllers의 논의에 의존하였다.

14 Bilyana Petkova, Towards a Discursive Model of Judicial Legitimacy for the Court of Justice of the European Union and the European Court of Human Rights (2013) (박사학위논문, University of Kent).

15 다음과 비교해 보라. Philip Bobbitt, Constitutional Fate: Theory of the Constitution (1982).

16 Rosalind Dixon, *A Minimalist Charter of Rights for Australia: The UK or Canada as a Model?*, 37 Fed. L. Rev. 335 (2009). 또한 Aileen Kavanagh, *What's So Weak About "Weak-Form Review"? The Case of the UK Human Rights Act 1998*, 13 Int'l J. Const. L. 1008 (2015); Fergal F. Davis & David Mead, *Declarations of Incompatibility, Dialogue and the Criminal Law*, 43 Common L. World Rev. 62 (2014) 참조. 순수한 공법적 사례라는 개념에 대한 탐구는 아래의 제5장 D(3) 부분을 참조.

17 이러한 맥락에서 "상승하는 비용"을 수반하는 캘리포니아주 보호의 실패라는 관념과 비 교해 보라: Rosalind Dixon & Martha C. Nussbaum, *Children's Rights and a Capabilities Approach: The Question of Special Priority*, 97 Cornell L. Rev. 549, 578-83 (2012) 참조.

18 Reference Re Secession of Québec, [1998] 2 S.C.R. 217. 더 자세한 내용은 Nathalie Des Rosiers, *From Québec Veto to Québec Secession: The Evolution of the Supreme Court of Canada on Québec-Canada Disputes*, 13 Can. J.L. & Juris. 171 (2000); Pierre Bienvenu, *Secession by Constitutional Means: The Decision of the Supreme Court of Canada in the Québec Secession Reference*, 23 Hamline J. Pub. L. & Pol'y 185 (2001); The Québec Decision: Perspectives on the Supreme Court Ruling on Secession (David Schneiderman ed., 1999) 참조.

19 The Québec Decision, *supra* note 18; Richard S. Kay, *The Secession Reference and the Limits of Law*, 10 Otago L. Rev. 327 (2003); Sujit Choudhry & Robert Howse, *Constitutional Theory and the Québec Secession Reference*, 13 Can. J.L. & Juris. 143 (2000) 참조.

20 또한 캐나다 대법원이 그렇게 하면서 어떻게 사회적 정당성을 유지하는지에 대해서는 Vuk Radmilovic, *Strategic Legitimacy Cultivation at the Supreme Court of Canada: Québec References and Beyond*, 43 Can. J. Pol. Sci. 843 (2010) 참조.

21 David L. Faigman, Constitutional Fictions: A Unified Theory of Constitutional Facts (2008); Malcolm Langford, *Why Judicial Review*, 2 Oslo L. Rev. 36 (2015). 이러한 맥락에서 코먼로와 대륙법 체계의 차이점에 대한 논의에 관해서는 아래의 제5장 참조.

22 아래의 제6장 참조.

23 Roe v. Wade, 410 U.S. 113, 153 (1973) (낙태 결정은 여성과 담당 의사에 의해 (…) 상담을 통해 (…) 따져져야 한다고 지적함), 153-54 (개인의 자유와 국가행위에 대한 제한이라는 수정헌법 제14조의 관념에 기초한—혹은 지방법원의 결정처럼 수정헌법 제9조의 국민에 대한 권리 유보 조항에 기초한—프라이버시권은 임신을 종료할지 여부에 대한 여성의 결정을 포섭하기에 충분할 정도로 광범위하다고 지적함), 165 (전문적 판단에 따라 의료적 처치를 진행할 의사의 권리를 지적함).

24 Griswold v. Connecticut, 381 U.S. 479, 484 (1965) (Douglas J).

25 *Id.* at 488-89 (Goldberg J).

26 Poe v. Ullman, 367 U.S. 497, 522 (1961) (Harlan J).

27 Joshua D. Hawley, *The Intellectual Origins of (Modern) Substantive Due Process*, 93 Tex. L. Rev. 275, 324-25 (2014); David O. Conkle, *Three Theories of Substantive Due Process*, 85 N. C. L. Rev. 63, 71-72 (2006) 참조.

28 Planned Parenthood v. Casey, 505 U.S. 833, 979-81 (1992) (Scalia J., 반대 의견), Dobbs v Jackson Women's Health Organization, 597 U.S. 215, 45-47 (2022) (Alito J., 법정 의견) 및 아래 제6장에서의 논의 참조. 또한 Chris Whitman, *Looking Back on Planned Parenthood v. Casey*, 100 Mich. L. Rev. 1980 (2002); Paul Benjamin Linton & Maura Quinlan, *Does Stare Decisis Preclude Reconsideration of Roe v. Wade? A Critique of Planned Parenthood v. Casey*, 70 Case W. Res. L. Rev. 283 (2019) 참조.

29 Planned Parenthood v. Casey, 505 U.S. 833, Pt II 846-47 (1992).

30 *Abortion*, Gallup (2021), news.gallup.com/poll/1576/abortion.aspx; *US Public Continues to Favor Legal Abortion, Oppose Overturning Roe v. Wade*, Pew Res. Ctr. (Aug. 29, 2019), www.people-press.org/2019/08/29/u-s-public-continues-to-favor-legal-abortion-opposeoverturning-roe-v-wade/ 참조.

31 물론 여론은 더 넓은 범위의 사례에서 낙태를 허용하지만 장려하지는 않는 것을 선호하는 반면, 부당한 부담심사기준은 특정 조건하에서 낙태에 대한 접근을 좌절시키기 위해 고안되었다는 점에서 이들 사이의 차이는 한 가지 존재할 수 있다. 그러나 이러한 두 아이디어 사이에는 허가/억제로 이뤄진 한 쌍이라는 의미 있는 중첩적 부분이 존재한다.

또한 24시간 대기 요건과 같은 조치에 대한 민주적 다수의 지지가 존재한다는 증거 역시 존재한다: Ashley Kirzinger et al., *Abortion Knowledge and Attitudes: KFF Polling and Policy Insights*, Henry J. Kaiser Fam. Found. (Jan.22, 2020), www.kff.org/womens-health-policy/poll-finding/abortion-knowledge-and-attitudes-kff-polling-and-policy-insights/ (민주당원 중에서 50퍼센트가 지지, 무당층에서 70퍼센트가 지지, 공화당원 중에서 86퍼센트가 지지함을 보여 줌) 참조.

32 Sharon Luyre, *Exceptions to Abortion Bans May Be Hard For Women to Access*, U.S. News (June 3, 2022), www.usnews.com/news/best-states/articles/2022-06-03/why-exceptions-to-abortion-bans-may-be-hard-for-women-to-access; David Welch & Francesca Maglione, *Overturning Roe Opens Door for Long-Dormant State Abortion Bans*, Bloomberg. (May 4, 2022), www.bloomberg.com/news/articles/2022-05-03/overturning-roe-could-revive-long-dormant-state-abortion-bans 참조. 추가로 많은 주의회가 극단적 형태의 당파적 게리맨더링을 통한 정치적 독점 권력과 그 행사의 산물이라는 사실도 간과할 수 없다: Jonathan Weisman & Jazmine Ulloa, *Supreme Court Throws Abortion to an Unlevel State Playing Field*, N.Y. Times (June 25, 2022), www.nytimes.com/2022/06/25/us/politics/abortion-ruling-states.html?action=click&pgtype=Article&state=default&module=styln-abortion-us&variant=show&region=BELOW_MAIN_CONTENT&block=storyline_flex_guide_recirc 참조. 또한 Rosalind Dixon & David Landau, 'Dobbs, Democracy and Dysfunction' (Working Paper, 2022)에서의 논의 참조.

33 Stenberg v. Carhart, 530 U.S. 914 (2000).

34 Gonzales v. Carhart, 550 U.S. 124 (2007). 연방대법원이 D&X 절차의 일반적 금지에 대한 생명/건강 예외를 적절하게 인정하지 못한 점에 관해서는, 550 U.S. 124, 161-68 (2007) (Ginsburg J., 반대 의견); Vicki C. Jackson, *Thayer, Holmes, Brandeis: Conceptions of Judicial Review, Factfinding and Proportionality*, 130 Harv. L. Rev. 2348, 2380-83 (2017) 참조.

35 Martha Nussbaum & Rosalind Dixon, *Abortion, Dignity and a Capabilities Approach*, *in* Feminist Constitutionalism: Global Perspectives (Beverly Baines et al. eds., 2012).

36 Lawrence v. Texas, 539 U.S. 558 (2003); Obergefell v. Hodges, 576 U.S. 644 (2015). Mark Strasser, *Obergefell, Dignity, and the Family*, 19 J. Gender Race & Just. 317 (2016); Autumn L. Bernhardt, *The Profound and Intimate Power of the Obergefell Decision: Equal Dignity as a Suspect Class*, 1 Tulane J.L. & Sexuality 25 (2016) 참조.

37 Lydia Saad, *Trimesters Still Key to U.S. Abortion Views*, Gallup (Jun. 13, 2018), news.gallup.com/poll/235469/trimesters-key-abortion-views.aspx.

38 Mollie Dunsmuir, *Abortion: Constitutional and Legal Developments* (Report, Aug. 18, 1998), publications.gc.ca/Collection-R/LoPBdP/CIR/8910-e.htm.

39 *Id.*

40 이것의 복잡성 그리고 이것이 역타성의 부담을 끌어냈다는 사실에 대해서는 아래의 제 6장 참조.

41 R. v. Morgentaler, [1998] 1 S.C.R. 30, 33.

42 *Only 20% Would Agree that Women Who Get An Abortion Should Go to Jail*, El Espectador (Jun. 18, 2021, 5:22 AM), www.elespectador.com/actualidad/solo-el-20-estaria-de-acuerdocon-que-las-mujeres-que-aborten-en-colombia-vayan-a-la-carcel/ 참조.

43 Manuel José Cepeda Espinosa & David E. Landau, Colombian Constitutional Law: Leading Cases 5, 77-78 (2017). 제7장에서 더 자세히 다루듯이, 이 판결은 후에 콜롬비아 보건부의 가이드라인 Decree 4444에 명문화되었지만, 이 가이드라인은 최고행정법원Council of State에 의해 위헌 선고를 받고 무효화되었다: Alba Ruibal, *Movement and Counter-Movement: A History of Abortion Law Reform and the Backlash in Colombia 2006-2014*, 22 Reprod. Health Matters 42, 44 (2014).

44 Jeong-In Yun, *Recent Abortion Decision of Korean Constitutional Court*, IACL Blog (Jul. 31, 2019), blog-iacl-aidc.org/2019-posts/2019/7/31/recent-abortion-decision-of-korean-constitutional-court.

45 Choe Sang-Hun, *South Korea Rules Anti-Abortion Law Unconstitutional*, N.Y. Times (Apr. 11, 2019), www.nytimes.com/2019/04/11/world/asia/south-korea-abortion-ban-ruling.html.

46 *Id.*

47 *South Korea: Abortion Decriminalized Since January 1, 2021*, US Library of Congress (Mar. 18, 2021), www.loc.gov/item/global-legal-monitor/2021-03-18/south-korea-abortion-decriminalized-since-january-1-2021/.

48 Miriam Smith, *Social Movements and Judicial Empowerment: Courts, Public Policy, and Lesbian and Gay Organizing in Canada*, 33 Pol. & Soc. 327 (2005).

49 *Id.* National Coalition for Gay and Lesbian Equality v. Minister of Justice, 1999 (1) SA 6 (CC) 참조.

50 José Fernando Serrano-Amaya, *Modernities in Dispute: the Debates on Marriage Equality in Colombia* (호주 애들레이드에서 열린 호주문화학회 학술대회에서 발표된 논문, Nov. 22-24, 2011); Mauricio Albarracín Caballero, *Social Movements and the Constitutional Court: Legal Recognition of the Rights of Same-Sex Couples in Colombia*, 8 Int'l J. Hum. Rts. 7, 12-13 (2011).

51 Adriana Piatti-Crocker & Jason Pierceson, *Unpacking the Backlash to Marriage*

Equality in Latin America 11 (샌프란시스코에서 열린 서구정치학회 연례 회의에서 발표된 논문, Mar. 29-31, 2018) 참조.

52 Caballero, *supra* note 50, at 20; Chris Herlinger, *In Catholic Colombia, LGBT People Find Growing Acceptance*, Wash. Post (Aug. 24, 2005), www.washingtonpost.com/national/religion/in-catholic-colombia-lgbt-people-find-growing-acceptance/2015/08/24/9a23ec08-4a99-11e5-9f53-d1e3ddfd0cda_story.html 참조.

53 예를 들어 *Colombian Court Says Congress Must Decide on Gay Marriage*, CNN (Jul. 27, 2011), edition.cnn.com/2011/WORLD/americas/07/27/colombia.gay.marriage/index.html (몇몇 콜롬비아 교회로부터의 반대를 언급함) 참조.

54 Mauricio Albarracin & Julieta Lemaitre, *The Crusade Against Same-Sex Marriage in Colombia*, 8 Religion & Gender 32, 36 (2018).

55 Germán Lodola & Margarita Corral, Support for Same Sex Marriage in Latin America 1 (2010); Albarracin & Lemaitre, *supra* note 54.

56 Philip Britton, *Gay and Lesbian Rights in the United Kingdom: The Story Continued*, 10 Ind. Int'l & Comp. L. Rev. 207 (2000).

57 *Id.*

58 *Adoption and Children Act 2002* (UK).

59 Craig Hoyle, *An Uphill Battle for Hong Kong's Rainbow Community*, Samesame.com (Nov. 30, 2015); Phil C. Chan, *Same-Sex Marriage/Constitutionalism and Their Centrality to Equality Rights in Hong Kong: A Comparative-Socio-Legal Appraisal*, 11 Int'l J. Hum. Rts. 33 (2007); Phil W. Chan, *The Lack of Sexual Orientation Anti-Discrimination Legislation in Hong Kong Breach of International and Domestic Legal Obligations*, 9 Int'l J. Hum. Rts. 69 (2005).

60 Craig Hoyle, *An Uphill Battle for Hong Kong's Rainbow Community*, Samesame.com (Nov. 30, 2015).

61 Nigel Collett, *Ms W v. The Hong Kong Registrar of Marriages*, Fridae Connecting Gay Asia (Aug. 19, 2010), www.fridae.asia/gay-news/2010/08/19/10235.ms-w-vs-the-hong-kong-registrarof-marriages; Chan, *Same-Sex Marriage/Constitutionalism and Their Centrality to Equality Rights in Hong Kong, supra* note 59, at 44-45.

62 Chris Lau & Lilian Cheng, *Hong Kong Leader Carrie Lam Says City Will Support Gay Games, and Calls Lawmaker's Hate-Filled Outburst "Unnecessarily Divisive,"* S. China Morning Post (Jun. 15, 2021), www.scmp.com/news/hong-kong/politics/article/3137333/hong-kong-leader-carrielam-says-city-will-support-gay.

63 Hoyle, *An Uphill Battle for Hong Kong's Rainbow Community, supra* note 59.

64 Satya Prakash, *The Law is Not Moved: SC Puts Decriminalising Homosexuality on Backburner*, Hindustan Times (Jun. 30, 2016), www.hindustantimes.com/

editorials/the-law-is-notmoved-sc-puts-decriminalising-homosexuality-on-backburner/
story-OYppBrGLPeHBFi1iIQwxJI.html; Padmapriya Govindarajan, *Beyond Section
377: Where Does India's LGBT Movement Stand*, The Diplomat (Jun. 7, 2016),
thediplomat.com/2016/07/beyond-section-377-where-does-indiaslgbt-movement-
stand/.

65 Prakash, *supra* note 64.

66 *Transgender Persons (Protection of Rights) Act 2019* (India).

67 Ira Trivedi, *The Indian in the Closet: New Delhi's Wrong Turn on Gay Rights*, Foreign
    Aff. Mar./Apr. 2014, at 21 (CNN-IBN 여론 조사 결과 리포트); Sadanand Dhume,
    The Politics of Gay Rights in India, Wall St. J. (Jul. 2, 2015), www.wsj.com/articles/
    the-politicsl-of-gay-rights-in-india-1435854890 (Pew Research Center 여론 조사 결
    과 리포트); Siddharth Narrain, *Lost in Appeal: The Downward Spiral from Naz to
    Koushal*, 6 NUJS L. Rev. 4 (2013); Vikram Chandrasekhar, *The Denial of LGBT
    Rights and Civil Liberties in India: A Comprehensive Critique*, NUALS L.J. (Mar. 24,
    2020), nualslawjournal.com/2020/03/24/the-denial-of-lgbt-rights-and-civil-
    liberties-inindia-a-comprehensive-critique/.

68 예를 들어 Robert Wintemute, *Lesbian, Gay, Bisexual and Transgender Human Rights
    in India: From Naz Foundation to Navtej Singh Johar and Beyond*, 12 NUJS L. Rev. 3
    (2019) 참조.

69 Raghu Karnad, *Hope for LGBT Rights in India*, N.Y. Times (Jan. 19, 2016), www.
    nytimes.com/2016/01/20/opinion/hope-for-lgbt-rights-in-india.html; *Refusing to be
    Criminals (Again): Struggle for Equality Continues in India*, UMBC i3b: Initiatives
    for Identity, Inclusion and Belonging (Dec. 13, 2013), i3b.umbc.edu/?id=39459;
    Trivedi, *supra* note 67; Danish Sheikh, *The Road to Decriminalisation: Litigating
    India's Anti-Sodomy Law*, 16 Yale Hum. Rts. & Dev. L.J. 104, 116-18 (2013).

70 Navtej Singh Johar v. Union of India, AIR 2018 SC 4321 at 111 [92].

71 (NCT) 160 DLT 277; (2014) 1 SCC 1.

72 *Supreme Court Pulls up Centre for Flip-Flop on Homosexuality*, Indian Express (Oct.
    31, 2016), indianexpress.com/article/news-archive/latest-news/supreme-court-
    pulls-up-centre-for-flipflop-on-homosexuality/.

73 *Johar, supra* note 70 at 103 [80]. Tarunabh Khaitan, *Koushal v. Naz: Judges Vote to
    Recriminalise Homosexuality*, 78 Mod. L. Rev. 672, 677 (2015)에서의 논의 참조.

74 Satya Prakash, *SC Haring on Gay Sex: All You Need to Know About Section 377*,
    Hindustan Times (Feb. 2, 2016), www.hindustantimes.com/india/sc-hearing-on-
    gay-sex-today-india-s-struggle-with-sec-377-explained/story-PH220grrwgsw9mt
    NTBKXTM.html; Trivedi, *supra* note 67; Dhume, *supra* note 67.

75 Bhanu Bhatnagar, *India's LGBT Community Celebrates a Small Victory*, Al Jazeera (Feb. 5, 2016), www.aljazeera.com/features/2016/2/5/ind ias-lgbt-community-cel ebrates-a-small-victory ("총선 불과 몇 개월 전이라는 상황에서, 주류 유권자를 잃을 지도 모른다는 두려움 때문에 어떠한 정당도 성소수자 권리를 옹호하려 들지 않았다").

76 K.C. Archana, *As SC Refers Section 377 Appeal to Chief Justice, Here's a Look at its History*, IndiaToday (Jun. 29, 2016), www.indiatoday.in/fyi/story/tracing-the-history-of-the-section-377-scs-final-call-to-cast-aside-the-punitive-law-11698-2016-06-29.

77 *Id.* 또한 Dean Nelson, *India's Top Court Upholds Law Criminalising Gay Sex*, The Telegraph (Dec. 22, 2013), www.telegraph.co.uk/news/worldnews/asia/india/10509 952/Indias-topcourt-upholds-law-criminalising-gay-sex.html; Prakash, *supra* note 64; Dhume, *supra* note 67 참조.

78 *Johar, supra* note 70, at 110 [89].

79 *Johar, supra* note 70, at 112 [95] (소수 집단 보호 수준 논증에 대한 비판), 129 [59] (형식주의 비판)에서의 논의 참조. 대중의 비판에 대해서는 Suhrith Parthasarathy, *To be Equal Before the Law*, The Hindu (Oct. 31, 2016), www.thehindu.com/opinion/lead/To-be-equal-before-the-law/article14479752.ece 참조. 학계의 비판에 대해서는 M.P. Singh, *Constitutionality of Section 377, Indian Penal Code: A Case of Misplaced Hope in Courts*, 6 NUJS L. Rev. 567 (2013); Sujitha Subramanian, *The Indian Supreme Court Ruling in* Koushal v. Naz: *Judicial Deference or Judicial Abdication?*, 47 Geo. Wash. Int'l L. Rev. 711 (2015); Narrain, *Lost in Appeal, supra* note 67; Khaitan, *Koushal v. Naz, supra* note 73; Shreya Mohapatra, *Section 377 Read Down: the Way Forward*, Soc.-Legal Rev. (Jul. 6, 2019), www.sociolegalreview.com/post/section-377-read-down-the-way-forward 참조.

80 예를 들어 *Johar, supra* note 70, at 42 [160] (Misra C.J.)에서의 논의 참조. 또한 Jayna Kothari, *Section 377 and Beyond: A New Era for Transgender Equality?, in* How Liberal is India? The Quest for Freedom in the Biggest Democracy on Earth 190-91 (Ronald Meinardus ed., 2019) 참조.

81 Ankit Srivastava & Vivek Kumar, *Section 377 and LGBT Activism in India*, 6 Int'l J. Res. & Analytical Rev. 30 (2019) 참조.

82 *Johar, supra* note 70, at 99 [69] (Misra C.J.) (존엄성과 심리적 해악에 관하여).

83 (2014) 5 SCC 438.

84 (2017) 10 SCC 1. *Johar, supra* note 70, at 102 [79] (Misra C.J.)에서의 논의 참조. 관련 논의에 대해서는 Mayur Suresh, *The Right to be Public: India's LGBT Movement Builds an Argument About Privacy*, 20 Austl. J. Asian L. 1 (2019) 참조.

85 *Johar, supra* note 70, at 94 [62]-[63] (Misra C.J.), *Common Cause v. Union of India*,

(2018) 5 SCC 1 (Chandrachud J)에서 인용.

86 Theophanous v. Herald & Weekly Times Ltd. (1994) 182 CLR 104 (McHugh J.) 참조.

87 *Australian Constitution* ss 7, 24. *See* Lange v. Australian Broad. Corp. (1997) 189 CLR 520 (헌법 제7조, 제24조, 제128조 언급).

88 랭 판결이 실제로 그러한 법적 정당성을 추가하였는지에 대한 뛰어난 분석은 Adrienne Stone, *The Limits of Constitutional Text and Structure: Standards of Review and the Freedom of Political Communication*, 23 Melb. U. L. Rev. 668 (1999) 참조.

89 *Political Broadcasts and Political Disclosures Act 1991* (Cth), Pt. IIID (Austl.). *Australian Capital Television Pty Ltd. v. Commonwealth* (1992) 177 CLR 2016에서 의 논의 참조.

90 M.A. Porter, *How Competitive Forces Shape Strategy*, Harv. Bus. Rev. 137 (1979b).

91 Gerald N. Rosenberg & John M. Williams, *Do Not Go Gently into that Good Right: The First Amendment in the High Court of Australia*, 11 Sup. Ct. Rev. 439, 456-58 (1997) (민주주의에 대한 결정적 개념과 숙고적 개념 사이의 긴장에 대한 논의).

92 예를 들어 *Constitution* ss 92, 99, 117 참조. *Leeth v. Commonwealth* (1992) 174 CLR 455; Kirk v. Industrial Relations Comm'n (NSW) (2010) 239 CLR 531; Amelia Simpson, *Equal Treatment and Non-discrimination Through the Functionalist Lens*, *in* Australian Constitutional Values 195 (Rosalind Dixon ed., 2018)에서의 논의 참조.

93 Jeremy Kirk, *Constitutional Guarantees, Characterisation and the Concept of Proportionality*, 21 Melb. U. L. Rev. 1 (1997).

94 *Sentencing of Federal Offenders (1978-88)*, Austl. L. Reform Comm'n (Mar. 9, 1998), www.alrc.gov.au/inquiry/sentencing-of-federal-offenders-1978-88/.

95 *Crimes Legislation Amendment Act (No. 2) 1989* (Cth) (Austl.).

96 이러한 주장에 대한 논의는 Rosalind Dixon, *Constitutional Carve-outs*, 37 Oxford J. Legal Stud. 276 (2017) 참조.

97 Khader Sawaed, *The Arab Minority in Israel and the Knesset Elections*, The Wash. Inst. (Apr. 9, 2019), www.washingtoninstitute.org/fikraforum/view/the-arab-minority-in-israel-andthe-knesset-elections. 또한 Ahmed Asmar, *Israel's Population Hits 9.2M Including 1.93M Arabs*, AA (Apr. 27, 2020), www.aa.com.tr/en/middle-east/israels-population-hits-92m-including-193m-arabs/1820022 참조.

98 Oliver Holmes, *Israel's Arab Parties Make Historic Gains as Election Support Surges*, The Guardian (Mar. 4, 2020), www.theguardian.com/world/2020/mar/04/israel-arab-parties-make-historic-gains-election-support-surges.

99 이러한 주장의 현실에 대한 논의이자 공정한 비판에 대해서는 H.C. 6698/95 at 25 참조.

100 Government of the Republic of South Africa v. Grootboom 2001 (1) SA 46 (CC); Rosalind Dixon, *Creating Dialogue about Socioeconomic Rights: Strong-Form Versus*

Weak-Form Judicial Review Revisited, 5 Int'l J. Const. L. 391 (2007).

101 Marcia Klein, *Development: SA Govt Builds on Housing Promise*, Bus. Times (S. Afr.) (Jul. 6, 1997), 3; Sven Lunsche, *ANC Good Deeds Come to Grief at Local Level*, Bus. Times (S. Afr.) (May. 30, 1999) 10.

102 Ilse Fredericks, *The Promise No-one Keeps*, Sunday Times (S. Afr.) (May 6, 2004) 12 (2001년에 공표된 "Operation Shack Attack"이라는 계획에도 불구하고 2004년 5월까지 시행에 아무런 진척도 없었다는 언급) 참조.

103 딥슬루트 지역 하우팅에서는 2001년에 지역 및 지방 정부가 2년 내에 이 지역 거주자 모두에게 상하수도와 전기를 제공하겠다는 계획을 공표하고 알렉산드리아에서 딥슬루트로 최근 이주당한 6천 명에게 1년 이내에 주택을 제공하겠다는 계획을 공표했으나, 3년 후인 2004년 7월까지 주거는 전혀 제공되지 않았으며, 상하수도와 전기 제공과 관련해도 별다른 진척이 없는 실정이다: Dominic Mahlangu, *A Place Where Promises Come to Die*, Sunday Times (S. Afr.) (Jul. 11, 2004) 13 참조.

104 Minister of Health v. Treatment Action Campaign (2002) 5 SA 721 (CC); Dixon, *Creating Dialogue about Socioeconomic Rights, supra* note 100.

105 Claire Bisseker, *Aids, Medicine, Drugs, State President*, Fin. Mail (S. Afr.) (Sept. 22, 2000) 35 참조.

106 *Constitution of India* art 47.

107 AIR 1978 SC 597.

108 (1985) 3 SCC 545.

109 Rosalind Dixon & Rishad Chowdhury, *A Case for Qualified Hope? The Supreme Court of India and the Midday Meal Decision, in* A Qualified Hope: The Indian Supreme Court and Progressive Social Change (Gerald N. Rosenberg et al. eds., 2019) 참조.

110 다음과 비교해 보라. Espinosa & Landau, *supra* note 43, at 150.

111 예를 들어 Decision T-426 of 1992, *in* Espinosa & Landau, *supra* note 43 참조.

112 Espinosa & Landau, *supra* note 43, at 182.

113 *Id.* at 183. 다른 요소로는 위헌적 관행의 존재, 문제 회피에 필요한 입법적·행정적·예산적 조치 마련 실패 등이 있다.

114 Dixon & Nussbaum, *supra* note 18.

115 HCJD/C-121 at 2.

116 *Id.* at 6.

117 David Landau, *Aggressive Weak Form Remedies*, 5 Const. Ct. Rev. (S. Afr.) 244, 260-61 (2013); Espinosa and Landau, *supra* note 43, at 178-79; Varun Gauri & Daniel M. Brinks, *Human Rights as Demands for Communicative Action*, 20 J. Pol. Phil. 407 (2012) 참조. 또한 다음과 비교해 보라. Dixon & Nussbaum, *supra* note 18.

118   Espinosa & Landau, *supra* note 43, at 183.

119   *The Cost of Delaying Action to Stem Climate Change*, Executive Office of the President of the United States (연구 보고서, Jul. 2014), scholar.harvard.edu/files/stock/files/cost_of_delaying_action.pdf.

120   Dixon & Nussbaum, *supra* note 18, at 581.

121   Decision T-025 of 2004, Espinosa & Landau, *supra* note 43, at 183에서 번역됨; T-760 of 2008, Espinosa & Landau, *supra* note 43, at 172에서 번역됨.

122   HCJDA38, Case No. WP 22501/2015.

123   Order dated Nov. 28, 2001, Peoples Union for Civil Liberties v. Union of India, Writ Petition (Civil) No. 196 of 2001.

124   다음과 비교해 보라. Dixon & Chowdhury, *supra* note 109; Alyssa Brierly, *PUCL v. Union of India: Political Mobilization and the Right to Food, in* A Qualified Hope: The Indian Supreme Court and Progressive Social Change (Gerald N. Rosenberg et al. eds., 2019).

125   I.C. Golaknath and Ors. vs State of Punjab and Anrs (1967) SCR (2) 762.

126   Espinosa & Landau, *supra* note 43, at 340-51.

127   Rosalind Dixon & Samuel Issacharoff, *Living to Fight Another Day: Judicial Deferral in Defense of Democracy*, Wis. L. Rev. 683 (2016).

128   *Id.*

129   R. Sudarshan, *In Quest of State: Politics and the Judiciary in India*, 28 J. Commonwealth & Comp. Pol. 44, 57 (1990). Dixon & Issacharoff, *supra* note 127 참조.

130   [2020] High Court of Kenya E282, [454]-[460]. 부수 의견에 대한 지지는 예를 들어 Njoya v. Att'y Gen. [2013] eKLR (Lenaola J.); Commission for the Implementation of the Const. v. Nat'l Assembly of Kenya [2013] eKLR (Lenaola, Ngugi, and Majanja JJ.); Kivuitu v. Att'y Gen. [2015] eKLR 참조. *Ndii* per Okwengu J.A. at 290-91 및Kairu J.A. at [45]-[49] 논의에서의 참조.

131   Attorney General & Others v. David Ndii & 79 Others, Petition No. 12 of 2021 (Building Bridges Initiative Case), [180]-[227] (Koome CJ), [371]-[476] (Mwilu P), [1039]-[1061] (Wanjala SCJ), [1158]-[1171] (Njoki SCJ), [1385]-[1482] (Lenaola SCJ), [1809]-[1813] (Ouko SCJ), (Ibrahim SCJ dissenting) 참조.

132   Peter Muiruri, *Kenya's High Court Overturns President's Bid to Amend Constitution*, The Guardian (May 27, 2021), www.theguardian.com/global-development/2021/may/27/kenyas-high-court-overturns-president-uhuru-kenyatta-bbi-bid-to-amend-constitution; Ferdinand Omondi, *Kenya's BBI Blocked in Scathing Court Verdict for President Kenyatta*, BBC News (May. 14, 2021), www.bbc.com/news/world-africa-57094387; Uhuru Kenyatta, *Kenya Government Appeals Ruling Against BBI*

Constitutional Changes, Al Jazeera (Jun. 2, 2021), www.aljazeera.com/news/2021/6/2/kenya-govt-appeals-ruling-against-bbi-constitutional-changes. 물론 오딩가는 여전히 케냐타에 대한 오래된 반대 요인일 수 있다. 또한 *Kenya's William Ruto's Case Dismissed by ICC*, BBC News (Apr. 5, 2016), www.bbc.com/news/world-africa-35965760 참조.

133 Rehan Abeyratne, *Upholding Judicial Supremacy in India: The NJAC Judgment in Comparative Perspective*, 49 Geo. Wash. Int'l L. Rev. 569, 570 (2016).

134 Supreme Court Advocates-on-Record Association v Union of India (1993) 4 SCC 441 (제2차 법관 판결) 참조.

135 Abeyratne, *supra* note 133.

136 예를 들어 Tarunabh Khaitan, *Killing a Constitution with a Thousand Cuts: Executive Aggrandizement and Party-State Fusion in India*, 14 Law & Ethics Hum. Rts. 49 (2020) 참조.

137 No. 13 of 2015, at 142-57. 다음과 비교해 보라, Bangalore Principles of Judicial Conduct.

138 Abeyaratne, *supra* note 133.

139 Espinosa & Landau, *supra* note 43, at 368-69. 또한 David Landau & Rosalind Dixon, *Transnational Constitutionalism and a Limited Doctrine of Unconstitutional Constitutional Amendment*, 13 Int'l J. Const. L. 606 (2015)에서의 논의 참조.

140 Espinosa & Landau, *supra* note 43, at 52-59. 또한 Landau & Dixon, *Transnational Constitutionalism, supra* note 139에서의 논의 참조.

141 Landau & Dixon, *Transnational Constitutionalism, supra* note 139.

142 *Id.*

143 이러한 유형의 더욱 미국식인 "범주적" 접근과 비교하여 비례성 원칙의 상대적 장점을 깊게 살펴본 것으로는, 예를 들어 Stone, *The Limits of Constitutional Text and Structure, supra* note 88 참조. 또한 다음과 비교해 보라, The Hon. Sir Anthony Mason, *The Use of Proportionality in Australian Constitutional Law*, 27 Pub. L. Rev. 109 (2016).

144 Richard H. Fallon, Jr., The Dynamic Constitution: An Introduction to American Constitutional Law and Practice 1268 (2013).

145 *Id.* at 1273.

146 *Id.*

147 예를 들어 Romer v. Evans, 517 U.S. 620 (1996). Compare Department of Agriculture v. Moreno, 413 U.S. 528 (1973) 참조. 적대감 근거에 관해서는 Barbara J. Flagg, *Animus and Moral Disapproval: A Comment on* Romer v. Evans, 82 Minn. L. Rev. 833 (1997); Susannah W. Pollock, *Unconstitutional Animus*, 81 Fordham

L. Rev. 887 (2012) 참조.

148 이러한 규칙과 이에 대한 예외에 대해서는, 예를 들어 RAV v. St Paul, 505 U.S. 377 (1992) 참조. 또한 예를 들어 Ashutosh Bhagwat, *The Test That Ate Everything: Intermediate Scrutiny in the First Amendment Jurisprudence*, 2007 U. Ill. L. Rev. 783 (2007); Fallon, Jr., The Dynamic Constitution, *supra* note 144; Calvin Massey, *The New Formalism: Requiem for Tiered Scrutiny*, 6 U. Pa. J. Const. L. 945 (2003) 참조.

149 예를 들어 Leslie Gielow Jacobs, *Clarifying the Content-Based/Content Neutral and Content/Viewpoint Determinations*, 34 McGeorge L. Rev. 595 (2002); Joseph Blocher, *Viewpoint Neutrality and Government Speech*, 52 B.C.L. Rev. 695 (2011) 참조.

150 예를 들어 Romer v. Evans, 517 U.S. 620 (1996) 및 Flagg, *Animus and Moral Disapproval, supra* note 147에서의 논의 참조.

151 John Hart Ely, Democracy and Distrust 103 (1980).

152 *Id.* at 73-77, *United States v. Carolene Products Company*, 304 U.S. 144 (1938)에서 인용.

153 Mattias Kumm, *Institutionalizing Socratic Contestation: The Rationalist Human Rights Paradigm, Legitimate Authority and the Point of Judicial Review*, 1 Eur. J. Legal Stud. 153 (2007).

154 R v. Sin Yau Ming, CACC No. 289 (1990). 또한 P.J. Yap, Constitutional Dialogue in Common Law Asia (2015) 참조.

155 Interpretation No. 476 (1999) 참조.

156 Constitutional Court, 92헌가8, Dec 24, 1992 (S. Kor.).

157 Case T-406/92 (1992) at [11].

158 Juliano Zaiden Benvindo, On the Limits of Constitutional Adjudication: Deconstructing Balancing and Judicial Activism, ch 3 (2010) 참조.

159 예를 들어 Moshe Cohen-Eliya & Iddo Porat, Proportionality and Constitutional Culture (2013); Jackson, *Constitutional Law in An Age of Proportionality, supra* note 1; Alec Stone Sweet & Jud Mathews, *Proportionality Balancing and Global Constitutionalism*, 46 Colum. J. Transnat'l L. 72 (2008); David M. Beatty, The Ultimate Rule of Law (2004) 참조.

160 R v. Kapp, 2008 SCC 41 참조. Rosalind Dixon, *The Supreme Court of Canada and Constitutional (Equality) Baselines*, 50 Osgoode Hall L.J. 637 (2012)에서의 논의 참조.

161 R v. Kapp, 2008 SCC 41; Harksen v. Lane NO, 1998 (1) SA 300 (per O'Regan, Madala, and Mokgoro JJ., 반대 의견) 참조.

162 예를 들어 Andrews v. Law Society of British Columbia, [1989] 1 S.C.R. 143; R v. Kapp, 2008 SCC 41; Harksen v. Lane NO, 1998 (1) SA 300 (CCSA); President of

the Republic of South Africa v. Hugo, 1997 (4) SA 1 (CCSA) 참조.

163 예를 들어 Jackson, *Constitutional Law in an Age of Proportionality, supra* note 1; Adrienne Stone, *Proportionality and its Alternatives*, 48 Fed. L. Rev. 123 (2020) 참조.

164 Evelyn Douek, *All Out of Proportion: The Ongoing Disagreement about Structured Proportionality in Australia*, 47 Fed. L. Rev. 551 (2019)에서의 논의 참조.

165 Jackson, *Constitutional Law in An Age of Proportionality, supra* note 1; Jamal Greene, *Rights as Trumps*, 132 Harv. L. Rev. 28 (2018) 참조.

166 조정된 비례성의 개념에 대해서는, 예를 들어 다음과 같은 콜롬비아 헌법재판소 결정을 참조. Decision C673 of 2001; Decision CC-345 of 2019. 또한 Rosalind Dixon, *Calibrated Proportionality*, 48 Fed. L. Rev. 92 (2020); Chan, *Proportionality and Invariable Baseline Intensity of Review, supra* note 1 참조.

167 다음과 대조해 보라. Cora Chan, *A Preliminary Framework for Measuring Deference in Rights Reasoning*, 14 Int'l J. Const. L. 851, 861 (2016) (실증적인 목적에서 존중하지 않음, 적절히 존중, 매우 존중 등의 삼원적 기준을 제안); Chan, *Proportionality and Invariable Baseline Intensity of Review, supra* note 1 (좀 더 규범적인 관점에서 "최소 기준minimum baseline"을 제안하고 그 문턱을 넘는 것에 한해 그의 변형을 제안).

168 Mark Tushnet, *The Possibilities of Comparative Constitutional Law*, 108 Yale L.J. 1225 (1999) 참조.

169 예를 들어 Irwin Toy Ltd. v. Québec (Att'y Gen.) [1989] 1 SCR 927; R v. Keegstra [1990] 3 SCR 697 참조.

170 물론 표면적으로는 차별하는 것처럼 보이는 입법이 실제로는 차별적이지 않은 경우도 있을 수 있다: 예를 들어 입법은 집단 간에 구별을 지을 수 있지만, 그 차이는 다양한 집단이 정치 과정의 공정성이나 온전성(무결성)을 약화하거나 다른 입법적 목표의 실현을 약화하는 능력에서 실제 차이에 상응할 수 있다. 그러나 이러한 유형의 설득력 있는 정당화가 없다면, 표현의 자유에 대한 차별적인 부담은 정치적 독점에 대한 우려나 민주주의 최소 핵심 보호의 관점에서 분명한 위험을 초래할 수 있다.

171 Chan, *A Preliminary Framework, supra* note 167. 또한 Shipra Chordia, Proportionality in Australian Constitutional Law (2020) 참조.

172 캐서린 영Katharine Young은 사법심사에 대한 촉매(촉진)적 접근법의 맥락에서 비슷한 방법을 제안한다. Katharine Young, *A Typology of Economic and Social Rights Adjudication: Exploring the Catalytic Function of Judicial Review*, 8 Int'l J. Const. L. 385, 416-17 (2010) 참조. 그리고 일부 학자는 유럽인권법원의 판단재량 법리의 맥락에서 비슷한 아이디어나 접근법을 강조한다: Thomas Kleinlein, *The Procedural Approach of the European Court of Human Rights: Between Subsidiarity and Dynamic Evolution*, 68 Int'l & Comp. L.Q. 91, 93-97 (2019) 참조.

173 Aristotle, Ethica Nicomachea 112-17, 1131a-1131b (J.L. Ackrill & J.O. Urmson

eds., W. Ross trans., 1980); Aristotle, The Politics 307 (Benjamin Jowett trans., 1943). Catharine A. MacKinnon, *Sex Equality Under the Constitution of India: Problems, Prospects, and "Personal Law"*, 4 Int'l J. Const. L. 181 (2006)에서의 유용한 논의 참조.

174   새로운 잠재적 불이익의 연관성에 대해서는, 예를 들어 Pretoria (City of) v. Walker [1998] 3 B Const LR 257 참조.

175   위의 제2장에서의 논의와 비교해 보라.

176   Regents of the University of California v. Bakke, 438 U.S. 265 (1978); Grutter v. Bollinger, 539 U.S. 306 (2003); Gratz v. Bollinger, 539 U.S. 244 (2003).

177   Regents of the University of California v. Bakke, 438 U.S. 265 (1978); Grutter v. Bollinger, 539 U.S. 306 (2003); Gratz v. Bollinger, 539 U.S. 244 (2003).

178   Dixon, *Constitutional Carve-outs, supra* note 96.

179   예를 들어 Minister of Finance v. Van Heerden, 2004 (6) SA 121 (Sachs J); Lovelace v. Ontario, 2000 SCC 37, [108] (Iacobucci J.) 참조. 또한 Dixon, *Constitutional Carve-outs, supra* note 96에서의 논의 참조.

180   Dixon, *Constitutional Carve-outs, supra* note 96.

181   예를 들어 Richmond v. Croson, 488 U.S. 469 (1989) (O'Connor J.) ("사법적 심리가 부재한 경우."에 이러한 분류가 "무해한" 것인지 아니면 인종 우월주의나 인종 정치학과 같은 부당한 관념에 의한 것인지 알 수가 없다고 판단); Grutter v. Bollinger, 539 U.S. 306 (2003) (O'Connor J.) (적극적 평등 실현 조치에 대한 엄격 심사는 인종에 대한 부당한 활용을 "폭로"하는 데 필요하다고 판시함) 참조.

182   Grutter v. Bollinger, 539 U.S. 306 (2003) (Thomas J); Gratz v. Bollinger, 539 U.S. 244 (2003); Fisher v. University of Texas, 570 U.S. 297 (2013) (*Fisher I*); Fisher v. University of Texas, 579 U.S. 365 (2016) (*Fisher II*) 참조.

183   예를 들어 Grutter v. Bollinger, 539 U.S. 306 (2003); Gratz v. Bollinger, 539 U.S. 244 (2003); Fisher v. University of Texas, 570 U.S. 297 (2013) (*Fisher I*); Fisher v. University of Texas, 579 U.S. 365 (2016) (*Fisher II*) 참조. 실제로, 적용된 기준이 진정한 의미의 엄격 심사라기보다는 중간 심사 혹은 강화된 심사에 더욱 가까웠는지에 대한 논쟁이 있다. 예를 들어 Evan Gerstmann & Christopher Shortell, *The Many Faces of Strict Scrutiny: How the Supreme Court Changes the Rules in Race Cases*, 72 U. Pitt. L. Rev. 1 (2010) 참조. 그리고 근본적인 이유는 연방대법원이 평등에 대한 실질적 접근보다는 상당히 형식적 접근을 수용하려는 경향이 있기 때문이라는 논의에 대해서는, 예를 들어 Catharine A. MacKinnon, *Substantive Equality: A Perspective*, 1 Minn. L. Rev. 96 (2011); Catharine A. MacKinnon, *Substantive Equality Revisited: A Reply to Sandra Fredman*, 14 Int'l J. Const. L. 739 (2016); Kimberlé Crenshaw, *Demarginalizing the Intersection of Race and Sex: A Black Feminist Critique of*

Antidiscrimination Doctrine, Feminist Theory and Antiracist Politics, 1989 U. Chi. Legal F. 139 (1989) 참조.

184 예를 들어 Minister of Finance v. Van Heerden, [2004] (6) SA 121, [42] (Moseneke J.) (그러한 통로 없이는 해당 조치가 "무산"될 수 있었다고 제시); [86] (Mokgoro J.) (비슷하지만 조금 더 벅찬 접근법이 국가가 그러한 조치를 취하는 "부담"을 줄이는 데 도움이 되었다는 주장); R v. Kapp, [2008] 2 SCR 483, [40] (그러한 조치가 "도전의 두려움"을 제거하고 입법자에 대한 잠재적 정치 비용을 줄이는 데 도움이 되었다고 제시함) 참조.

185 *Shelby County v. Holder*, 570 U.S. 529, 530, 534-47 (2013) (Roberts C.J.). Richard Pildes, *Political Avoidance, Constitutional Theory, and the VRA*, 117 Yale L.J. Pocket Part 148 (2007).

186 Nathaniel Persily, *The Promise and Pitfalls of the New Voting Rights Act*, 117 Yale. L.J. 174 (2007); Pildes, *supra* note 185 참조.

187 *Shelby County v. Holder*, 570 U.S. 529, 553 (2013) (Roberts C.J.).

188 *Id*. 더 자세한 논의는 아래의 제7장 참조.

189 예를 들어 Jennie E. Burnet, *Women Have Found Respect: Gender Quotas, Symbolic Representation, and Female Empowerment in Rwanda*, 7 Pol. & Gender 303 (2011); Christina Isabel Zuber, *Reserved Seats, Political Parties, and Minority Representation*, 14 Ethnopolitics 390 (2015); Gretchen Bauer & Jennie E. Burnet, *Gender Quotas, Democracy, and Women's Representation in Africa: Some Insights from Democratic Botswana and Autocratic Rwanda*, 41 Women's Stud. Int'l For. 103 (2013) 참조.

190 Hanna Fenichel Pitkin, The Concept of Representation (1972) 참조. 르완다의 경우는, 예를 들어 Claire Devlin & Robert Elgie, *The Effect of Increased Women's Representation in Parliament: The Case of Rwanda*, 51 Parliamentary Aff. 237 (2008); Bauer & Burnet, *supra* note 189; Kathleen A. King, *Representation of Women: Constitutional Legislative Quotas in Rwanda and Uganda*, 1 Charleston L. Rev. 217 (2006) 참조.

191 이는 르완다의 성별 할당제의 역할을 바라보는 하나의 방법이다. Rosalind Dixon & David Landau, Abusive Constitutional Borrowing: Legal Globalization & The Subversion of Liberal Democracy 71-74 (2021) 참조.

192 Mikael Wigell, *Mapping "Hybrid Regimes": Regime Types and Concepts in Comparative Politics*, 15 Democratization 230 (2008). 이것은 2000년에 쿠데타 지도자인 조지 스페이트와 그의 임시 총리 라이세니아 가라세가 제안한 피지 원주민에 대한 공동체 대표권 확대를 바라보는 한 가지 방법이 될 수 있다. 피지 원주민은 분명히 역사적 불이익을 겪었지만, 이러한 정책의 목적은 스페이트-가라세 정부에 대한 지지를 확보하는 것이었다. 예를 들어 Rosalind Dixon, *Constitutional Rights as Bribes*, 50 Conn.

L. Rev. 767, 802-03 (2018); Sina Emde, *Feared Rumours and Rumours of Fear: The Politicisation of Ethnicity During the Fiji Coup in May 2000*, 75 Oceania 387, 388, 392, 396 (2005)에서의 논의 참조.

193 Washington v. Davis, 426 U.S. 229 (1976). 또한 Tarunabh Khaitan, A Theory of Discrimination Law (2015) 참조.

194 예를 들어 Luc Tremblay, *The Legitimacy of Judicial Review: The Limits of Dialogue Between Courts and Legislatures*, 3 Int. J. Const. L. 617 (2005) 참조.

195 예를 들어 Tom Hickman, Public Law After the Human Rights Act (2010) 참조.

196 Jeremy Waldron, *Some Models of Dialogue Between Judges and Legislators*, 23 Sup. Ct. L. Rev. (2d) 7 (2004); Rosalind Dixon, *The Supreme Court of Canada and Constitutional (Equality) Baselines*, 50 Osgoode Hall Law J. 637 (2009); Rosalind Dixon, *Constitutional "Dialogue" and "Deference"*, *in* Constitutional Dialogue: Rights, Democracy, Institutions 1 (Geoffrey Sigalet et al. eds., 2019).

197 Kumm, *supra* note 153, at 167 (강조 표시 추가).

198 Theunis Roux, *In Defence of Empirical Entanglement: The Methodological Flaw in Waldron's Case Against Judicial Review*, *in* The Cambridge Handbook of Deliberative Constitutionalism (Ron Levy et al. eds., 2016); David Landau, *A Dynamic Theory of Judicial Role*, 55 B.C.L. Rev. 1501 (2014).

199 Michael C. Dorf & Charles F. Sabel, *A Constitution of Democratic Experimentalism*, 98 Colum. L. Rev. 267, 399 (1998).

200 Ittai Bar-Siman-Tov, *Semiprocedural Judicial Review*, 6 Legisprudence 271 (2012) 참조.

201 *Id.* at 273.

제5장　민주주의의 오작동과 대응적 심사의 효과

1 Rosalind Dixon & David Landau, *Transnational Constitutionalism and a Limited Doctrine of Unconstitutional Constitutional Amendment*, 13 Int'l J. Const. L. 606 (2015). 이러한 아이디어에 대한 논의는 또한 Yaniv Roznai, *Who Will Save the Redheads? Towards an Anti-Bully Theory of Judicial Review and Protection of Democracy*, 29 Wm. & Mary Bill Rts. J. 1 (2019); Tom Ginsburg & Aziz Z. Huq, How to Save a Constitutional Democracy 186-89 (2018); Bojan Bugaric, *Can Law Protect Democracy? Legal Institutions as "Speed Bumps"*, 11 Hague J. Rule L. 447, 448-50 (2019) 참조.

2 다음과 비교해 보라. Marta Cartabia, *COVID-19 and I-CON*, I-CONnect (May 21, 2020), www.iconnectblog.com/2020/05/icon-volume-18-issue-1-editorial/ (다양한 헌법적 기능을 수행하는 법원의 역할과 능력에 대해 좀 더 관련된 설명의 필요성을 주장); Varun Gauri & Daniel M. Brinks, *Human Rights as Demands for Communicative*

Action, 20 J. Pol. Phil. 407 (2012) (사회권에 대한 효과적인 사법적 보호를 위해 필요한 수요공급 측면에서의 요인에 관한 논의).

3   예를 들어 Allison Orr Larsen & Neal Devins, *The Amicus Machine*, 102 Va. L. Rev. 1901 (2016); Anthony J. Franze & R. Reeves Anderson, *Record Breaking Term for Amicus Curiae in the Supreme Court Reflects New Norm*, Nat'l L.J. (Aug. 19, 2015), www.arnoldporter.com/-/media/iles/perspectives/publications/2015/08/record-breaking-term-for-amicus-curiae-in-suprem_/files/publication/fileattachment/recordbreakingtermforamicuscuriaeinsupremecourtr_.pdf; Evan Caminker, *A Glimpse Behind and Beyond Grutter*, 48 St. Louis U. L.J. 889 (2004); Allison Orr Larsen, The *Trouble with Amicus Facts*, 100 Va. L. Rev. 1757 (2014); Stevan Kochevar, A*mici Curiae in Civil Law Jurisdictions*, 122 Yale L.J. 1653 (2013); Christina Murray, *Litigating in the Public Interest: Intervention and the Amicus Curiae*, 10 S. Afr. J. Hum. Rts. 240 (1994) 참조.

4   예를 들어 Larsen & Devins, *The Amicus Machine, supra* note 3; Franze & Reeves Anderson, *Record Breaking Term for Amicus Curiae in the Supreme Court Reflects New Norm, supra* note 3; Caminker, *A Glimpse Behind and Beyond Grutter, supra* note 3; Larsen, *The Trouble with Amicus Facts, supra* note 3; Kochevar, *Amici Curiae in Civil Law Jurisdictions, supra* note 3; Murray, *Litigating in the Public Interest: Intervention and the Amicus Curiae, supra* note 3 참조.

5   208 U.S. 412 (1908). David E. Bernstein, *Brandeis Brief Myths*, 15 Green Bag 2D 9 (2011) 참조.

6   이는 그들에 대해 논란이 없는 경우에 특히 그러하다. Rosalind Dixon, *The Functional Constitution: Rereading the 2014 High Court Constitutional Term*, 43 Fed. L. Rev. 455, 471 (2015) 참조.

7   물론 이것이 법원이 할 수 있는 것인지는 국가와 맥락에 따라 다르다.

8   Dixon & Landau, *Transnational Constitutionalism, supra* note 1; David Landau & Rosalind Dixon, *Constraining Constitutional Change*, 50 Wake Forest L. Rev. 859 (2015).

9   남아공의 UDM 사건에서 문제가 제기된 반대당에 던진 찬성투표floor-crossing를 예로 들 수 있다. 겉으로 보기에 이는 민주적 최소 핵심에 명백한 위협이 되지 않았지만, 시간이 지남에 따라 그리고 다른 변화의 맥락에서 정치적 다원주의에 훨씬 더 큰 위험이 되었다: Rosalind Dixon & Theunis Roux, *Marking Constitutional Transitions: The Law and Politics of Constitutional Implementation in South Africa, in* From Parchment to Practice: Challenges of Implementing New Constitutions (Tom Ginsburg & Aziz Huq eds., 2020) 참조. 또한 다음과 비교해 보라. Sujit Choudhry, *"He Had a Mandate": The South African Constitutional Court and the African National Congress*

in a Dominant Party Democracy, 2 Const. Ct. Rev. 1 (2009).

10 함의와 가역성에 대해서는 제4장에서의 논의와 비교해 보라.

11 예를 들어 인도 준비은행Reserve Bank of India과 위원장에 대한 공격은 Tarunabh Khaitan, *Killing a Constitution with a Thousand Cuts: Executive Aggrandizement and Party-state Fusion in India,* 14 Law & Ethics Hum. Rts. 49, 83-84 (2020) 참조. 또한 Eswar Prasad, *Commentary: Warning, India's Centra Bank is Under Attack,* Channel News Asia (Nov. 23, 2018), headtopics.com/sg/commentary-warning-india-s-central-bank-is-under-attack-2672282 (RBI와 미 연방준비은행US Federal Reserve 모두에 대한 공격에 관한 글) 참조.

12 다음과 비교해 보라. Rosalind Dixon, *A Democratic Theory of Constitutional Comparison,* 56 Am. J. Comp. L.947 (2008).

13 예를 들어 Dennis Chong & James N. Druckman, *Framing Public Opinion in Competitive Democracies,* 101 Am. Pol. Sci. Rev. 637 (2007); Thomas E. Nelson et al., *Toward a Psychology of Framing Effects,* 19 Pol. Behav. 221 (1997) 참조.

14 예를 들어 Thomas A. O'Donnell, *The Margin of Appreciation Doctrine: Standards in the Jurisprudence of the European Court of Human Rights,* 4 Hum. Rts. Q. 474 (1982); Jeffrey A. Brauch, *The Margin of Appreciation and the Jurisprudence of the European Court of Human Rights: Threat to the Rule of Law,* 11 Colum. J. Eur. L. 113 (2004); George Letsas, *Two Concepts of the Margin of Appreciation,* 26 Oxford J. Legal Stud. 705 (2006) 참조. 또한 Rosalind Dixon, *Proportionality and Comparative Constitutional Law versus Studies,* 12 Law & Ethics Hum. Rts. 203 (2018) 참조.

15 Dixon, *A Democratic Theory of Constitutional Law, supra* note 12. 물론 법원이 이러한 유형의 비교를 수행하기 위해 얼마나 잘 갖추어져야 하는지에 대해서 의문이 제기될 수 있다. 그런데 이는 내가 아래의 제9장에서 다루는 사법적 역량에 대한 광범위한 질문과 밀접한 관련이 있다.

16 Mark Tushnet, *The Possibilities of Comparative Constitutional Law,* 108 Yale L.J. 1225, 1281 (1999).

17 다음과 비교해 보라. Dixon, *A Democratic Theory of Constitutional Comparison, supra* note 12.

18 예를 들어 Nolan McCarty et al., Polarized America (2006) 참조.

19 Kenneth J. Arrow, *A Difficulty in the Concept of Social Welfare,* 58 J. Pol. Econ. 328 (1950).

20 Daniel A. Farber & Philip P. Frickey, Law and Public Choice: A Critical Introduction (1991)에서의 논의 참조.

21 다음과 비교해 보라. Alexander M. Bickel, The Least Dangerous Branch: The

Supreme Court at the Bar of Politics 181, 216 (1986); Erin F. Delaney, *Analyzing Avoidance: Judicial Strategy in Comparative Perspective*, 66 Duke L.J. 1 (2016).

22 Bickel, *supra* note 21, at 239. Robert Burt, The Constitution in Conflict 21-22 (1992)에서의 논의 참조.

23 Victor Ferreres Comella, *The European Model of Constitutional Review of Legislation: Toward Decentralization*, 2 Int'l J. Const. L. 461 (2004).

24 Manuel José Cepeda-Espinosa, *Judicial Activism in a Violent Context: The Origin, Role, and Impact of the Colombian Constitutional Court*, 3 Wash. U. Global Stud. L. Rev. 529 (2004); Mario Alberto Cajas Sarria, *The Colombian Model of Judicial Review of Legislation: A Predecessor to the Austrian Constitutional Court of 1920*, I-CONnect (Nov. 19, 2020), www.iconnectblog.com/2020/11/the-colombian-model-of-judic ial-review-of-legislation-a-predecessor-to-the-austrian-constitutional-court-of-1920/; Vicente F. Benítez-R, *With a Little Help from the People:* Actio Populis *and the Politics of Judicial Review of Constitutional Amendments in Colombia 1955-1990,* 19(3) Int'l J. Const. L. 1020 (2021).

25 *Id.*

26 Otto Pfersmann, *Concrete Review as Indirect Constitutional Complaint in French Constitutional Law: A Comparative Perspective,* 6 Eur. Const. L. Rev. 223 (2010) 참조. 프랑스에서의 사법심사 역사 전반에 대해서는 또한 Alec Stone Sweet, The Birth of Judicial Politics in France: The Constitutional Council in Comparative Perspective (1992) 참조.

27 Manuel José Cepeda & David Landau, *A Broad Read of Ely: Political Process Theory for Fragile Democracies,* 19(2) Int'l J. Const. L. 548 (2021) 참조.

28 Gloria Orrego Hoyos, *The Amparo Context in Latin American Jurisdiction: An Approach to an Empowering Action,* GlobaLex (Apr. 2013), www.nyulawglobal.org/globalex/Amparo.html. 칠레에서 이 절차는 *Recurso de protección*으로 알려져 있다. 암파로amparo는 인신구속영장에 더 가깝다. *Id.*

29 Victor Ferreres Comella, *The Rise of Specialized Constitutional Courts, in* Comparative Constitutional Law 265 (Tom Ginsburg & Rosalind Dixon eds., 2011) 참조.

30 Malcolm Langford, *Why Judicial Review,* 2 Oslo L. Rev. 36, 47-51 (2015).

31 다음과 비교해 보라. Langford, *Why Judicial Review, supra* note 30, at 57-58. 법원이 그렇게 할 의무를 지는지 여부에 관해서는 또한 다음과 비교해 보라. Michael Taggart, *Should Canadian Judges Be Legally Required to Give Reasoned Decisions in Civil Cases?,* 33 U. Toronto L.J. 1 (1983); B.V. Harris, *The Continuing Struggle with the Nuanced Obligation on Judges to Provide Reasons for Their Decisions,* 132 Law Q.

Rev. 216 (2016); Mathilde Cohen, *When Judges Have Reasons Not to Give Reasons: A Comparative Law Approach*, 72 Wash. & Lee L. Rev. 483 (2015); Frederick Schauer, *Giving Reasons*, 47 Stan. L. Rev. 633 (1995); Luke Beck, *The Constitutional Duty to Give Reasons*, 40 UNSW L.J. 92 (2017).

32 Kent Roach, *Dialogic Review and its Critics*, 23 Sup. Ct. L. Rev. (2d) 49, 54 (2004) 참조. 또한 Roy B. Flemming et al., *Attention to Issues in a System of Separated Powers: The Macrodynamics of American Policy Agendas*, 61 J. Pol. 76, 84 (1999) (미국적 맥락에서 가장 결정적으로 증명되는, 사법적 주목과 미디어의 주목 사이의 연결에 대한 강력한 경험적 증거를 제공) 참조.

33 예를 들어 라틴 아메리카 법원, 특히 콜롬비아 법원 참조. 중요한 예외는 인도의 대법원이다: 예를 들어 Rishad Chowdhury, *Missing the Wood for the Trees: A Critical Exploration of the Supreme Court of India's Chronic Struggle with Its Docket* (2016) 참조.

34 Frederick Schauer, *The Supreme Court 2005 Term—Foreword: The Court's Agenda—and the Nation's*, 120 Harv. L. Rev. 5 (2006).

35 이는 국가 공적 영역에서 연방대법원의 중심적 역할을 고려할 때 미국에서 특히 그러하지만, 약한 형태의 심사 시스템을 갖춘 국가 등 다른 많은 입헌 민주주의 국가에서도 점점 더 그렇게 되어 가고 있다. 예를 들어 Flemming et al., *supra* note 32; Roach, *supra* note 32 참조.

36 César Rodríguez-Garavito, *Beyond the Courtroom: The Impact of Judicial Activism on Socioeconomic Rights in Latin America*, 89 Tex. L. Rev. 1669, 1684-85 (2011); Langford, *Why Judicial Review, supra* note 30, at 76.

37 Dixon & Landau, *Transnational Constitutionalism, supra* note 1. 또한 Roznai, *Who Will Save the Redheads?, supra* note 1; Ginsburg & Huq, *supra* note 1, at 186-89; Bugaric, *supra* note 1 참조.

38 Mark Tushnet, *Constitutional Workarounds*, 87 Tex. L. Rev. 1499 (2008).

39 Mark Tushnet, *Peasants with Pitchforks, and Toilers with Twitter: Constitutional Revolutions and the Constituent Power*, 13 Int'l J. Const. L. 639 (2015). 1993년 남아공 및 최근 볼리비아의 사례에서처럼, 교체에 대한 잠재적이며 공식적인 법적 제약 때문에 나는 "거의 항상"이라고 언급한다: Landau & Dixon, *Constraining Constitutional Change, supra* note 8 참조.

40 다음과 비교해 보라. Joel I. Colón-Ríos, Weak Constitutionalism: Democratic Legitimacy and the Question of Constituent Power (2012); Landau & Dixon, *Constraining Constitutional Change, supra* note 8.

41 Rosalind Dixon & David Landau, Abusive Constitutional Borrowing: Legal Globalization and the Subversion of Liberal Democracy (2021).

42 Dixon & Landau, *Transnational Constitutionalism, supra* note 1. 또한 Roznai, *Who Will Save the Redheads?, supra* note 1; Ginsburg & Huq, *supra* note 1, at 186-89; Bugaric, *supra* note 1 참조.

43 다음과 비교해 보라. Dixon & Landau, *Transnational Constitutionalism, supra* note 1; Rosalind Dixon & Samuel Issacharoff, *Living to Fight Another Day: Judicial Deferral in Defense of Democracy,* Wis. L. Rev. 683 (2016).

44 아래의 D절과 비교해 보라.

45 다음과 비교해 보라. Varun Gauri & Daniel Brinks, *Introduction: The Elements of Legalization and the Triangular Shape of Social and Economic Rights, in* Courting Social Justice: Judicial Enforcement of Social and Economic Rights in the Developing World 1 (Varun Gauri & Daniel Brinks eds., 2009).

46 Gerald N. Rosenberg, The Hollow Hope (1991); Gerald N. Rosenberg, *Courting Disaster: Looking for Change in All the Wrong Places,* 54 Drake L. Rev. 795, 811 (2005).

47 Rosalind Dixon & Richard Holden, *Comparative Constitutional Matching: From Most Similar Cases to Synthetic Control?,* U. Chi. L. Rev. (Online) (Apr. 5, 2021), lawreviewblog.uchicago.edu/2021/04/05/cv-dixon-holden/ 참조.

48 M v. H. [1999] 2 S.C.R. 3.

49 예를 들어 *Civil Marriage Act 2005* (Canada) 참조.

50 Minister of Home Affairs v. Fourie; Lesbian and Gay Equality Project v. Minister for Home Affairs 2006 (1) SALR 524 (CC).

51 Dixon & Issacharoff, *supra* note 43, at 705에서의 논의 참조.

52 헌법재판소의 판결과 입법 사이의 관계에 대해서는 Dixon & Issachaaroff, *supra* note 43에서의 논의와 아래 제7장에서의 논의 참조.

53 Manuel José Cepeda Espinosa & David E. Landau, Colombian Constitutional Law: Leading Cases 91-97 (2017); Mauricio Albarracin & Julieta Lemaitre, *The Crusade Against Same-Sex Marriage in Colombia,* 8 Religion & Gender 32, 36 (2018).

54 Espinosa & Landau, *supra* note 53, at 97-100; Albarracin & Lemaitre, *The Crusade Against Same-Sex Marriage in Colombia, supra* note 53, at 35.

55 Albarracin & Lemaitre, *The Crusade Against Same-Sex Marriage in Colombia, supra* note 53, at 36-42.

56 Sibylla Brodzinsky, *Colombia's Highest Court Paves Way for Marriage Equality,* The Guardian (Apr. 8, 2016), www.theguardian.com/world/2016/apr/07/colombia-court-gay-marriage-ruling.

57 진행 중인 폭력과 그에 대한 협박에 대해서는 Albarracin & Lemaitre, *The Crusade Against Same-Sex Marriage in Colombia, supra* note 53, at 42-47 참조. 동성애 권리와

평화적 항의의 연계에 관해서는 또한 Nicholas Carey, Colombian Opposition to Peace Deal Feeds off Gay Rights Backlash, N.Y. Times (Oct. 8, 2016), www.nytimes.com/2016/10/09/world/americas/colombian-opposition-to-peace-deal-feeds-off-gay-rig hts-backlash.html 참조.

58   Joint Committee on Human Rights, *Submission from Press for Change* (영국 의회, Dec. 4, 2003), publications.parliament.uk/pa/jt200203/jtselect/jtrights/188/188we18.htm 참조.

59   *Gender Recognition Act 2004* (UK) 참조.

60   Shreya Mohapatra, *Section 377 Read Down: The Way Forward*, Socio-Legal Rev. 1, 7 (2019); Jayna Kothari, *Section 377 and Beyond: A New Era for Transgender Equality? in* How Liberal is India? The Quest for Freedom in the Biggest Democracy on Earth 192-93 (Ronald Meinardus ed., 2019).

61   *Two Years Since Art 377 Annulment, LGBTQ Community Still Battling Challenges,* The Hindu (Sept. 6, 2020), www.thehindu.com/news/national/two-years-since-article-377-annulment-lgbtq-community-still-battling-prejudice/article32534479.ece (벵갈루루에 기반을 둔 작가 Shubhankar Chakravorty에서 인용).

62   Kothari, *Section 377 and Beyond, supra* note 60, at 189.

63   Navtej Singh Johar v. Union of India, AIR 2018 SC 4321 (India).

64   델리 고등법원에 의한 더 앞선 판결로는 *Naz Foundation v. Government of India,* WP(C) No. 7455/2001 (2009) 참조. 다만 이 판결은 인도 대법원에서 폐기되었다. *Suresh Kumar Koushal v. Naz Foundation* (2014) 1 SCC 1.

65   *Two Years Since Art 377 Annulment, LGBTQ Community Still Battling Challenges, supra* note 61.

66   Rosalind Dixon, *Creating Dialogue about Socioeconomic Rights: Strong-Form Versus Weak-Form Judicial Review Revisited,* 5 Int'l J. Const. L. 391 (2007); David Landau, *The Reality of Social Rights Enforcement,* 53 Harv. Int'l L.J. 189 (2021). 또한 Kameshni Pillay, *Implementation of Grootboom: Implications for the Enforcement of Socio-Economic Rights,* 6 Af. J. Online 255 (2002); David Bilchitz, Poverty and Fundamental Rights: The Justification and Enforcement of Socio-Economic Rights 151 (2007) 참조.

67   *Id.* 이것이 대표하는 진전과 이와 관련된 시간에 대한 좀 더 우호적인 평가는 Varun Gauri & Daniel Brinks, Courting Social Justice: Judicial Enforcement of Social and Economic Rights in the Developing World (2009) 참조.

68   Mark Heywood, *Contempt or Compliance? The TAC Case After the Constitutional Court Judgment,* 4 ESR Rev. 7, 9 (2003) 참조.

69   *Id.*

70 Occupiers of 51 Olivia Road, Berea Township v. City of Johannesburg, 2008 (3) SA 208 (CCSA).

71 Residents of Joe Slovo Community, Western Cape v. Thubelisha Homes and Others 2010 (3) SA 454 (CCSA).

72 Jaftha v. Schoeman, 2005 (2) SA 140 (CCSA).

73 아래의 제7장 참조. 또한 Sandra Liebenberg & Katharine Young, *Adjudicating Social and Economic Rights: Can Democratic Experimentalism Help? in* Social Rights in Theory and Practice: Critical Inquiries (Helena Alviar García et al. eds., 2015); Brian Ray, Engaging with Social Rights: Procedure, Participation and Democracy in South Africa's Second Wave (2016) 참조.

74 Port Elizabeth Municipality v. Various Occupiers, 2005 (1) SA 217 (CCSA), [59] (Sachs J.).

75 *Id.* at [17].

76 Occupiers of 51 Olivia Road, Berea Township v. City of Johannesburg, 2008 (3) SA 208 (CCSA), [44] (Yacoob J.) 참조.

77 *Id.* at [5(2)] (Yacoob J.).

78 헌법재판소는 권리에 대한 제한이 이러한 고려하에서 정당화될 수 없다고 판단하는 식으로 이에 대한 틀을 짰다: *Jaftha v. Schoeman,* 2005 (2) SA 140 (CCSA), [43], [55]-[59] (Mokgoro J.) 참조.

79 *Id.*

80 Varun Gauri & Daniel M. Brinks, *Human Rights as Demands for Communicative Action, supra* note 2, at 18-19; Alyssa Brierley, *PUCL v. Union of India: Political Mobilization and the Right to Food, in* A Qualified Hope: The Indian Supreme Court and Progressive Social Change 212, 213-14 (Gerald N. Rosenberg et al. eds., 2019).

81 Rosalind Dixon & Rishad Chowdhury, *A Case for Qualified Hope? The Supreme Court of India and the Midday Meal Decision, in* A Qualified Hope: The Indian Supreme Court and Progressive Social Change (Gerald N. Rosenberg et al. eds., 2019).

82 *Id.*

83 *Id.*

84 Dixon & Chowdhury, *supra* note 81; Brierley, *PUCL v. Union of India: Political Mobilization and the Right to Food, supra* note 80. 사법심사의 촉매적 기능에 대한 관념에 대해서는 Katharine G. Young, *A Typology of Economic and Social Rights Adjudication: Exploring the Catalytic Function of Judicial Review,* 8 Int'l J. Const. L. 385 (2010) 참조. 그러나 고도경제성장, 도움을 아까지 않는 정부 및 정치적 내러티브 등

이의 광범위한 시행을 지지하는 다양한 다른 요소가 있다는 것을 지적해야 할 것이다.

85 (1985) 3 SCC 545.

86 *Id.* At [16] (Chandrachud CJ).

87 예를 들어 Rodríguez-Garavito, *supra* note 36, at 1686-87 (이러한 비판과 이를 지지하는 증거를 논의); Gauri & Brinks, *Human Rights as Demands for Communicative Action, supra* note 2, at 17-18 (시행에서의 한계를 언급) 참조.

88 예를 들어 Landau, *The Reality of Social Rights Enforcement, supra* note 66; Espinosa & Landau, *supra* note 53, at 188-89 참조. Gauri & Brinks, *Human Rights as Demands for Communicative Action, supra* note 2, at 17-18.

89 Gauri & Brinks, *Human Rights as Demands for Communicative Action, supra* note 2, at 17; Rodríguez-Garavito, *supra* note 36, at 1685.

90 Rodríguez-Garavito, *supra* note 36, at 1678-87.

91 Dixon & Landau, *Transnational Constitutionalism, supra* note 1, at 617.

92 *Id.* at 619-20. 또한 Dixon & Issacharoff, *supra* note 43, at 29-30; Granville Austin, Working a Democratic Constitution: The Indian Experience 394-95 (1999); R.V.R. Chandrasekhara Rao, *Mrs Indira Gandhi and India's Constitutional Structures: An Era of Erosion*, 22 J. Asian & Afr. Stud. 156, 173 (1987) 참조.

93 Dixon & Landau, *Transnational Constitutionalism, supra* note 1 at 620.

94 *Id.* at 617.

95 *Id.* at 617-18.

96 이 부분을 명확화하는 데는 베니테스-로하스Vicente Fabián Benítez-Rojas의 도움을 받았다.

97 Dixon & Landau, *Transnational Constitutionalism, supra* note 1 at 617; Samuel Issacharoff, Fragile Democracies: Contested Power in the Era of Constitutional Courts (2015); Dixon & Issacharoff, *supra* note 43, at 32-34.

98 Dixon & Landau, *Transnational Constitutionalism, supra* note 1, at 617; Dixon & Issacharoff, *supra* note 43, at 33. 또한 Issacharoff, Fragile Democracies, *supra* note 97 참조.

99 Dixon & Landau, *Transnational Constitutionalism, supra* note 1; Dixon & Issacharoff, *supra* note 43; Ginsburg & Huq, *supra* note 1, at 186-89; Samuel Issacharoff et al., *Judicial Review of Presidential Re-Election Amendments in Colombia, in* Max Planck Encyclopedia of Comparative Constitutional Law (Rainer Grote et al. eds., 2020).

100 두케 자신이 좌파 도전자에게 직을 잃을 가능성에 대해서는, 예를 들어 www.npr.org/ 2022/06/19/1106118791/tight-colombian-runoff-pits-former-rebel-millionaire; Carlos Tejada & Julie Turkewitz, Colombia's Troubles Put a President's Legacy on the Line, N.Y. Times (Aug. 30, 2021), www.nytimes.com/2021/08/30/world/

americas/colombia-presidentduque.html 참조.

101 Attorney General & Others v. David Ndii & 79 Others, Petition No. 12 of 2021 (사회통합위원회 사례); Independent Electoral and Boundaries Commission & Ors v. David Ndii & Ors, Civil Appeal No E291 of 2021 [2021] eKLR. 반응에 대해서는, 예를 들어 Jacinta Matura, Secretariat to Join AG in BBI Appeal at Apex Court, The Sunday Standard (Aug. 27, 2021), www.standardmedia.co.ke/national/article/2001421902/secretariat-to-join-ag-in-bbi-appeal-at-apex-court; Sharon Maombo, Mixed Reactions After Appeals Court Halts BBI Reggae, The Star (Aug. 20, 2021), www.the-star.co.ke/news/2021-08-20-mixed-reactions-after-appeals-court-halts-bbi-reggae/ 참조.

102 Declan Walsh, *With Tears and Steel, Kenya's 'Hustler' President Vanquishes His Foe*, N.Y. Times (Sep. 10, 2022), www.nytimes.com/2022/09/10/world/africa/kenya-president-will iam-ruto.html.

103 Alexander Hamilton, The Federalist Papers 78 (Lawrence Goldman ed., 2008) (초판은 1787-88년에 발간).

104 Robert Cover, *Violence and the Word*, 95 Yale L.J. 1601 (1985-1986) 참조.

105 Lee Epstein et al., *The Role of Constitutional Courts in the Establishment and Maintenance of Democratic Systems of Government*, 35 Law & Soc'y Rev. 117 (2001).

106 *Id*. 사법 권력에 대한 또 다른 영향력 있는 "전략적" 설명으로는 또한 James Gibson et al., *On the Legitimacy of National High Courts*, 92 Am. Pol. Sci. Rev. 343 (1998); Gretchen Helmke, Courts Under Constrains: Judges, Generals and Presidents in Argentina (2005); Georg Vanberg, The Politics of Constitutional Review in Germany (2005); James Gibson, *Challenges to the Impartiality of State Supreme Courts*, 10 Am. Pol. Sci. Rev. 59 (2008); Vuk Radmilovic, *Strategic Legitimacy Cultivation at the Supreme Court of Canada: Quebec References and Beyond*, 43 Can. J. Pol. Sci. 843 (2010) 참조.

107 Keith E. Whittington, *"Interpose Your Friendly Hand": Political Supports for the Exercise of Judicial Review by the United States Supreme Court*, 99 Am. Pol. Sci. Rev. 583 (2005) 참조. 또한 Howard Gillman, *How Political Parties Can Use the Courts to Advance Their Agendas: Federal Courts in the United States, 1875-1891*, 96 Am. Pol. Sci. Rev. 511 (2002). 다음과 비교해 보라. Michael J. Klarman, *Majoritarian Judicial Review: The Entrenchment Problem*, 85 Geo L.J. 491 (1996)); David A. Strauss, *The Modernizing Mission of Judicial Review*, 76 U. Chi. L. Rev. 859 (2009) 참조.

108 Erin F. Delaney & Barry Friedman, *Becoming Supreme: The Federal Foundations of*

Judicial Supremacy, 111 Colum. L. Rev. 1137 (2011) 참조. 헌법 및 대리인 비용에 관해서는, 예를 들어 Tom Ginsburg & Eric A. Posner, *Subconstitutionalism,* 62 Stan. L. Rev. 1583 (2010) 참조.

109 Epstein et al., *supra* note 105, at 130.

110 Dixon, *Creating Dialogue About Socioeconomic Rights, supra* note 66; Rosalind Dixon, *The Supreme Court of Canada, Charter Dialogue, and Deference,* 47 Osgoode Hall L.J. 235 (2009) 참조. 또한 다음과 비교해 보라. Guido Calabresi, A Common Law for the Age of Statues (1982); William N. Eskridge, Jr., *The Marriage Cases— Reversing the Burden of Inertia in a Pluralist Constitutional Democracy,* 97 Cal. L. Rev. 1785 (2009); William N. Eksridge, Jr., *Pluralism and Distrust: How Courts Can Support Democracy by Lowering the Stakes of Politics,* 114 Yale L.J. 1279 (2004).

111 다음과 비교해 보라. David Landau, *A Dynamic Theory of Judicial Role,* 55 B.C.L. Rev. 1501 (2014).

112 다음과 비교해 보라. David Landau & Rosalind Dixon, *Abusive Judicial Review: Courts Against Democracy,* 53 U.C. Davis L. Rev. 1313 (2020). 또한 Ginsburg & Huq, *supra* note 1, at 186-90 참조.

113 Landau & Dixon, *Abusive Judicial Review, supra* note 112, at 1326-28.

114 위의 제4장 참조.

115 둘 사이의 차이점과 유사점에 대해서는 Rosalind Dixon and Vicki C. Jackson, *Constitutions Inside Out: Outsider Interventions in Domestic Constitutional Contests,* 48 Wake Forest L. Rev. 149 (2013) 참조.

116 Landau & Dixon, *Abusive Judicial Review, supra* note 112, at 1346-47 (에콰도르, 베네수엘라, 니카라과, 볼리비아, 브룬디, 세네갈 법원의 결정에 대한 논의) 참조.

117 David Landau, *Courts and Support Structures: Beyond the Classic Narrative,* in Comparative Judicial Review (Erin F. Delaney & Rosalind Dixon eds., 2018) 참조.

118 예를 들어 Nick Robinson, *Structure Matters: The Impact of Court Structure on the Indian and US Supreme Courts,* 61 Am. J. Comp. L. 173 (2013); Varun Gauri, Public Interest Litigation in India: Overreaching or Underachieving (2009); Nick Robinson, *Expanding Judiciaries: India and the Rise of the Good Governance Court,* 8 Wash. U. Global Stud. L. Rev. 1 (2009) 참조.

119 Charles Epp, The Rights Revolution: Lawyers, Activists, and Supreme Courts in Comparative Perspectives (1998). 다음과 비교해 보라. Michael W. McCann, How Does Law Matter for Social Movements? (1998). 또한 Brierley, *PUCL v. Union of India: Political Mobilization and the Right to Food, supra* note 80; Dixon & Chowdhury, *A Case for Qualified Hope? The Supreme Court of India and the Midday Meal Decision, supra* note 81, at 212에서의 논의 참조.

120 Dixon, *A Democratic Theory of Constitutional Comparison, supra* note 12 참조.

121 *Id.*

122 Jackie Dugard, *Testing the Transformative Premise of the South African Constitutional Court: A Comparison of High Courts, Supreme Court of Appeal and Constitutional Court Socio-Economic Rights Decisions, 1994-2015,* 20 Int'l J. Hum. Rts. 1132 (2016).

123 Bilchitz, *supra* note 66, at 162-66; Dixon, *Creating Dialogue about Socioeconomic Rights, supra* note 66; James Fowkes, Building the Constitution: The Practice of Constitutional Interpretation in Post-Apartheid South Africa (2016); Ilse Fredericks, *The Promise No One Keeps,* Sunday Times (S. Afr.) (May 6, 2014) at 12; Sasha Planting, *Housing: A Boost to Transform Informal Settlements,* Fin. Mail (S. Afr.) (Feb. 25, 2005) at 32.

124 *Id.*

125 Bilchitz, *supra* note 66, at 162-66; Dixon, *Creating Dialogue about Socioeconomic Rights, supra* note 66; Fowkes, *supra* note 123; Heywood, *Contempt or Compliance?, supra* note 68.

126 Heywood, *Contempt or Compliance?, supra* note 68.

127 *Id.*

128 Order dated November 28, 2001, Peoples Union for Civil Liberties v. Union of India, Writ Petition (Civil) No. 196 of 2001; Decision T-025 of 2004 in Espinosa & Landau, *supra* note 53, at 179-86 및 그 안에서의 논의 참조.

129 예를 들어 Larsen & Devins, *The Amicus Machine, supra* note 3; Franze & Reeves Anderson, *Record Breaking Term for Amicus Curiae in the Supreme Court Reflects New Norm, supra* note 3; Caminker, *A Glimpse Behind and Beyond Grutter, supra* note 3; Larsen, *The Trouble with Amicus Facts, supra* note 3; Kochevar, *Amici Curiae in Civil Law Jurisdictions, supra* note 3; Murray, *Litigating in the Public Interest: Intervention and the Amicus Curiae, supra* note 3 참조.

130 예를 들어 Larsen & Devins, *supra* note 3 참조.

131 David Landau, Beyond Judicial Independence: Construction of Judicial Power in Colombia (2015) (박사학위논문, Harvard University, Graduate School of Arts & Sciences) (필자 소장 파일); Landau, *Courts and Support Structures, supra* note 117, at 226; Allan R. Brewer-Carías, Constitutional Courts as Positive Legislators: A Comparative Law Study (2017) 참조.

132 David Landau, *Aggressive Weak Form Remedies,* 5 Const. Ct. Rev. (S. Afr.) 244, 260-61 (2013); Landau, *A Dynamic Theory of Judicial Role, supra* note 111, at 1524.

133 Landau, *Aggressive Weak Form Remedies, supra* note 132, at 227-28.

134   Landau, *A Dynamic Theory of Judicial Role, supra* note 111, at 227.

135   Landau, *Aggressive Weak Form Remedies, supra* note 132, at 260-61; Landau, *A Dynamic Theory of Judicial Role, supra* note 111, at 227-29.

136   Nick Robinson, *Closing the Implementation Gap: Grievance Redress and India's Social Welfare Programs*, 53 Colum. J. Transnat'l L. 351 fn 73 (2015); Brierley, *PUCL v. Union of India: Political Mobilization and the Right to Food, supra* note 80, at 6-13; Dixon & Chowdhury, *supra* note 81.

137   Robinson, *Closing the Implementation Gap, supra* note 136, at fn 73. Brierley, *PUCL v. Union of India: Political Mobilization and the Right to Food, supra* note 80, at 6-13; Dixon & Chowdury, *supra* note 81.

138   Brierley, *PUCL v. Union of India: Political Mobilization and the Right to Food, supra* note 80, at 16.

139   다음과 비교해 보라. Katharine G. Young, The Future of Economic and Social Rights (2019); Landau, *A Dynamic Theory of Judicial Role, supra* note 111, at 208-09.

140   Brierley, *PUCL v. Union of India: Political Mobilization and the Right to Food, supra* note 80, at 2.

141   Landau, *Judicial Power,* supra note 131; Landau, *Courts and Support Structures, supra* note 117, at 226.

142   아래 제7장과 비교해 보라.

143   Stephen Gardbaum, The New Commonwealth Model of Constitutionalism: Theory and Practice (2013) 참조. 영국의 경우는, 예를 들어 *Ghaidan v. Godin-Mendoza* [2004] UKHL 30 참조; 호주의 경우는, 예를 들어 *Momcilovic v. The Queen* (2011) 245 CLR 1, 92 [170] (Gummow J.), 250 [684] (Bell J.), 123 [280] (Hayne J.) 참조. 하급 법원에 의한 이러한 다중 심사의 적용은 또한 *Taha v. Broadmeadows Magistrates' Court* [2011] VSCA 642 참조; 그리고 논의에 대해서는 Bruce Chen, *The Principle of Legality and Section 32(1) of the Charter: Same or Different?,* Austl. Pub. L. (Oct. 26, 2016), auspublaw.org/2016/10/same-same-or-different/ 참조. 뉴질랜드의 경우는, 예를 들어 *R v. Hansen* [2007] NZSC 7 참조.

144   예를 들어 *Moonen v. Film and Literature Board of Review* [2000] 2 NZLR 9 (CA) 참조. 또한 Claudia Geringer, *On a Road to Nowhere: Implied Declarations of Inconsistency and the New Zealand Bill of Rights,* 40 Vic. U. Well. L. Rev. 613 (2009)에서의 논의 참조.

145   *Human Rights Act 2004* (ACT) ss 30, 32(2) (Austl.).

146   *Human Rights Act 1998* (UK) s 4; *Human Rights Act 2004* (ACT) s 32(3); *Charter of Human Rights and Responsibilities Act 2006* (Vic) s 36(5).

147 예를 들어 스티븐 가드바움은 그러한 체계를 새로운 영연방 헌법 모델의 효율성을 높이는 방식으로서 제안한다: Gardbaum, *supra* note 143 참조. 이는 또한 켄트 로치의 이중적 구제 모델의 근간이다: Kent Roach, Remedies for Human Rights Violations: A Two-Track Approach to Supra-national and National Law (2021) 참조.

148 Rosalind Dixon, *A Minimalist Charter of Rights for Australia?*, 37 Fed. L. Rev. 335 (2009); Fergal F. Davis & David Mead, *Declarations of Incompatibility, Dialogue and the Criminal Law*, 43 Common L. World Rev. 62 (2014).

149 이러한 유형의 입법이 순수하게 장래효만 가진다면 유관된 보호를 제공하지 못할 것이다. 그러나 소급효를 갖도록 되어 있다면, 지주가 갖는 유럽인권협약하의 소유에 대한 "평화로운 향유"권이 침해될 수도 있었다. Dixon, *A Minimalist Charter of Rights for Australia?*, *supra* note 148 참조. 이는 또한 왜 시민적 파트너십법이 장래효만을 가졌는지를 설명할 수 있다.

150 이러한 비평은 *R v. A* (No. 2) [2002] 1 AC 45와 같은 사건과 관련하여 더 예리하였다.

151 Aileen Kavanagh, *What's So Weak About "Weak-Form Review"? The Case of the UK Human Rights Act 1998*, 13 Int'l J. Const. L. 1008 (2015).

152 다음과 비교해 보라. David Landau & David Bilchitz, *Introduction: The Evolution of the Separation of Powers in the Global South and Global North, in* The Evolution of the Separation of Powers 1 (David Landau & David Bilchitz eds., 2018).

153 Dixon, *A Minimalist Charter of Rights for Australia?*, *supra* note 148, at 343-51. 다음과 비교해 보라. Aileen Kavanagh, Constitutional Review under the UK Human Rights Act 130, 132 (2009); Kent Roach, *Dialogic Remedies*, 17 Int'l J. Const. L. 860, 870 (2019).

제6장 민주주의의 위기

1 Mark Tushnet, Taking the Constitution Away from the Courts (1999).

2 410 U.S. 113 (1973), 597 U.S. 215 (2022).

3 예를 들어 이는 동성 결혼에 대한 인정과 관련하여 일부 국가에서 발생한 것이다. 더 자세한 논의는 위의 제5장에서의 논의 참조.

4 예를 들어 이는 미국에서 *Roe v. Wade*, 410 U.S. 113 (1973) 맥락에서 발생한 것이다. United States (US).

5 위의 제3장 참조.

6 Abram Chayes, *The Role of the Judge in Public Law Litigation*, 89 Harv. L. Rev. 1281, 1302 (1976).

7 *Id.* at 1308.

8 Christine Jolls et al., *A Behavioural Approach to Law and Economics*, 50 Stan. L. Rev. 1471 (1997-1998) 참조.

9   *Id.*

10 Lon L. Fuller, *The Forms and Limits of Adjudication*, 92 Harv. L. Rev. 353 (1978) 참조. 또한 Jeff King, *The Pervasiveness of Polycentricity*, Pub. L. 101 (2008)에서의 논의 참조.

11 다음과 비교해 보라. King, *supra* note 10; Rosalind Dixon, *Creating Dialogue about Socioeconomic Rights: Strong-Form Versus Weak-Form Judicial Review Revisited*, 5 Int'l J. Const. L. 391 (2007).

12 Jeff King, *Rights and the Rule of Law in Third Way Constitutionalism*, 30 Const. Comm. 101, (2015); David Bilchitz, Poverty and Fundamental Rights: The Justification and Enforcement of Socio-Economic Rights 151 (2007); Brian Ray, Engaging with Social Rights: Procedure, Participation and Democracy in South Africa's Second Wave (2016); Dixon, *Creating Dialogue about Socioeconomic Rights, supra* note 11 참조.

13 Cass R. Sunstein, The Partial Constitution (1998) 참조.

14 John Rawls, Political Liberalism 56-58 (1993) (판단의 부담이라는 개념에 대해 설명함).

15 헌법적 문화 개념에 대해서는 Robert Post, *Foreword—The Supreme Court 2002 Term: Fashioning the Legal Constitution: Culture, Courts and Law*, 117 Harv. L. Rev. 4, 107 (2003) 참조.

16 Jeremy Waldron, Law and Disagreement (1999).

17 Ronald Dworkin, Freedom's Law: The Moral Reading of the American Constitution (1999).

18 Stephen Gardbaum, The New Commonwealth Model of Constitutionalism: Theory and Practice 60 (2013). 또한 Mark Tushnet, Weak Courts, Strong Rights: Judicial Review and Social Welfare Rights in Comparative Constitutional Law (2009); Rosalind Dixon, *The Core Case for Weak-Form Judicial Review*, 38 Cardozo L. Rev. 2193 (2016); Rosalind Dixon, *The Forms, Functions and Varieties of Weak(ened) Judicial Review*, 17 Int'l. J. Const. L. 904 (2019) 참조. 같은 지적이 주요 정치적 입헌주의자들에 의해 이루어졌다. 예를 들어 Richard Bellamy, *The Republican Core of the Case for Judicial Review: A Reply to Tom Hickey. Why Political Constitutionalism Requires Equality of Power and Weak Review*, 17 Int'l. J. Const. L. 317 (2019); Adam Tomkins, *In Defence of the Political Constitution*, 22 Oxford. J. Legal Stud. 157 (2002); Adam Tomkins, *The Role of Courts in the Political Constitution*, 60 U. Toronto L.J. 1 (2010) 참조. 또한 위의 제2장과 아래의 제7장 참조.

19 Jeremy Waldron, Political Theory 199 (2009).

20 Peter W. Hogg & Allison A. Bushell, *The Charter Dialogue Between Courts and Legislatures (Or Perhaps the Charter of Rights Isn't Such a Bad Thing After All)*, 35

Osgoode Hall L.J. 75 (1997).

21   Kent Roach, The Supreme Court on Trial: Judicial Activism or Democratic Dialogue (rev. ed. 2016).

22   *Id.*

23   Christopher P. Manfredi & James B. Kelly, *Six Degrees of Dialogue: A Response to Hogg and Bushell*, 37 Osgoode Hall L.J. 513 (1999). 또한 Rosalind Dixon, *Constitutional "Dialogue" and Deference, in* Constitutional Dialogue: Rights, Democracy, Institutions 171 (Geoffrey Sigalet et al. eds., 2019) 참조.

24   Dixon, *Constitutional "Dialogue" and Deference, supra* note 23.

25   Rosalind Dixon, *A New Theory of Charter Dialogue: The Supreme Court of Canada, Charter Dialogue and Deference*, 47 Osgoode Hall L.J. 235 (2009); Charles-Maxime Panaccio, *Professor Waldron Goes to Canada (One More Time): The Canadian Charter and the Counter-Majoritarian Difficulty*, 39 Common L. World Rev. 100 (2010).

26   Reva B. Siegel, *Community in Conflict: Same-Sex Marriage and Backlash*, 64 UCLA L. Rev. 1728 (2017).

27   *Id.*

28   Dixon, *A New Theory of Charter Dialogue, supra* note 25; Dixon, *Constitutional "Dialogue" and Deference, supra* note 23, at 171.

29   410 U.S. 113 (1973).

30   *Id.* at 162-64.

31   *Id.*

32   예를 들어 David A. Strauss, *The Modernizing Mission of Judicial Review*, 76 U. Chi. L. Rev. 859, 906-07 (2009) 참조.

33   *Id.* 또한 Erin F. Delaney, *The Federal Case for Judicial Review*, 42 Oxford. J. Legal Stud. (2022) 참조.

34   Reva Siegel & Linda Greenhouse, *The Unfinished Story of Roe v. Wade* 61, 69 (Yale Law School Public Research Paper No. 643, 2019) 참조.

35   *Id.*

36   *Id.*

37   Gallup Organisation, *Gallup Poll: Abortion*, available at www.gallup.com/poll/1576/abortion.aspx.

38   *Id.*

39   예를 들어 Cass R. Sunstein, One Case at a Time: Judicial Minimalism on the Supreme Court 37 (2001)에서의 논의 참조.

40   이 결정의 광범위한 성격에 대해서는 *id.* at 18 ("이 결정은 낙태 문제에 관련된 수많은

쟁점을 정리할 정도로 광범위함") 참조.

41 Planned Parenthood of Central Missouri v. Danforth, 428 U.S. 52 (1976) (부모와 배우자의 동의를 요구하는 미주리주의 법률을 위헌이라고 판단함) 참조.

42 City of Akron v. Akron Ctr. for Reprod. Health, 462 U.S. 416 (1983) (제1분기 이후 행하여지는 모든 낙태가 병원에서 이루어져야 하고 24시간의 대기 시간을 강제하고 15세 미만인 자의 낙태에 부모의 동의를 받도록 하는 오하이오주 법률을 위헌이라고 판단함) 참조.

43 이 구절은 Rosalind Dixon, *Partial Constitutional Amendment*, 13 Int'l J. Const. L. 391 (2011)에서 가져왔다.

44 City of Akron v. Akron Center for Reproductive Health, 462 U.S. 416 (1983).

45 476 U.S. 747, 759 (1986), *Brown v. Board of Education*, 349 U.S. 294, 300 (1955)에서 인용.

46 Webster v. Reprod. Health Serv., 492 U.S. 490 (1989).

47 *Id.* at 520-21.

48 Planned Parenthood of Pa. v. Casey, 50 U.S. 833 (1992).

49 *Id.* Jamal Greene, How Rights Went Wrong: Why Our Obsession with Rights is Tearing America Apart 136 (2021); Rosalind Dixon & Jade Bond, *Constitutions and Reproductive Rights: Convergence and Non-Convergence, in* Constitutions and Gender 438 (Helen Irving ed., 2017) 참조.

50 위의 제2장에서의 논의와 비교해 보라.

51 낙태에 대한 제한과 구조적 젠더 불평등 간의 관계에 대한 설득력 있는 설명은 Julie C. Suk, After Misogyny: Law and Feminism in the Twenty-First Century (2023) 참조.

52 Martha Nussbaum & Rosalind Dixon, *Abortion, Dignity and a Capabilities Approach, in* Feminist Constitutionalism: Global Perspectives (Beverly Baines et al. eds., 2012).

53 예를 들어, 이는 최근 텍사스에서 통과된 산모의 생명과 건강에 대한 협소한 예외를 제외하고는 임신 6주 후 낙태를 금지하는 법이 민주적 관점에서 불합리하다는 것을 시사한다. Maggie Astor, *Here's What the Texas Abortion Law Says*, N.Y. Times (Sept. 9, 2021), www.nytimes.com/article/abortion-law-texas.html 참조.

54 Abortion I Opinion, 39 BVerfGE I (1975), 위에서 논의한 내용; Mary Anne Case, *Perfectionism and Fundamentalism in the Application of the German Abortion Laws*, 11 FIU L. Rev. 149 (2015) 참조.

55 예를 들어 *1988 R. v Morgentaler Supreme Court Decision*, McGill Blogs (Apr. 6, 2018), blogs.mcgill.ca/hist203momentsthatmatter/2018/04/06/1988-r-v-morgentaler-supreme-court-decision/; Manfredi & Kelly, *supra* note 23 참조.

56 Linda Long, *Abortion in Canada*, The Canadian Encyclopedia (Feb. 26, 2006),

www.thecanadianencyclopedia.ca/en/article/abortion (52퍼센트의 캐나다인이 여성의 선택권을 지지하지만, 나머지 캐나다인은 태아의 생명권을 지지하거나 입장을 정하지 않은 것으로 밝혀져 이 쟁점에 대한 논쟁이 계속되고 있다고 언급). 주의 규제를 위한 노력에 대해서는 Dixon & Bond, *Constitutions and Reproductive Rights: Convergence and Non-Convergence, supra* note 50 참조.

57 다음과 비교해 보라. Frederick Schauer, *The Supreme Court, 2005 Term—Foreword: The Court's Agenda—and the Nation's,* 120 Harv. L. Rev. 4 (2006).

58 예를 들어 Barry Friedman, *Dialogue and Judicial Review,* 91 Mich. L. Rev. 577 (1993) 참조. 다음과 대조해 보라. Robert Post & Reva Siegel, *Roe Rage: Democratic Constitutionalism and Backlash,* 42 Harv. C.R.-C.L.L. Rev. 373 (2007) (이러한 기능을 반발에 속하는 것으로 함).

59 Post & Siegel, *supra* note 59. 또한 Siegel, *Community in Conflict, supra* note 26 참조.

60 Post & Siegel, *supra* note 59, at 375.

61 예를 들어 Friedman, *supra* note 59 참조. 다음과 대조해 보라. Post & Siegel, *supra* note 59 (이러한 기능을 반발에 속하는 것으로 함).

62 Neal Devins & Louis Fisher, The Democratic Constitution 224 (2015) 참조.

63 다음과 비교해 보라. Karen J. Alter & Michael Zürn, *Backlash Politics: Introduction to a Symposium on Backlash Politics in Comparison,* 22 Brit. J. Int'l Rel. 563 (2020) (반발을 "금기를 깨는" 행위와 관련된 것으로 정의하며 또한 (i) 역행하는 목적을 가진; (ii) 특수한 목적과 책략을 지닌; (iii) 공적 담화 내에 한계점에 도달한 정치적 동원으로 정의).

64 Michael J. Klarman, *Brown and Lawrence (and Goodridge),* 104 Mich. L. Rev. 431, 473 (2005).

65 예를 들어 콜롬비아에서는 낙태와 동성애자 권리를 확대하는 헌법재판소의 결정이 서로 연관되어 왔으며, 이후 이에 대한 평화적인 과정의 반대가 진행되었는데 이는 두 가지 권리 모두에 대한 반발이었지만 그 어느 한쪽의 반발도 이러한 변화를 막기에 충분하지 않았다: Nicholas Carey, *Colombian Opposition to Peace Deal Feeds off Gay Rights Backlash,* N.Y. Times (Oct. 8, 2016), www.nytimes.com/2016/10/09/world/americas colombian-opposition-to-peace-deal-feeds-off-gay-rights-backlash.html; Adriana Piatti-Crocker & Jason Pierceson, *Unpacking the Backlash to Marriage Equality in Latin America* (샌프란시스코에서 열린 서구정치학회 연례 회의에서 발표된 논문, Mar. 29-31, 2018) 참조.

66 Klarman, *supra* note 65 at 452-72.

67 Scott Stephenson, *Are Political "Attacks" on the Judiciary Ever Justifiable? The Relationship between Unfair Criticism and Public Accountability,* Am. J. Comp. L. (2023) 참조.

68 David Landau & Rosalind Dixon, *Abusive Judicial Review: Courts Against Democracy*, 53 U.C. Davis L. Rev. 1313, 1346-47 (2020).

69 *Id.*와 비교해 보라. 또한 Tom S. Clark, The Limits of Judicial Independence (2010) 참조.

70 예를 들어 Michael Stokes Paulsen, *The Most Dangerous Branch: Executive Power to Say What the Law Is*, 83 Geo. L.J. 217 (1994); Mark Tushnet, *Alternative Forms of Judicial Review*, 101 Mich. L. Rev. 2781 (2003); Keith E. Whittington, *Extrajudicial Constitutional Interpretation: Three Objections and Responses*, 80 N.C.L. Rev. 773, 783 (2002); Dixon, *A New Theory of Charter Dialogue*, *supra* note 25 참조.

71 Roach, *supra* note 21에서의 논의와 비교해 보라.

72 아래의 제8장 참조. 다음과 비교해 보라. Landau & Dixon, *Abusive Judicial Review*, *supra* note 69.

73 David Kosar와 Katarina Sipulova는 이를 사법적 "팽창", "교체" 대 "비우기" 전략의 차이라고 부른다: David Kosar & Katarina Sipulova, *How to Fight Court-Packing?*, 6 Const. Stud. 133, 133 (2020) 참조.

74 Tom Gerald Daly, *'Good' Court-Packing? The Paradoxes of Democratic Restoration in Contexts of Democratic Decay*, Ger. Law J. (2022) (반복의 위험 언급).

75 Michael Klarman, quoted in Ariane De Vogue, *Roe v. Wage: Abortion Backlash Persists 40 Years Later*, ABC News (Jan. 21, 2013), abcnews.go.com/Politics/OTUS/roe-wade-abortionbacklash-persists-40-years/story?id=18271433 참조.

76 Linda Greenhouse & Reva B. Siegel, Before Roe v. Wade: Voices That Shaped the Abortion Debate Before the Supreme Court Ruling 72-73 (2012).

77 Hatch-Eagleton Amendment (1983). 논의에 대해서는, 예를 들어 Clarke D. Forsythe & Stephen B. Presser, *Restoring Self-Government on Abortion: A Federalism Amendment*, 10 Tex. Rev. L. & Pol. 301 (2005) 참조.

78 *Id.*

79 Anthony Dutra, *Men Come and Go, But Roe Abides: Why Roe v. Wade Will Not Be Overruled*, 90 B.U. L. Rev. 1261, 1290-91 (2010).

80 Mariana Alfaro, What Conservative Justices Said About Roe in their Confirmation Hearings, Washington Post (June 24, 2022), www.washingtonpost.com/politics/2022/06/24/justices-roeconfirmation-hearings/ (고서치, 캐버노, 코니 배럿, 알리토 대법관 및 로버츠 대법원장의 이에 대한 진술을 지적. 단 토머스 대법관 제외)

81 Sandra Berenknopf, *Judicial and Congressional Back-Door Methods that Limit the Effect of Roe v. Wade: There is No Choice if There is No Access*, 70 Temp. L. Rev. 653, 655-57 (1997); Lisa J. Allegrucci & Paul E. Knuz, *The Future of Roe v. Wade in the Supreme Court: Devolution of the Right of Abortion and Resurgence of State Control*, 7

John's J. Legal Comment 295, 301, 303 (1991) (Title X에 대한 개정안 언급) 참조. Family Planning Program, Title X of the Public Health Service Act (42 U.S.C. §§300-300a-6).

82 Dave Bridge & Curt Nichols, *Congressional Attacks on the Supreme Court: A Mechanism to Maintain, Build, and Consolidate,* 41 Law & Soc. Inquiry 100 (2016) (이 기간 동안 총 612건의 해당 조치가 제안되었는데 233건이 낙태에 대한 것이었다고 지적).

83 Stuart Taylor, Jr., *The Congress vs. The Courts,* N.Y. Times (Mar. 16, 1981), www.nytimes.com/1981/03/16/us/the-congress-vs-the-courts-news-analysis.html. 쟁점과 헌법적 한계 및 중요성에 대한 논의는 Tara Leigh Grove, *The Article II Safeguards of Federal Jurisdiction,* 112 Colum. L. Rev. 250 (2012); Richard H. Fallon, Jr., *Jurisdiction-Stripping Reconsidered,* 96 Va. L. Rev. 1043 (2010) 참조.

84 Gerald N. Rosenberg, The Hollow Hope: Can Courts Bring About Social Change? (2008); Gerald N. Rosenberg, *Courting Disaster: Looking for Change in All the Wrong Places,* 54 Drake L. Rev. 795 (2005). 또한 Michael J. Klarman, From the Closet to the Altar: Courts, Backlash, and the Struggle for Same-Sex Marriage (2013) 참조.

85 Rosenberg, *Courting Disaster, supra* note 84, at 811.

86 이러한 위협에 종종 맞닥뜨리는 것처럼 보이는 법원으로는 인도 대법원이 있는데, 특히 공익소송에 대한 사법권과 관련해서 그러하다: Varun Gauri, Public Interest Litigation in India: Overreaching or Underachieving (2009).

87 Gardbaum, *supra* note 18, at 59.

88 Tushnet, *supra* note 1, at 66.

89 *Id.*

90 Sunstein, *supra* note 39 (민주주의 강화적 심사와 그의 숙고적 이익의 미덕에 관한 논의) 참조.

91 Aileen Kavanagh, the Collaborative Constitution (2023). 또한 Eoin Carolan, *Dialogue isn't Working: The Case for Collaboration as a Model of Legislative-Judicial Relations,* 36 Legal Stud. 209 (2016) 참조.

92 505 U.S. at 860.

93 *Id.* at 993 (Scalia J., 반대 의견).

94 Maria Cramer, *Here are* Key Passages From the Leaked Supreme Court Draft Opinion, N.Y. Times (May 3, 2022), www.nytimes.com/2022/05/03/us/supreme-court-abortion-opinion-draft.html.

제7장 강-약/약-강 사법심사와 구제를 향하여

1 Mark Tushnet, Weak Courts, Strong Rights: Judicial Review and Social Welfare Rights in Comparative Constitutional Law 22 (2009).

2 Rosalind Dixon, *The Forms, Functions, and Varieties of Weak(ened) Judicial Review,* 17 Int'l J. Const. L. 904 (2019).

3 Ian Ayres & Robert Gertner, *Filling Gaps in Incomplete Contracts: An Economic Theory of Default Rules,* 99 Yale L.J. 87 (1989); Eric Maskin, *On the Rationale for Penalty Default Rules,* 24 Fla. St. U. L. Rev. 1 (1997); Eric Posner, *There are No Penalty Default Rules in Contract Law,* 33 Fla. St. U. L. Rev. 563 (2006). 또한 Ian Ayres, *Ya-Huh: There Are and Should Be Penalty Defaults,* 33 Fla. St. U. L. Rev. 589 (2006) 참조.

4 Tushnet, Weak Courts, Strong Rights, *supra* note 1; Stephen Gardbaum, The New Commonwealth Model of Constitutionalism: Theory and Practice (2013).

5 *Human Rights Act 1998* (UK); *Human Rights Act 1993* (N.Z.) 참조.

6 차이와 그 잠재적 중요성에 대해서는 Jeffrey Goldsworthy, *Judicial Review, Legislative Override, and Democracy,* 38 Wake Forest L. Rev. 451 (2003); Rosalind Dixon & Adrienne Stone, *Constitutional Amendment and Political Constitutionalism: A Philosophical and Comparative Reflection, in* Philosophical Foundations of Constitutional Law (David Dyzenhaus & Malcolm Thorburn eds., 2016) 참조.

7 Gardbaum, The New Commonwealth Model of Constitutionalism, *supra* note 4.

8 Rivka Weill, *Reconciling Parliamentary Sovereignty and Judicial Review: On the Theoretical and Historical Origins of the Israeli Legislative Override Power,* 39 Hastings Const. L.Q. 457 (2011). Tal Schneider & Chen Ma'anit, *Ministers Approve Bill to Override Israel's High Court,* Globes (May 6, 2018). en.globes.co.il/en/article-ministers-approve-bill-to-override-israels-high-court-1001234682 참조.

9 Stephen Gardbaum, *What's So Weak about "Weak-Form Review"?: A Reply to Aileen Kavanagh,* 13 Int'l J. Const. L. 391 (2015).

10 Tushnet, Weak Courts, Strong Rights, *supra* note 1.

11 Mark Tushnet & Rosalind Dixon, *Weak-Form Review and Its Constitutional Relatives: An Asian Perspective, in* Comparative Constitutional Law in Asia 102 (Tom Ginsburg & Rosalind Dixon eds., 2014).

12 Donald S. Lutz, *Toward a Theory of Constitutional Amendment,* 88 Am. Pol. Sci. Rev. 355 (1994).

13 Geoffrey R. Stone, *Precedent, the American Process, and the Evolution of Constitutional Doctrine,* 11 Harv. J.L. & Pub. Pol'y 67 (1998) 참조. 또 다른 예로는 *Minor v. Happersett,* 88 U.S. 162 (1875) (여성은 수정헌법 제14조하에서 투표권이 없다고 판결

함)에 대응하는 수정헌법 제19조가 있다.

14 Lutz, *supra* note 12; Dixon & Stone, *supra* note 6.

15 예를 들어 Tom Ginsburg & James Melton, *Does the Constitutional Amendment Rule Matter At All? Amendment Cultures and the Challenges of Measuring Amendment Difficulty*, 13 Int'l J. Const. L. 686 (2015) 참조.

16 Rosalind Dixon, *Constitutional Amendment Rules: A Comparative Perspective, in* Comparative Constitutional Law 96, 98 (Tim Ginsburg & Rosalind Dixon eds., 2011).

17 Burt Neuborne, *The Supreme Court of India*, 1 Int'l J. Const. L. 476 (2003); Tushnet & Dixon, *supra* note 11; Dixon & Stone, *supra* note 6.

18 Rosalind Dixon & David Landau, *Transnational Constitutionalism and a Limited Doctrine of Unconstitutional Constitutional Amendment*, 13 Int'l J. Const. L. 606 (2015). 또한 Manuel Jose Cepeda Espinosa & David Landau, Colombian Constitutional Law: Leading Cases (2017) 참조.

19 Eoin Carolan, *Leaving Behind the Commonwealth Model of Rights Review: Ireland as an Example of Collaborative Constitutionalism, in* Rights-Based Constitutional Review 94 (John Bell & Marie-Luce Paris eds., 2016)에서의 논의 참조.

20 Walter Murphy, *Who Shall Interpret? The Question for the Ultimate Constitutional Interpreter*, 48 Rev. Pol. 401 (1986); Cornelia T.L. Pillard, *The Unfulfilled Promise of the Constitution in Executive Hands*, 103 Mich. L. Rev. 676 (2005); Gary Lawson & Christopher D. Moore, *The Executive Power of Constitutional Interpretation*, 81 Iowa L. Rev. 1267 (1995); Michael Stokes Paulsen, *The Most Dangerous Branch: Executive Power to Say What the Law Is*, 83 Geo. L.J. 217 (1994)에서의 논의 참조.

21 예를 들어 Leonard G. Ratner, *Majoritarian Constraints on Judicial Review: Congressional Control of Supreme Court Jurisdiction*, 27 Vill. L. Rev. 929 (1982); Paul M. Bator, *Congressional Power over the Jurisdiction of the Federal Courts*, 27 Vill. L. Rev. 1031 (1982) 참조. Steven G. Calabresi & Gary Lawson, *The Unitary Executive, Jurisdiction Stripping, and the* Handan *Opinions: A Textualist Response to Justice Scalia*, 107 Colum. L. Rev. 1002, 1008 (2007); Richard H. Fallon, Jr., *Jurisdiction-Stripping Reconsidered*, 96 Va. L. Rev. 1043, 1045 (2010); Barry Friedman, *A Different Dialogue: The Supreme Court, Congress and Federal Jurisdiction*, 85 Nw. U. L. Rev. 1, 34-36 (1990); Gerald Gunther, *Congressional Power to Curtail Federal Court Jurisdiction: An Opinionated Guide to the Ongoing Debate*, 36 Stan. L. Rev. 895, 921-22 (1984); James E. Pfander, *Federal Supremacy, State Court Inferiority, and the Constitutionality of Jurisdiction-Stripping Legislation*, 101 Nw. U. L. Rev. 191, 238 (2007) 참조.

22 영국은 예를 들어 *Anisminic Ltd. v. Foreign Compensation Comm'n* [1969] 2 AC 147 (UK); R. (Privacy Int'l) v. Investigatory Powers Tribunal [2019] UKSC 22 참조. 호주는, 예를 들어 Plaintiff S157/2002 v. Commonwealth (2003) 211 CLR 476 (Austl.) 참조.

23 다음과 비교해 보라. Richard H. Fallon, Jr. et al., Hart and Wechsler's The Federal Courts and the Federal System 300-12 (6th ed. 2009); Rosalind Dixon, *Partial Constitutional Amendment*, 13 Int'l J. Const. L. 391 (2011).

24 더 논란의 여지가 있는 문제는 일부 학자가 행정부가 단순히 법원 결정을 집행하지 않기로 선택함으로써 법원 결정을 무효화할 수 있다고 주장하는 것이다. 이는 입법 공무원이 아닌 행정부가 스스로 동의하지 않는 특정 법원 결정을 무효화할 수 있는 범위에 초점을 맞춘 미국의 "기관동등주의" 학파의 논의를 반영한다: 다음과 비교해 보라. Murphy, *supra* note 20; Pillard, *supra* note 20; Lawson & Moore, *supra note* 20; Paulsen, *supra* note 20.

25 Art III cl 2하의 권한에 의회가 의존한 하나의 사례가 좀 더 전도유망했다: Ex Parte McCardle, 74 U.S. (7 Wall) 506 (1869) 참조. 위험을 활용하는 다른 예 중에 일부는 민주적 반발의 부당한 표현으로 보일 수 있었고 다른 일부는 합당하며 대화적인 불일치의 표현으로 보일 수 있었다.

26 예를 들어 Neuborne, *supra* note 17; Sajjan Singh v. State of Rajisthan, AIR 1965 SC 845 (India); State of Bihar v. Kameshwar Singh, 1952 1 SCR 889 (India); Karimbil Kunhikoman v. State of Kerala, 1962 AIR 723l; 1962 SCR Supl. (1) 829 (India) 참조.

27 Dixon, *supra* note 2.

28 Cass R. Sunstein, One Case at a Time: Judicial Minimalism on the Supreme Court (2001) 참조.

29 *Id.*

30 *Id.* at 3.

31 *Id.* at 4-5.

32 Chapter 5, Section D.3 *supra* 참조.

33 다음과 비교해 보라. Kent Roach, *Dialogic Remedies*, 17 Int'l J. Const. L. 860, 870 (2019); Po Jen Yap, *New Democracies and Novel Remedies*, Pub. L. 30 (2017).

34 Re Manitoba Language Rts., [1985] 1 S.C.R. 721 (Can.).

35 Schachter v. Canada, [1992] 2 S.C.R. 679 (Can.).

36 Canadian Charter of Rights and Freedoms § 24.

37 Robert Leckey, *The Harms of Remedial Discretion*, 14 Int'l J. Const. L. 584 (2016).

38 Erin F. Delaney, *Analyzing Avoidance: Judicial Strategy in Comparative Perspective*, 66 Duke L.J. 1, 48 (2016).

39 예를 들어 Yap, *New Democracies and Novel Remedies, supra* note 33; Abortion I, (1975) 39 BVerfGE 1 (Germany); Espinosa & Landau, *supra* note 18; Decision No. 242 of Nov. 22, 2019 (조력 자살을 금지하는 조항이 위헌이라는 이탈리아 헌법재판소의 결정) 참조.

40 Rosalind Dixon & Samuel Issacharoff, *Living to Fight Another Day: Judicial Deferral in Defense of Democracy,* 2016 Wis. L. Rev. 683, 700-07 (2016).

41 *Id.* at 699. 또한 Lee Epstein & Jack Knight, The Choices Justices Make 281 (1997) 에서의 논의 참조.

42 Delaney, *Analyzing Avoidance, supra* note 38.

43 Dixon & Issacharoff, *supra* note 40, at 723.

44 Brian Ray, Engaging with Social Rights: Procedure, Participation and Democracy in South Africa's Second Wave (2016).

45 예를 들어 Vincy Fon & Francesco Parisi, *Judicial Precents in Civil Law Systems: A Dynamic Analysis,* 26 Int'l Rev. L. & Econ. 519 (2006); John Henry Merryman & Rogelio Perez-Perdomo, The Civil Law Tradition: An Introduction to the Legal Systems of Europe and Latin America (2018) 참조.

46 Antonin Scalia, A Matter of Interpretation: Federal Courts and the Law (1998).

47 역사적으로 예외는 상원의 항소위원회였다: 예를 들어 Gerald Dworkin, *Stare Decisis in the House of Lords,* 25 Mod. L. Rev. 163 (1962) 참조.

48 Planned Parenthood v. Casey, 505 U.S. 833, 854ff (1992) (신뢰 이익을 선례구속을 옹호할 네 번째 요소로 삼음).

49 예를 들어 Randy J. Kozel, *The Scope of Precedent,* 113 Mich. L. Rev. 179 (2014); Earl Maltz, *The Nature of Precedent,* 66 N.C. L. Rev. 367 (1988) 참조.

50 Ryan C. Black & James F. Spriggs, *The Depreciation of Supreme Court Precedent* 35 (fig. 1) (Jun. 12, 2009), papers.ssrn.com/sol3/papers.cfm?abstract_id=1421413 참조. 또한 Frank B. Cross et al., *Citations in the U.S. Supreme Court: An Empirical Study of Their Use and Significance,* U. Ill. L. Rev. 489 (2010) 참조. 또한 Frank B. Cross et al., *Warren Court Precedents in the Rehnquist Court,* 24 Const. Comment. 3 (2007); William M. Landes & Richard A. Posner, *Legal Precedent: A Theoretical and Empirical Analysis* (NBER Working Paper 1976), www.nber.org/papers/w0146. pdf 참조.

51 Black & Spriggs, *supra* note 50.

52 Sunstein, supra note 28, at 19, 21.

53 위의 제6장 E절 참조. 돕스는 로와 같은 결정의 종국성을 약화하는 대신 무시했다는 점에서 케이시보다 더 나아갔다. 다음과 비교해 보라 *Abortion I,* (1975) 39 BVerfGE 1 (Germany), *Abortion II,* (1993) 88 BVerfGE 203 (Germany). 이는 Donald P.

Kommers, The Constitutional Jurisprudence of the Federal Republic of Germany 339 (2d ed. 1997)에서 논의되었다.

54 다음과 비교해 보라. Robert G. McCloskey, The American Supreme Court (1960); Robert A. Dahl, *Decision-Making in a Democracy: The Supreme Court as a National Policy-Maker,* 6 J. Pub. L. 279 (1957).

55 Goldsworthy, *supra* note 6; Rosalind Dixon, *A Minimalist Charter of Rights for Australia: The UK or Canada as a Model,* 37 Fed. L. Rev. 335 (2009); Aileen Kavanagh, *A Hard Look at the Last Word,* 35 Oxford J. Legal Stud. 825, 836 (2015).

56 다음과 비교해 보라. David Landau, *Substitute and Complement Theories of Judicial Review,* 92 Ind. L.J. 1283 (2017).

57 Aileen Kavanagh, *What's So Weak About "Weak-Form Review"? The Case of the UK Human Rights Act 1998,* 13 Int'l J. Const. L. 1008 (2015).

58 Tom Hickman, Public Law After the Human Rights Act (2010); Alison Young, Democratic Dialogue and the Constitution (2020); Aileen Kavanagh, Constitutional Review Under the Human Rights Act (2009); Kavanagh, *supra* note 57; Dixon, *The Forms, Functions and Varieties of Weak(ened) Judicial Review, supra* note 2, at 918. 이 부분에 대한 도움이 되는 논의를 해 준 티모시 엔디콧Timothy Endicott 에게 감사를 표한다.

59 Hirst v. United Kingdom (No. 2) (2005) ECHR 681. 이 판결에 대한 정부 및 후속적인 유럽 차원의 대응에 대한 논의는, 예를 들어 Ed Bates, *The Continued Failure to Implement* Hirst v. UK, Eur. J. Int'l L. Blog, www.ejiltalk.org/the-continued-fail ure-to-implement-hirst-v-uk/; Elizabeth Adams, *Prisoner's Voting Rights: Case Closed?,* UK Const. L. Ass'n, ukconstitutionallaw.org/2019/01/30/elizabeth-adams-prisoners-voting-rights-case-closed/ 참조.

60 Tsvi Kahana, *The Notwithstanding Mechanism and Public Discussion: Lessons from the Ignored Practice of Section,* 44 Can. Pub. Admin. 255 (2008). 더 최근의 활용에 대해서는 또한 *Notwithstanding Clause* (Centre for Constitutional Studies, Jul. 2019), www.constitutionalstudies.ca/2019/07/notwithstanding-clause/ 참조.

61 예를 들어 R v. Vaillancourt, [1987] 2 S.C.R. 636; Ford v. Québec, (A.G.) [1988] 2 S.C.R. 712; Committee for the Commonwealth of Canada v. Canada, [1991] 1 S.C.R. 139; R v. Bain, [1991] 1 S.C.R. 91; R v. Zundel, [1992] 2 S.C.R. 731; R v. Daviault, [1994] 3 S.C.R. 761; Thomson Newspapers v. Canada (A.G.), [1998] 1 S.C.R. 877; Corbiere v. Canada (Minister of Indian and Northern Affairs), [1999] 2 S.C.R. 203; Figueroa v. Canada (A.G.) [2003] 1 S.C.R. 912 참조. 또한 Peter W. Hogg & Allison A. Bushell, *The Charter Dialogue between Courts and Legislatures (Or Perhaps the Charter of Rights Isn't Such a Bad Thing after All),* 35

Osgoode Hall L.J. 75 (1997); Kent *Roach, Dialogue or Defiance: Legislative Reversals of Supreme Court Decisions in Canada and the United States,* 4 Int'l J. Const. L. 347 (2006) 참조. 약한 심사의 중요한 도구로서 이러한 유형의 회피에 관해서는, 예를 들어 Delaney, *Analyzing Avoidance, supra* note 38 참조.

62 Kent Roach, *Constitutional and Common Law Dialogues Between the Supreme Court and Canadian Legislatures,* 80 Can. B. Rev. 481 (2001); Kent Roach, The Supreme Court on Trial: Judicial Activism or Democratic Dialogue (2001).

63 Rosalind Dixon, *A New Theory of Charter Dialogue: The Supreme. Court of Canada, Charter Dialogue and Deference,* 47 Osgoode Hall L.J. 235 (2009) 참조; 다음과 비교해 보라. Roach, *Constitutional and Common Law Dialogues, supra* note 62; Roach, The Supreme Court on Trial, *supra* note 62.

64 Dixon & Issacharoff, *supra* note 40.

65 *Id.*

66 Brown v. Board of Education, 347 U.S. 483 (1954); Brown v. Board of Education, 349 U.S. 294 (1955).

67 예를 들어 Jim Chen, *With All Deliberate Speed: Brown II and Desegregation's Children,* 24 Law & Ineq. 1 (2006); Charles Ogletree, All Deliberate Speed xiii, 11 (2004); Michael Klarman, From Jim Crow to Civil Rights: The Supreme Court and the Struggle for Racial Equality 319 (2004) 참조.

68 Dixon & Issacharoff, *supra* note 40.

69 다음과 비교해 보라. Rosalind Dixon & Theunis Roux, *Marking Constitutional Transitions: The Law and Politics of Constitutional Implementation in South Africa, in* From Parchment to Practice: Implementing New Constitutions 53 (Tom Ginsburg & Aziz Z. Huq eds., 2020).

70 콜롬비아에서 헌법 개정에 대한 심사와 관련된 이러한 사례에 대한 유용한 논의는 Espinosa & Landau, *supra* note 18, at 325-82 참조; Vicente Fabian Benitez Rojas, Judicial Power in Constitutional Democracies: Strong and Weak Courts in Colombia and Judicial Review of Constitutional Amendments between 1955 and 2017 (2021) (JSD 학위논문, New York University). 또한 위의 제4장 C.5절 참조.

71 Decision C-1040 of 2005 in Espinosa & Landau, *supra* note 18, at 343-51 참조.

72 Dixon & Issacharoff, *supra* note 40.

73 *Id.* at 32-33.

74 Dixon & Issacharoff, *supra* note 40 at 691-92.

75 Jeremy McDermott, *How President Alvaro Uribe Changed Colombia,* BBC News, Aug. 4, 2010, www.bbc.com/news/world-latin-america-10841425.

76 *Id.*

77 Dixon & Issacharoff, *supra* note 40, at 718. 더 자세한 논의는 위의 제4장 C.5절 참조.

78 다음과 비교해 보라. David Landau & Rosalind Dixon, *Constraining Constitutional Change*, 50 Wake Forest L. Rev. 859 (2015). 또한 David Landau, *Abusive Constitutionalism*, 47 U.C. Davis L. Rev. 189 (2013) 참조.

79 다음과 비교해 보라. Landau & Dixon, *Constraining Constitutional Change*, *supra* note 78.

80 Raila Amolo Odinga & another v. Independent Electoral and Boundaries Commission & 2 others [2017] eKLR 참조.

81 Eyder Peralta, *Kenyan Officials Say They Can't Guarantee Fair Process in Presidential Election*, KPCW (Oct. 18, 2017), www.kpcw.org/2017-10-18/kenyan-officials-say-they-cant-guarantee-fair-process-in-presidential-election.

82 Matina Stevis-Gridneff, *Kenyan Opposition Leader Withdraws From Election Rerun*, W.S.J. (Oct. 10, 2017), www.wsj.com/articles/kenyan-opposition-leader-withdraws-from-election-rerun-1507646147.

83 BBC, *Kenya Election Law Amendment Takes Effect*, BBC (Nov. 3, 2017), www.bbc.com/news/world-africa-41859171.

84 Jina Moore, *Uhuru Kenyatta Is Declared Winner of Kenya's Repeat Election*, N.Y. Times (Oct. 30, 2017), www.nytimes.com/2017/10/30/world/africa/kenya-election-kenyatta-odinga.html.

85 Rael Ombuor, *Kenya Supreme Court Upholds Election Rerun, Sparking Celebrations, Protests*, Wash. Post. (Nov. 20, 2017), www.washingtonpost.com/world/kenya-supreme-court-upholds-election-rerun-sparking-protests-celebrations/2017/11/20/f906e310-cdd2-11e7-9d3a-bcbe2af58c3a_story.html.

86 Espinosa & Landau, *supra* note 18, at 77-78.

87 Alba Ruibal, *Movement and Counter-movement: A History of Abortion Law Reform and the Backlash in Colombia 2006–2014*, 22 Reprod. Health Matters 42, 44 (2014).

88 예를 들어 *id.* at 46 참조.

89 *Id.* at 45 참조.

90 Espinosa & Landau, *supra* note 18, at 80.

91 *Id.* at 82; Ruibal, *supra* note 87, at 48.

92 Ruibal, *supra* note 87, at 48.

93 Julie Turkewitz, *Colombia Decriminalizes Abortion, Bolstering Trend Across Region*, N.Y. Times (Feb. 22, 2022), www.nytimes.com/2022/02/22/world/americas/colombia-abortion.html.

94 Espinosa & Landau, *supra* note 18, at 91-97. 논의에 대해서는 Mauricio Albarracin & Julieta Lemaitre, *The Crusade Against Same-Sex Marriage in Colombia*, 8 Religion

& Gender 32 (2018) 참조. 또한 Adriana Piatti-Crocker & Jason Pierceson, *Unpacking the Backlash to Marriage Equality in Latin America* 11 (샌프란시스코에서 열린 서구정치학회 연례 회의에서 발표된 논문, Mar. 29-31, 2018); Mauricio Albarracín Caballero, *Social Movements and the Constitutional Court: Legal Recognition of the Rights of Same-Sex Couples in Colombia*, 8 Int'l J. Hum. Rts. 7 (2011); Macarena Saez, *Transforming Family Law Through Same-Sex Marriage: Lessons from (and to) the Western World*, 25 Duke J. Comp. & Int'l L. 125 (2014) 참조.

95 Albarracín & Lemaitre, *supra* note 94, at 35-37. 또한 위의 제4장 C.2절에서의 논의 참조.

96 Albarracín & Lemaitre, *supra* note 94, at 35-37 (2018).

97 Espinosa & Landau, *supra* note 18, at 91-100.

98 위의 제4장 C.4절 참조.

99 *Id.*

100 David Bichitz, Poverty and Fundamental Rights: The Justification and Enforcement of Socio-economic Rights 152-55 (2007); Rosalind Dixon, *Creating Dialogue about Socioeconomic Rights: Strong-Form v. Weak-Form Judicial Review Revisited*, 5 Int'l J. Const. L. 391 (2007); César Rodríguez-Garavito, *Beyond the Courtroom: The Impact of Judicial Activism on Socioeconomic Rights in Latin America*, 89 Tex. L. Rev. 1669, 1692 (2011).

101 Kent Roach & Geoff Budlender, *Mandatory Relief and Supervisory Jurisdiction: When Is It Appropriate, Just and Equitable*, 122 S. Afr. L.J. 325 (2005).

102 Sunstein, *supra* note 28, at 70.

103 John Hart Ely, Democracy and Distrust: A Theory of Judicial Review (1980). 다음 과 비교해 보라. Rosalind Dixon, *Constitutional "Dialogue" and Deference, in* Constitutional Dialogue: Rights, Democracy, Institutions 171 (Geoffrey Sigalet et al. eds., 2019); Roach, The Supreme Court on Trial, *supra* note 62.

104 위의 제7장 참조.

105 Jamal Greene, How Rights Went Wrong: Why Our Obsession with Rights is Tearing America Apart 136 (2021); Julie C. Suk, After Misogyny: Law and Feminism in the Twenty-First Century (2023).

106 Kommers, *supra* note 53.

107 *Id.* at 348.

108 Greene, *supra* note 105.

109 예를 들어 Ronald Dworkin, Taking Rights Seriously (2013) (법원 내부의 합의에 필 요한 정도로 실용적 판단을 제한함) 참조. 유용한 논의로는 Theunis Roux, *Principle and Pragmatism on the Constitutional Court of South Africa*, 7 Int'l J. Const. L. 106,

fn 20-22 (2009) 참조.

110 예를 들어 Trevor R.S. Allan, The Sovereignty of Law: Freedom, Constitution and Common Law (2013) 참조.

111 헌법적 실용주의에 대해서는 Richard A. Posner, Law, Pragmatism, and Democracy (2005) 참조.

112 Alexander M. Bickel, The Least Dangerous Branch: The Supreme Court at the Bar of Politics 64 (1986). 또한 Anthony T. Kronman, *Alexander Bickel's Philosophy of Prudence,* 94 Yale L.J. 1567 (1985)에서의 논의 참조.

113 Roni Mann, *Non-ideal Theory of Constitutional Adjudication,* 7 Global Const. 14, 38-51 (2018); Malcolm Langford, *Why Judicial Review,* 2 Oslo L. Rev. 36, 63 (2015). 또한 Theunis Roux, The Politics of Principle: The First South African Constitutional Court, 1995-2005 (2013) 참조.

114 예를 들어 팰런은 "이전에 인정받지 못했던 권리를 승인하는 것이 대중의 반발을 불러일으킬 가능성이 높으며, 그 권리가 보호하기 위해 만들어진 이익에 도움이 되기보다는 해로울 수 있다면, 예상되는 결과는 법원이 손을 잡아야 할 도덕적으로 중요한 이유를 제공한다"라고 주장한다: Richard H. Fallon, Jr., *Legitimacy and the Constitution,* 118 Harv. L. Rev. 1787, 1850 (2004) 참조. 선스타인은 또한—헌법에 대한 원칙적 또는 "도덕적 해석"에 헌신하는 법원을 포함한—법원이 무의미하거나 스스로 패배할 가능성이 있는 결정을 회피하는 강력한 결과주의적 논거가 있다고 제안한다: Cass R. Sunstein, *If People Would be Outraged By Their Rulings, Should Judges Care,* 60 Stan. L. Rev. 155, 203-04 (2007) 참조.

115 예를 들어 Aileen Kavanagh, *Defending Deference in Public Law and Constitutional Theory,* 162 Law Q. Rev. 222 (2010) 참조.

116 독일의 연방헌법재판소는 정확히 이 범주에 놓이는 법원으로 보일 수 있다. 예를 들어 Kommers, *supra* note 53; Justin Collings, *An American Perspective on the German Constitutional Court, in* The US Supreme Court and Contemporary Constitutional Law: The Obama Era and Its Legacy (Anna-Bettina Kaiser et al. eds., 2018) 참조.

117 다음과 비교해 보라. *Whole Woman's Health v. Austin Jackson,* 594 U.S. 30 (2021); Adam Liptak et al., *Supreme Court, Breaking Silence, Won't Block Texas Abortion Law,* N.Y. Times (Sept. 1, 2021), www.nytimes.com/2021/09/01/us/supreme-court-texas-abortion.html.

118 David Landau, *Aggressive Weak-Form Remedies,* 5 Const. Ct. Rev. 224, 245-46 (2013). Katharine G. Young, The Future of Economic and Social Rights (2019).

119 로드리게스 가라비토는 또한 사법적 구제책의 강도에 대한 또 다른 차원으로 사법적 감시의 중요성을 강조한다: 약한 구제책이 단 한 번의 명령에 관여되는 반면, 강한 구제책은 법원 명령을 이행하지 못한 공무원에 대한 처벌의 위협과 함께 법원의 지속적인 감

시와 연관된다: Rodríguez-Garavito, *supra* note 100, at 1691-92 참조. 다음과 비교해 보라. Dixon, *Creating Dialogue about Socioeconomic Rights, supra* note 100; Malcolm Langford, *Judicial Politics and Social Rights', in* The Future of Economic and Social Rights 66-109 (Katherine Young ed., 2019).

120 위의 제3장에서 제6장 참조.

121 Satchwell v. President of the Republic of South Africa (CCT 45/01) (사법 연금); Du Toit v. Minister of Welfare and Population Development, 2003 (2) SA 198 (CC) (공동 입양); J and B v. Director General: Department of Home Affairs, 2003 (5) SA 198 (CC) (인공수정으로 출산한 여성의 동성 파트너에 대한 인정).

122 Hendricks v. Québec [2002] R.J.Q. 2506; Halpern v. Canada (2003), 65 O.R. (3d) 161; Egale Canada Inc. v. Canada (법무 장관) (2003), 225 D.L.R. (4th) 472, *in* chapter 3. *supra*; Decision C-577 of 2011 참조.

123 Espinosa & Landau, *supra* note 18; Rodríguez-Garavito, *supra* note 100; Varun Gauri & Daniel M. Brinks, *Human Rights as Demands for Communicative Action*, 20 J. Pol. Phil. 407, 416-17 (2012)에서의 논의 참조.

124 Tushnet, Weak Courts, Strong Rights, *supra* note 1; Michael C. Dorf & Charles F. Sabel, *A Constitution of Democratic Experimentalism*, 98 Colum. L. Rev. 267 (1998); Gaurav Mukherjee, *Democratic Experimentalism in Comparative Social Rights Remedies*, 1 Milan L. Rev. 75, 93 (2020).

125 Alyssa Brierly, PUCL v. Union of India: Political Mobilization and the Right to Food, in A Qualified Hope: The Indian Supreme Court and Progressive Social Change 8 (Gerald N. Rosenberg et al. eds., 2019); Rosalind Dixon & Rishad Chowdhury, *A Case for Qualified Hope? The Supreme Court of India and the Midday Meal Decision, in* A Qualified Hope: The Indian Supreme Court and Progressive Social Change (Gerald N. Rosenberg et al. eds., 2019); Mukherjee, *supra* note 124; Gaurav Mukherjee & Juha Tuovinen, *Designing Remedies for Recalcitrant Administration*, 36 S. Afr. J. Hum. Rts. 386 (2020).

126 Nick Robinson, *Closing the Implementation Gap: Grievance Redress and India's Social Welfare Programs*, 53 Colum. J. Transnat'l L. 351 fn 73 (2015); Brierly, *supra* note 125, at 6-13; Dixon & Chowdhury, *supra* note 125.

127 위의 제7장 A절 참조.

128 *Id.* 및 Ray, *supra* note 44에서의 논의 참조. 또한 Kameshni Pillay, *Implementation of Grootboom: Implications for the Enforcement of Socio-economic Rights* 6(2) Af. J. Online 255 (2002); Yap, *New Democracies and Novel Remedies, supra* note 33; Landau, *Aggressive Weak-Form Remedies, supra* note 118 참조.

129 쟁점에 대한 의미 있는 민주적 논의를 허용하기에 충분할 만큼 지연이 길지 않을 수 있

다는 주장은 Robert Leckey, *Assisted Dying, Suspended Declarations, and Dialogue's Time*, 69 U. Toronto L.J. 64 (2019) (캐나다의 조력 사망의 맥락에서) 참조.

130 *Id.*

131 Landau, *Aggressive Weak-Form Remedies, supra* note 118; Yap, *New Democracies and Novel Remedies, supra* note 33 참조.

132 인도의 사회권 맥락에서 이의 중요성에 대해서는, 예를 들어 Robinson, *Closing the Implementation Gap, supra* note 126; Dixon & Chowdhury, *supra* note 125 참조.

133 Rodríguez-Garavito, *supra* note 100, at 1691-92.

134 다음과 비교해 보라. Roach & Budlender, *supra* note 101, at 333-34, 339 (정기적 보고 요건이 주어진 헌법적 목적을 국가가 달성하는 데 도움이 될 수 있었던 경우에 그리고/혹은 낮은 국가 역량의 경우에 그것들의 유용함에 대하여 언급함).

135 예를 들어 Rodríguez-Garavito, *supra* note 100, at 1692 참조.

136 Roach & Budlender, *supra* note 101; Brian Ray, Engaging with Social Rights: Procedure, Participation and Democracy in South Africa's Second Wave (2016).

137 Roach & Budlender, *supra* note 101.

138 Rodríguez-Garavito, *supra* note 100, at 1692.

139 Dixon & Chowdhury, *supra* note 125; Mukherjee, *Democratic Experimentalism, supra* note 124; Mukherjee & Tuovinen, *supra* note 125.

140 다음과 비교해 보라. Landau, *Aggressive Weak-Form Remedies, supra* note 118, at 257; David Landau, *The Reality of Social Rights Enforcement*, 53 Harv. Int'l L.J. 189 (2012).

141 Ayres & Gertner, *supra* note 3.

142 *Id.* at 91.

143 제1장에서 언급했듯이, 이는 규제의 대응이론에서 나오는 규제 피라미드의 아이디어와 중요한 유사점을 갖는다. 제1장 n 25 참조.

144 Landau, *Aggressive Weak-Form Remedies, supra* note 118; Yap, *New Democracies and Novel Remedies, supra* note 33, at fn 21. 또한 다음과 비교해 보라. Rodríguez-Garavito's idea of "dialogic activism": Rodríguez-Garavito, *supra* note 100.

145 다음과 비교해 보라. Landau, *Aggressive Weak-Form Remedies, supra* note 118. 이는 또한 무케르지에 의해 제시된 정치적 법적 책임성의 논리를 따른다: Gaurav Mukherjee, *The Supreme Court of India and the Inter-Institutional Dynamics of Legislated Social Rights*, 53 VRU/World Comp. L. 53 (2020) 참조.

146 Landau, *Aggressive Weak-Form Remedies, supra* note 118. 또한 David Landau, *A Dynamic Theory of Judicial Role*, 55 B.C.L. Rev. 1501 (2014) 참조.

147 W v. Registrar of Marriages [2013] HKFCA 39, [141]-[146].

148 *Id.* at [146].

149 Swati Jhaveri & Anne Scully-Hill, *Executive and Legislative Reactions to Judicial Declarations of Constitutional Invalidity in Hong Kong: Engagement, Acceptance or Avoidanc?*, 13 Int'l J. Const. L. 507 (2015)에서의 논의 참조.

150 Winnie Chan Wing Yan, *Transsexual Marriage in Hong Kong: Reflections on the Journey from the CFA's Decision in W v. The Registrar of Marriages to the Marriage (Amendment) Bill 2014* (Jan. 29. 2015) at 1, 5-6, papers.ssrn.com/sol3/papers. cfm?abstractid=2556703; Joy L. Chia & Amy Barrow, *Inching Towards Equality; LGBT Rights and the Limitations of Law in Hong Kong*, 22 Wm. & Mary J. Women & L. 303, 322-23 (2016).

151 *W v. Registrar, supra* note 147, at [150]. 이러한 이유로, 얍은 그것을 엄밀한 유예 명령의 사례라고 명명한다. Yap, *New Democracies and Novel Remedies, supra* note 33 참조.

152 Chan Wing Yan, *supra* note 150, at 6.

153 *Id.* at 1, 5-6; Chia & Barrow, *supra* note 150, at 322-23; Jhaveri & Scully-Hill, *supra* note 149, at 515-16.

154 Satchwell v. President of the Republic of South Africa, CCT 45/01; Du Toit v. Minister of Welfare and Population Development, 2003 (2) SA 198 (CC); J and B v. Director General: Department of Home Affairs, 2003 (5) SA 198 (CC). 위의 제4장 참조.

155 Minister for Home Affairs v. Fourie, 2005 (3) B.C.L.R. 241 (SCA), 2006 (3) B.C.L.R. 355 (CCSA).

156 Dixon & Issacharoff, *supra* note 40, at 703-05 참조.

157 Minister for Home Affairs v. Fourie, 2005 (3) B.C.L.R. 241 (SCA), 2006 (3) B.C.L.R. 355 (CCSA). 또한 Dixon & Issacharoff, *supra* note 40 참조.

158 Minister for Home Affairs v. Fourie, *supra* note 157. Yap, *New Democracies and Novel Remedies, supra* note 33에서의 논의 참조.

159 Theunis Roux, The Politics of Principle: The First South African Constitutional Court, 1995-2005 (2013) 참조.

160 Dixon & Issacharoff, *supra* note 40 참조.

161 Christopher P. Manfredi & James B. Kelly, *Six Degrees of Dialogue: A Response to Hogg and Bushell*, 37 Osgoode Hall L.J. 513 (1999)에서의 논의 참조.

162 Rosalind Dixon, *A New (Inter)national Human Rights Experiment for Australia*, 23 Pub. L. Rev. 75 (2012) 참조.

163 Landau, *A Dynamic Theory of Judicial Role, supra* note 146.

164 Dixon & Chowdhury, *supra* note 125.

165 Dorf & Sabel, *supra* note 124. 그의 관련성과 사회적·경제적 권리의 집행의 맥락으로의 변형에 대해서는 또한 Katharine Young & Sandra Liebenberg, "Adjudicating

Social and Economic Rights: Can Democratic Experimentalism Help?" in Social Rights in Theory and Practice: Critical Inquiries (Helena Alviar Garcia et al. eds. 2015); Ray, Engaging with Social Rights, *supra* note 136, at 27-28; Mukherjee, *Democratic Experimentalism, supra* note 124 참조.

166　Dixon & Chowdhury, *supra* note 125.

167　Espinosa & Landau, *supra* note 18, at 187-88.

168　Valentina Rotondi et al., *Leveraging Mobile Phones to Attain Sustainable Development,* 117 PNAS 13413 (2020).

169　위의 제4장과 제5장 참조.

170　Rodríguez-Garavito, *supra* note 100, at 1687-88.

171　Dixon & Chowdhury, *supra* note 125 참조.

172　위의 제5장 참조. 또한 Rodríguez-Garavito, *supra* note 100, at 1687 참조.

173　이 부분에 대한 연구에서 테우니스 루의 도움을 받았다.

174　Roach, *Dialogic Remedies, supra* note 33. 또한 다음과 비교해 보라. Gardbaum, *What's So Weak About "Weak-Form Review"?, supra* note 9.

175　Gardbaum, The New Commonwealth Model of Constitutionalism, *supra* note 4.

176　Dixon, *Creating Dialogue about Socioeconomic Rights, supra* note 100.

177　이러한 논의 및 이와 관련된 "새치기" 이의 제기에 대한 논의는, 예를 들어 Roach & Budlender, *supra* note 101, at 872-73, 880-81 참조.

178　다음과 비교해 보라. Rosalind Dixon & David Landau, *Constitutional Non-Transformation?: Socioeconomic Rights Beyond the Poor, in* The Future of Economic and Social Rights 110 (Katharine G. Young ed., 2019) (이러한 논의 및 이와 관련된 배분적 고려와 문제 제기에 대해서 다룸).

179　다음과 비교해 보라. Landau, *A Dynamic Theory of Judicial Role, supra* note 146; Mark Tushnet & Madhav Khosla, Unstable Constitutionalism: Law and Politics in South Asia (2015).

180　Roach, The Supreme Court on Trial, *supra* note 62; Rosalind Dixon, *The Supreme Court of Canada, Charter Dialogue, and Deference,* 47 Osgoode Hall Law J. 235 (2009).

181　Langford, *supra* note 119, at 69-73. 다음과 비교해 보라. Landau, *A Dynamic Theory of Judicial Role, supra* note 146, at 1504.

182　*Id.* at 1554.

183　다음과 비교해 보라. Roach *Dialogic Remedies, supra* note 33; Kent Roach, Remedies for Human Rights Violations: A Two-Track Approach to Supra-National and National Law (2021); Aileen Kavanagh, The Collaborative Constitution (2023); Marta Cartabia, *Editorial: COVID-19 and I-CON,* 18 Int'l J. Const. L. 1 (2020).

184 다음과 비교해 보라 Charles F. Sabel & William H. Simon, *Destabilization Rights: How Public Law Litigation Succeeds,* 117 Harv. L. Rev. 1016 (2004); Michaela Hailbronner, Structural Reform Litigation in Domestic Courts (2022).

제8장 대응적인 사법부의 목소리

1 David Landau, *Substitute and Complement Theories of Judicial Review,* 92 Ind. L.J. 1283 (2017). 또한 위의 제5장 참조.

2 Richard A. Posner, Law, Pragmatism, and Democracy (2005).

3 Stephen Gardbaum, *Are Strong Constitutional Courts Always a Good Thing for New Democracies?,* 53 Colum. J. Transnat'l L. 285 (2015); Rosalind Dixon, *Strong Courts: Judicial Statecraft in Aid of Constitutional Change,* 59 Colum. J. Transnat'l L. 299 (2021). 또한 Vicente Fabian Benitez Rojas, Judicial Power in Constitutional Democracies: Strong and Weak Courts in Colombia and Judicial Review of Constitutional Amendments between 1955 and 2017 (2021) (JSD 학위논문, New York University) 참조.

4 Roni Mann, *Non-ideal Theory of Constitutional Adjudication,* 7 Global Const. 14 (2018).

5 예를 들어 E. Allan Lind et al., *Voice, Control, and Procedural Justice: Instrumental and Noninstrumental Concerns in Fairness Judgments,* 59 J. Personality & Soc. Psychol. 952 (1990) (합리적 설명과 도구적 설명의 의견 표명 효과를 설명한 현존하는 연구를 정리하고 두 가지 효과에 대한 추가 증거를 제공함); Derek R. Avery & Miguel A. Quinones, *Disentangling the Effects of Voice: The Incremental Roles of Opportunity, Behavior, and Instrumentality in Predicting Procedural Fairness,* 87 J. Applied Psychol. 81 (2002) 참조.

6 *Id.* 또한 Bruce Barry & Debra L. Shapiro, *When Will Grievants Desire Voice? A Test of Situational, Motivational, and Attributional Explanations,* 11 Int'l J. Conflict Mgmt. 106 (2000) 참조.

7 Alon Harel & Adam Shinar, *The Real Case for Judicial Review, in* Comparative Judicial Review 13, 17-27 (Erin F. Delaney & Rosalind Dixon eds., 2018); Alon Harel & Tsvi Kahana, *The Easy Core Case for Judicial Review,* 2 J. Legal Analysis 227 (2010). 또한 Alon Harel & Adam Shinar, *Between Judicial and Legislative Supremacy: A Cautious Defense of Constrained Judicial Review,* 10 Int'l J. Const. L. 950 (2012) 참조.

8 Lon L. Fuller, The Morality of Law (rev. ed. 1969). Jeremy Waldron, *Why Law— Efficacy, Freedom or Fidelity?,* 13 Law & Phil. 259, 278-79 (1994); Colleen Murphy, *Lon Fuller and the Moral Value of the Rule of Law,* 24 Law & Phil. 239 (2005)에서의

논의 참조. 이러한 제안에 대해서는 케빈 월턴Kevin Walton의 도움을 받았다.

9 Margit Cohn, A Theory of the Executive Branch: Tension and Legality (2021) at 289-320. 또한 Margit Cohn, *The Role of Courts in the Public Decision-Making Sphere: A Two-Pronged Argument for Heightened Review* (2022) 참조.

10 Harel & Shinar, *The Real Case for Judicial Review, supra* note 7, at 26(강조는 원문).

11 특정한 사례의 맥락에서는, 예를 들어 Nathalie Des Rosiers, *From Telling to Listening: A Therapeutic Analysis of the Role of Courts in Minority–Majority Conflicts,* 37 Court Review 54 (2000); Sarah Murray, *"A Letter to the Loser"? Public Law and the Empowering Role of the Judgment,* 23(4) Griffith L.R. 545-68 (2014) 참조. 더 광범위하게는 또한 Jamal Greene, *Rights as Trumps,* 132 Harv.L. Rev. 28 (2018) (미 연방대법원이 좀 더 범주적인 "권리 우선적" 접근에 대한 선호에서 좀 더 유연한 비례원칙 기반 접근으로 전환하기를 요구하며 범주적 접근은 전체적인 헌법적 계획에 대한 애착감과 그 계획의 참가자로서 서로(상대방)에 대한 애착감을 없애는 식으로 헌법적 논쟁의 당사자를 소외시키는 경향이 있다고 제시함) 참조.

12 Robert Burt, The Constitution in Conflict (1992).

13 예를 들어 Rosalind Dixon, *Female Justices, Feminism, and the Politics of Judicial Appointment: A Reexamination,* 21 Yale J.L. & Feminism 297 (2009) 참조.

14 물론 일부 경우에 법관과 패소자 간의 긴밀한 연관성은 부정적 영향을 미칠 수도 있다. 이는 오히려 패소자 측에서 분노와 배신감을 증폭할 수도 있다. 예를 들어 토머스 대법관의 법리와 관련하여 미 연방대법원의 흑인 소송인과 관찰자가 그러한 사례이다: 예를 들어 A. Leon Higginbotham, Jr. *Justice Clarence Thomas in Retrospect,* 45 Hastings L.J. 1405 (1993); Mark Tushnet, *Clarence Thomas's Black Nationalism,* 47 How. L.J. 323 (2004); U.W. Clemon & Stephanie Y. Moore, *Justice Clarence Thomas: The Burning of Civil Rights Bridges,* 1 Alabama C.R. & C.L. L. Rev. 49 (2011); Ken Foskett, Judging Thomas (2004) 참조.

15 Rosalind Dixon, *Towering v. Collegial Judges: A Comparative Reflection,* in Rehan Abeyratne and Iddo Porat (eds), Towering Judges: A Comparative Study of Constitutional Judges (2021) 참조.

16 예를 들어 Ruth Bader Ginsburg, *The Role of Dissenting Opinions,* 95 Minn. L. Rev. 1, 3 (2010); Andrew Lynch, *Dissent: The Rewards and Risks of Judicial Disagreement in the High Court of Australia,* 27 Melb. U. L. Rev. 724 (2003) 참조.

17 Stephen Gardbaum, *What Makes for More or Less Powerful Constitutional Courts,* 29 Duke J. Comp. & Int'l L. 1, 15 (2018). 물론 이것이 실제로 그러한지는 부분적으로는 법원 내부의 업무 구조에 대한 정보가 어느 정도로 대중화되었는지에 달려 있다.

18 Andrew Lynch, *Introduction—What Makes a Dissent "Great",* in Great Australian Dissents 13 (Andrew Lynch ed., 2016), Charles E. Hughes, The Supreme Court of

the United States 68 (1928)에서 인용.

19 예를 들어 Planned Parenthood v. Casey, 505 U.S. 833, 979 – 81 (1992) (Scalia J., 반대 의견); Lawrence. V. Texas., 539 U.S. 558 (2003) (Scalia J., 반대 의견); Bostock v. Clayton County, 590 U.S. 644, 32 (2020) (Alito J., 반대 의견) 참조. 이에 대한 논의는 에린 델라니Erin Delaney의 도움을 받았다.

20 이는 위에서 언급한 가드바움의 무지의 장막 논의의 경우에는 그러하지 않을 수 있다. 공동 의견per curiam과 법원의 권위에 대해서는, 예를 들어 *Cooper v. Aaron*, 358 U.S. 1 (1958); Tony A. Freyer, *Cooper v. Aaron (1958): A Hidden Story of Unanimity and Division*, 33 J. Sup. Ct. Hist. 89 (2008); Daniel A. Farber, *The Supreme Court and the Rule of Law: Cooper v. Aaron Revisited*, U. Ill. L. Rev. 387 (1982); Bush v. Gore, 531 U.S. 98 (2000); Laura Krugman Ray, *Road to Bush v. Gore: The History of the Supreme Court's Use of the Per Curiam Opinion*, 79 Neb. L. Rev. 517 (2000); Erwin Chemerinsky, *Bush v. Gore was Not Justiciable*, 76 Notre Dame L. Rev. 1093 (2000); Stephen L. Wasby et al., *The Per Curiam Opinion: Its Nature and Functions*, 76 Judicature 29 (1992); Ira P. Robbins, *Hiding Behind the Cloak of Invisibility: The Supreme Court and Per Curiam Opinions*, 86 Tul. L. Rev. 1197 (2011) 참조.

21 Elisa D'Alterio, *From Judicial Comity to Legal Comity: A Judicial Solution to Global Disorder?*, 9 Int'l J. Const. L. 394, 401 (2011).

22 *Id*. At 398, 400, 423.

23 *Id*. At 400, 423.

24 다음과 비교해 보라. *Hilton v. Guyot*, 159 U.S. 113 (1895) (이는 절대적 의무의 문제도 아니고 예의나 선의의 문제도 아니라고 주장함). D'Alterio, *supra* note 21, at 400에서의 논의 참조.

25 Aileen Kavanagh, The Collaborative Constitution (2023), *Buckley v. Attorney General* [1950] I.R. 67, 80 (O'Byrne J.)에서 인용.

26 *Id*.

27 *Id*. at 21.

28 *Id*. at 24.

29 예를 들어 George A. Akerlof, *Labor Contracts as Partial Gift Exchange*, 97 Q.J. Econ. 543 (1982); Sebastian Kube et al., *The Currency of Reciprocity: Gift Exchange in the Workplace*, 102 Am. Econ. Rev. 1644 (2012); Armin Falk, *Gift Exchange in the Field*, 75 Econometrica 1501 (2007) 참조.

30 예를 들어 Akerlof, *supra* note 29; Falk, *supra* note 29; Ernst Fehr et al., *Gift Exchange and Reciprocity in Competitive Experimental Markets*, 42 Eur. Econ. Rev. 1 (1998) 참조.

31 다음과 비교해 보라. Akerlof, *supra* note 29; Noel D. Johnson & Alexandra A.

Mislin, *Trust Games: A Meta-Analysis*, 32 J. Econ. Psychol. 865 (2011).

32 James Fowkes, Building the Constitution: The Practice of Constitutional Interpretation in Post-Apartheid South Africa 50 (2016).

33 다음과 비교해 보라. Rosalind Dixon, *Constitutional Drafting and Distrust*, 13 Int'l J. Const. L. 819 (2015).

34 *Id.*

35 다음과 비교해 보라. Elizabeth S. Anderson & Richard H. Pildes, *Expressive Theories of Law: A General Restatement*, 148 U. Pa. L. Rev. 1503 (2000).

36 Harel & Shinar, *The Real Case for Judicial Review, supra* note 7, at 17-27; Harel & Kahana, *Between Judicial and Legislative Supremacy, supra* note 7.

37 다음과 비교해 보라. Roger Masterman & Jo Murkens, *Skirting Supremacy and Subordination: The Constitutional Authority of the United Kingdom Supreme Court*, Public Law 800 (2013).

38 Kavanagh, *supra* note 25.

39 Robert M. Cover, *Foreword: Nomos and Narrative*, 97 Harv. L. Rev. 4 (1983).

40 *Id.* at 4.

41 *Id.* at 11-14.

42 *Id.* 또한 Robert Cover, *Violence and the Word*, 95 Yale L. J. 1601 (1986) 참조.

43 Thomas Nagel, Equality and Partiality (1995).

44 *Id.* at 17-18.

45 예를 들어 Brett Davidson, *The Role of Narrative Change in Influencing Policy*, On Think Tanks (Jul. 10, 2016), onthinktanks.org/articles/the-role-of-narrative-change-in-influencing-policy/ 참조. 또한 Robert J. Shiller, *Narrative Economics*, 107 Am. Econ. Rev. 967 (2017) (내러티브가 경제적 성장과 결과 그리고 경제적 행동에 대한 대중의 관념에 영향을 준다는 점을 언급함); Alexander B. Murphy, *Advancing Geographical Understanding: Why Engaging Grand Regional Narratives Matters*, 3 Dialogues in Hum. Geography 131 (2013) (내러티브가 인문지리학에 영향을 준다는 점을 언급함) 참조.

46 다음과 비교해 보라. Mark A. Polack, *Who Supports International Law and Why? The United States, the European Union and the International Legal Order*, 13 Int'l J. Const. L. 873 (2015).

47 자유 민주주의 관점에서 국가주의적 혹은 국가 특정의 가치에 대한 호소가 갖는 잠재적 가치에 대해서는, 예를 들어 William Partlett & Dinesha Samararatne, *Redeeming the National in Constitutional Argument*, 54 World Const. L. (2021) 참조.

48 예를 들어 David Landau & Rosalind Dixon, *Constraining Constitutional Change*, 50 Wake Forest L. Rev. 859 (2015) on Zimbabwe and Venezuela에서의 논의 참조. 미

국은 가장 최근의 "경제적 국가주의" 수사법의 부상을 참조. 예를 들어 Monica de Bolle, *The Rise of Economic Nationalism Threatens Global Cooperation*, Peterson Inst. Int'l Econ. (Sept. 4, 2019), www.piie.com/blogs/realtime-economic-issues-watch/rise-economic-nationalism-threatens-global-cooperation; Adam Harmes, *The Rise of Neoliberal Nationalism*, 19 Rev. Int'l Pol. Econ. 59 (2012) 참조.

49 예를 들어 Louise Vincent & Simon Howell, *"Unnatural", "Un-African" and "Ungodly": Homophobic Discourse in Democratic South Africa*, 17 Sexualities 472 (2014); Thomas Brown, *South Africa's Gay Revolution: The Development of Gay and Lesbian Rights in South Africa's Constitution and the Lingering Societal Stigma Towards the Country's Homosexuals*, 6 Elon L. Rev. 455 (2014) 참조.

50 National Coalition for Gay and Lesbian Equality v. Minister of Justice, 1999 (1) SA 6, [26], [28]-[30], [37], [55].

51 *Id.* at [26]. 헌법재판소의 법리에서 "재발 금지" 논리에 대한 더 일반적인 설명은 Rosalind Dixon & Theunis Roux, *Marking Constitutional Transitions: The Law and Politics of Constitutional Implementation in South Africa, in* From Parchment to Practice: Implementing New Constitutions (Tom Ginsburg & Aziz Z. Huq eds., 2020) 참조.

52 그의 배경에 대해서는 Historical Papers, *Lourens (Laurie) Ackermann*, Constitutional Court Oral History Project (Dec. 6, 2011), www.historicalpapers.wits.ac.za/inventories/inv_pdfo/AG3368/AG3368-A1-001-jpeg.pdf; Jonathan Klaaren, *The Constitutional Concept of Justice LAckermann: Evolution By Revolution, in* Making the Road by Walking: The Evolution of the South African Constitution 27 (N. Bohler-Muller et al. eds., 2018) 참조.

53 Minister of Home Affairs v. Fourie, 2006 (1) SA 524, [60].

54 *Id.* at [59]-[60]. *S v. Makwanyane* [1995] ZACC 3; 1995 (3) SA 391 (CC); 1995 (6) BCLR 665 (CC) [262]에서 인용. Dixon & Roux, *supra* note 51 참조.

55 Minister of Home Affairs v. Fourie, 2006 (1) SA 524, [89]-[90] (Sachs J).

56 *Id.* At [94]-[95] (Sachs J).

57 *Albie Sachs,* The Conversation, theconversation.com/profiles/albie-sachs-316094.

58 *Id.*

59 Manuel José Cepeda Espinosa & David E. Landau, Colombian Constitutional Law: Leading Cases 88 (2017) (헌법재판소의 논증에 관하여) and 26-27 (콜롬비아에서 헌법적 블록 법리에 대한 더 일반적인 설명). 또한 David Landau, *Judicial Role and the Limits of Constitutional Convergence in Latin America, in* Comparative Constitutional Law in Latin America 234-35 (Rosalind Dixon & Tom Ginsburg eds., 2017) 참조.

60 Espinosa & Landau, *supra* note 59, at 98; Adriana Piatti-Crocker & Jason Pierceson,

Unpacking the Backlash to Marriage Equality in Latin America, 샌프란시스코에서 열린 WPSA 연례 회의에서 발표된 논문, Mar. 29-31, 2018, at 11, www.wpsanet.org/papers/docs/crockerpie rceson_wpsa.pdf.

61 Espinosa & Landau, supra note 59, at 86, 91-97.

62 *Id.* at 94

63 *Id.*

64 *Id.* at 92-93.

65 *Id.* at 86. Decision C-075 of 2007를 작성한 법관 Rodrigo Escobar Gil J. 역시 종교적으로는 보수적이었다. Landau, *Judicial Role and the Limits of Constitutional Convergence in Latin America, supra* note 59, at 234 참조.

66 Robert Wintemute, *Lesbian, Gay, Bisexual and Transgender Human Rights in India: From Naz Foundation to Navtej Singh Johar and Beyond,* 12 NUJS L. Rev. 3 (2019). 동일한 것을 행했다는 점에서 *Naz* 판결을 칭송하는 입장은 또한 Madhav Khosla, *Inclusive Constitutional Comparison: Reflections on India's Sodomy Decision,* 59 Am J Comp Law 909 (2011); Sujit Choudhry, How to Do Comparative Constitutional Law in India: Naz Foundation, Same Sex Rights, and Dialogical Interpretation, *in* Comparative Constitutionalism in South Asia (Sunil Khilnani et al., eds., 2013) 참조. 대조적으로 *Koushal*에서 인도 대법원은 좀 더 국가주의적 입장을 취하였고 비교적·국가초월적 접근의 관련성을 부정하였다. 이러한 접근법에 대한 논의와 비판은 Arun K. Thiruvengadam, *Forswearing "Foreign Moods, Fads or Fashions", Contextualising the Refusal of Khoushal to Engage with Foreign Law,* 6 NUJS L. Rev. 4 (2013) 참조.

67 예를 들어 Navtej Singh Johar v. Union of India, AIR 2018 SC 4321, Misra CJ at [88]-[94] (역동적인 헌법 전통); [110] (변혁적 입헌주의); [96] (전문); [114] (Ambedkar); [116] (헌법적 도덕성); Chandrachud J. at [91] (지침 원칙 및 건강); [141]-[145] (헌법적 도덕성), p 198 (변혁적 입헌주의) 참조. 대법원이 반카스트 제도 기반의 논증에 더욱 의존하고 이를 개발할 수 있었을 것이라는 주장에 대해서는 Gee Imaan Semmalar, *Re-Cast(e)ing Navtej Singh v. Union of India,* 13 NUJS L. Rev. 3 (2020) 참조.

68 Navtej Singh Johar v. Union of India, AIR 2018 SC 4321, Misra CJ at [191]-[204] and Chandrachud J at [98]-[124].

69 National Legal Services Authority (NALSA) vs. Union of India, AIR 2014 SC 1863, Misra CJ at [33], [160]; Chandrachud J at paras [35]-[36]-[52]-[55].

70 *Id.,* Chandrachud J at [65] (Rawls 관련), [127] (Kant 관련), [129]-[131] (Mill, Bentham 관련), [133]-[134] (Hart-Devlin 논쟁 관련), [46] (Koppelman 관련), [57] (Sedgwick 관련).

71   *id.* at [106] (T Khaitan에서 인용), [172] (D Jain, K Rhoten에서 인용), [315] (M Galanter에서 인용), [141]-[143] (불평등의 제거와 박애에 대한 Ambedkar에서의 논의 인용) 참조.

72   *Id.*, [35]-[42].

73   *Id.*, [43]-[46].

74   이러한 맥락에서 판결의 중요성을 더 폭넓게 탐구한 연구로는 Michaela Hailbronner, *Constructing the Global Constitutional Canon: Between Authority and Criticism*, 69 U. Toronto L.J. 258 (2019) 참조.

75   517 U.S. 620 (1996); 539 U.S. 588 (2003).

76   *Supreme Court Justice Anthony Kennedy Will Retire*, N.Y. Times, Jun. 27, 2018, www.nytimes.com/2018/06/27/us/politics/anthony-kennedy-retire-supreme-court.html.

77   Obergefell v. Hodges, 576 U.S. 644, 647 – 48, 652 – 54, 656 – 57, 660 (2015).

78   *Id.* at 663.

79   *Id.*

80   Bostock, *supra* note 19.

81   *Id.* at 32.

82   Nina Totenberg, *Supreme Court Delivers Major Victory to LGBTQ Employees*, NPR (Jun. 15, 2020), www.npr.org/2020/06/15/863498848/supreme-court-delivers-major-victory-to-lgbtq-employees; Alexander Chen, *Gay Rights and Trans Rights Are Indivisible: SCOTUS Just Showed Why*, WilmerHale Legal Serv. Ctr. (Jun. 19, 2020), legalservicescenter.org/alexander-chen-gayrights-and-trans-rights-are-indivisible-scotus-just-showed-why/.

83   다음과 비교해 보라. Ezra Ishmael Young, *Bostock is a Textualist Triumph*, Jurist (Jun. 25, 2020), www.jurist.org/commentary/2020/06/ezra-young-bostock-textualist-triu mph/.

84   예를 들어 Ed Kilgore, *This Day in RINO Betrayal!*, Wash. Monthly. (Mar. 19, 2012), washingtonmont hly.com/2012/03/19/this-day-in-rino-betrayal/ 참조.

85   Bostock, *supra* note 19, at 1822 (Kavanaugh J., 반대 의견). 예를 들어 Josh Blackman, *Conservative Justices Do Not Need to Apologize for Making Socially-Conservative Rulings*, Reason (Apr. 23, 2021). reason.com/volokh/2021/04/23/conservative-justices-do-not-need-to-apologize-for-making-socially-conservative-rulings/ 참조.

86   Natasha Lennard, *Supreme Court Upholds Trans People's Workplace Protections: But Trans Lives Remain under Constant Threat*, The Intercept (Jun. 16, 2020), theintercept.com/2020/06/15/transgender-rights-supreme-court/ 참조.

87 Stephanie Lawson, *Indigenous Nationalism, "Ethnic Democracy," and the Prospects for a Liberal Constitutional Order in Fiji*, 18 Nationalism & Ethnic Pol. 293, 298 (2012). Jon Fraenkel, *The Origins of Military Autonomy in Fiji: A Tale of Three Coups*, 67 Austl. J. Int'l Aff. 327, 333 (2013); Nicholas Aroney & Jennifer Corrin, *Endemic Revolution: HLA Hart, Custom and the Constitution of the Fiji Islands*, 45 J. Legal Pluralism & Unofficial L. 314, 324-25 (2013)에서의 논의 참조.

88 Prasad v. Republic of Fiji [2000] FJHC 121; Qarase v. Bainimarama [2008] FJHC 241. 이러한 판결에 대한 이어지는 논의와 분석은 다음의 글에 기반한다. Rosalind Dixon & Vicki Jackson, *Hybrid Constitutional Courts: Foreign Judges on National Constitutional Courts*, 57 Colum. J. Transnat'l L. 283 (2018).

89 [2000] 2 FLR 115.

90 *Id.* 논의에 대해서는 George Williams, *Republic of Fiji v. Prasad*, 2 Melb. J. Int'l L. 144 (2001); Noel Cox, *Republic of Fiji v. Prasad: A Military Government on Trial*, ALRJ 5 (2001); Anne Twomey, *The Fijian Coup Cases: The Constitution, Reserve Powers and the Doctrine of Necessity*, 83 Austl. L.J. 319 (2009); Brij V. Lal, "*The Process of Political Readjustment*": *Aftermath of the 2006 Fiji Coup*, in The 2006 Military Takeover in Fiji: A Coup to End All Coups? (Jon Fraenkel et al., eds. 2009); Venkat Iyer, *Restoration Constitutionalism in the South Pacific*, 15 Pacific Rim L. & Pol'y J. 39 (2006) 참조.

91 Prasad v. Republic of Fiji [2001] FJCA 2. 법원은 게이츠 대법관의 판단과 구분되었던 바이니마라마의 역할에 관한 특정 판단을 추가하였다. 더 자세한 논의는 Williams, *supra* note 90; Cox *supra* note 90; Twomey, *supra* note 90; Brij V. Lal, *supra* note 90; George Williams, *The Case That Stopped a Coup? The Rule of Law and Constitutionalism in Fiji*, 1 Oxford U. Commonwealth L.J. 73 (2001) 참조.

92 또한 Williams, *supra* note 90; Cox, *supra* note 90; Twomey, *supra* note 90; Iyer, *supra* note 90 참조.

93 Fraenkel, *supra* note 87, at 334.

94 이것이 비교적 맥락에서 일반적이지 않은 정도에 대해서는, 예를 들어 Aroney & Corrin, *supra* note 87, at 324-25; Fraenkel *supra* note 87, at 334; Iyer, *supra* note 90, at 61-66; Williams, *supra* note 90, at 561 참조.

95 Fraenkel, *supra* note 87, at 334-35. SDL이 32석을 확보했고 인도-피지 연합 노동당이 27석을 차지했으며 스페이트의 보수연합 마타니투 바누아Matanitu Vanua당(CAMV)이 6석을 차지했다.

96 Prasad, *supra* note 91.

97 Interview with Handley Nov. 17, 2017. 이러한 맥락에서 피지의 법과 규범이 역할에 대해 더 폭넓게 분석한 내용은 또한 Aroney & Corrin, *supra* note 87; Theodor

Schilling, *The Court of Justice's Revolution: Its Effects and the Conditions for its Consummation: What Europe Can Learn from Fiji*, 27 Eur. L. Rev. 445, 451 (2002) 참조.

98 논의에 대해서는, 예를 들어 Justice Rachel Pepper, *Back to the Future: Qarase v. Bainimarama* (International and Comparative Perspectives on Constitutional Law Conference, Nov. 27, 2009), lec.nsw.gov.au/documents/speeches-and-papers/PepperJ271109QARASEvBAINIMARAMA.pdf 참조.

99 Qarase, *supra* note 88; *Bainimarama Appoints Himself President of Fiji*, Scoop (Dec. 5, 2006), www.scoop.co.nz/stories/HL0612/S00089/bainimarama-appoints-himself-president-of-fiji.htm.

100 Qarase, *supra* note 88 참조.

101 Qarase v. Bainimarama [2009] FJCA 9.

102 *Id.* 논의에 대해서는, 예를 들어 Pepper, *supra* note 98 참조.

103 Pepper, *supra* note 98, at 19-20.

104 Dixon & Jackson, *supra* note 88에서의 논의 참조. 또한 Interview with Francis Douglas QC, Former Judge, Fiji Court of Appeal 27/6/17 참조.

105 *Id.* at [132], [162].

106 Qarase, *supra* note 88, at [80], [82], [97]-[98], [114], [117], [120], [121], [131], [163] 참조.

107 예를 들어 the past and current judges on the Constitutional Court of South Africa: at *Current Judges*, Constitutional Court of South Africa, www.concourt.org.za/index.php/judges/current-judges; and *Past Judges*, Constitutional Court of South Africa, www.concourt.org.za/index.php/judges/former-judges 참조.

108 예를 들어 이는 콜롬비아와 일부 미국 항소법원에서 그러하다.

109 예를 들어 Ruth Bader Ginsburg, *Remarks on Writing Separately*, 65 Wash. L. Rev. 133 (1990); Rosa Raffaelli, *Dissenting Opinions in the Supreme Courts of the Member States*, Pol'y Dept. C. Citizens' Rts. & Const. Aff., PE 462.470 (Nov. 2012), www.europarl.europa.eu/document/activities/cont/201304/20130423ATT64963/20130423ATT64963EN.pdf; Katalin Kelemen, *Dissenting Opinions in Constitutional Courts*, 14 German L.J. 1345 (2013) 참조.

110 Rosalind Dixon, *Towering Versus Collegial Judges: A Comparative Reflection, in* Towering Judges: A Comparative Study of Constitutional Judges (Iddo Porat & Rehan Abeyratne eds., 2020); Chad M. Oldfather, *The Inconspicuous DHS: The Supreme Court, Celebrity Culture and Justice David H. Souter*, 90 Miss. L.J. 183 (2020) 참조.

111 예를 들어 다음과 비교해 보라. *Kesavananda Bharati v. Kerala*, 4 SCC 225/1973;

Decision No. 2020-806 DC DU 7AOUT 2020.

112 미국의 경우 Public Opinion and Constitutional Controversy (Nathaniel Persily et al. eds., 2008) 참조. 다른 국가의 경우 Jay N. Krehbiel, *The Politics of Judicial Procedures: The Role of Public Oral Hearings in the German Constitutional Court*, 60 Am. J. Pol. Sci. 990 (2016); James L. Gibson et al., *On the Legitimacy of National High Courts*, 92 Am. Pol. Sci. Rev. 343 (1998); Florian Sauvageau et al., Last Word: Media Coverage of the Supreme Court of Canada (2011); Joshua Rozenberg, *The Media and the UK Supreme Court*, 1 Cambridge J. Int'l & Comp. L. 44 (2012) 참조.

113 Public Opinion and Constitutional Controversy, *supra* note 112 참조.

114 Kent Roach, *Dialogic Review and its Critics*, 23 Sup. Ct. L. Rev. (2D) 49, 54, 69 (2004); Roy B. Flemming et al., *Attention to Issues in a System of Separated Powers: The Macrodynamics of American Policy Agendas*, 61 J. Pol. 76, 84 (1999) 참조.

115 헌법적 맥락에서 잘못된 신념 일반에 대해서는 David E. Pozen, *Constitutional Bad Faith*, 129 Harv. L. Rev. 885 (2015) 참조.

116 예를 들어, 루와 나는 이것이 바로 은칸들라[Nklanda] 판결에서 벌어진 것이라고 주장하며 헌법재판소의 접근법이 이전의 예양과 존중의 자세에서 정치적 독점의 위험에 대한 직접적인 대치로 전환될 필요가 있다고 주장한다: Dixon & Roux, *Marking Constitutional Transitions, supra* note 51 참조.

117 Minersville Sch. Dist. v. Gobitis, 310 U.S. 586 (1939).

118 *Id.* at 591-92.

119 *Id.* at 599-600.

120 Thomas Halper, *Felix Frankfurter and the Law*, 7 Brit. J. Am. Legal Stud. 115, 118-20 (2018); Nomi M. Stolzenberg, *Un-covering the Tradition of Jewish Dissimilation: Frankfurter, Bickel, and Cover on Judicial Review*, 3 S. Cal. Interdisc L.J. 89 (1993) 참조.

121 Gobitis, *supra* note 117, at 594 참조.

122 예를 들어 Stephen W. Gard, *The Flag Salute Cases and the First Amendment*, 31 Clev. St. L. Rev. 419 (1982); Melvin I. Urofsky, *The Failure of Felix Frankfurter*, 26 U. Rich. L. Rev. 175, 178 (1991) 참조.

123 Robert L. Tsai, *Reconsidering Gobitis: An Exercise in Presidential Leadership*, 86 Wash. U. L. Rev. 383-91, 402-04 (2008).

124 319 U.S. 624 (1943).

125 West Virginia. v. Barnette, 319 U.S. 624, 646-47 (1943) (Frankfurter J., 반대 의견). Stolzenberg, *supra* note 120, at 826-27에서의 논의 참조.

126 고비티스 사건 자체에서는 그러한 입법이 없었지만 판결 이후 많은 주에서 이러한 유형

의 입법을 하였다. Gard, *supra* note 122에서의 논의 참조.

127 Rosalind Dixon & David Landau, *1989-2019: From Democratic to Abusive Constitutional Borrowing*, 17 Int'l J. Const. L. 489 (2019); Rosalind Dixon & David Landau, Abusive Constitutional Borrowing: Legal Globalization and the Subversion of Liberal Democracy (2021).

128 Jeffrey K. Staton, Judicial Power and Strategic Communication in Mexico (2010); Lee Epstein & Jack Knight, The Choices Justices Make 284-85 (1997); Rosalind Dixon, *Constitutional Design Two Ways: Constitutional Drafters as Judges*, 57 Va. J. Int'l L. 57 (2017).

129 예를 들어 Randall T. Shepard, *Telephone Justice, Pandering, and Judges Who Speak Out of School*, 29 Fordham Urb. L.J. 811 (2002); William H. Rehnquist, *Act Well Your Part: Therein All Honor Lies*, 7 Pepp. L. Rev. 227 (1980); Lord Dyson, Justice: Continuity and Change 31-32 (2018) 참조.

130 남반구에서 특별한 주목을 받으며 전개되고 있는 새로운 권력 분립 개념과 이론에 대해서는, 예를 들어 The Evolution of the Separation of Powers: Between the Global North and the Global South (David Bilchitz & David Landau eds., 2018) 참조.

131 Staton, *supra* note 128.

132 예를 들어 Jimly Asshiddiqie, Analyzed in Stefanus Hendrianto, *The Rise and Fall of Historic Chief Justices: Constitutional Politics and Judicial Leadership in Indonesia*, 25 Wash. Int'l L.J. 489 (2016); Dixon, *Constitutional Design Two Ways, supra* note 128 참조.

133 Dixon, *Constitutional Design Two Ways, supra* note 128.

제9장 결론

1 Alexander M. Bickel, The Least Dangerous Branch: The Supreme Court at the Bar of Politics 181, 216 (1986). 또한 Barry Friedman, *The History of the Countermajoritarian Difficulty, Part Four: Law's Politics*, 148 U. Pa. L. Rev. 971 (2000) 참조.

2 유럽 논의에 관한 이러한 방식의 이해에 대해서는 마르타 카르타비아Marta Cartabia에게 도움을 받았다.

3 William Partlett & Dinesha Samararatne, *Redeeming "the National" in Constitutional Argument*, IACL-AIDC Blog (Feb. 1, 2022), blog-iacl-aidc.org/new-blog-3/2022/2/1/redeeming-thenational-in-constitutional-argument.

4 예를 들어 Gaurav Mukherjee, Judicial Pathologies & Legitimacy Of Transformative Constitutionalism (2022); Karl E Klare, *Legal Culture and Transformative Constitutionalism*, 14 S. Afr. J. Hum. Rights 146 (1998); Armin von Bogdandy et al. (eds.), Transformative Constitutionalism In Latin America: The Emergence Of

A New IUS Commune (2017); Gautam Bhatia, The Transformative Constitution: A Radical Biography in Nine Acts (2019); Michaela Hailbronner, *Transformative Constitutionalism: Not Only in the Global South*, 65 Am. J. Comp. Law. 527 (2017); Heinz Klug, *Transformative Constitutionalism as a Model for Africa?*, in Philipp Dann et al. (eds.), The Global South and Comparative Constitutional Law (2020) 참조.

5　David S. Law, *Generic Constitutional Law*, 89 Minn. L. Rev. 652 (2004).

6　위의 제5장 참조.

7　David Landau & Rosalind Dixon, *Abusive Judicial Review: Courts Against Democracy*, 53 U.C. Davis L. Rev. 1313 (2020) 참조. 또한 위의 제5장 참조.

8　예를 들어 Yvonne Tew, Constitutional Statecraft in Asian Courts (2020) 참조.

9　*Id.*

10　Rosalind Dixon, *Constitutional Design Two Ways: Constitutional Drafters as Judges*, 57 Va J. Int'l L. 1 (2017).

11　법원에 의한 성공적인 대표성 강화의 가능성에 영향을 미치는 가장 중요한 요인 중 일부는 법관 임명 및 사직에 관련된 요소일 것이다. *CapeTown Principles on the Role of Independent Commissions in the Selection and Appointment of Judges*, British Institute of International and Comparative Law (Feb. 2016), www.biicl.org/documents/868_cape_town_principles_-feb_2016.pdf?showdocument=1.

12　*Role of the Constitutional Court*, Const. Ct. S. Afr., www.concourt.org.za/index.php/about-us/role.

13　예를 들어 Rosalind Dixon & Theunis Roux, *Marking Constitutional Transitions: The Law and Politics of Constitutional Implementation in South Africa*, in From Parchment to Practice: Challenges of Implementing New Constitutions (Tom Ginsburg & Aziz Huq eds., 2020); James Fowkes, Building the Constitution: The Practice of Constitutional Interpretation in Post-Apartheid South Africa (2016) 참조.

14　예를 들어 David S. Law, *The Anatomy of a Conservative Court: Judicial Review in Japan*, 87 Tex. L. Rev. 1545 (2012) 참조. 역사적으로 이 범주에서 선도적인 또 다른 법원으로는 칠레 대법원을 들 수 있다. 그런데 최근 칠레 대법원은 더욱 적극적인 태도를 취하며 보수적인 동시에 진보적인 다양성을 보여 주고 있다. 예를 들어 Javier Couso & Lisa Hilbink, *From Quietism to Incipient Activism: The Institutional and Ideological Roots of Rights Adjudication in Chile*, in Courts in Latin America 99 (Gretchen Helmke & Julio Ríos-Figueroa eds., 2011); Javier Couso, *Models of Democracy and Models of Constitutionalism: The Case of Chile's Constitutional Court*, 89 Tex. L. Rev. 1517 (2010); Sergio Verdugo, How Can Constitutional Review Experiments Fail? Lessons from the 1925 Chilean Constitution (2021) 참조.

15 다음과 비교해 보라. Theunis Roux, *Reinterpreting "The Mason Court Revolution": An Historical Institutionalist Account of Judge-Driven Constitutional Transformation in Australia,* 43 Fed. L. Rev. 1 (2015); Rosalind Dixon, *The High Court and Dual Citizenship: Zines and Constitutional Method 30 Years On,* in Current Issues in Australian Constitutional Law: Tributes to Professor Leslie Zines (John Griffiths & James Stellios eds., 2020).

16 투표권법 제5조에 대해서는 *Shelby County v. Holder,* 570 U.S. 529, 534-47, 549, 553 (2013) (Roberts CJ) 참조. 이러한 유형의 기후변화 판결에 대해서는 다음과 비교해 보라. *Leghari v. Federation of Pakistan* HCJD/C-121, and recent decisions of the German Federal Constitutional Court: BVerfG, 1 BvR 2656/18, 1 BvR 78/20, 1 BvR 96/20, 1 BvR 288, 20 (Mar. 14, 2021), www.bundesverfassungsgericht.de/SharedDocs/Entscheidungen/DE/2021/03/rs202103241bvr265618.html.

17 다음과 비교해 보라. Roni Mann, *Non-ideal Theory of Constitutional Adjudication,* 7 Global Const. 14, 38-51 (2018); Theunis Roux, The Politics of Principle: The First South African Constitutional Court, 1995-2005 (2013).

18 위의 제5장 참조.